从手艺人到神圣艺术家

文艺复兴时期意大利艺术家阶层的兴起

刘君 著

2018年·北京

图书在版编目（CIP）数据

从手艺人到神圣艺术家：文艺复兴时期意大利艺术家阶层的兴起 / 刘君著. —北京：商务印书馆，2018
ISBN 978-7-100-16647-8

Ⅰ.①从… Ⅱ.①刘… Ⅲ.①艺术家—社会阶层—研究—意大利—中世纪 Ⅳ.①D735.466

中国版本图书馆CIP数据核字（2018）第212406号

权利保留，侵权必究。

从手艺人到神圣艺术家
文艺复兴时期意大利艺术家阶层的兴起
刘君 著

商 务 印 书 馆 出 版
（北京王府井大街36号 邮政编码100710）
商 务 印 书 馆 发 行
北 京 冠 中 印 刷 厂 印 刷
ISBN 978-7-100-16647-8

2018年12月第1版　　开本 787×960　1/16
2018年12月北京第1次印刷　印张 25½
定价：88.00元

本著作列入"四川大学一流学科建设专项
经费资助优秀青年学术著作丛书"

目　录

001　　引　言

019　　**第一章　传统图景中的艺术家**
020　　　第一节　古代和中世纪的艺术观念及三门艺术在知识体系中的地位
034　　　第二节　手艺人与英雄：古代和中世纪的艺术家形象

045　　**第二章　传统与创新：艺术家的工作和生活**
046　　　第一节　艺术家兄弟会和行会
053　　　第二节　艺术作坊
070　　　第三节　从作坊到工作室：15世纪中期以后作坊实践的变化

111　　**第三章　艺术品的功能和用途**
114　　　第一节　虔诚和赎罪：宗教仪式和崇拜语境下的宗教艺术
127　　　第二节　艺术与政治塑造和政治打击
140　　　第三节　记忆、自我塑造和区分：艺术品的社会意义
157　　　第四节　从图像到艺术：趣味和审美的兴起

169	**第四章**	赞助人、艺术家和观众的合作与谈判
174	第一节	文化赞助与庇护制
181	第二节	赞助人、观众与艺术家在艺术制作中的角色
212	第三节	自由艺术品市场和艺术收藏

247	**第五章**	从手艺人到天才：文艺复兴时期艺术家身份和形象的建构
249	第一节	文艺复兴时期的天才观与艺术家身份的建构
279	第二节	艺术家的自我意识和形象塑造：艺术家的签名和自我肖像

315	**第六章**	从作坊到学院：艺术家教育的变革与艺术家的现代转型
316	第一节	艺术活动的理论化："比较论"和"设计艺术"
336	第二节	从人文学者的学院到艺术家的学院
346	第三节	佛罗伦萨设计学院

363	结　语
373	参考文献
391	插图目录
395	主要人名译名对照表

引 言

16世纪晚期,意大利艺术家和艺术史家乔尔乔·瓦萨里撰写了西方艺术史学的奠基之作《意大利艺苑名人传》。[1] 在这部著作中,瓦萨里记载了从14世纪艺术家乔托到16世纪意大利重要画家、雕塑家和建筑师米开朗基罗取得的辉煌成就。瓦萨里为这一成就备感自豪,为了避免这些艺术家及其作品被遗忘,他决心为后世保存一座永久纪念碑,用瓦萨里的话说即"为了艺术的光荣和艺术家的荣耀"(per gloria dell'arte et onor degli artefici)。[2] 瓦萨里的写作启发了欧洲,尤其是意大利的知识分子和艺术家,促使他们开始系统关注和记录本地区艺术家的活动和艺术成就,从而使艺术史成为西方文化和学术传统的重要一部分。

由于瓦萨里的开拓性成就和深远影响,意大利文艺复兴时期的艺术和艺术家一度成了西方艺术史学的代名词。即便在今天,意大利文艺复兴艺术仍是西方艺术史的一个核心领域和几乎所有艺术史研究的出发点。同时,由于意大利文艺复兴艺术在整个西方艺术史学中的重要性,它也成为

---

[1] Giorgio Vasari, *Le vite de piu eccellenti architetti, pittori, et scultori*, Florence: Torrentino, 1550; Giorgio Vasari, *Le Vite de' piu eccellenti pittori scultori e architettori*, Florence: Giunti, 1568. 英文版译为 Giorgio Vasari, *The Lives of the Painters, Sculptors, and Architects*, trans. by Gaston du C. de Vere, New York: Modern Library, 2005. 中文版为:乔尔乔·瓦萨里著,徐波、刘耀春、刘君等译:《意大利艺苑名人传》(四卷本),湖北美术出版社2003年版。

[2] 转引自 Edouard Pommier, *L'invenzione dell'Arte nell' Italia del Rinascimento*, Torino: Giulio Einaudi, 2007, p. 346.

西方史学观念变革、"典范"转移或研究路径革新的试炼场。对意大利文艺复兴时期艺术和艺术家的研究和解释也因之不断发展。本书有关文艺复兴时期艺术家的研究即是对这一传统课题的一种新研究和新解释，即一项有关艺术家阶层的社会文化史研究。本书的目标不是探究个体艺术天才的创造性之谜，而是力图通过考察这一时期艺术家群体的生活和职业实践，揭示促进艺术实践和观念变革的那些社会文化机制，尤其是促使"图像"（Image）转变为"艺术"（Art），以及作为手艺人的画家、雕塑家和建筑师转变为现代"艺术家"的社会文化机制。为了说明本书研究的价值和意义，我们有必要大致回顾一下西方艺术史学的发展历程。

西方艺术史学发展的简明脉络

（一）从艺术家的历史到艺术的历史

西方的艺术史写作可追溯到古希腊时期。彼时，萨摩斯岛的统治者杜里斯曾撰写《希腊雕塑家传》（Lives of the Greek Sculptors）。杜里斯的著作未能保存下来，但其著作的内容通过一些古罗马作家的转述得以保存。比如老普林尼在其《自然史》（Natural History）第34至36卷中就借用杜里斯对古希腊作家的记载，记录了公元前5世纪和公元前4世纪一些希腊著名雕塑家与画家的事迹和作品。此后，直到文艺复兴时期，老普林尼的记载几乎是有关古代艺术和艺术家的唯一文本，它深刻塑造了人们对古代艺术和艺术家的认识和想象。[1]

---

[1] 关于老普林尼的文本对意大利文艺复兴时期视觉艺术理论和实践的影响，可参考新近出版的一部权威研究 Sarah McHam, *Pliny and the Artistic Culture of Italian Renaissance: The Legacy of Natural History*, New Haven: Yale University Press, 2013.

在中世纪，尤其是从中世纪盛期开始，视觉艺术（特别是教堂建筑艺术）的繁荣并没有相应地促进艺术写作的发展。虽然有关艺术的写作并未完全消失，但中世纪精英很少讨论艺术，更不关注艺术家。艺术实践的繁荣与艺术家在历史记载中的"默默无闻"形成了强烈对比。到意大利文艺复兴时期这一情况发生改变。从14世纪开始，首先在佛罗伦萨，艺术的繁荣、城市自豪感、人文主义的发展等促使人文学者重新关注艺术和艺术家。一些职业艺术家也开始借助文字和艺术品进行自我塑造，谋求更高的社会认可。[1]这一趋势到16世纪聚积成一股洪流，最终促使了乔尔乔·瓦萨里《意大利艺苑名人传》的诞生。《意大利艺苑名人传》先后在1550年和1568年初版和再版。该书记述了14世纪至16世纪绘画、雕塑和建筑艺术在意大利的"复兴"、发展和臻于完美的历程，并记载了从14世纪的齐马布埃和乔托，到16世纪晚期瓦萨里时代的200多位著名画家、雕塑家、建筑师的生平和主要作品。可以说，该书的写作集中体现了这一时期对"艺术家的发现"。瓦萨里的艺术史写作并非孤立的现象，而是14世纪以来持续发展的人文主义艺术理论和艺术家传记写作的顶峰。在瓦萨里的著作中，三门艺术被与其他手工艺区分开并统一在智性设计原则下，艺术家也被塑造为具有卓越创造性的天才和"文化英雄"，与手艺人有了明确区分。瓦萨里的传记-艺术史塑造了随后两百多年西方艺术史学的面貌。17、18世纪是艺术家传记写作的黄金时代。瓦萨里模式的艺术家传记在意大利各地大量涌现，并扩展到荷兰、德国、法国、西班牙、英国等国家和地区。这些传记作家不仅接受了瓦萨里的艺术史观，也普遍接受并广泛传播了瓦萨里塑造的作为文化英雄和创造性天才的艺术家形象。

---

[1] 从14世纪一些学者开始关注艺术家，14世纪晚期佛罗伦萨学者菲利波·维拉尼的《名人传》、15世纪学者巴托罗米奥·法齐奥的《名人传》、安东尼奥·曼内蒂的《十四位佛罗伦萨名人传》及16世纪学者保罗·乔维奥的《名人传》等都记载了许多当时艺术家的成就和主要作品。此外，从15世纪艺术家也开始撰写传记，其中最主要的是15世纪佛罗伦萨雕塑家洛伦佐·吉贝尔蒂的《回忆录》。

到 18 世纪晚期，艺术史学发生"革命"，史学写作的关注点从艺术家转向艺术。引领这场革命的关键人物是普鲁士艺术史家和考古学家温克尔曼。温克尔曼认为，艺术史的目标是揭示艺术的本质，而艺术家传记对此毫无助益。他在 1764 年出版的《古代艺术史》中写道："我将要撰写的古代艺术史，绝不仅仅是叙述艺术的年代顺序和变化，而是在更广泛意义上使用'历史'一词，即它在希腊语言里的含义。我打算提供一个体系……但是，艺术的本质从任何方面看都是最崇高的目标，在这个目标中，艺术家的影响微乎其微，那种由别人编撰的（艺术家的历史）不是本书追求的目标。"[1] 在温克尔曼看来，艺术史的目标应通过对艺术品风格的分析，揭示抽象和绝对的艺术的本质和规律。艺术史的对象应是艺术品本身，而不是艺术家。温克尔曼依据艺术风格讲述了希腊古典艺术的兴起、发展和衰落的历史，并结合古希腊的地理、气候以及社会、政治制度、文化等对其做了解释。温克尔曼对艺术品而非艺术家的强调以及对艺术形式或风格的敏感，既与文艺复兴时期到 18 世纪古物学、艺术收藏、鉴赏以及艺术博物馆、画廊等学术和制度性发展有重要关联，也与 18 世纪"美术"体系和"美学"的发展相互交织。从艺术家到艺术品的转移，同时体现了从制作者向观众、从艺术品的发生到艺术品的接受的转移。这一时期，艺术品对个体和大众的审美、道德、教育价值成为关注的重点。18 世纪末、19 世纪初的另外两部重要的艺术史著作同样显示了艺术史的这一"非人化"趋势，或者从个体艺术家到绝对的艺术家和艺术的转移，即意大利艺术批评家和艺术史家路易吉·兰奇的《意大利绘画史》（1792—1796）和法国学者阿然古的《依据纪念物的艺术史：从 4 世纪艺术的衰落到 15 世纪艺术的复兴》（*Historie de l'art par les monumens*, 1823）。前者关注了意大利主要画派的历史，后者是第一部温克尔曼模式的中世纪艺术史。受温克尔曼

---

[1] Johann Winckelmann, *Essays on the Philosophy and History of Art*, London: Continuum, 2001, pp. 1-2.

影响，阿然古以大量篇幅叙述了中世纪艺术的政治、社会、文化和宗教背景。

(二) 19世纪和20世纪早期：从个体艺术家到绝对的艺术家

19世纪，艺术史研究开始职业化和学科化。艺术和艺术品仍是人们关注的重点。同时，有关艺术家的研究也发生新的变化，即从个体艺术家的生平、经历转向象征和表达普遍价值的绝对艺术家。这一时期，迅速发展的公共艺术博物馆和改革中的现代大学成为培养职业艺术史家的摇篮。艺术史学一方面与民族主义和现代国家的发展紧密相连，另一方面则致力于确立其作为一门大学学科的独特价值和方法。前者促进了以国家或地区为单位的"学派"艺术史的兴盛，同时，学派也成为艺术博物馆品的首要展示原则之一；后者则表现为"实证主义"的艺术文献学与"风格"艺术史的兴起和发展。公共艺术博物馆的发展对艺术史学产生了深刻影响。欧洲的公共艺术博物馆虽然诞生于18世纪或更早的意大利文艺复兴时期，[1]但直至19世纪，随着拿波仑战争和法国大革命引起的震荡以及由此激发的欧洲民族主义的大发展，建立国家博物馆保存国家历史文化遗产的热情才获得普遍发展。在博物馆，艺术品脱离了其最初制作和使用的语境，而被作为纯粹的审美对象或国家历史文化的象征加以凝视和理解。艺术品的知觉特性，尤其是视觉特性，即风格成为其界定性特征。另外，公共艺术博物馆的设计、修建以及相关纪念物、艺术品的收藏、鉴定、修复和研究等还促进了职业艺术史家的诞生。同样重要的是，公共博物馆的发展也促进了作为其辅助学科的"鉴赏学"的主导地位。

---

[1] 18世纪开放的意大利乌非齐美术馆、罗马梵蒂冈的美景宫博物馆和法国的卢浮宫通常被视为欧洲最早的现代艺术博物馆。不过，有学者将卡皮托利山博物馆的创建追溯到1471年。这一年，教皇塞克图斯四世首次将一批古代青铜像运到卡皮托利山的罗马"监察官宫"，并将其"献给"罗马人民。

此外，19世纪对民族或国家艺术天才的浪漫主义崇拜，促进了艺术家传记的复兴。这首先表现为对文艺复兴时期艺术家传记与自传的翻译和研究，如歌德翻译的16世纪晚期意大利雕塑家本韦努托·切利尼的著名自传。瓦萨里的《意大利艺苑名人传》也是在这一时期首次被译成德语（1832—1849）、法语（1839—1842）和英语（1850—1852）。[1] 在19世纪的德语学界，对瓦萨里文本的翻译和考证研究为艺术史作为一门学科在大学的确立和发展奠定了重要基础。[2] 此外，这股传记复兴热潮还表现为一系列新传记的出现，著名的如卡尔·朱斯提撰写的"天才"传记三部曲，即温克尔曼、委拉斯贵支和米开朗基罗的传记。[3] 1907至1947年，由乌利希·泰姆和菲利克斯·贝克主编在维也纳陆续出版的36卷版本《艺术家大辞典》，可以说是这一时期传记写作热潮的典型表现。这部雄心勃勃的辞典囊括了从古至今15000多位欧洲艺术家的传记。与传统的艺术家传记相比，这一时期艺术家传记的一个突出特点是将艺术家的创造性成就视为特定民族或时代精神的象征，并将艺术家的生平与其"全部作品"相互参照，借此对两者的普遍价值做出解释。新兴的"专题研究"尤其体现了这一趋势。德国艺术史学家居斯塔夫·瓦根对凡·艾克兄弟的专题研究（1822）和艺术家约翰·大卫·帕萨万特撰写的拉斐尔传记（1839）就是专题研究的早期著名例子。集中于著名艺术家及其全部作品的专题研究一度极为流行并成为艺术史学的主导模式，其支配性地位到20世纪六七十

---

[1] 第一个德文全译本由肖恩和弗斯特特（W. Schorn & E. Foerster）翻译。第一个法文本译者是利奥波德·勒克朗什（Leopold Lechlanche），共10卷，每一卷都附有勒克朗什和浪漫主义画家、曾任卢浮宫博物馆馆长的菲利普-奥古斯特·让荣（Philippe-August Jeanron）写的评论或系列长篇论文。第一个英译本译者是乔纳森·福斯特夫人（Mrs. Jonathan Foster）。

[2] Carlo Ginzburg, "Battling over Vasari: A Tale of Three Countries", in *The Art Historian: National Traditions and Institutional Practices*, ed. Michael Zimmermann, Williamstown, Mass.: Sterling and Francine Clark Art Institute, 2003, p. 41.

[3] 关于浪漫主义时代的艺术家传记，可参见 Udo Kultermann, *The History of Art History*, New York: Abaris Books, 1993, pp. 128-130.

年代才有所动摇。

除了传记和专题研究,有关艺术家的其他研究也大都受到"天才崇拜"的影响,如弗洛伊德的心理分析艺术史。弗洛伊德的《莱奥纳尔多·达·芬奇的童年》(1910)和《米开朗基罗的〈摩西〉》(1914)是用心理学方法研究艺术家的最早的尝试。其中,弗洛伊德力图借助精神分析解开"艺术天才"的创造性之谜。[1] 不过,用精神分析研究艺术家的最成功"实验",当属1934年奥地利学者、精神分析医生恩斯特·克里斯与历史学家奥托·库尔茨合著的《艺术家形象中的传奇、神话和魔法:一项历史实验》(Legend, Myth and Magic in the Image of the Artist: A Historical Experiment)。该书将弗洛伊德的精神分析理论与有关艺术家轶事的文献研究结合在一起,揭示了"环绕于艺术家的神秘光环及其散发出的不可思议的魔力"的历史、神话、心理和文学根源。[2] 克里斯后来成了精神分析艺术史领域的领军人物,并将精神分析理论用于研究艺术。[3]

20世纪60年代,维特科尔夫妇合著的《土星之命:从古代到法国大革命时期有关艺术家的个性和行为的文献史》延续了对艺术家个性、行为和形象的兴趣。[4] 该书考察了从古代到法国大革命时期艺术家在公众眼中

---

[1] 弗洛伊德有关达·芬奇和米开朗基罗的研究在学术文化界引起强烈反响,但专业艺术史学者则反应冷淡。如美国艺术史家迈耶·夏皮罗在其对弗洛伊德研究的批评性回顾中指出,弗洛伊德对文艺复兴时期意大利社会文化以及图像学、艺术文献等缺少了解,其研究更多基于"猜想"和想象,故而漏洞百出,经不起推敲。参见 Mayer Schapiro, "Leonardo and Freud: An Art-Historical Study", in *Journal of the History of Ideas*, Vol. 17, No. 2 (1956), pp. 147-178. 1953年,贡布里希在其题为《精神分析与艺术史》的恩内斯特·琼斯纪念讲座中,对弗洛伊德式精神分析艺术史研究的有效性和局限性做了概括。参见 E. H. Gombrich, "Psycho-Analysis and the History of Art", in E. H. Gombrich, *Meditations on a Hobby Horse: And Other Essays on the Theory of Art*, London: Phaidon, 1985, p. 31.
[2] "二战"爆发后,克里斯移居英国并保持了对心理分析艺术史的兴趣,他撰写的相关论文收录在1952年出版的《艺术史的心理分析探索》(*Psychoanalytic Explorations in Art*) 一书中。
[3] 贡布里希在1979年出版的《艺术家形象中的传奇、神话和魔法》英文版序言中,详细介绍了克里斯与奥地利心理分析学的渊源以及克里斯的心理分析艺术史研究。
[4] Rudolf and Margot Wittkower, *Born Under Saturn: The Character and Conduct of Artists*, New York: The Norton Library, 1963.

的形象变化,尤其是他们从普通手艺人成为"他者"的社会、心理和文学根源。随着维特科尔夫妇移居英国和美国,这一传统成了英语学界艺术史的一部分。维特科尔哥伦比亚大学的学生霍华德·希巴尔德就运用精神分析理论撰写了贝尔尼尼、米开朗基罗和卡拉瓦乔的传记。不过,总的来说,在追求科学方法的西方现代艺术史学研究中,精神分析艺术史的"猜测"和想象色彩及其对艺术和文化传统的忽视等,都使其受到批评和质疑。

(三)古典文化 – 艺术史视野中的艺术家:布克哈特、瓦尔堡和潘诺夫斯基

对艺术与其社会文化情景的关联的思考可追溯到瓦萨里。瓦萨里曾将佛罗伦萨艺术的创新成就和发展归因于佛罗伦萨的"空气"——艺术家的自由竞争和艺术批评的发达。[1] 18世纪中晚期,温克尔曼将古希腊艺术的兴衰与希腊社会、文化、政治制度等的发展联系在一起,从而构建了一种系统的文化艺术史。温克尔曼的传统经由黑格尔发展到顶峰。黑格尔19世纪早期在柏林大学开设的美学讲座中,将艺术史发展成一种普遍的艺术哲学。正如贡布里希在其著名的《探索文化史》一文中指出的,黑格尔对艺术的思考主要基于哲学推演而非经验观察。他假定不同时期和民族的宗教、文化、艺术、科学等都是某种"时代精神"(Zeitgist)或"民族精神"的体现,而这些最终又指向超验的"绝对精神"。[2] 黑格尔的艺术哲学对西方艺术史学产生了广泛而深刻的影响。这一时期流行的艺术通史,即一种囊括了从古至今欧洲以及世界其他国家和地区主要艺术传统的世界艺术通史,集中体现了黑格尔哲学的影响,如德国学者卡尔·施纳泽从1842年开

---

[1] 瓦萨里:《意大利艺苑名人传·辉煌的复兴》,第323页。
[2] E. H. 贡布里希著,范景中、曹意强译:《理想与偶像——价值在历史和艺术中的地位》,上海人民美术出版社1989年版,第38—39页。

始出版的 6 卷本《艺术史》(*Geschichte der Bildenden Künste*)。

与这种蹈空虚论的宏大文化－艺术史相反，瑞士艺术史、文化史家雅各布·布克哈特和德国艺术史学者阿比·瓦尔堡探索并开辟了一种更具体的文化艺术史。布克哈特依据展示场所、制作意图和功能将意大利绘画分为不同的类型，如祭坛画和肖像画，并强调每一种类型的制作和使用传统对理解特定绘画作品的重要性。[1] 瓦尔堡则受到心理学和新兴的人类学影响，将文艺复兴时期的艺术品视为集体心态的表达。在 1893 年出版的博士论文《桑德罗·波提切利的〈维纳斯的诞生〉和〈春〉》(*Sandro Botticelli's "Birth of Venus" and "Spring": An Examination of Concepts of Antiquity in the Early Italian Renaissance*) 中，瓦尔堡以波提切利的这两幅画为切入点，考察了 15 世纪晚期佛罗伦萨统治者洛伦佐·德·美第奇及其圈子艺术家、诗人和社会精英对古代文化艺术的接受。[2] 1912 年，瓦尔堡在罗马举行的"国际艺术史学大会"上宣读了著名的论文《费拉拉无忧宫的意大利艺术与国际占星学》(*Italian Art and International Astrology in the Palazzo Shifanoia, Ferrara*)。瓦尔堡借助古代、中世纪欧洲、阿拉伯、印度和文艺复兴时期的占星学文本与图像，揭示了无忧宫占星主题壁画中一些长期困扰艺术史家的寓意人像的身份。在文章最后，瓦尔堡表达了对当时主流的风格分析、鉴赏学等学科艺术史的不满和对一种新文化－艺术史的期许：

> 我希望我已表明，一项图像学分析如何能自由穿行而不畏惧边界

---

[1] Jacob Burckhardt, *Italian Renaissance Paintings according to Genres*, trans., by David Britt and Caroline Beamish, Los Angeles: Getty Publication, 2005.

[2] 近年来，学者们重新发现了瓦尔堡学术思想和研究的开创性意义与价值。瓦尔堡的文艺复兴艺术史研究深受人类学的影响，这使他得以在研究对象和方法上超出狭隘的"美术"的范畴，广泛考察了意大利文艺复兴时期的各种图像制品。关于瓦尔堡的研究，可参见 Aby Warburg, *The Renewal of Pagan Antiquity: Contributions to the Cultural History of the European Renaissance*, trans. by David Britt, Los Angeles: Getty Research Institute for the History of Art and the Humanities, 1999. 瓦尔堡学术思想和研究的权威解释，可参见 E. H. Gombrich, *Aby Warburg: An Intellectual Biography*, London: The Warburg Institute, University of London, 1970.

警察,能将古代、中世纪和现代作为一个历史整体——一项能将最纯粹的艺术和最实用的艺术同等地作为人类情感表达的文献,加以考察分析……我要做的与其说是寻找一个圆满答案,不如说是提出一个新问题:在意大利艺术中,人类表达风格的变化在多大程度上可被视为一个国际性的、对一直存在的东地中海异教文化的辩证介入(dialectical engagement)的一部分。[1]

瓦尔堡对意大利文艺复兴时期艺术的研究表现为一系列"微观文化史"。他广泛运用了私人信函、作坊档案、商业合同和遗嘱等资料,关注的对象也不限于木板画、架上画、壁画和大理石、青铜雕塑等"美术品",还广泛包括素描、版画、挂毯、日历插图、服饰、家具装饰、节日庆典装饰等临时性艺术。通过对特定艺术制品制作和使用的具体研究,瓦尔堡展示了艺术与社会文化的关联,揭示了文艺复兴时期意大利社会的一般特征。正如他那句著名的格言——"上帝存在于细节之中"(God is in the detail)。瓦尔堡的呼吁及其开拓性研究由一批德语学界的年轻学者继承和发展,如20世纪初新成立的汉堡大学艺术史教授埃尔文·潘诺夫斯基。潘诺夫斯基与瓦尔堡圈子的埃德加·温德等将瓦尔堡的方法提炼和简化为一种精致和高雅的艺术-思想文化史,即"图像学"(iconology)。[2] 他们

---

[1] Aby Warburg, *The Renewal of Pagan Antiquity*, pp. 585-586.
[2] 埃德加·温德是瓦尔堡的助手和图书馆管理员。"二战"爆发后,温德与瓦尔堡图书馆一起转移到伦敦,继续从事"图像学"研究,著有《文艺复兴时期的异教神话》(*Pagan Mysteries in the Renaissance*, 1934)。他与移居美国的潘诺夫斯基一起成为在英美学界传播和发展"图像学"的关键人物。潘诺夫斯基则可以说是"图像学"的真正创建者,他对中世纪和意大利文艺复兴时期异教图像的研究集中体现在1939年出版的《图像学研究:文艺复兴时期艺术中的人文主义主题》(*Studies in Iconology: Humanist Themes in the Art of the Renaissance*)和1960年出版的《西方艺术中的文艺复兴与历次文化复兴》(*Renaissance and Renascences in Western Art*)。意大利著名文化史家卡洛·金兹伯格强调温德的"图像学"与瓦尔堡的图像研究在目标和方法上的差异,参见 Carlo Ginzburg, "From Aby Warburg to E. H. Gombrich", in *Clues, Myth, and the Historical Method*, trans. by John and Anne Tedeschi, Baltimore: The Johns Hopkins University Press, 1992, pp. 17-59.

致力于探究中世纪和文艺复兴时期古代异教图像的延续、变形和"复兴",尤其注重将异教图像的研究与文本结合起来。正如潘诺夫斯基在其著名的《作为一门人文学科的艺术史》一文中指出的,这种"图像学"超越了辨析图像母题的传统"图像志"(iconography)而成了一门探究人的尊严和局限性的"人文学科"(humanitas)。[1] 应当说,"图像学"在将艺术史从狭隘的"鉴赏学"、风格分析塑造为一门具有普遍价值的人文学科方面做出了巨大贡献,但同时也应当看到,这种精英主义的艺术史不可能有对个体艺术家的严肃关注。"图像学"注重借助文本解读艺术品蕴含的哲学、历史、宗教和人文主义思想及价值观。其中,具有高雅文化趣味的赞助人及其博学的人文主义顾问成为关注的焦点,而艺术家很多时候仅仅成了精英拟定的书面方案的执行者。[2]

(四)社会-文化艺术史的兴起与艺术家的回归:20 世纪 30 年代至今

20 世纪早期,社会学兴起并对整个人文学科研究产生广泛影响。瑞士巴塞尔大学的艺术史家马丁·瓦克纳格尔 1938 年出版的《文艺复兴时期佛罗伦萨艺术家的世界》就是社会学与艺术史结合的早期典范。瓦克纳格尔也是用社会艺术史方法研究文艺复兴时期意大利艺术家的先驱。该书考察了 1420 至 1530 年佛罗伦萨艺术家的"社会环境"(lebensraum),即"影响艺术家存在、活动的所有经济物质的和社会文化的环境与前提的复杂体系"。[3] 其中,瓦克纳格尔从艺术工程、赞助人、作坊和艺术市场等方面考察了艺术家的工作、生活以及艺术品的制作和使用。瓦克纳格尔的研

---

[1] Erwin Panofsky, *Meaning in the Visual Arts*, Chicago: Chicago University Press, 1982, pp.1-2.
[2] 参见贡布里希在《图像学的目标和局限》一文中对潘诺夫斯基图像学的批评。(E. H. Gombrich, *Symbolic Images: Studies in the Art of the Renaissance II*, London: Phaidon, 1972, pp. 1-26.)
[3] Martin Wackernagel, *The World of the Florentine Renaissance Artists: Projects and Patrons, Workshop and Art Market*, trans. Alison Luchs, Princeton: Princeton University Press, 1981, p. 5.

究一举打破了环绕着文艺复兴时期艺术家的神圣光环,将艺术家还原为鲜活而真实的社会个体。

另一些艺术史家则受到马克思主义的影响,从经济基础和上层建筑、阶级斗争等角度研究文艺复兴时期的艺术和艺术家,代表性著作包括匈牙利学者弗雷德里克·安塔尔的《佛罗伦萨绘画及其社会背景》、阿诺尔德·豪塞的《艺术社会史》。[1] 美国学者米拉德·梅斯的《黑死病后的佛罗伦萨和锡耶纳绘画》也是依据社会变迁解释艺术的重要尝试。该书考察了黑死病引起的社会动荡和精神危机与14世纪意大利艺术风格演变的关联。[2] 马克思主义社会-艺术史虽被诟病为以论带史,[3] 但它们揭示了艺术和艺术家与社会的密切关联,祛除了环绕着艺术和艺术家的神圣光环,是对当时占主导的精英主义艺术史的一个有益矫正。

20世纪六七十年代,艺术史的"语境转向"(contextual turn)盛行,并取代鉴赏学、风格分析、图像学成为西方艺术史学的主流路径。美国艺术史家洛伦·帕特里吉对当时欧美艺术史研究的这一转向有深刻感受:

> 20世纪60年代早期……我很自然地受到西德尼·弗里德伯格的影响,他只关心通过鉴赏学和风格分析认识意大利文艺复兴时期绘画的视觉特征。我也曾在詹姆斯·阿克曼门下求学,他在不忽视风格问题的前提下,更注重根据功能和文化语境来分析文艺复兴时期的建筑。作为一个学生,我也怀着仰慕和敬畏的心情拜读了埃尔文·潘诺

---

[1] Frederick Antal, *Florentine Painting and Its Social Background*, Cambridge Mass: Harvard University Press, 1986; Anorld Hauser, *Social History of Art*, London: Routledge, 1999.

[2] Millard Meiss, *Painting in Florence and Siena after the Black Death*, Princeton: Princeton University Press, 1951.

[3] 贡布里希在豪塞的《社会艺术史》面世不久,便撰写长篇书评对其社会-艺术史进行了尖锐批评。他批评豪塞的研究是社会决定论和"艺术中反映的历史",认为豪塞为建构理论体系而不惜忽略或歪曲事实。参见 E. H. Gombrich, "The Social History of Art", in E. H. Gombrich, *Meditations on a Hobby Horse: And Other Essays on the Theory of Art*, London: Phaidon Press, 1985, pp. 86-94.

夫斯基渊博的图像学研究，我被告知（不管他们的意见多么不正确）：艺术品的大部分核心内容可以通过"细看"（close seeing）而获得。我那代人所接受的学科方法——鉴赏学、风格分析和图像学——对今天的研究仍有影响，不过人们更清楚地意识到其局限性。这些方法逐渐让位于阿克曼部分预期的情境方法（contextual approaches），这一方法扭转了文艺复兴艺术的研究和教学。……如果说我最初接受的鉴赏学、风格分析和图像学不再是文艺复兴艺术史研究的主导方法，那么主导的艺术史研究方法是什么？答案是一种多面的情境方法，这一方法试图用塑造了艺术家和观众共同世界观的文化传统、束缚和环境来理解艺术家和艺术作品。[1]

20世纪六七十年代的新社会艺术史研究除借鉴社会学的理论和方法，也受到新马克思主义、人类学、符号学、结构主义、解构主义以及后殖民主义和女性主义等社会文化思潮的影响。"语境转向"的一个重要表现是学者不再孤立地研究艺术家和艺术品，而将艺术家与赞助人、艺术生产和需求、制作和使用结合起来考察。英国艺术史家弗朗西斯·哈斯克尔1963年出版的《赞助人和画家：一项对巴洛克时期意大利艺术与社会关系的研究》是这一新社会艺术史路径的早期典范。[2] 该书聚焦于巴洛克时期意大利赞助人和画家的关系，强调了赞助人的个性、社会地位、财富以及政治和宗教期望对艺术生产的影响。该书至今仍是研究意大利巴洛克时期艺术史的经典之作。1970年，由钱伯斯主编的一部意大利文艺复兴时期艺术史原始资料集《意大利文艺复兴时期的赞助人和艺术家》，同样显示了对

---

[1] Loren Partridge, "Art", in Guido Ruggiero ed., *A Companion to the Words of the Renaissance*, Oxford: Blackwell, 2002, p.349, 353.

[2] Francis Haskell, *Patrons and Painters: A Study in the Relations between Italian Art and Society in the Age of Baroque*, New York: Knopf, 1963.

赞助人和艺术家工作实践的关注。该书通过 127 份涉及艺术订制的一手文献，如艺术家和赞助人签订的委托订制合同以及双方围绕订制艺术品的来往信函等，展示了这一时期意大利的艺术赞助和艺术家的工作实践。它们表明，赞助人在艺术生产中的作用和贡献至少与艺术家同等重要。[1] 英国艺术史家米歇尔·巴克森德尔的《15 世纪意大利的绘画和经验》是一项有关意大利文艺复兴早期艺术和社会的经典研究。巴克森德尔将艺术品视为赞助人和艺术家社会关系的"沉积物"，并提出了著名的"时代之眼"（period eye）的概念。这一概念颇似集体思维，强调了社会群体共享的社会文化传统对艺术制作和观看的影响。[2] 此外，著名文化史家彼得·伯克的《意大利文艺复兴时期的文化与社会》也是这一时期新社会艺术史的代表作。[3] 其中，伯克用计量学方法考察了 1420 至 1540 年 100 多位意大利艺术家的社会出身、职业训练、工作和生活以及与赞助人的关系等。

从 20 世纪八九十年代至今，社会－文化艺术史著作更是大量涌现。就意大利文艺复兴艺术史领域来说，通论性著作或论文集主要有：布鲁斯·科尔的《意大利艺术（1250—1550）：意大利艺术与生活和社会的关系》和《文艺复兴艺术家在工作》、[4] 狄亚娜·诺尔曼主编的《锡耶纳、佛罗伦萨和帕多瓦：1280—1400 年的艺术、社会和宗教》、[5] 埃芙林·魏尔希的《意大利的艺术与社会：1350—1500》、[6] 约翰·帕奥雷蒂和加里·拉

---

[1] D. S. Chambers, *Patrons and Artists in the Italian Renaissance*, London and Basingstoke: Macmillan and Co. Ltd, 1970.

[2] Michael Baxandall, *Painting and Experience in Fifteenth Century Italy: A Primer in the Social History of Pictorial Style*, Oxford: Oxford University Press, 1988.

[3] Peter Burke, *Culture and Society in Renaissance Italy, 1420-1540*, New York: Charles Scribner's Sons, 1972.

[4] Bruce Cole, *Renaissance Artists at Work: From Pisano to Titian*, New York: Harper & Row, 1983; *Italian Art 1250-1550: The Relation of Renaissance Art to Life and Society*, New York: Harper & Row, 1987.

[5] Diana Norman (ed.), *Siena, Florence and Padua: Art, Society and Religion, 1280-1400*, vol.1-2, New Haven: Yale University Press, 1995.

[6] Evelyn Welch, *Art and Society in Italy, 1350-1500*, Oxford: Oxford University Press, 1997.

德克合著的《意大利文艺复兴时期的艺术》等。[1] 美国文学史家斯蒂芬·格林布拉特在对文艺复兴时期英国文学的研究中提出的"自我塑造"（self-fashioning）观念，启发了很多艺术史家，促使他们去关注文艺复兴时期艺术家的自我塑造。[2] 如乔安娜·伍兹-马尔斯顿的《文艺复兴时期的自我肖像：身份的视觉建构与艺术家的社会地位》[3]、凯瑟琳·布朗的《画家的反思：文艺复兴时期威尼斯的自我肖像（1458—1625）》[4]、玛丽·罗杰斯主编的论文集《文艺复兴艺术中的身份塑造》[5]。

有些学者则沿着瓦克纳格尔开辟的道路，对文艺复兴时期艺术作坊的生产实践做了深入研究，如安娜贝尔·托马斯的《文艺复兴时期托斯卡纳地区画家的实践》、安德鲁·拉迪斯主编的《艺术手工业：文艺复兴和巴洛克时期意大利作坊的独创性与工业》与米歇尔·奥马利的《艺术业：文艺复兴时期意大利的合同与委托制作过程》等。[6] 其中，学者们运用雇佣合同、艺术品委托制作合同、合伙经营合同及艺术家租赁店铺、支付学徒和助手薪水、纳税等各种商业记录以及艺术家的遗嘱、财产清单等，考察了艺术家与赞助人的关系、收入状况、社会地位、职业训练等。其中，卡门·班巴赫和弗朗西斯·阿美斯-刘易斯还专门研究了临摹和素描在艺

---

[1] John Paoletti & Gary Radke, *Art in Renaissance Italy*, New Jersey: Prentice-Hall, 2002.（此书已有中译本：朱璇译：《意大利文艺复兴时期的艺术》，广西师范大学出版社 2005 年版。）

[2] Stephen Greenbratt, *Renaissance Self-Fashioning: From More to Shakespeare*, Chicago and London: Chicago University Press, 1980. 格林布拉特受人类学家克利福德·格尔兹的影响，在书中考察了文艺复兴时期英国六位学者和作家的"自我塑造"。

[3] Joanna Woods-Marsden, *Renaissance Self-Portraiture: The Visual Construction of Identity and the Social Status of the Artist*, New Haven and London: Yale University Press, 1998.

[4] Katherine Brown, *The Painters Reflection: Self-Portraiture in Renaissance Venice, 1458-1625*, Florence: Leo S. Olschki Editore, 2000.

[5] Mary Rogers (ed.), *Fashioning Identities in Renaissance Art*, Aldershot Vermont: Ashgate, 2000.

[6] Anabel Thomas, *The Painter's Practice in Renaissance Tuscany*, Cambridge: Cambridge University Press, 1995; Andrew Ladis (ed.), *The Craft of Art: Originality and Industry in the Italian Renaissance and Baroque Workshop*, Athens: The University of Georgia Press, 1995; Michelle O'Malley, *The Business of Art: Contracts and the Commissioning Process in Renaissance Italy*, New Haven and London: Yale University Press, 2005.

生产和艺术家职业训练中的作用。[1] 有些学者则关注了这一时期艺术家职业教育模式的变化，特别是作坊学徒制向现代艺术学院的转变。如尼古劳斯·佩夫斯纳的《美术学院的历史》、卡尔·哥德斯坦的《艺术教学：从瓦萨里到阿尔伯斯的学院与学校》以及卡伦尘埃迪斯·巴兹曼的《佛罗伦萨学院与近代国家：作为一门学科的"设计"》。[2]

另外，艺术赞助成为新社会艺术史的一个热门研究领域。研究充分展示了文艺复兴时期的艺术和艺术家与社会、文化、政治、宗教的密切关系。围绕艺术赞助涌现出许多重要的专题研究和论文集。[3] 荷兰艺术史学者布拉姆·肯珀斯的《绘画、权力和赞助：文艺复兴时期意大利职业艺术家的兴起》以艺术赞助为切入点，考察了这一时期团体和国家公共艺术赞助的重要性及其对艺术家政治和社会地位的积极影响。[4] 德国艺术史学者马丁·沃恩克则强调了文艺复兴时期君主和宫廷赞助对艺术家的影响。[5] 在《宫廷艺术家：论现代艺术家的起源》中，沃恩克认为现代意义的艺术家诞生于文艺复兴时期的宫廷而不是城市共和国。宫廷促进了艺术家摆脱

---

[1] Francis Ames-Lewis, *Drawing in Early Renaissance Italy*, New Haven: Yale University Press, 2000; Carmen Bambach, *Drawing and Painting in the Italian Renaissance Workshop: Theory and Practice, 1300-1600*, New York: Cambridge University Press, 1999.

[2] Nikolaus Pevsner, *Academies of Art: Past and Present*, Cambridge: Cambridge University Press, 1940; Carl Goldstein, *Teaching Art: Academies and Schools from Vasari to Albers*, New York: Cambridge University Press, 1996; Karen-edis Barzman, *The Florentine Accademy and the Early Modern State: The Discipline of Disegno*, New York: Cambridge University Press, 2000.

[3] 相关论文集重要的有：*Patronage in the Renaissance*, ed., Guy Fitch Lytle and Stephen Orgel, Princeton: Princeton University Press, 1982; *Patronage, Art, and Society in Renaissance Italy*, ed., F. W. Kent and Patricia Simons, Oxford: Canberra Clarendon Press, 1987; *With and Without the Medici: Studies in Tuscan Art and Patronage 1434-1530*, ed., Eckart Marchand and Alison Wright, Aldershot Vermont: Ashgate, 1998; *The Patron's Payoff: Conspicuous Commissions in Italian Renaissance Art*, ed., Johatan K. Nelson and Richard J. Zeckhauser, ed., Princeton and Oxford: Princeton University Press, 2008.

[4] Bram Kempers, *Painting, Power and Patronage: The Rise of the Professional Artist in Renaissance Italy*, translated from the Dutch (1987) by Beverley Jackson, London: The Penguin Press, 1992.

[5] Martin Warnke, *The Court Artist: On the Ancestry of the Modern Artist*, translated by David McLintock, New York: Cambridge University Press, 1993.

行会控制而获得"解放",并赋予艺术家荣誉、社会地位和文化特权,使他们从手艺人转变为现代意义的艺术家。

可以说,社会-文化艺术史的兴起已经极大地改变了意大利文艺复兴艺术史学的面貌。它拓展、深化和丰富了人们对这一时期艺术品、艺术家以及整个社会文化的认识。

本书的史料、方法和主旨

与欧美学界日新月异和不断发展的文艺复兴艺术史研究相比,国内的研究则显得严重不足和滞后。一方面,从事文艺复兴史研究的一般史学家通常绕开了这个专业领域,而研究西方艺术史的学者大都侧重于19世纪末以来的西方现代艺术史与艺术史学,刻意回避较早的艺术。就意大利文艺复兴时期来说,目前国内的研究仍处在译介阶段。[1] 当然,从事早期欧洲艺术史研究确实存在很多困难,特别是语言障碍和一手文本与图像资料的获得。但笔者认为,若因此而裹足不前,国内的西方艺术学研究将不可能获得真正发展。实际上,英美学界的意大利文艺复兴艺术学研究在各个

---

[1] 自20世纪八九十年代以来,国内学者重新开始对西方艺术学著作的翻译。其中,与意大利文艺复兴时期有关的主要包括:恩斯特·克里斯、奥托·库尔茨著,潘耀珠、邱建华译:《艺术家的传奇:一次史学上的尝试》,中国美术学院出版社1990年版;欧文·潘诺夫斯基著,戚印平、范景中译:《图像学研究:文艺复兴时期艺术的人文主题》,上海三联书店2011年版。其中,贡布里希的艺术史著作尤其成为国内学者译介的重点,包括:林夕、李本正、范景中译:《艺术与错觉:图画再现的心理学研究》,湖南科学技术出版社1999年版;李本正、范景中编选:《文艺复兴:西方艺术的伟大时代》,中国美术学院出版社2008年版。另外,贡布里希的经典名著《艺术的故事》也被翻译并多次再版,其《理想与偶像》《木马沉思录》等论文集也有中译本。另外,佩夫斯纳论述西方艺术学院的经典名著也被翻译,其中包含文艺复兴时期的艺术学院:陈平译:《美术学院的历史》,商务印书馆2016年版。即将出版的相关译著就笔者所知的有:大卫·萨默斯著、刘君译:《感觉的判断力》;萨缪尔·埃哲顿:《乔托的几何学遗产:科学革命前夕的美术与科学》等。与翻译相比,相关研究较少,重要的仅有:邵宏:《艺术史的观念》,中国美术学院出版社2003年版(其中有一章论述文艺复兴时期艺术家形象的塑造);邢莉:《自觉与规范:16世纪至19世纪的欧洲美术学院》,中国人民大学出版社2004年版;李宏:《瓦萨里和他的〈名人传〉》,中国美术学院出版社2016年版;李军:《可视的艺术史——从教堂到博物馆》,北京大学出版社2016年版。

方面并不逊色于意大利学界，甚至在艺术和社会的综合性研究和解释方面超过了意大利学者。因此，在一手档案的获得暂时无法得到实质性解决的情况下，把握欧美学者的研究并在此基础上形成自己的认识和解释不失为一种选择。了解西方艺术史的学者都深知意大利文艺复兴时期艺术史对整个西方艺术史学的意义。这一时期不仅是西方视觉艺术发展的黄金时代，更是艺术史学的诞生时期。实际上，直到19世纪末、20世纪初，意大利文艺复兴时期艺术史几乎是西方艺术史的代名词。这一时期的艺术品和艺术家构成了西方艺术史学的核心，这一时期的艺术理论、批评、史学观念和美学理想也一度主宰了人们对艺术和艺术家的认识。可以说，了解文艺复兴时期的艺术史是进行任何形式的西方艺术史和艺术史学研究的基础。笔者并不自诩本研究以一手档案为基础，但笔者尽可能地阅读和掌握了欧美学者的研究，并力图在此基础上形成有关意大利文艺复兴时期艺术、艺术家和社会文化的深入认识。

在研究方法上，笔者更多地偏向艺术社会史的路径，在汲取国内外既有学术成果的基础上，着重探讨文艺复兴时期艺术观念的变化、艺术创作机制的构成及其变化、文艺复兴社会如何转变对待艺术家的态度、艺术家自身如何发现自身的价值、艺术创作的理论化探索以及艺术教育的变化。一言以蔽之，本书要解答这样的问题：为什么艺术和艺术家在这一时期发生了前所未有的变化，这种变化对后世的意大利乃至欧洲的艺术发展又意味着什么？本书抛砖引玉，以期引起对意大利文艺复兴艺术史研究的关注。

第一章

传统图景中的艺术家

在西方艺术史上，对艺术的理解和认识很大程度上与人们对艺术家的态度，以及艺术家的身份和地位密切相关。文艺复兴时期艺术观念的新发展大都是在古代和中世纪的艺术理论和哲学框架内进行的。因此，在转入文艺复兴时期的艺术和艺术家之前，我们有必要了解一下古代和中世纪视觉艺术和艺术家的一般情况。

第一节　古代和中世纪的艺术观念及三门艺术在知识体系中的地位

在西方艺术史上，"艺术"（art）一词在不同时期具有不同的内涵。现代所谓大写的"艺术"（Art），即与手工艺和装饰艺术相对的五门高级"美术"（Fine Arts，包括绘画、雕塑、建筑、音乐、诗歌）的体系是18世纪才确立的。[1]相应地，古代和中世纪没有与手艺人相对的"艺术家"概念，绘画、雕塑和建筑从业者的地位和形象与手艺人毫无二致。因此，谈论古代和中世纪的艺术和艺术家是时代倒置的。但为了叙述方便，本书仍沿用这些约定俗成的概念。本章所谈论的艺术观念主要指社会文化精英有关绘画、雕塑、建筑的本质和意义的认识。

（一）古典时代的艺术观

在古希腊，与现代英语"art"一词最接近的词是"tekhne"，其拉丁语对应词是"ars"。这两个概念大致与"自然"相对，几乎涵盖了人类的

---

[1] 关于五门现代"美术"体系的确立，参见 Paul Oskar Kristeller, "The Modern System of Art", in Paul Oskar Kristeller, *Renaissance Thoughts and Arts*, Princeton: Princeton University Press, 1990, pp. 163-227.

一切科学技术活动。绘画、雕塑、建筑、音乐和诗歌是艺术，裁缝、烹饪等也是艺术。就其原初含义而言，tekhne 并非指一类特定物品，而主要指制作或从事某种活动所需之技巧或技能。不过，各种艺术并非平等，而是被进行归类和等级划分。[1] 其中，特定艺术在知识等级体系中的归属和位置，与其实践者的社会地位基本一致。古代的知识分类和等级体系有很多种，但实质上都围绕着一个核心区分，即理智性或脑力活动与体力活动的区分：越接近理智，地位越高；越靠近感觉，地位越低。这一标准显示了古代对体力劳动的根深蒂固的偏见。古代对绘画、雕塑和建筑及其从业者的态度和认识，都是在这一框架内展开的。

谈论古代的艺术观必须从柏拉图开始。虽然柏拉图未专门讨论艺术，更没有提出系统的艺术理论；但他常以视觉艺术，特别是绘画为例子或比喻，阐述其政治、社会或道德主张。由于柏拉图在西方思想文化上的深远影响，他对艺术的态度决定性地塑造了古代、中世纪乃至文艺复兴时期人们的艺术和艺术家的观念。[2] 柏拉图对视觉艺术的认识从属于其认识论体系。柏拉图重理智而轻感觉，认为终极的真实是"理念"世界，可感世界是对"理念"的摹仿或具体表现，而艺术又是对可感世界的摹仿，[3] 因而没有实质重要性。柏拉图在《理想国》第十卷举的有关床的著名例子，清楚地表达了他对视觉艺术和艺术家的认识：神创造床的理念，木匠按照理念制作了床的具体摹本，画家摹仿木匠的床制作了床的图像，因而画家的床离"自然隔着三层"。柏拉图认为图画只是外形的摹仿，画家画鞋匠和木

---

[1] 关于古代科学和艺术活动的分类，参见瓦迪斯瓦夫·塔塔尔凯维奇著、刘文潭译：《西方六大美学观念史》，上海译文出版社 2006 年版，第 56—60 页。
[2] 著名艺术史家埃尔文·潘诺夫斯基在其 1924 年出版的《理念》一书中，就柏拉图的"理念"与古代、中世纪以及文艺复兴时期艺术理论的关联做了梳理。参见 Erwin Panofsky, *Idea: A Concept in Art Theory*, trans., by J. S. Peake, Columbia: University of South Carolina Press, 1968.
[3] 柏拉图并非首个使用"摹仿"（mimesis）这一概念的人，这个词的含义也与现代"复制"有很大差异。在柏拉图那里，这个词主要指对外界的被动而忠实的临摹。对于"摹仿"这一观念从古代到文艺复兴时期的内涵，参见瓦迪斯瓦夫·塔塔尔凯维奇：《西方六大美学观念史》，第 274—283 页。

匠，但对其手艺一无所知。[1] 总体而言，柏拉图对视觉艺术的态度是消极的。不过，他有时也暗示了一种更积极的艺术观。如他曾在《理想国》第六卷将哲学家塑造的理想国比作一幅"最美的画"，暗示绘画在某种意义上可以观望理想世界，成为对理想世界的"阐释"。[2] 柏拉图对诗歌和诗人的态度同样矛盾。一方面，他明确把诗人驱逐出理想国，但在《伊安篇》和《斐德若篇》中他又高度赞许一种具有神圣灵感或"迷狂"的诗人："凡是高明的诗人，无论在史诗或抒情诗方面都不是凭借技艺来做成他们的优美的诗歌，而是因为他们得到灵感，有神力凭附着……不得到灵感，不失去平常理智而陷入迷狂，就没有能力创造，就不能作诗或代神说话。"[3] 由于柏拉图在《理想国》中多次将诗人与画家类比，将两者的工作同视为摹仿性艺术，因此他对诗人的观念似乎暗示了某种艺术家形象的新前景。但事实上，柏拉图明确区分了两种诗人，即遵从技巧和规则的诗人与具有神圣灵感的诗人。他是在批评第一种诗人时将其与画家类比的："他有两点类似画家，头一点是他的作品对于真理没有多大价值；其他，他逢迎人性中低劣的部分。"[4] 总之，在柏拉图那里具有神圣灵感的天才与艺术家毫无关联，柏拉图的思想只有经过古典时代晚期和文艺复兴时期新柏拉图主义者的发展或重新解释后，才能对视觉艺术产生积极的影响（参见本书第五章第一节）。

作为西方古典哲学另一大支柱的亚里士多德对西方的艺术观同样具有深远的影响。与柏拉图不同，亚里士多德对西方艺术观念的影响从长远来看是积极的。这主要表现在以下几个方面。首先，亚里士多德的认识论高度肯定经验性知识和客观事物，因而虽然亚里士多德接受了柏拉图将诗

---

[1] 柏拉图著、朱光潜译：《柏拉图文艺对话集》，商务印书馆2013年版，第67—70页。
[2] David Summers, *The Judgement of Sense: Renaissance Naturalism and the Rise of Aesthetics*, London: Cambridge University Press, 1987, p. 32.
[3] 柏拉图：《柏拉图文艺对话集》，第7—8页。
[4] 同上书，第81页。

歌和绘画视为摹仿性艺术的观念，但他对摹仿性艺术的态度是积极和肯定的。亚里士多德认为摹仿是人的天性和人有别于动物的区别性特征，是人获取知识的重要途径。其次，亚里士多德在《诗学》和《修辞学》中对诗歌的本质、目标、功能和价值做了系统阐述。虽然亚里士多德并未认真关注视觉艺术，但他常在积极的意义上将诗人与画家类比。到文艺复兴时期，随着亚里士多德《诗学》的被"发现"，其诗学理论成为欧洲学者和艺术家建构视觉艺术理论的重要参照。[1] 最后，亚里士多德还肯定人的各种感觉以及想象力、记忆等官能在获取知识方面的价值和意义。他在《论灵魂》《论感觉和被感觉的》《论记忆和回忆》等著作中对此做了深入讨论。由于视觉艺术特别与感觉相关，因而他对人类感觉和官能的肯定为文艺复兴时期视觉艺术和艺术家地位的提高提供了重要条件。[2]

除亚里士多德外，较早时期的希腊学者色诺芬也曾在《回忆苏格拉底》中表达了一种积极的艺术观。在书中，苏格拉底问一位画家："如果一个艺术家在寻找完美无瑕的模特儿时遇到了困难，是否不应该把个别的美的特征——这种美可以在许多人身上找到——集中到一个人身上，从而产生一个完美的形象？"[3] 这意味着，艺术可以是对自然的改进或创造性摹仿，而并非肤浅的复制。不过，总的来说，对视觉艺术的积极态度直到古典时代晚期才发展起来。也是在这一时期，视觉艺术和艺术家首次成为严肃关注的对象。

出自艺术家或学者之手的与视觉艺术有关的文献，无论数量还是种类

---

[1] 在16世纪至18世纪发展起来的密切摹仿亚里士多德诗学理论的"人文主义绘画理论"，通过艺术学院的支配性地位，对欧洲艺术理论和实践都产生了重要影响。对这一传统的权威研究，参见 Rensselaer W. Lee, "Ut Pictura Poesis: The Humanistic Theory of Painting", in *The Art Bulletin*, vol. 22, no. 4 (1940), pp. 197-269.

[2] 有关亚里士多德的思想，尤其是其官能心理学对西方视觉艺术理论和实践的影响，参见 David Summers, *The Judgement of Sense: Renaissance Naturalism and the Rise of Aesthetics*, London: Cambridge University Press, 1987.

[3] 恩斯特·克里斯、奥托·库尔茨：《艺术家的传奇：一次史学上的尝试》，第39页。

都大大增加。一方面，人们开始通过艺术家的传记、旅游指南、"图说"[1]等记录和描述主要城市的重要艺术家和艺术品；另一方面，视觉艺术的本质、价值和功能也成为严肃思考的对象。公元前4世纪，雅典雕塑家色诺克拉特斯写了一本论雕塑艺术的书，比较深入地讨论了一些纯粹的艺术问题，如比例、节奏、技术及有关光学的问题，他因此被一些历史学家称为"艺术史之父"。[2] 公元前3世纪，萨摩斯的僭主杜里斯撰写了西方历史上第一本艺术家传记《希腊雕塑家传》。该书未能流传下来，但部分内容通过罗马作家的转录保存下来。公元2世纪，鲍桑尼阿斯为前往希腊的罗马游客写的旅游手册《希腊见闻》也记录和描绘了许多希腊城市的著名雕塑和建筑。除此之外，专门针对视觉艺术的理论和哲学性著作也发展起来。公元2世纪，人称"克里斯托姆斯"（Chrysostomus，意为"金嘴"）的普鲁萨的雄辩家迪奥对雕塑艺术做了认真思考。他指出，人们心灵中诸神的形象有四个来源：个人灵魂中的内在图像、诗人的描绘、立法者的赐予、艺术家的创造。迪奥认为，艺术家的活动具有创造性，"创造性艺术家"与诗人、哲学家一样，都是神圣本质的解释者。在迪奥看来，艺术家的创造活动可与神创造世界媲美，宙斯"事实上是第一个和最完美的制造者"，他塑造宇宙的方式就像雕塑家的工作。[3] 公元3世纪初，老菲洛斯特拉图斯[4]进一步指出艺术家创造的诸神形象来自艺术家的想象。在虚构的《阿波罗尼乌斯的生平》（*The Life of Apollonius of Tyana*）中，一个弟子

---

[1] "图说"（ekphrasis）是指用语言文字对一件真实的或想象的艺术品声情并茂的描绘，最早的例子是《荷马史诗》中对阿喀琉斯之盾的描绘。希腊化时代和古罗马时期一些作家将其发展成一种独特的文类。由于古希腊的绘画和雕塑作品大部分失传，"图说"成为文艺复兴时期的学者和艺术家了解和再现古代艺术品的重要资料。关于"图说"，参见 S. L. Alpers, "Ekphrasis and Aesthetic Attitude in Vasari's Lives", in *Journal of the Warburg and Courtauld Institutes*, Vol. 23, No.3/4 (1960), pp.190-215.

[2] Udo Kultermann, *The History of Art History*, p. 2.

[3] Moshe Barasch, *Theories of Art, 1: From Plato to Winckelmann*, London: Routledge, 2000, pp. 26-27.

[4] 老菲洛斯特拉图斯还写了一本《画记》（*Eikones*），对那不勒斯一处别墅的64幅画做了"图说"式的描绘。在前言中，他为初学绘画者提供了一个视觉艺术的理论体系，指出了每种艺术的特点；他还对雕塑做了分类，如大理石雕塑、青铜雕塑、象牙雕塑和宝石雕刻等，并将其与不同绘画进行比较。

问阿波罗尼乌斯:"你们的菲迪亚斯和普拉克西特列斯是到天堂画了诸神的形象?还是通过其他方式获得了表现诸神的技能?"对此,阿波罗尼乌斯回答:"想象是比摹仿更聪明的老师,是它创造了这些塑像。摹仿表现可见的,而想象却能表现看不见的。"[1] 活跃于3世纪的修辞学家卡里斯特拉图斯亦非常关注艺术,他曾对13件古代雕塑做了详细的描述,还率先将柏拉图所说的"灵感"用于雕塑家:"并非只有诗人和散文家——当来自诸神的力量降临到他们的舌头上——的艺术才受到启发,雕塑家——当他们被一种神圣灵感的天赋攫住——也会表达充满了疯狂的创造。斯考帕斯就是这样为某种灵感所驱使,将神性迷狂灌注在他的雕塑中。"[2] 对视觉艺术和艺术家的推崇到新柏拉图主义者普罗提诺那里达到一个顶峰。普罗提诺认为菲迪亚斯并非依照任何自然界中的模型塑造了宙斯的形象,而是依照他头脑中的"形式"。艺术家头脑中的"形式"并非仅仅主观臆想,而是这位神真实"本质"的某种启示。在他看来,正如诗人可以通过神性"迷狂"获得神的意旨,艺术家亦能通过想象和心灵的洞察力通达神的"精神"。[3]

古罗马时期,古希腊时代对艺术和艺术家的消极态度得以延续下来。在社会文化精英中盛行的收藏和复制希腊艺术的热情,并未改变将艺术家视为卑下的体力劳动者的观念。普鲁塔克的话很有代表性:"没有一个受过教育的青年因看到奥林匹亚的宙斯或阿尔果斯的赫拉而慷慨到渴望成为菲迪亚斯或波利克里图斯,艺术品以其优美取悦你,并不就是说制作艺术品的人值得你尊敬。"[4] 正是由于这种偏见,古罗马作家塞尼卡、琉善、西塞罗、昆体良等虽都提及艺术,却没有进行系统关注。他们仰慕往昔的古希

---

[1] Moshe Barasch, *Theories of Art*, 1: *From Plato to Winckelmann*, p. 28.
[2] Moshe Barasch, *Theories of Art*, 1: *From Plato to Winckelmann*, p. 34.
[3] 恩斯特·克里斯、奥托·库尔茨:《艺术家的传奇:一次史学上的尝试》,第39—40页。
[4] Moshe Barasch, *Theories of Art*, 1: *From Plato to Winckelmann*, p. 24.

腊艺术和艺术家，但对自己时代的艺术和艺术家却几乎不置一词。

例外的是自然史家老普林尼和建筑师维特鲁威。老普林尼在《自然史》第33至36卷中谈到金属、黏土和矿物材料以及石材的性质和功能时，附加了希腊著名画家和雕塑家的传记。他依据希腊化时代的文献，呈现了一幅有关希腊艺术和艺术家的理想画面。其中，不仅艺术活动（绘画）被尊为自由学科，而且艺术家也备受尊敬和关注。到文艺复兴时期，对老普林尼文本的重新"发现"对当时的艺术观念和艺术家形象产生重要影响。[1] 维特鲁威是公元前1世纪左右的罗马著名建筑师，其《建筑十书》既包含职业艺术家关心的技术性问题，也有对建筑的功能以及社会、道德、审美价值等的理论思考。维特鲁威还在书中塑造了一种与当时主导的手艺人－艺术家不同的艺术家形象，即作为社会精英的"博学的艺术家"。维特鲁威指的是建筑师，不过，到文艺复兴时期，他的艺术家理想逐渐扩展到画家和雕塑家，对艺术家身份和形象的重构产生了重要影响。

（二）中世纪的艺术观

欧洲中世纪是西方视觉艺术，尤其是建筑史上的一个黄金时代，却是艺术观念和艺术家的一个黑暗时代。古典时代晚期对视觉艺术和艺术家的积极态度被彻底遗忘，对体力劳动由来已久的偏见，以及基督教对图像的怀疑，都对视觉艺术和艺术家产生了消极影响。在东罗马帝国，人们对使用图像的合理性始终怀有疑虑。公元8世纪到9世纪初的"圣像破坏运动"是这种情感的极端表现。期间，许多重要的基督教绘画和雕塑遭到破

---

[1] 老普林尼的《自然史》在中世纪并未失传，但中世纪学者感兴趣的主要是他关于人种及植物、动物的医学功效等的内容。到文艺复兴时期，其中对古代艺术和艺术家的记载才被"发现"。参见 Sarah McHam, *Pliny and the Artistic Culture of the Italian Renaissance*, New Haven: Yale University Press, 2013, pp. 4-5.

坏。即便圣像的支持者对图像的辩护也几乎与艺术本身无关。在他们看来，图像是宗教崇拜物，其意义和合理性在于与超验世界的神秘关联。对图像的这种态度严重制约了艺术家的自主性。在公元 787 年第二次尼西亚公会会议上，女皇伊琳娜指出："图像的形式不是画家发明的，而是来自天主教会的传统和严格立法。构图以及这一传统本身都与画家无关，画家只是负责将其制作出来，他们要听从教父们的命令和安排。"[1] 因此，在拜占庭虽然宗教图像最终被允许继续存在，但遵从传统和规范日益重要，艺术家只能以获准的方式表现基督或圣母，艺术创作受到很大限制。[2]

在拉丁基督教的西方，教会从教化的立场肯定了艺术存在的合理性。由于中世纪欧洲基督徒识字率和教育水平极其低下，用图像传达基督教教义似乎显得特别重要。教宗格里高利一世在公元 7 世纪初指出，教堂里使用壁画的理由应是："当那些不识字的人看到它们，他们可以在墙上读到无法从书中获得的东西。"[3] 在中世纪欧洲，艺术品的生产和使用大都围绕祭坛、祈祷室和陵墓，用于赞美或感恩上帝，或荣耀教会和世俗贵族赞助人，其制作者通常都被忽视了。[4]

中世纪有关视觉艺术和艺术家的记载非常少，有关视觉艺术的理论思考更是匮乏。相关文献大致有两类：一类是知识精英的言论；一类是作坊文献。第一类大都来自中世纪盛期和晚期，主要涉及建筑（即教堂和修道院，偶尔也提到作为建筑装饰的雕刻和绘画）。这些文献中很少出现艺术家的名字。有些文献确实提到教堂的"建筑师"（aedificatus），但这个词通常指

---

[1] John Larner, "The Artist and the Intellectuals in Fourteenth Century Italy", in *History*, vol. 54 (1969), p.14.
[2] 贡布里希：《艺术的故事》，第 138 页。
[3] John Larner, "The Artist and the Intellectuals in Fourteenth Century Italy", in *History*, vol. 54 (1969), p.14.
[4] 乔治·杜比指出了中世纪艺术的三种功能：大部分是为了赞美和感谢上帝作为奉献物制作的，并旨在以此获得上帝的宽恕和神恩；作为媒介促进与永恒世界的交流；肯定权力，即歌颂上帝及上帝的仆人——军事贵族和富人的权力（Georges Duby, *Art and Society in the Middle Ages*, trans., by Jean Birrell, London: Polity Press, 2000, pp. 1-3）。

赞助人，而不管赞助人是否实际设计了建筑。[1] 建造教堂的荣誉归于赞助人并最终给予上帝——宇宙的终极建筑师。上帝-建筑师的观念在中世纪非常流行，比如一些中世纪手稿插图中上帝手拿圆规的建筑师形象（图1）。[2]

12世纪本笃会修士奥斯提亚的利奥在其《卡西诺山修道院编年史》中记录了该修道院的改建和扩建。他将这些功绩归于修道院的院长德西德利乌斯，而对实际参与建筑和装饰的艺术家则略而不谈，只提到德西德利乌斯"派人到君士坦丁堡请来一些精通镶嵌画和铺砌地面的艺术家，负责装饰半圆室、拱门和门厅，其他人负责用各种石料铺砌整个教堂的地面。"[3] 有些文献确实提到了艺术家的名字，但对艺术家的态度未超出熟练工人的范畴。12世纪坎特伯雷的格尔瓦斯在记载该教堂的修复工程时提到两个建筑师：一个是法国人威廉，"作为一个工人，既精通木工也精通石匠活"；一个是英国人威廉，"身材矮小，但精通多种技术，且机灵、诚实"。[4]

中世纪的人们对艺术品的审美特性也并非无动于衷。正如翁贝尔托·艾科指出的，中世纪的禁欲苦修恰恰体现了包括艺术品之美在内的世俗诱惑与对超验世界的追求之间的张力。[5] 一个最著名的例子是12世纪法国圣德尼修道院院长絮热。在任院长期间，絮热对修道院做了大规模重建，并用大量金属和宝石工艺品、花瓶、染色玻璃、珐琅制品、昂贵织物等装饰。絮热被这些物品的华丽和美深深吸引。正如潘诺夫斯基指出的，絮热在《论祝圣仪式》（De consecration）中对修道院中绘画、雕刻和其他珍宝的描绘表明，"他对教会仪式所做的反映大部分都是审美的"。[6] 比如，

---

[1] Nikolaus Pevsner, "The Term 'Architect' in the Middle Ages", in *Speculum*, Vol. 17, No. 4 (1942), p. 553.

[2] 上帝的宇宙建筑师形象的一个重要来源是《圣经》。《圣经》中曾把上帝比作教会的建筑师，圣保罗也被说成是奠定基督教信仰的建筑大师。

[3] Elizabeth Holted ed., *A Documentary History of Art*, Vol. I, New York: Doubleday Anchor Books, 1957, p. 13.

[4] Elizabeth Holted ed., *A Documentary History of Art*, Vol. I, pp. 55, 58.

[5] Umberto Eco, *Art and Beauty in the Middle Ages*, trans., by Hugh Bredin, New Haven: Yale University Press, 2002, p. 6.

[6] E. Panofsky, *Meaning in the Visual Arts*, p. 121.

图1 《上帝是宇宙的最高建筑师》

对于修道院大门上的浮雕，他提醒人们"不要惊叹它的黄金和豪华，而要赞叹他的技艺"。[1] 絮热的对手、克莱沃的圣伯纳德谴责在教堂中使用多余的和过于奢华的装饰，这是因为他对艺术的表现力和感染力有深刻认识："在修道院，为什么那些专心读书的修士不得不面对这些荒诞的奇形怪状之物？这种畸形的美，这种优美的畸形物有何意义？那些不洁的猴子？狂野的狮子？怪诞的羊人？半人怪物？……这里有这么多奇妙和丰富迷人的形象，结果大理石中可读的东西比书中都多，一件作品就足以让你花费一整天时间去惊叹和欣赏，而不是沉思上帝的律法。"[2] 但对艺术品的这种审美态度至少理论上是被禁止的。甚至絮热也不得不从宗教角度为自己辩护，指出艺术品物质性的"光"会通过精神启示照亮观众的心灵，使人们的心灵从物质升华到崇高的真理："黄金大门规定了接受光明的方式：愚钝的心智从物质中升腾、迈向真理，一旦见到光明，它就能够从沉迷中苏醒。"[3]

中世纪涉及视觉艺术的另一类文献是作坊技术手册和"范本"（model book）手册。中世纪盛期，随着城市的兴起、宗教热情的勃发，出现了兴建大教堂的热潮。艺术品的种类、数量都不断增加，艺术工程也日益复杂。仅靠传统的口耳相传已经不能适应这种情况，这就迫使作坊将不同艺术领域的知识收集起来并用文字记录下来。已知最早的技术手册是10世纪《赫拉克利乌斯论色彩和罗马人的艺术》（*Heraclius on Colours and Arts of the Romans*）。书中谈论了制作颜料、彩绘玻璃、切割半宝石及处理金属的工艺和程序等，但几乎完全局限于对制作技术的描述。[4] 另一个例子是12

---

[1] Umberto Eco, *Art and Beauty in the Middle Ages*, p. 8.
[2] Moshe Barasch, *Theories of Art, 1: From Plato to Winckelmann*, p. 96.
[3] E. Panofsky, *Meaning in the Visual Arts*, p. 131.
[4] Moshe Barasch, *Theories of Art, 1: From Plato to Winckelmann*, pp. 72-74.

世纪西奥菲鲁斯的《论艺术》(*The Various Arts*)。[1] 正如作者指出的,"如果认真阅读这本书,你会发现希腊人有关各种色彩及其混合调配的技术,俄罗斯人制作珐琅和乌银镶嵌的技术,托斯卡纳人制作玻璃镶嵌画和各种珐琅制品的技术,阿拉伯人熔化、锻造和镂刻金属的技术,意大利人制作黄金装饰品、花瓶及宝石和象牙雕刻品的技术,法国人喜爱的各种昂贵玻璃窗的技术,德国人制作黄金、银、黄铜、铁及木头和石头制品的技术。"西奥菲鲁斯是位职业艺术家,曾为欧洲许多重要的修道院工作,后来成了一名本笃会修士。他在书中表达了一个艺术家对自己及行业的认识:"我,西奥菲鲁斯,一个谦卑的牧师,上帝的仆人的仆人,一个不配有修士之名和职业的人,希望通过体力劳动和对新奇事物的愉快沉思,克服头脑的懒惰或灵魂的游荡,送上对天堂恩赐的回报……"[2] 此类技术手册直到意大利文艺复兴时期都很流行。14世纪末、15世纪初佛罗伦萨画家切尼诺·切尼尼的《艺人手册》(*The Craftsman's Handbook*)仍属于这种技术文献。不过,切尼尼对画家和绘画的认识与西奥菲鲁斯已经截然不同,意大利人文主义者和作家倡导的新艺术观已经开始对他产生影响(对此,我们将在第五章详细讨论)。

"范本"主要涉及特定题材或母题,如动物、植物、圣像等。它们可能是纯文字描述,也可能是附有简单文字说明的草图或素描。如13世纪前后的《瑞恩范本手册》(*Model Book of Reun*)和哥特式艺术家维拉尔·德·奥内库尔的《速写本》(*Sketchbook*)中有各种真实的和想象的动物、植物以及人像的素描。维拉尔的所谓"速写"并非现代意义的"写生"素描。事实上,范本中的草图或素描大都来自既有艺术品或其他范

---

[1] 西奥菲鲁斯并非职业艺术家,而是个有一定学识的希腊人。他曾在许多修道院和宫廷工作,后来成了一名本笃会修士,取名鲁格鲁斯。他工作过的许多修道院都是当时欧洲著名的知识和艺术中心,如海根斯堡的圣埃梅拉姆院、圣高尔修道院、熙隆的圣潘达雷昂等,这为他撰写该书提供了很大便利。(Elizabeth Holted ed., *A Documentary History of Art*, Vol. I, p. 1.)

[2] Elizabeth Holted ed., *A Documentary History of Art*, Vol. I, p. 2.

本。书中有一幅狮子的迎面像素描旁边确实注明"要明白这是根据实物画的",但正如贡布里希指出的,这幅素描也主要来自既有公式而非真正的写生(图2)。[1]

总之,无论技术手册还是范本都直接与作坊生产活动直接有关,而缺乏对艺术的本质、功能、价值和一般规则的理论思考。技术性和实用性的作坊文献与知识界有关视觉艺术的记载表明,中世纪人们对艺术品的宗教、社会或其他实用性功能的关注压倒了对其本身的审美兴趣。古代和中世纪对视觉艺术和艺术家的观念,在这一时期的知识分类体系中有清楚的表现。

(三)三门视觉艺术在知识体系中的位置

古代和中世纪学者对艺术和知识做过许多不同的等级分类,其中比较重要的是"自由艺术"(liberal arts)和"技工艺术"(mechanical arts)的区分。自由艺术通常与自由人、美德、理智联系在一起,技工艺术则与奴隶、体力劳动及感觉、经验联系在一起。在这一分类中,三门视觉艺术主要与后者相关。显然,知识的分类也是一种社会区分。西塞罗经常谈论自由艺术,但他并没有提出一个明确的自由艺术体系。古典时代晚期的马尔提亚努斯·卡佩拉比较明确地提出了七门自由艺术的体系:语法、修辞、雄辩术、算术、几何、天文、音乐。[2] 这个体系并不包括视觉艺术。中世纪延续了古代的包罗万象的艺术概念,"艺术"(ars)主要指一套知识,或

---

[1] 贡布里希:《艺术与错觉:图画再现的心理学研究》,第55页。
[2] Paul O. Kristeller, "The Modern System of Art", in Paul O. Kristeller, *Renaissance Thoughts and Arts*, Princeton: Princeton University Press, 1990, p. 173. 关于文艺复兴时期自由艺术的讨论以及绘画、雕塑和建筑在知识体系中的地位,还可参阅 Claire Farago, "The Classification of the Visual Arts in the Renaissance", in Donald Kelley and Richard Popkin, eds., *The Shapes of Knowledge from the Renaissance to Enlightenment*, Boston: Kluwer Academic Publishers, 1991, pp. 23-47.

图 2 《维拉尔·德·奥内库尔的狮子素描》

一系列可传授的规则组成的体系。中世纪也继承了自由艺术的概念和体系，将其进一步划分为"三艺"（即语法、修辞、逻辑）和"四艺"（算术、几何、天文、音乐）作为大学基础教育的内容。同时，一些中世纪学者针对自由艺术提出了对应的七种技工艺术，即满足人类生活必须的七种最重要的技术和活动。圣维克多修道院的休列出的七门技工艺术被广为接受，即编织、装备、航海、农业、狩猎、医学和戏剧。其中，建筑、绘画和雕塑的不同分支被放在"装备"下。[1] 13 世纪中期，罗伯特·基尔沃比对休的体系做了调整，其中建筑取代戏剧成为一门独立的技工艺术，反映了这一时期建筑重要性的凸显。[2]

总的来说，在古代和中世纪的知识分类体系中，绘画、雕塑和建筑的地位都是比较低的。三门艺术不仅不属于理智和精神性的自由艺术，甚至在实用性和技术性的技工艺术中也处于从属地位。[3] 这一情况与下面要谈论的古代和中世纪艺术家的社会文化地位基本一致。

第二节　手艺人与英雄：古代和中世纪的艺术家形象

在古代和中世纪，精英对三门视觉艺术的态度总体而言是消极的。即便他们有时从宗教的、社会的、道德的甚至审美的角度赞美艺术品，但通常依旧鄙视其制作者。

---

[1] Paul O. Kristeller, "The Modern System of Art", in Paul O. Kristeller, *Renaissance Thoughts and Arts*, p. 175.

[2] David Summers, *The Judgment of Sense: Renaissance Naturalism and the Rise of Aesthetics*, Cambridge: Cambridge University Press, 1987, p. 257.

[3] 也有例外，如古代作家瓦罗和维特鲁威主张建筑是自由艺术，而老普林尼和盖伦则认为绘画应是自由艺术（Paul O. Kristeller, "The Modern System of Art", in Paul O. Kristeller, *Renaissance Thoughts and Arts*, p. 170）。

（一）古典时代的艺术家形象

古罗马学者塞尼卡坦言，虽然我们崇拜神像并向它们奉献祭品，但我们却鄙视制作它们的雕塑家。琉善也告诫青年不要从事雕塑艺术："成为一个雕塑家能带来的好处是……只会成为一个用手工作的人……当然，你也会成为一个菲迪亚斯或波利克里图斯，创造出许多美妙作品；但即便如此，虽然你的艺术会得到普遍赞美，但任何有理智的观众会不想成为你这样的人。不管你的品性究竟如何，你总会被看作一个用手谋生的普通手艺人。"[1] 艺术家灰暗的形象早在《荷马史诗》中已有体现。神界的艺术家、锻造之神赫怀斯托斯形象极不光彩：瘸腿、满身油烟，常常成为其他神嘲笑和戏弄的对象。

在实际生活中，希腊艺术家的社会地位也是不乐观的。在主要由农民－战士构成的希腊城邦，城邦的政治价值观占主导地位，绘画、雕塑、建筑的从业者与其他手艺人通常遭到鄙视。手工艺活动被视为"赚钱谋生的"，被认为有害身体和头脑。手艺人的社会地位与奴隶相差无几。事实上，很多手艺人本身就是奴隶，这一事实进一步强化了对手艺人的社会偏见。艺术赞助和艺术品的功能也对艺术家构成了严重制约。在古希腊城邦，重要的艺术工程大都是城邦赞助的，建筑、雕塑和绘画无不服务于具体的政治、宗教和社会目标，艺术家能自由发挥的空间很有限。比如有位雅典画家因在一幅表现马拉松战役的画中将希腊人画得比波斯人小而被罚款。[2] 画家这样做是出于表现空间的需要，但城邦的利益显然更重要。就艺术家本人来说，虽然早在公元前6世纪的古风时期就有艺术家在陶器

---

[1] Moshe Barasch, *Theories of Art, 1: From Plato to Winckelmann*, p. 24.
[2] Jeremy Tanner, *The Invention of Art History in Ancient Greece*, Cambridge: Cambridge University Press, 2009, p. 150.

和雕塑作品上签名，有些人甚至制作了自己的肖像，但这些签名和肖像主要表达艺术家对精湛技艺的自豪，他们对自身的认识很少超出手艺人的范畴。[1]

直到古典时代晚期和希腊化时期，随着社会结构、政治组织以及艺术赞助模式、艺术品功能的变化等，艺术家的社会地位和形象才有了变化。[2] 有些艺术家凭借才华获得了很大的社会成功，以致在时人眼中他们已经不再是一般意义的手艺人，而是带有传奇色彩的英雄。艺术家传记的出现突出表现了这一时期艺术家的崛起，如前面提到的萨摩斯岛的僭主杜里斯撰写的希腊著名画家和雕塑家的传记。老普林尼在《自然史》中有关古希腊画家和雕塑家的记载很多就来自杜里斯。在书中，老普林尼呈现了一幅希腊艺术和艺术家的光辉画面。他指出，在古希腊，艺术和艺术家备受推崇，不仅绘画被列为"自由艺术"，是贵族子弟教育的内容，[3] 而且杰出艺术家也很受尊崇。这些记载中最引人注目的是围绕艺术家的各种"轶事"。以轶事方式讲述艺术家的生平本身就不同寻常。因为在古代文学传统中，轶事通常与重要人物或英雄联系在一起。"轶事会加深我们对这种人物的理解，从而使我们更容易认识他们。因此，与英雄有关的轶事通常总是会被看作这个英雄的'正'史中的光彩所在。它们显示了伟大人物身上普通人的弱点，或是从一个新的、令人意想不到的角度来显示他的机敏。"[4] 总之，通过轶事，艺术家被建构成了文化英雄。老普林尼讲述的许多艺术家

---

[1] Jeremy Tanner, *The Invention of Art History in Ancient Greece*, pp. 153-154.

[2] 这一时期，城邦对艺术活动的垄断被打破，君主和富有贵族的个人赞助越来越重要，赞助人和消费需求的多样化大大提高了艺术家的市场价值，这无疑有助于艺术家社会地位和职业形象的改善。参见 Jeremy Tanner, *The Invention of Art History in Ancient Greece*, pp. 171-173.

[3] 老普林尼在谈及西锡安画家尤波母普斯时指出："由于他的影响，先是在西锡安，接着在整个希腊，自由出身的孩子开始接受素描教育，这是以前的教育中没有的，艺术进入自由艺术的前列……"（Pliny, *Natural History*, IX, trans. Rackham, Cambridge Mass: Harvard University Press, 1961, pp. 317-318.）

[4] 恩斯特·克里斯、奥托·库尔茨：《艺术家的传奇：一次史学上的尝试》，第 11 页。

的轶事已经成为西方艺术写作，尤其是艺术家传记中经久不衰的遗产。[1]

大致来说，在老普林尼的描述中，艺术家的"英雄化"主要表现在以下几个方面：

首先是自学成才。"自学成才"的母题可能反映了此前艺术家文献记载的缺乏，也从另一个方面反映了这一时期艺术家的崛起。[2] 比如雕塑家莱西普斯"没有老师，原本是个铜匠"。[3] 类似的还有西拉尼昂、埃里格诺斯、帕西特勒斯等。有些轶事显示了艺术家获得的社会认可，如公元前5世纪萨索斯的画家波里格诺图斯"获得很高尊重，一个全希腊委员会投票决定为他个人举办娱乐表演"。[4] 有些轶事强调了艺术家与赞助人的亲密关系，尤其是君主对艺术家的礼遇。最著名的是亚历山大与画家阿佩利斯的故事。亚历山大经常光顾画家的画室，而当他发现画家爱上他的情妇，就慷慨地将其赐给了画家。[5] 另一个例子谈到国王德米特里乌斯对画家普罗托格尼斯的礼遇。这位国王围困罗德岛，画家拒绝离开，继续在他位于城郊的花园中画画。国王为了不损毁画家的画而拒绝对罗德岛放火，还派士兵保护画家。他甚至不再关心战事，跑去看画家作画。[6] 这个故事不仅赞扬了国王对画家的礼遇，还强调了画家对艺术的热爱。

艺术家对艺术的痴迷和热爱是另一个常见主题。如西拉尼昂常不满意自己的作品，将完成的雕塑打碎，结果被冠以"疯子"的绰号。[7] 一些艺术家还对自身价值有强烈意识，如画家帕拉苏斯自称"画家之王"；宙克

---

[1] 有关古代到文艺复兴时期艺术家轶事的性质、功能及其在塑造艺术家身份和形象中的作用，权威的研究仍是克里斯和库尔茨合著的《艺术家的传奇》。最近的研究可参见 Catherine M. Soussloff, *The Absolute Artist: The Historiography of a Concept*, Minneapolis: University of Minnesota Press, 1997.

[2] 恩斯特·克里斯、奥托·库尔茨：《艺术家的传奇：一次史学上的尝试》，第17页。

[3] Pliny, *Natural History*, XXXIV, E. Capps, ed., London: William Heinemann, Ltd, 1961, p. 173.

[4] Pliny, *Natural History*, XXXV, pp. 305-306.

[5] Pliny, *Natural History*, XXXV, p. 325.

[6] Pliny, *Natural History*, XXXV, pp. 339-340.

[7] Pliny, *Natural History*, XXXIV, p. 187.

西斯视金钱如粪土，常把自己的画作无偿赠送，因为他认为自己的作品是无价的。这种自信使艺术家即便面对国王也保持着一种优越感，如阿佩利斯就敢于指出亚历山大对绘画的无知，告诫他不要谈论绘画，说研磨颜料的工人都会嘲笑他。[1]

第三个母题涉及艺术家的技艺和想象力。有两则艺术家技艺竞争的轶事尤为著名：一则轶事谈到阿佩利斯到罗德岛拜望普罗托格尼斯，碰巧后者不在，于是他在木板上画了一条线。普罗托格尼斯看到阿佩利斯的线后，便在上方用另一种颜色画了一条更直的线。阿佩利斯不甘示弱，又画了一条无与伦比的直线击败了对方。[2] 另一则轶事说宙克西斯画了一些极其逼真的葡萄，引来一些鸟儿啄食，但他却将画家帕拉苏斯画的幕布误以为真：宙克西斯欺骗了鸟儿，而帕拉苏斯则欺骗了艺术家。[3] 有些轶事则强调了艺术家对自然的超越和艺术家的创造性想象力。自称"画家之王"的帕拉苏斯声称自己按照赫拉克勒斯在梦中向他显现的样子画了这位英雄的样貌。[4] 在画赫拉的画像时，宙克西斯选了五位美丽的少女并选取每个人身上最美的部分。[5] 提曼特斯的画大多都是暗示而非描绘出来的，他的创作虽然完美却总是低于他的天才。[6] 另一些轶事强调了艺术家经济上的成功。"宙克西斯获得巨大财富，他用金线在袍子的角上绣上自己的名字。"[7] 阿佩利斯的画为他赢得了巨大财富，他的一幅亚历山大像赢得 20 个塔兰特（即 20 个金币），他的另一幅画赢得的金币用秤称的，数不过来。[8] 总之，在这些描述中，艺术家与只为赚钱谋生的卑微、贫困的

---

[1] Pliny, *Natural History*, *XXXV*, p. 325.
[2] Pliny, *Natural History*, *XXXV*, pp. 321-322.
[3] Pliny, *Natural History*, *XXXV*, p. 313.
[4] Pliny, *Natural History*, *XXXV*, p. 315.
[5] Pliny, *Natural History*, *XXXV*, p. 309.
[6] Pliny, *Natural History*, *XXXV*, p. 317.
[7] Pliny, *Natural History*, *XXXV*, pp. 308-309.
[8] Pliny, *Natural History*, *XXXV*, p. 329.

手艺人形成了鲜明对比：他们恃才傲物，卓尔不群，对艺术充满热情，富有却蔑视财富，因才华而备受尊敬，甚至君王都对他们礼遇有加。

需要注意的是，老普林尼赞许和推崇的英雄－艺术家都是古希腊时期的艺术家。他对自己时代艺术家的态度却是非常消极的。这一态度很具有代表性。正如许多学者指出的，古罗马时期完全缺乏能与那些闻名遐迩的古希腊艺术家相媲美的人。古罗马学者和作家盛赞往昔的希腊艺术家，却鄙薄自己时代的艺术家，更很少关注和记录他们。这与古罗马艺术家卑下的社会地位和身份有直接关系。古罗马时期，只有少数艺术家出生时是自由人，大部分艺术家是奴隶，或获释奴隶。[1] 事实上，古罗马时期有两种艺术家形象同时并存：卑微的手艺人－艺术家和带有传奇色彩的文化英雄。前者是古罗马实际艺术从业者的形象，后者主要是文学和社会精英想象中的希腊艺术家形象。

（二）上帝的仆人和作坊里的手艺人

中世纪完全继承了将艺术家视为体力劳动者和手艺人的古代观念。在5世纪到10世纪的中世纪早期，欧洲鲜有职业艺术家。爱尔兰和苏格兰修道院那些精美的福音书手稿插图的作者都是修士，对他们来说，绘制插图就像抄写经卷和古代手稿一样是宗教生活的一种方式。直到11、12世纪，随着城市和商业的复兴以及建造大教堂的热潮，职业艺术家才发展起来。

在中世纪，大多数艺术家来自工匠阶层并与其他手艺人一样隶属各种手工业者的同业行会。学者安德鲁·马丁达尔指出，在中世纪的城市，"优秀的艺术家被看作某一行业的出色工匠，有关艺术家社会地位的任何考察都必须以此作为出发点。艺术家首先可能是在某个繁忙的城市中心工

---

[1] Peter Stewart, *The Social History of Roman Art*, Cambridge: Cambridge University Press, 2008, pp. 19-20.

作的手艺人，在那里，所有手艺人都必须与其他从事不同手工行业和职业的人生活在一起"[1]。14世纪初，法国学者让·德·让顿写了一篇赞美巴黎的文章，反映了他对艺术家的认识："我们也得考虑增加那些用手工作的手艺人的某些情况，如果这样做不会让读者不高兴的话。在这里，你真的可以看到制造各种图像的最出色的能工巧匠。他们或致力于雕塑艺术，或致力于绘画或浮雕……在这里，你也会看到最聪慧的武器匠人……你还会看到最勤勉的制作服装和装饰品的人。在这里，我们也不羞于提到那些面包师……及制作金属器皿的……"[2]让顿将画家、雕塑家与武器匠、面包师、裁缝等同视为"用手工作"的体力劳动者，他甚至担心提到这些卑贱的人会冒犯读者。

与绘画、雕塑和建筑在中世纪知识分类体系中的地位相应，在中世纪的各种手工活动中，艺术从业者无论在行业重要性、从业人数、收入状况和社会地位上都处于从属地位。[3]画家、雕塑家和建筑师通常依据所使用的原料或制造的产品分散在其他行会。如在佛罗伦萨，画家属于"医生和药剂师行会"，金属雕塑家属于"丝绸行会"，石雕艺术家属于"石匠行会"。[4]按照中世纪惯例，画家和雕塑家常聚集在靠近买主或辅助材料供应者（如为祭坛画画家制作画框和木板的木匠）的区域。在佛罗伦萨，他们主要集中在乔瓦尼区和圣灵区。[5]从作坊制作和出售的产品来看，当时并没有高雅艺术与装饰艺术的区分。画家和雕塑家既制作大型湿壁画、木板祭坛画和雕像，也制作家具装饰、马衣及其他小件装饰品。除了城市，

---

[1] Andrew Martindale, *The Rise of the Artist in the Middle Ages and Early Renaissance*, New York: Mcgraw-Hill Book Company, 1972, p. 9.

[2] Andrew Martindale, *The Rise of the Artist in the Middle Ages and Early Renaissance*, pp. 9-10.

[3] 在手艺人中，画家和雕塑家是贫困的少数。关于这一点，参见安德鲁·马丁达尔对13世纪巴黎艺术从业者与其他手工业从业者人数、经济状况的对比分析（Andrew Martindale, *The Rise of the Artist in the Middle Ages and Early Renaissance*, pp. 10-11）。

[4] Martin Wackernagel, *The World of the Florentine Renaissance Artist*, p. 301.

[5] Anabel Thomas, *The Painter's Practice in Renaissance Tuscany*, p. 17.

中世纪艺术家聚集的另一个地方是宫廷。至少自公元 8 世纪查理大帝时代以来，艺术已经被有意识用于宫廷的政治、文化和宗教活动。[1] 虽然与宫廷的联系在某种程度上有助于改善艺术家的形象和经济状况，但实际上，中世纪君主对艺术家的态度与其他宫廷仆从和手艺人并无分别。有一幅 14 世纪的法国手稿插图表现了一位宫廷艺术家的境遇：在画中，一位铁匠（可视为艺术家的代表）与国王的驯鹰师及其他仆人坐在一起。[2] 君主对某个艺术家的喜好往往与其艺术才能无关。据说有一个叫阿尔班斯的杰克的英国画家被要求在桌子上跳舞取悦国王。[3]

建筑师的情况略有不同。在三门视觉艺术中，由于建筑在宗教、政治和社会生活中的明显重要性而备受社会文化精英的重视。另外，由于建筑工程本身的特点，建筑与数学、几何、物理学等科学知识一直存在密切关联。维特鲁威在《建筑十书》中就强调建筑师必须博学，要掌握多种自由艺术和科学知识，如历史、哲学、音乐、医学和天文。[4] 维特鲁威理解的建筑师并非石匠、木匠和泥瓦匠，而更接近现代意义上的建筑师，即主要负责理智性的设计，而不一定参与具体建筑工作。维特鲁威本人就是一位博学的艺术家。他来自富有家庭，受过良好的教育，熟谙数学、几何、物理学、天文学以及市政、机械、军事工程等多方面的知识。

在中世纪早期，建筑和建筑师的地位较之古代都下降了。中世纪的建筑师与画家、雕塑家一样来自手艺人阶层，并从属于行会。拉丁语"architectus"一词在中世纪的所指及其变化，从一个侧面反映了人们关于建筑师观念的变化。在中世纪早期的文献中，"architectus"一词出现得越来越少，而且很多时候指的是赞助人而不是建筑师。对于那些实际负责建筑设

---

[1] Georges Duby, *Art and Society in the Middle Ages*, pp. 13-17.
[2] Andrew Martindale, *The Rise of the Artist in the Middle Ages and Early Renaissance*, p. 39.
[3] Andrew Martindale, *The Rise of the Artist in the Middle Ages and Early Renaissance*, pp. 39-40.
[4] 维特鲁威著、陈平译：《建筑十书》，北京大学出版社 2012 年版，第 64 页。

计和施工的人，人们更多使用诸如"artifex""operarius""caementarius""mason""magister fabricae""lapicida"等字眼。这些词汇强调建筑的体力方面。[1] 到中世纪盛期，情况开始发生变化。随着商业和城市的复兴，欧洲各地出现了改建和新建大教堂的热潮。一个克吕尼修会修士在 11 世纪初惊奇地看到："在全世界，尤其是意大利和高卢地区，出现重建巴西利卡会堂的热潮。虽然已经有很多教堂，一点儿也不缺，每个地区的基督徒还是互相攀比建造更高贵的教堂。仿佛大地发抖，甩掉了旧衣服，各个地方都披上了教堂构成的白色长袍。最后，虔诚的人们将大部分教堂彻底改造了，将它们变得更好，供奉各个圣徒的修道院及城镇其他较小的礼拜堂也是如此……"[2] 在这股建筑热潮中，建筑师的重要性日益凸显。随着教堂越建越高，结构日趋复杂，工程设计成了最重要的问题。那些经验丰富、才能卓越、具有杰出工程设计才能的建筑师成为宫廷和城市竞相追逐的对象。许多宫廷和城市设立了类似官方建筑师的职位，以吸引和挽留杰出的建筑师。获得这些职位的建筑师不仅收入丰厚，也受到很高的尊重。有些建筑师开始只负责设计，并不参与具体的建造。比如 13 世纪的一位牧师抱怨："找一个主要负责的大师已经成了惯例，虽然拿的薪水比其他人高得多，但他们只下达口头指示，很少工作或用手……这些石匠中的大师手里拿着标尺和手套，命令其他人'在那儿给我切割开'，自己却从不干活，虽然他们拿更多薪水。"[3]

随着艺术家在城市生活中重要性的提升，一些艺术家似乎出现了某种自我意识的觉醒。最重要的证据是他们在作品上的签名或肖像。一些著名大教堂的建筑师留下了自己的肖像和名字，如在兰斯大教堂地板的图案

---

[1] Nicolaus Pevsner, "The Term 'Architect' in the Middle Ages", in *Speculum*, Vol. 17, No. 4 (1942), p. 555.

[2] Elizabeth Holted eds., *A Documentary History of Art, Vol. I*, p. 18.

[3] Spiro Kostof, eds., *The Architect: Chapters in the History of the Profession*, Berkeley: University of California Press, 2000, p. 76.

中，四个角上分别有一位设计和督造该教堂的建筑师的名字及肖像。一些建筑师死后还被隆重安葬在他们修建的大教堂。如兰斯大教堂的其中一位建筑师休·利伯吉尔死后就被葬在那里，墓碑上是他手拿着作为自由艺术之象征的直尺、三角尺和圆规的肖像。铭文写道："休·利伯吉尔大师长眠于此，他从1229年开始建造这座教堂，逝于1276年。"[1] 艺术家自我意识的觉醒在同时期的意大利有突出表现。11世纪末、12世纪初，雕塑家维利杰尔莫在摩德纳大教堂正立面的一块石板上留下这样自我吹捧的字句：

在雕塑家中，你何等受推崇，
啊，维利杰尔莫，如今你的雕塑熠熠生辉。[2]

13世纪，一些艺术家的成就和盛名开始引起知识人的关注，如诗人但丁在《神曲》中提到艺术家齐马布埃和乔托。到14世纪，随着意大利人文主义者对古代手稿的"发现"，古代关于艺术和艺术家的那种比较积极的观念传统开始复兴。雕塑家安德烈亚·皮萨诺为乔托建的钟塔而制作的浮雕装饰清楚地表现了这一新发展。在其中表现七门自由艺术和七门技工艺术的浮雕中，绘画、雕塑和建筑独立于技工艺术，并紧挨着自由艺术。此后，在意大利文艺复兴时期，这种新的艺术观念持续发展和传播，最终形成一种至今仍被广为接受的传统。艺术家手艺人的传统形象彻底改变了。

---

[1] Spiro Kostof, eds., *The Architect: Chapters in the History of the Profession*, p. 78.
[2] John Larner, "The Artist and the Intellectuals in Fourteenth Century Italy", in *History*, Vol. 54 (1969), p. 15.

第二章

传统与创新：艺术家的工作和生活

传统上，文艺复兴时期与中世纪被呈现为两个截然对立的世界。这种观念始于文艺复兴时期，到浪漫主义时代广为传播，并通过19世纪瑞士文化史家雅各布·布克哈特的经典之作《意大利文艺复兴时期的文化》牢固确立。20世纪以来的史学研究揭示了文艺复兴时期意大利社会、政治、宗教、文化与中世纪千丝万缕的联系及其与现代世界的差异。不过就视觉艺术领域而言，布克哈特的观念可以有限度地接受。一方面，中世纪传统在视觉艺术领域的延续是非常明显的。在这一时期，大部分艺术家的职业实践仍遵循着中世纪的传统，而且未超越手艺人的社会身份；另一方面，同样不容忽视的是，这一时期视觉艺术领域确实涌现了许多意义深远的新发展，如新的风格（如古典主义建筑和自然主义绘画）、新的艺术类型（如木板画、帆布画）、新的题材（世俗肖像画、风景画）以及现代意义上的艺术和艺术家观念。

第一节 艺术家兄弟会和行会

与古代和中世纪一样，文艺复兴时期也没有现代意义上的艺术和艺术家观念。当时，人们一般将艺术家具体称为画家、雕塑家或建筑师。瓦萨里的艺术家传记的标题——《最著名的画家、雕塑家和建筑师列传》(*Lives of the Most Excellent Painters, Sculptors and Architects*, 1550, 1568)清楚地表明了这一点。绘画、雕塑和建筑也未被视为具有共同原则的活动。直到16世纪，三门艺术才开始被纳入一个统摄范畴——"设计艺术"（arti del disegno，参见本书第六章）。与此相应，至少在15世纪晚期之前，意大利艺术家的职业活动和实践与中世纪艺术家并无显著差异。艺术生产和消费的中心仍是中世纪盛期发展起来的那些城市，如佛罗伦萨、锡耶纳、比萨、罗马、米兰。艺术家也并非作为独立个体，而是作为一些正式或非正式的社会、宗教、经济组织的一员来进行职业活动的。这些组织中最重要的是兄弟会和行会。

兄弟会是中世纪晚期平信徒为表达宗教虔诚自发组织的。起初，兄弟会不受制于任何正式教会机构的制约，拥有很大的自主权。到文艺复兴时期，加入兄弟会的热情有增无减。1350 年，佛罗伦萨大约有 33 个兄弟会，一个世纪后数量翻了三倍，几乎囊括了所有成年男性。在 15 世纪托斯卡纳的圣墓镇，所有男性公民都属于某个兄弟会。16 世纪罗马有大约 112 个兄弟会，其中许多兄弟会的成员人数都超过了 500 人。1575 年，威尼斯的六大兄弟会成员总共达到了 6000 人——相当于所有男性居民的 1/10。这些男性的兄弟会和女性的姐妹会创造了一个避风港。在这里，家庭、政治、经济和宗教的敌对世界可以被理想地调和。[1] 兄弟会使平信徒获得了参与宗教生活的机会。在兄弟会的聚会中，他们祈祷、唱赞美诗、布道、表演宗教剧、忏悔等。事实上，参与兄弟会组织的宗教和大众文化活动是平信徒了解、掌握宗教文本与宗教图像所传达信息的重要途径。兄弟会还为其成员提供重要的社会救助。它们往往要求成员通过慈善活动——主要是"七大善行"，包括探望病患、给饥饿者食物、给饥渴者水、给裸露者衣服、帮助囚犯、安葬死者和为朝圣者提供食宿——互相帮助。[2] 第一个艺术家专属的兄弟会是 1339 年佛罗伦萨画家成立的"圣路加兄弟会"。据称，圣路加曾为圣母画像，该兄弟会以此得名。其会章中规定，画家们要"定期聚会，并在必要时提供精神和物质上的帮助"[3]。这也是佛罗伦萨第一个专门的艺术家组织。到 15 世纪，该兄弟会在艺术家中影响不断扩大，成员不断增加，还开始接纳其他行业艺术家，如雕塑家洛伦佐·吉贝尔蒂

---

[1] Barbara Wisch and Diane Cole Ahl ed., *Confraternities and the Visual Arts in Renaissance Italy: Ritual, Spectacle, Image*, New York: Cambridge University Press, 2011, p. 1.
[2] 彼得·伯克著、刘君译：《意大利文艺复兴时期的文化与社会》，东方出版社 2007 年版，第 230—231 页。
[3] 瓦萨里：《意大利艺苑名人传·中世纪的反叛》，第 201 页。

和卢卡·德拉·罗比亚。[1]在专门的艺术学院出现前,这个互助性的兄弟会在表达及促进艺术家团体意识和情感中起了重要作用。

行会是中世纪欧洲城市自治传统的体现和延续,重要的手工业和商业都有自己的行会。和中世纪一样,在文艺复兴早期的意大利城市,画家、雕塑家和建筑师与相关行业的手艺人一起受到行会的保护和控制。在佛罗伦萨,画家属于"医生和药剂师行会";金匠(包括金属雕塑家)属于"丝绸行会"。而雕塑家,包括木雕、石雕和大理石雕塑家则有自己的专属"石匠行会",该行会也包括普通木匠和石匠。[2]在威尼斯,建筑师和石雕大师属于"石匠行会";木雕师傅建立了专门的"木雕师行会";画家属于"画家行会"。这个成立于1271年的行会是欧洲最早的画家行会,其成员不仅包括现代人理解的所谓真正的画家,如人像画家和插图画家,亦包括镀金匠、布料图案设计师和刺绣工、皮革匠以及做纸牌的、做面具的和画招贴画的匠人。[3]威尼斯著名画家提香一直属于这个行会。

艺术家在行会内的地位反映了其职业活动在城市生活中的相对重要性。独立的木雕和石雕大师行会的存在显然与中世纪盛期以来建造教堂的热潮有直接关系,画家的附属地位则反映了绘画作为建筑装饰的相对次要性。13世纪末、14世纪初,教堂,特别是圣方济各会对湿壁画和木板祭坛画需求的兴起和不断发展促进了职业画家的兴起,尤其是在锡耶纳和佛罗伦萨。13世纪锡耶纳画家达到140人左右,欧洲中世纪黑死病期间画家人数一度下降,之后逐渐恢复。1363年,锡耶纳共有人口2.5万人,其中画家30人,10年后增加到64人,到15世纪初增至近

---

[1] 这个兄弟会在15世纪一度衰落,在16世纪得到复兴,与1563年创建的佛罗伦萨设计学院有密切关系。对此本书第六章第三节有详细论述。
[2] Martin Wackernagel, *The World of the Florentine Renaissance Artist*, p. 301.
[3] Patricia Fortini Brown, *Art and Life in Renaissance Venice*, London: Laurence King, 1997, pp. 41-42.

100 人。[1] 锡耶纳画家还在 14 世纪建立了独立的画家行会，[2] 佛罗伦萨画家则在 15 世纪建立了自己的画家行会。事实上，在整个文艺复兴时期，艺术家行会一直具有此种混杂性，艺术与手工艺、艺术家与手艺人并无明显区分。

文艺复兴时期的行会不同于现代的工会，它既有经济功能，也发挥着重要的社会、宗教和政治功能。行会首先决定从业者的从业资格，只有获得行会成员身份，艺术家才能获准从业。行会规定艺术家首先必须在作坊接受技能训练，期间，他要学会与本行业相关的各种技能，并成为一个技艺熟练的手艺人。学徒期满后，他要通过考试，包括交纳一件"代表作"由行会指定的人员评判，只有成绩合格才能获得加入行会以及独立从业资格。行会规定的学徒期在不同城市和不同时期不尽相同。切尼诺·切尼尼在《艺人手册》中规定了 13 年的学徒期。[3] 他本人在阿涅奥罗·加迪的作坊学艺 12 年，阿涅奥罗的父亲塔代奥·加迪则在乔托的作坊学艺 24 年。[4] 15 世纪晚期以后，行会的规定和艺术家的实际学徒期都大为缩短。达·芬奇的学徒期可能只有三四年。他在 1466 至 1469 年左右进入安德雷亚·维罗基奥的作坊，到 1472 年便作为独立艺术家注册为圣路加兄弟会的一员。[5] 有些艺术家的学徒期只有一两年，甚至几个月，如朱斯托·德·安德雷亚在内里·迪·比奇的作坊学艺 2 年，科西莫·迪·洛伦

---

[1] Bruce Cole, *The Renaissance Artist at Work: From Pisano to Titian*, Boulder: Westview Press, 1983, p. 18.
[2] 保存下来的锡耶纳画家行会会规的日期最早为 1356 年，但这份会规其实是对先前会规的修订和补充，表明行会成立的日期应该更早。(Hayden Maginnis, *The World of the Early Sienese Painters*, Pennsylvania: The Pennsylvania State University Press, 2001, p. 84.)
[3] Cennino Cennini, *The Craftsman's Handbook*, trans., by Daniel V. Thompson, New Haven: Yale University Press, 1933, pp. 64-65.
[4] Cennino Cermini, *The Craftsman's Handbook*, p. 2.
[5] Carmen C. Bambach, *Drawing and Painting in the Italian Renaissance Workshop: Theory and Practice, 1300-1600*, Cambridge: Cambridge University Press, 1999, pp. 82-83.

佐在内里·迪·比奇的作坊学艺1年。[1] 行会成员要交纳一笔不少的入会费和年度会员费。如15世纪初佛罗伦萨画家的入会费为6弗罗林，大约相当于一个熟练手艺人一个半月的薪水。[2]

行会严格控制成员的职业活动，如规定原材料和产品的质量标准、价格、工作日和工作时间等。行会也有权处罚违反规定的艺术家，如罚款，甚至取消会员资格。当艺术家之间或艺术家与买主发生争执，行会也负责仲裁。行会都限制行业内竞争，实行垄断经营和地区保护主义。如佛罗伦萨画家行会向外地画家征收双倍入会费——本地画家入会费仅为6弗罗林，而外籍画家则为12弗罗林。[3] 在威尼斯，外地画家只在一年一度的"海亲节"（La Sensa）期间被允许出售他们的产品，否则会被罚款。[4] 不过，15世纪中期以后，随着艺术家流动的日益频繁，行会的规定有时成为一纸空文。1491年，威尼斯本地的石匠（包括雕塑家）就抱怨伦巴第人的数量超过了他们，这些伦巴第人不仅抢了他们的工作，还拒绝招收本地学徒，毁了他们的前程。[5]

行会既控制成员的职业活动，也安排其宗教和社会生活。行会组织成员参加城市重要节日及行会保护圣徒的庆典、拜访生病的会员，在会员遇到法律问题或经济困难时向他们提供帮助，向贫困或生病的会员提供救济或贷款，以及组织会员参加去世成员的葬礼。锡耶纳画家行会规定，画家和学徒必须手持蜡烛参加圣路加节的庆典和游行；假如本人不在锡耶纳，则必须找人代替他参加游行，否则将被罚款。[6] 威尼斯的圣马可节和圣体

---

[1] Creighton Gilbert, *Italian Art, 1400-1500: Sources and Documents*, Evanston: Northwestern University Press, 1992, p. 31.

[2] Marry Hollingsworth, *Patronage In Renaissance Italy From 1400 to the Early Sixteenth Century*, Baltimore: The Johns Hopkins University Press, 1994, p. 20.

[3] Martin Wackernagel, *The World of the Florentine Renaissance Artist*, p. 302.

[4] Patricia Fortini Brown, *Art and Life in Renaissance Venice*, pp. 43-44.

[5] Evelyn Welch, *Art and Society in Italy: 1350-1500*, p. 83.

[6] Andrew Martindale, *The Rise of the Artist in the Middle Ages and Early Renaissance*, p. 13.

节是行会成员展示其集体身份的重要场合,期间,各行各业的代表佩戴各自行会的标识围绕圣马可广场游行。

在有些城市,比如主要由工商业精英统治的佛罗伦萨和锡耶纳共和国,行会还为艺术家参加政治生活提供机会。文艺复兴早期是城市共和国艺术赞助的黄金时代。通过主教堂和市政厅的修建、装饰,艺术与国家建构取得联系;通过介入公共工程,艺术家帮助塑造城市的政治理想和文化,并由此获得社会认可。[1] 14世纪锡耶纳画家杜乔、西莫内·马尔蒂尼和安布罗乔·洛伦泽蒂先后获得准官方艺术家的身份,他们通过在不同机构任职参与公共事务。[2] 有时艺术家还担任外交使节或被派往外地工作,在城市艺术—外交中发挥重要作用。[3] 1334年,佛罗伦萨政府任命乔托为该城的"首席建筑师"。委任书的措辞显示了对艺术家态度的重要变化:"据说世上找不到其他比佛罗伦萨画家乔托·迪·邦多内大师更精通这些事的人。他应该有理由同意继续住在这里。许多人将会从他的知识和学识中受益,城市也将因此变得更加美丽。"[4] "知识"和"学识"通常被视为知识人的专属。在这里,艺术家乔托超越了手艺人,而被与从事自由艺术的知识人等量齐观。对乔托的态度反映了14世纪佛罗伦萨知识界的一个重要发展,并深刻改变了人们对整个艺术家阶层的认识。到15世纪,画家雅科波·迪·乔内出现在佛罗伦萨元老会候选人名单中,画家阿涅奥罗·加迪也是如此。[5] 雕塑家卢卡·德拉·罗比亚、洛伦佐·吉贝尔蒂

---

[1] 关于13世纪晚期和14世纪意大利城市共和国政治与公共艺术赞助的密切关联,参见 Helene Wieruszosky, "Art and Commune in the Time of Dante", in *Speculum*, Vol. 19, No. 1 (1944), pp. 14-33.
[2] Hayden Maginnis, *The World of the Early Sienese Painters*, p. 77.
[3] 关于乔托、西莫内·马尔蒂尼和其他14世纪重要艺术家参与城市外交的活动,参见 Brendan Cassidy, "Artists and Diplomacy in Late Medieval Tuscany: The Case of Giotto, Simone Martini, Andrea Pisano, and Others", in *Gesta*, Vol. 51, No. 2 (2012), pp. 91-110.
[4] Hayden Maginnis, *The World of the Early Sienese Painters*, p. 80.
[5] Valerie Wainwright, *Andrea Vanni and Bartolo di Fredi: Sienese Painters in Their Social Context*, London, 1987, pp. 113-114.

曾在行会或政府任职。[1]建造著名的佛罗伦萨主教堂大穹顶的建筑师菲利波·布鲁内莱斯基在1423年被选为佛罗伦萨元老会一员，此外"他还曾担任其他重要的行政职位"。[2]

应该说，在艺术需求有限的文艺复兴早期，行会在确保技艺传承及保障艺术家的经济、政治和社会利益方面发挥了重要作用。但从15世纪开始，随着各个城市艺术需求数量和类型的不断扩展，艺术家流动日益频繁，行会的垄断经营和地区保护主义越来越成为阻碍。不只如此，14世纪以来逐渐兴起的一种新艺术理想也鼓舞了艺术家对行会的不满。这种理想认为艺术家是从事自由艺术的知识人，而不是用双手谋生的手艺人，艺术是某种"使命"而非"行业"。而在行会体制下，艺术只是技工艺术，艺术家也只能是用手劳动的手艺人。在这里，宫廷对艺术家摆脱行会的限制和手艺人的身份起了重要作用。[3]乔托和西莫内·马尔蒂尼虽然在家乡城市获得很大成功，但真正使他们在财富和社会地位上与其他手艺人拉开距离的，是他们在那不勒斯和阿维农教廷赢得的荣誉和特权。[4]宫廷不仅接纳没有从业资格或行会成员身份的艺术家，而且还赐予艺术家许多特权，如免税、不受行会限制、固定年薪、免费食宿、额外赏赐，甚至是获得贵族头衔。15世纪中期以后，随着意大利宫廷在艺术赞助中重要性的凸显，更多的艺术家借助宫廷摆脱了行会的控制。佛罗伦萨画家桑德罗·波提切利和皮埃特罗·佩鲁吉诺直到晚年才加入"医生与药剂师行会"，之前他们都是作为独立艺术家工作；[5]而米开朗基罗从未加入佛罗

---

[1] Martin Wackernagel, *The World of the Florentine Renaissance Artist*, pp. 302-303.

[2] 瓦萨里：《意大利世苑名人传·辉煌的复兴》，第88页。

[3] 关于宫廷赞助对艺术家身份和形象的影响，可参见 Martin Warnke, *The Court Artist: On the Ancestry of Modern Artist*, 1993.

[4] 西莫内·马尔蒂尼被那不勒斯国王授予骑士头衔并获得丰厚的固定年薪。乔托也获得丰厚的固定年薪，在宫廷内食宿，领导一个艺术团队，并被封为罗伯特国王的"近臣和忠仆"。参见 Martin Warnke, *The Court Artist: On the Ancestry of Modern Artist*, pp. 7, 9.

[5] 彼得·伯克：《意大利文艺复兴时期的文化与社会》，第73页。

伦萨的"石匠行会"。1540年,一些艺术家以他没有加入罗马的雕塑家行会为由反对他在该城工作,教皇保罗三世则下令豁免他加入行会及交纳会费的义务,使他最早成为公认的不受制于行会的独立艺术家。[1]

第二节　艺术作坊

在行会体制下,艺术家从事职业活动的基本单位是作坊(bottega / workshop)。作坊既指一处物理空间,也指里面工作的人,包括作坊师傅、助手、学徒、帮工等。文艺复兴时期的艺术作坊不同于现代艺术家工作室(studio),而是兼有许多现代艺术机构的功能:培养和训练艺术家的学校,艺术生产的场所,展示艺术品的画廊,出售艺术品的商铺,艺术家与买主协商合同以及管理作坊日常运营的中心等。近年来,有关文艺复兴时期艺术作坊的研究极大地修正了人们对此时艺术家职业活动的传统认识。[2] 人们发现,文艺复兴时期,几乎所有重要的艺术品都是作坊集体制作而非艺术家独创的。作坊成员之间以及作坊与作坊的分工合作盛行于整个文艺复兴时期。

根据15世纪晚期佛罗伦萨编年史家贝内代托·戴伊的记载,佛罗伦萨有许多与艺术有关的作坊,其中包括"66家香料铺(也出售绘画颜料),84家从事细木镶嵌和木雕的作坊,54家专门从事石雕(包括大理石和沙石)的作坊;在佛罗伦萨城内和城外还有很多从事雕刻、浮雕、半浮

---

[1] Joanna Woods-Marsden, *Renaissance Self-portraiture: The Visual Construction of Identity and the Social Status of the Artist*, p. 255.
[2] 20世纪初已有学者关注意大利文艺复兴时期的艺术作坊,但直到20世纪六七十年代,随着艺术史学的"语境转向",作坊才成为一个研究热点。目前有关这个课题的最重要研究仍是20世纪90年代安娜贝尔·托马斯的《文艺复兴时期托斯卡纳地区画家的实践》,该书引言中有对先前研究的回顾和述评。

雕和制作叶饰的技艺精湛的大师……这里还有34家制作金箔和金银丝线的作坊，许多制造蜡像的天才大师，他们丝毫不逊色于世界其他地方的大师……城里还有44家金匠、银匠作坊和珠宝作坊"[1]。艺术作坊的选址和运营首先以赢利为目的。作坊一般靠近消费者（如主教堂）或原料供应者（如制作画架、画框等的木匠作坊）。15世纪早期，佛罗伦萨画家马萨乔的作坊在佛罗伦萨大修道院附近，建筑师米凯罗佐·米凯罗奇与雕塑家多纳泰罗合伙经营的作坊在圣灵教堂附近，雕塑家洛伦佐·吉贝尔蒂的作坊在新圣玛利亚医院对面。[2]作坊通常是位于一楼的临街店铺，师傅和学徒在里面从事劳作，产品摆在门口或门外（图3）。作为作坊师傅的艺术家首先是个商人，他要负责商业经营和管理活动，如交纳租金、获得订件、与赞助人协商制作合同、支付作坊学徒和助手薪水、监督艺术品的生产和经营，并以声名吸引顾客。

（一）作坊成员的社会来源

文艺复兴时期，艺术家择业往往与天赋无关，而是取决于经济和社会因素。绝大部分艺术家都来自艺术或相关手工行业者家庭。根据彼得·伯克对1420至1540年意大利文化和艺术精英的分析，在96位来自手艺人或小店主家庭的艺术家中，有34人来自与艺术有间接联系的家庭，如父亲是木匠、石匠、采石工等；有36人的父亲本身就是艺术家。许多艺术家希望儿子继承父业，行会也鼓励家族经营。帕多瓦画家行会规定，如果画家是某位大师的儿子、兄弟、侄子或孙子，则入会费减半。行会还允许作坊师傅免费接收一个亲属做学徒。[3]家族企业非常普遍。在《意大

---

[1] Anabel Thomas, *The Painter's Practice in Renaissance Tuscany*, p. 16.
[2] Evelyn Welch, *Art and Society in Italy: 1350-1500*, pp. 79-80.
[3] 彼得·伯克：《意大利文艺复兴时期的文化与社会》，第49页。

图3 《文艺复兴时期的作坊》

利艺苑名人传》中，子承父业或兄弟合伙经营的事例不胜枚举。马萨乔的兄弟乔瓦尼以及乔瓦尼的两个儿子、一个孙子和一个曾孙都是画家；[1] 洛伦佐·吉贝尔蒂死后将作坊传给儿子鲍纳科尔索，后者又传给儿子维托里奥；[2] 15世纪佛罗伦萨重要的吉兰达约家族作坊，包括多梅尼科·吉兰达约、多梅尼科的儿子里多尔佛以及多梅尼科的两个兄弟大卫和贝内戴托。[3] 罗比亚家族从14至16世纪历经五代一直从事彩陶制作，该家族最著名的成员有卢卡·德拉·罗比亚、安德雷亚·德拉·罗比亚与吉罗拉莫·德拉·罗比亚。[4] 威尼斯著名的贝利尼家族也历经三代：包括父辈的雅科波·贝利尼，子辈的真蒂莱·贝利尼、乔瓦尼·贝利尼及孙辈的维托雷·贝利尼（真蒂莱之子）。[5] 提香的一个兄弟和儿子皆是艺术家，丁托雷托的两个儿子和女儿马里埃塔也是艺术家。[6] 艺术家族不仅靠血缘也通过婚姻维系，如西莫内·马尔蒂尼的合伙人利波·梅米是他的姐夫（或妹夫）；[7] 15世纪曼托瓦艺术家安德雷亚·曼泰尼亚娶了雅科波·贝利尼的女儿尼科罗西娅为妻，由此加入该家族企业。[8]

也有少数艺术家来自中产阶级甚至贵族家庭。在瓦萨里的传记中，这样的艺术家通常都遇到了家人的强烈抵制。如布鲁内莱斯基的父亲是个书记员，期望儿子继承自己的事业或像其曾祖父一样当个医生。[9] 最著名的例子是米开朗基罗，他因为热爱艺术而遭到父亲的痛打和责骂，他父亲认

---

[1] 瓦萨里：《意大利艺苑名人传·辉煌的复兴》，第61—68页。
[2] 同上书，第47页。
[3] 瓦萨里：《意大利艺苑名人传·巨人的时代》（下），第123—130页。
[4] 瓦萨里：《意大利艺苑名人传·辉煌的复兴》，第18—25页。
[5] 同上书，第230—239页。
[6] 瓦萨里：《意大利艺苑名人传·巨人的时代》（下），第363—382页。
[7] Brain Kempers, *Painting, Power and Patronage: The Rise of the Professional Artist in Renaissance Italy*, p. 149.
[8] 瓦萨里：《意大利艺苑名人传·辉煌的复兴》，第298页。
[9] 同上书，第70页。

为这有辱他们古老家族的高贵。[1] 农民家庭的孩子要成为艺术家也很难，因为他们很少有足够财力获得必要的训练。瓦萨里传记中提到的四位农民出身的艺术家经历惊人的雷同并带有传奇色彩：都是在放羊或放牛时偶然被发现，如乔托一边放羊一边画画，碰巧被路过的艺术家齐马布埃发现，[2] 安德雷亚·德尔·卡斯塔尼奥被一位佛罗伦萨公民发现一边放羊一边在一块岩石上画羊，[3] 多梅尼科·贝卡福米被一位地主发现放羊时用树枝在沙地上画画，[4] 安德雷亚·桑索维诺被发现一边放牛一边在沙地上画画。[5] 这些带有传奇色彩的轶事恰好反映了农民之子成为艺术家的困难。

（二）艺术生产的合作性

一个作坊由许多技术水平、分工和地位各不相同的人构成。作坊的规模随着市场需求的变化而扩展或收缩。艺术生产活动遵循分工合作的原则，师傅、学徒、助手等地位各不相同的人从事不同的工作。[6] 一般而言，作坊成员对艺术生产的介入取决于其技术水平，并决定了他在作坊内的地位和薪资。学徒和帮工从事技术要求低的体力性活动，助手和师傅则负责具体的艺术制作。师傅一般负责重要部分，如设计和绘制草图、画人像的头部等，他还要监督和指导整个艺术制作过程，以确保作品的技术水准和

---

[1] 瓦萨里：《意大利艺苑名人传·巨人的时代》（下），第 256 页。米开朗基罗的另一个传记作者孔迪维也谈到他的家人对他从事艺术的阻挠（Ascanio Condivi, *The Life of Michelangelo*, trans. by Hellmut Wohl, Pennsylvania: The Pennsylvania University Press, 1976, p. 9）。

[2] Creighton Gilbert, *Italian Art, 1400-1500: Sources and Documents*, p. 76.

[3] 瓦萨里：《意大利艺苑名人传·辉煌的复兴》，第 188 页。

[4] 瓦萨里：《意大利艺苑名人传·巨人的时代》（上），第 449 页。

[5] 同上书，第 134 页。

[6] Melissa Meriam Bullard, "Heroes and Their Workshops: Medici Patronage and the Problem of Shared Agency", in Paula Findlen (ed.), *The Italian Renaissance: The Essential Readings*, Oxford: Blackwell Publishing, 2002.

统一风格。[1]

  作坊还要负责学徒的训练。切尼尼曾描绘过一个理想的学徒训练过程。按照他的描述，学徒首先要学习一年素描，然后熟悉与绘画相关的工作，如研磨颜料和石膏粉、煮胶、镀金和冲压模型等。之后，学徒逐渐参与实际的艺术制作，协助师傅工作或独立制作，逐渐掌握技艺和作坊的风格传统。[2] 达·芬奇的作坊经历就颇有代表性。他在 1466 至 1469 年前后进入维罗基奥的作坊后最初只是跑腿、打杂，做一些研磨颜料等辅助工作，几年后他开始参与实际的艺术制作，比如在该作坊为圣萨尔维修道院绘制的木板画《基督的洗礼》中，达·芬奇绘制了左侧的一个天使、背景中的许多风景细节，甚至包括基督本人（图 4）。1472 年，学徒期满的达·芬奇成了一名独立画家，但他仍以合作者的身份继续留在作坊直到 1476 年。[3] 威尼斯画家提香在画家乔瓦尼·贝利尼和乔尔乔内作坊时期与老师合作或独立完成了许多作品，有些很难确认到底出自谁手，如乔尔乔内作坊时期的《田园交响曲》（图 5）。提香本人作坊的许多产品也是集体制作，有些几乎没有提香风格的痕迹。[4]

  雕塑同样是分工合作的结果。洛伦佐·吉贝尔蒂铸造佛罗伦萨洗礼堂的青铜门时雇佣了 20 多个助手和学徒。建筑工程的分工合作最为突出，因为它涉及大量不同行业的手艺人，如木匠、石匠、泥瓦匠等熟练工人及搬运工等非熟练工人。15 世纪建筑师菲拉雷特形象地将建筑活动形容为舞蹈：每个人必须在一个人的指挥下同时活动。[5]

---

[1] Martin Wackernagel, *The World of the Florentine Renaissance Artist*, p. 313.

[2] Cennino Cennini, *The Craftsman's Handbook*, p. 3.

[3] Larry Feinberg, *The Young Leronardo: Art and Life in Fifteenth Century Italy*, New York: Cambridge University Press, 2011, pp. 68-69.

[4] Andrew Ladis and Carolyn Wood. ed., *The Craft of Art: Originality and Industry in the Italian Renaissance and Baroque Workshop*, pp. 91-92.

[5] 彼得·伯克:《意大利文艺复兴时期的文化与社会》，第 69 页。

图 4 《基督的洗礼》

图5 《田园交响曲》

图6 《基督被放下十字架》

在这一时期一些主要艺术家的作坊，艺术家本人日益转向设计、绘制草图等智力性活动，实际制作则交给助手。[1] 拉斐尔就有一个组织完善和高效运营的作坊，在其作坊生产的 100 多件绘画作品中，很多都是部分或全部由助手们完成，包括一些有拉斐尔签名的作品。[2] 1572 年，瓦萨里受科西莫·德·美第奇公爵委托绘制佛罗伦萨主教堂大穹顶的壁画，合同中罗列的人员包括：一些搭建脚手架的工人、涂灰泥的粉刷匠，一个工头，三个能干的湿壁画家，三个画衣纹、天空、背景以及用黏土和蜡制作模型的职业画家，两个画装饰、背景和云以及转绘草图的画家，两个研磨颜料的学徒。[3]

合作制作不仅普遍存在于艺术作坊，也适用于那些不经营作坊的"孤独的天才"，如米开朗基罗。米开朗基罗本人强调他不是那种开作坊的人，他也确实没有经营作坊。[4] 瓦萨里在其传记中创造了单枪匹马绘制整个西斯廷礼拜堂壁画的米开朗基罗神话，但现代研究表明，米开朗基罗也是时代之子。无论西斯廷礼拜堂的壁画，还是佛罗伦萨圣洛伦佐教堂的建筑和雕塑，或是其他艺术工程，米开朗基罗都雇佣了大量助手。[5] 另一个"孤独的天才"是 16 世纪佛罗伦萨画家雅科波·达·彭托尔莫，瓦萨里曾描绘他是一个极其不合群、忧郁和孤独的人。但彭托尔莫也与弟子布龙奇诺合作完成了很多作品，包括著名的祭坛画《基督被放下十字架》（图 6）。在有些工作中，彭托尔莫为布龙奇诺提供构图和局部的素描，后者负责

---

[1] John Shearman, "The Organization of Raphael's Workshop", in *Art Institute of Chicago Museum Studies*, Vol. 10, (1983), p. 42.

[2] 拉斐尔的签名很多时候并非作者身份的标志而只是作坊的商标，有他签名的 18 件绘画中，有些他只负责设计，具体制作则交给了学徒和助手。参见 Rona Goffen, "Raphael's Desinger Labels: From the Virgin Mary to La Fornarina", in *Artibus et Historiae*, Vol. 44, No. 48 (2003), pp. 123-124.

[3] Carmen Bambach, *Drawing and Painting in the Italian Renaissance Workshop: Theory and Practice, 1300-1600*, pp. 1-2.

[4] William Wallace, *Michelangelo at San Lorenzo: The Genius as Entrepreneur*, Cambridge: Cambridge University Press, 1994, p. 1.

[5] William Wallace, *Michelangelo at San Lorenzo: The Genius as Entrepreneur*, p. 2.

制作。[1]

  此外，合作也表现为不同艺术家、不同艺术作坊之间的合作。这种合作有时是出于经济利益考虑。经营作坊要冒很大风险，原材料与工具的准备和制作、商铺租赁等都需要大笔资金，合伙经营可以分担风险、共享收益。从1425年到1434年，多纳泰罗就一直与米凯罗佐合作，共同经营两个成功的作坊。多纳泰罗在财产申报记录中写道："除了个人和家庭使用的少数日常用品外，我没有任何财产。我与米凯罗佐·迪·巴托罗梅奥合伙从事艺术，除一些雕刻使用的价值30弗罗林的工具和设备外，我没有资金。"[2]1440年9月，画家雅科波·贝利尼与多纳托·布拉加迪诺签订合伙经营合同，双方同意"共同承担他们的作坊在威尼斯及其他地方可能制作或获得的所有，包括一切绘画，在威尼斯及其他地方（除从国外获得的）绘画中所得的一切，所有利润平均分配。该联合为期5年，从10月1日起生效"[3]。有时，合作是为了应对涉及多个艺术门类的复杂艺术工程。15世纪中期，雕塑家维托里奥·吉贝尔蒂为了制作安放在佛罗伦萨市政厅前"露天高台"的护壁板画曾与五位画家合作，请他们设计图案、制作草图和色彩。[4]15世纪晚期佛罗伦萨的三家著名作坊，内里·迪·比奇、多梅尼科·吉兰达约和罗塞利的作坊经常以不同组合在一个地方并肩工作。[5]

---

[1] Elizabeth Pillod, "The Earliest Collaborations of Pontormo and Bronzino: The Certosa, the Capponi Chapel, and the Dead Christ with the Virgin and Magdalen", in Andrew Ladis and Carolyn Wood. ed., *The Craft of Art: Originality and Industry in the Italian Renaissance and Baroque Workshop*, p. 156.

[2] Creighton Gilbert, *Italian Art, 1400-1500: Sources and Documents*, pp. 25-26.

[3] Creighton Gilbert, *Italian Art, 1400-1500: Sources and Documents*, p. 29.

[4] Anabel Thomas, "The Workshop as the Space of Collaborative Artistic Production", in *Renaissance Florence: A Social History*, ed., Roger J. Crum and John T. Paoletti, New York: Cambridge University Press, 2006, p. 418.

[5] Anabel Thomas, "The Workshop as the Space of Collaborative Artistic Production", in *Renaissance Florence: A Social History*, ed., Roger J. Crum and John T. Paoletti, p. 425.

(三）作坊产品的多样性：大艺术与小艺术无区分

作坊的产品既有"艺术品"，也包括各种工艺品和装饰艺术。"大艺术"与"小艺术"的区分并不存在。画家不仅在墙壁、画板、画布上作画，也为游行旗帜、书籍、马鞍及床、凳子、衣柜等家具和其他日用物品画装饰画。在 15 世纪的佛罗伦萨，为婚柜绘装饰画就是一种很流行的行当（图 7）。

佛罗伦萨有一家专门从事这个行当的画坊，作坊的主人是马尔科·德尔·博诺·詹贝尔蒂和阿波罗尼奥·迪·乔瓦尼。该作坊是当时该城最受欢迎的作坊之一，它账簿上记载的顾客几乎涉及佛罗伦萨所有的显赫家族，如美第奇、鲁切拉伊、阿尔比奇和斯特罗奇。现代人可能把婚柜画家视为手艺人，但当时的人则把他们与制作壁画和祭坛木板画的画家一视同仁。15 世纪人文主义诗人乌古里诺·维利诺就在诗中赞誉阿波罗尼奥为"托斯卡纳的阿佩利斯"。[1] 从事家具装饰画的也包括许多一流艺术大师，如安德雷亚·曼泰尼亚、菲利波·利皮和桑德罗·波提切利。波提切利曾制作多件与复活节有关的婚柜装饰画。[2] 他还制作另一种流行的家具装饰画，即长方形墙板画或护壁板画。他著名的神话画《春》（Primavera）和《维纳斯与马尔斯》就是为美第奇家族成员婚礼制作的护壁板画。[3] 文艺复兴时期，一件绘画的重要性主要取决于展示的空间和赞助人的身份，在主教堂、市政厅、宫廷、贵族府邸等重要空间的艺术工作是影响和体现艺术家名望和地位的关键因素。

---

[1] E. H. Gombrich, *Norm and Form*, New York: Phaidon, 1985, p. 12.
[2] Graham Hughes, *Renaissance Cassoni, Masterpieces of Early Italian Art: Painted Chests, 1400-1550*, London: Starcity Publishing and Art Books International, 1997, p. 63.
[3] 关于文艺复兴时期意大利艺术家制作护壁板画的活动，参见 Anne Barriault, *Spalliera Paintings of Renaissance Tuscany: Fables of Poets for Patrician Homes*, Pennsylvania: The Pennsylvania University Press, 1994.

图 7 15 世纪佛罗伦萨的婚柜

上述情况也适用于雕塑家。雕塑家既制作大型青铜、大理石雕塑，也从事小件金、银、象牙、宝石雕刻。15世纪佛罗伦萨雕塑家贝内戴托·达·马伊亚诺去世时，其作坊的财产清单显示，里面有为那不勒斯国王制作的一扇门、为一个教堂的神龛准备的石材、为一位贵族的陵墓做的支柱、一些大理石神龛、一个未完工的石洗礼盆、各种建筑部件以及许多赤陶模型等。[1] 那时的建筑师不仅建造大型的宗教和世俗建筑，也设计和建造堡垒、军事要塞、战争武器及引水渠、喷泉等。达·芬奇在给米兰公爵鲁多维科·斯佛尔扎的自荐信中，就特别强调了他在建造堡垒、制造武器方面的才能，只是在最后才提到他在绘画和民用建筑方面的才能。[2] 到16世纪，一些知识精英和艺术家强调艺术家与手艺人的区别，并开始鄙视制作小工艺品和家具装饰的活动。瓦萨里讲到15世纪画家德罗时指出，德罗凭借制作婚柜等家具装饰发了财，"这种风尚（即为家具做装饰画）风靡了多年，期间，即使最杰出的画家也为家具做装饰图案或镀金，而且，他们不像当今的艺术家那样以此为耻"[3]。在画家佩里诺·德尔·瓦加的传记中，瓦萨里说瓦加的老师安德雷亚是个平庸的画家，是那种成天站在作坊前承揽各种杂活的人，比如制作仪式用的蜡烛和各种物品的装饰画。[4] 但实际上，瓦萨里本人也制作各种"临时性"艺术和装饰艺术，比如他与"设计学院"成员一起设计和制作了科西莫公爵一世之子弗朗切斯科王子的婚礼庆典。[5] 瓦萨里的同代人、自命不凡的雕塑家本韦努托·切利尼既制作大型青铜像，也为达官显贵制作盐盒、纽扣等小物件。

作坊产品不仅包括"大艺术"和"小艺术"，有时也横跨多个艺术门类，绘画、雕塑和建筑艺术的界限并不严格。许多艺术家都是多面手。

---

[1] Creighton Gilbert, *Italian Art, 1400-1500: Sources and Documents*, pp. 44-47.
[2] 瓦萨里：《意大利艺苑名人传·巨人的时代》（上），第161—162页。
[3] 瓦萨里：《意大利艺苑名人传·辉煌的复兴》，第12页。
[4] 瓦萨里：《意大利艺苑名人传·巨人的时代》（上），第419页。
[5] 瓦萨里：《意大利艺苑名人传·巨人的时代》（下），第467—476页。

达·芬奇的老师维罗基奥是著名的大理石和青铜雕塑家，但他也制作木板画和壁画；建筑师布鲁内莱斯基也是出色的青铜雕塑家，他曾为参加佛罗伦萨洗礼堂青铜门的比赛制作了一件青铜浮雕；达·芬奇是画家和雕塑家；米开朗基罗是画家、雕塑家和建筑师；拉斐尔是画家和建筑师。不同艺术门类，尤其是绘画与雕塑交织是这一时期作坊实践的一个突出特点。[1]

"原创"与"复制"的概念

现代有关"原创"与"复制"的对立在文艺复兴时期是陌生的，复制一直是作坊实践的重要一部分。文艺复兴时期的人对复制的理解和认识与现代有很大差异。现代人对复制的理解主要与 19 世纪以来兴起的"机械复制"有关，复制品通常指对原作的精确复制，其价值远低于原作。在文艺复兴时期，复制品，包括古代艺术和当时艺术的复制品，一般指那些用相对低廉或易于复制的介质对原作的创造性再现，如大理石和青铜雕塑的石膏、赤陶或彩陶复制品以及壁画与木板画的木刻和铜版画复制品。

第一类复制品是面向大众市场的"现成品"。最早的是一些流行的宗教艺术制品，如某些据称制造了奇迹的祭坛画的复制品和还愿品等。它们一般陈列在商铺内或重要的节日在集市上出售。在威尼斯长达 15 天的"海亲节"期间，所有店铺都关门歇业，本地和外地的手艺人（包括画家和雕塑家），都可以到在圣马可广场摆货摊或在手推车上出售自己的产品。[2] 到 15 世纪，出现了专门经营复制性宗教艺术制品的作坊，如佛罗伦萨雕塑家罗塞利诺的作坊就大量生产赤陶和石膏雕塑，特别是圣母子

---

[1] 关于 15 世纪绘画和雕塑艺术的交织和相互影响，参见 John Pope-Hennessy, "The Interaction of Painting and Sculpture in Florence in the Fifteenth Century", in *Journal of the Royal Society of Arts*, Vol. 117 (1969), pp. 406-424.

[2] Patricia Fortini Brown, *Art and Life in Renaissance Venice*, p. 43.

像。15世纪中期,德拉·罗比亚家族以大量制作上釉彩陶出名,其产品广泛出现在教堂、礼拜堂、街头神龛和私人家庭中。

第二类复制品是"衍生品",即一些著名艺术家的作品或其中某些部分的复制品。对衍生品的需求往往与艺术家或赞助人的名望和地位密切相关。换言之,对大师名作的仰慕或对社会名流趣味的模仿是关键性因素。衍生品一般是作坊学徒和助手依据艺术家的素描和草图制作的。15世纪晚期、16世纪早期佛罗伦萨最著名的四位画家——波提切利、吉兰达约、佩鲁吉诺和菲利皮诺的作坊都制作衍生品。衍生品满足了一般大众对著名艺术家作品的需求,增加了作坊的收入,也促进了公众对画家作品的了解和艺术家个人风格的传播。[1] 值得一提的是,作为衍生品的版画的兴起和发展显示了文艺复兴时期艺术复制品的性质、功能和特点。15世纪晚期和16世纪最重要的版画家是博洛尼亚的马坎托尼奥·雷蒙迪。根据瓦萨里的记载,马坎托尼奥在拉斐尔作坊期间,根据拉斐尔的素描和草图制作了很多版画卖给那些想得到拉斐尔画作的人,并获利丰厚。这些衍生品版画上都印有两人的名字,即"R. S."和"M. F."。[2] 马坎托尼奥的职业活动和版画作品充分显示了文艺复兴时期艺术复制品性质和功能的多样性。马坎托尼奥不仅制作拉斐尔作品的衍生品,也制作现代赝品性质的版画。比如他准确复制了许多德国画家阿尔布雷希特·丢勒的版画,甚至连丢勒的签名也一并复制下来,结果被丢勒告上法庭。瓦萨里对此有详细记载。[3] 不过,马坎托尼奥也不只是一个平庸的复制者和可耻的剽窃者。除了根据拉斐尔的设计制作了约50件版画,他还自己设计和制作了160多件版画以

---

[1] Michelle O'Malley, *Painting under Pressure: Fame, Reputation and Demand in Renaissance Florence*, New Haven and London: Yale University Press, 2013, p. 195.

[2] 瓦萨里:《意大利艺苑名人传·巨人的时代》(上),第356—357页。

[3] 同上书,第351—353页。

及大约45件临摹自古代艺术品的版画。[1]

第三种是面向收藏的复制品，如著名艺术家作品的版画，以及"古代风格"（all'antica）的像章、钱币、金属小雕塑等。15世纪晚期，雕塑家贝托尔多·迪·乔瓦尼就主要制作此类古代风格的小雕塑；16世纪，雕塑家詹波隆那的作坊则以批量制作古代风格的小青铜像闻名。[2]

第四类复制品涉及订制艺术品。在订制艺术品生产中，重复使用或以不同的组合循环使用艺术家某件作品中的人像或构图是很常见的。这种复制有时是应赞助人的要求进行的。15世纪，佛罗伦萨艺术家内里·迪·比奇的《作坊日志》（libro di ricordanze）中就记录了许多赞助人要求遵从既有画作的风格或内容的例子。比如，圣玛利亚兄弟会委托内里绘制一件祭坛画，他们要求该作品在形式上要与内里为佛罗伦萨圣雷米焦教堂绘制的另一件作品一模一样。[3] 许多艺术家常常在不同作品中重复使用同一个构图和设计方案。按照瓦萨里的记载，画家佩鲁吉诺就常常在不同作品中反复使用同样的构图，以致他的许多作品非常相似。[4] 艺术家不仅自我复制，也复制其他艺术家。15世纪，画家皮埃罗·德拉·弗朗切斯卡在为圣墓镇的慈悲圣母教堂绘制一幅祭坛画时，赞助人要求他模仿该城主教堂一幅14世纪的祭坛画。结果，这位15世纪最有创新精神的画家也不得不画了一件风格保守的作品。[5]

美国学者帕特丽霞·艾米森将文艺复兴时期的艺术复制分为三类：第一类是欺骗性复制，即类似现代的赝品制作，这种复制在15世纪晚期和

---

[1] Lisa Pon, *Raphael, Dürer and Marcantonio Raimondi: Coping and the Italian Renaissance Print*, New Haven and London: Yale University Press, 2004, p. 83.
[2] Patricia Emison, "The Replicated Image in Florence, 1300-1600", in *Renaissance Florence: A Social History*, ed., Roger J. Crum and John T. Paoletti, pp. 451-452.
[3] Anabel Thomas, *The Painter's Practice in Renaissance Tuscany*, p. 140.
[4] 瓦萨里：《意大利艺苑名人传·辉煌的复兴》，第330页。
[5] Anabel Thomas, *The Painter's Practice in Renaissance Tuscany*, pp. 137-138.

16 世纪发展起来，主要涉及古代艺术品和当时著名艺术家的作品和版画；第二类是"致敬性复制"，即一位艺术家有意模仿某位艺术家前辈的作品，以期制作一件有收藏价值的仿作；第三类是机械复制，如前面提到的德拉·罗比亚家族作坊的上釉彩陶。[1] 文艺复兴时期，第一类复制日益遭到谴责，而后两类一直广泛存在并被普遍接受。总之，文艺复兴时期艺术作坊的分工合作、家族经营，产品的多样性，复制活动的广泛存在等都表明：艺术制作本质上是以赢利为目的商业活动，而非艺术家独创性的自我表达。作坊首先是一个经济组织，而非艺术家进行构思、设计和创作的工作室。从 15 世纪中期开始，新的艺术需求促进了新艺术风格的兴起，艺术作坊在传统的经济功能之外日益成为艺术创新的中心。

第三节　从作坊到工作室：15 世纪中期以后作坊实践的变化

作为商业组织的一般组织及其运营情况，艺术作坊在整个文艺复兴时期都没有太大变化。真正重要的变化发生在艺术制作的技术和方法上，这些变化构成了文艺复兴时期自然主义艺术的技术前提。这些重要发展主要是通过艺术家对光学、数学、解剖学等科学知识的学习、观察自然以及模仿古代艺术实现的。在那些推进和实践新风格的艺术家的作坊，除了传统的经济功能，作坊日益成为艺术家学习理论知识、探索和解决艺术难题的中心，作坊开始具有现代工作室的特色。

---

[1] Patricia Emison, "The Replicated Image in Florence, 1300-1600", in *Renaissance Florence*, pp. 431-432.

（一）从图谱和范本书到速写和研究性素描：素描性质、功能和技术
的变化

自然主义风格的兴起并非如瓦萨里所说始于乔托画羊，而是通过艺术家对艺术制作技术与方法的漫长探索和实践实现的。其中，素描性质和功能的变化清楚地展示了这一过程。文艺复兴时期，素描在艺术生产和艺术家职业教育中始终据有重要的地位。起初，作坊素描大都是直接用于艺术生产的图谱和范本书。正如上一章讲到的，中世纪出现的这种素描并非现代意义的写生素描，而是一些程式化的花草植物、动物、衣纹等母题的汇集。它们通常都画得非常细腻、精确和完整。在艺术制作中，艺术家比照图谱绘制风景细节，或直接借助铁笔、印花粉等工具将其转绘到艺术品上。13世纪法国艺术家维拉尔·德·奥内库尔的《速写本》就是一本这样的图谱。范本书是从图谱发展起来的另一种生产素描，不过范本书还包括程式化的构图和人像，作为制作实际艺术品的范本。比如当艺术家画一个人像（包括真实人物），他通常先复制范本中的程式化人像，然后再加上特定的职务标志，或在人物下面写上名字以显示其身份。[1]图谱和范本书通常绘在覆盖着骨粉的小木板上或羊皮纸上，有些还装订成册，表明它们被视为作坊宝贵的生产装备并被打算长期保存。图谱和范本书经常在一个或几个作坊被反复使用，因此保存下来的图谱和范本大都破旧不堪。对图谱和范本的倚重有助于形成特定的作坊风格，而它们在不同作坊的流转则促进了风格的传播。贡布里希指出，15世纪遍及整个欧洲的国际哥特式风格的出现，就与这一时期大量范本书在欧洲不同地区的传播和使用

---

[1] 贡布里希：《艺术的故事》，第196页。

有关。[1]

15世纪初，切尼尼在《艺人手册》中谈到的素描仍主要指临摹图谱、范本书或大师作品，包括用一种透明的"复写纸"准确复制人像或头部细节等。[2] 不过，随着自然主义风格的发展，图谱和范本书的地位日益受到挑战。图谱和范本书只收集了有限的风景细节和程式化的人像、构图，而追求戏剧性的"视觉联想"的自然主义要求更丰富多样的细节，更真实可信的人体姿势和运动，并将这一切纳入一个具有空间深度感的画面。15世纪早期佛罗伦萨人文学者、艺术理论家莱昂·巴蒂斯塔·阿尔贝蒂在其《论绘画》(1435)中首先明确阐述了新绘画的理论和目标。阿尔贝蒂批评表现单一人像的绘画，而推崇吸引眼睛和打动心灵的"叙事画"："我说叙事画最丰富多样，因为其中有老人、青年、少女、妇女、年轻人、男孩子、家禽、小狗、鸟、马、羊、建筑、风景等所有类似的事物。"此外，这种绘画还强调情感表达："注意不要重复同样的姿势或动作。当画中的每个人都清楚地表现了他自己灵魂的活动，叙事画就会打动观众的灵魂……我们随画中人哭泣、欢笑、悲伤而哭泣、欢笑、悲伤。"[3] 阿尔贝蒂还强调绘画的景深感，他认为画面应像一面透明的玻璃，并进一步指出，"当我作画时……我首先画一个直角四边形，大小如我希望，我将它视为一扇打开的窗子，从这里可以看到我想要画的一切"[4]。这种景深感是通过透视法建构的。总之，按照阿尔贝蒂的新绘画理论，临摹图谱和范本书已经远远不够，艺术家必须掌握几何和光学、研究人体并模仿自然。阿尔贝蒂的绘画理论主要来自古代修辞学和中世纪的光学理论，与当时的作坊实践或许

---

[1] E. H. Gombrich, *The Uses of the Images*, London: Phaidon, 2012, pp. 98-99.
[2] Cennino Cennini, *The Craftsman's Handbook*, p. 13.
[3] Leon Battista Alberti, *On Painting*, trans., by John Spencer, New Haven: Yale University Press, 1966, pp. 75, 77.
[4] Leon Battista Alberti, *On Painting*, pp. 55-56.

并无直接关系。[1]但阿尔贝蒂并非一个掉书袋子的学究,他不仅严肃关注当时的艺术,而且本人还是一个建筑设计师和业余画家。正如巴克森德尔指出的,阿尔贝蒂的绘画论著远远超出了早前和同时代的人文主义艺术批评,不仅在于其系统、深入地探讨了绘画理论,而且在于他力图从一个画家的立场确立绘画的方法,并为此运用了他的人文主义学术修养。[2]在阿尔贝蒂的时代,国际哥特式风格大行其道,阿尔贝蒂积极推进自然主义绘画,为知识精英和赞助人提供了批评视觉艺术的术语,塑造了对新绘画的趣味,深刻影响了未来艺术的发展。

15世纪早期,艺术家安托尼奥·皮萨内罗是新旧交替时期的代表性人物。其作坊的素描既有传统的图谱和范本书,也有写生素描和为绘制特定艺术品画的研究性素描,如一幅孔雀和猴子的素描。[3]这幅素描画在单页纸上,线条自由、粗率,记录了猴子在不同瞬间的形态和动作(图8)。

15世纪中期以后,写生素描与研究构图和人体形式的素描大量出现。15世纪晚期,佛罗伦萨画家贝诺佐·戈佐利作坊保存下来的一本素描册,包括很多速写、单人像和群像的实验性素描以及临摹戈佐利和其他艺术家作品的素描。另一位画家帕里·斯皮内利的作坊也有许多写生素描,涉及人像、构图和衣纹研究。[4]在写生素描和研究性素描的发展中,达·芬奇是个关键人物。达·芬奇是15世纪晚期、16世纪早期自然主义绘画的领军人物,他也对素描的技术和功能革新做出了重要贡献。相比他寥寥无几的完成艺术品,他保存下来的各种素描多达4000多件,远远超过了文艺

---

[1] 关于古代修辞学理论对阿尔贝蒂的影响,参见John Spencer, "Ut Retorica Pictura: A Study of the Quattrocento Theory of Painting", in *Journal of the Warburg and Courtauld Institutes*, Vol. 20, No. 1/2 (1957), p. 26.

[2] Michael Baxandall, *Giotto and the Orators: Humanist Observers of Painting in Italy and the Discovery of Pictorial Composition, 1350-1450*, New York: Oxford University Press, 1971, p. 121.

[3] Francis Ames-Lewis, *Drawing in Early Renaissance Italy*, p. 78.

[4] Francis Ames-Lewis, *Drawing in Early Renaissance Italy*, pp. 80-81.

图 8 《安托尼奥·皮萨内罗的猴子素描》

复兴时期其他任何艺术家。[1]达·芬奇早年在维罗基奥作坊学徒时期的素描仍主要是传统的银笔尖素描或用画刷画在亚麻布上的衣纹习作。而到1473年，即他成为一名独立画家的第二年，他已经画了《阿尔诺河的风景》的速写（图9）。[2]

此后，对素描技术与方法的探索和创新构成了达·芬奇艺术实践的重要内容。贡布里希或许是最早从技术和功能的角度关注达·芬奇素描的学者。他在《莱奥纳尔多·达·芬奇发现新构图的方法》一文中分析了达·芬奇的素描方法及其理论依据。达·芬奇与阿尔贝蒂一样，主张绘画应是一门建立在科学知识基础上的自由艺术，而素描成了他研究人体运动和发现新构图的重要工具。达·芬奇批评那种精准、完整的图谱式素描，而推崇粗率、一挥而就的素描。因为这种素描更助于表现人体运动，而不拘泥于人体每个部分的美。

新的素描理论与素描技术的革新相互促进。文艺复兴早期，切尼尼建议艺术家首先要学会用银尖笔在覆盖着骨粉的小木板上画素描，氧化后的银会留下不易抹掉的细细的浅灰色线条。画这种素描需要控制手的力度，是训练绘图技能的重要手段。切尼尼也提到画在纸上的碳笔或墨水素描，但由于纸非常昂贵，纸质素描在艺术生产和研究中的作用都非常有限。15世纪开始，随着造纸业的发展，纸变得相对廉价易得，纸质素描的数量和重要性日益凸显。[3]同时，墨水、碳笔以及粉笔日益成为艺术家探索和研

---

[1] 保存下来的达·芬奇的素描的数量与对其素描的收藏热情有关。在文艺复兴时期，达·芬奇的素描已经成为收藏对象。不过，传统上人们大多将这些素描视为其天才和灵感的可见证据，人们关注的也主要是素描的日期、地点、归属等信息。近年来，学者们将关注点转向达·芬奇素描的技术和功能。2003年纽约大都会艺术博物馆举办的"莱奥纳尔多·达·芬奇——绘图大师"主题展就体现了这一趋势，这也是目前为止规模最大和最全的达·芬奇素描展。参见 Carmen Bambach, ed., *Leonardo da Vinci, Master Draftsman*, New York: The Metropolitian Museum of Art, 2003.

[2] E. H. Gombrich, *Norm and Form*, pp. 58-59.

[3] Francis Ames-Lewis, *Drawing in Early Renaissance Italy*, New Haven and London: Yale University Press, 2000, pp. 21-22.

图 9 《阿尔诺河的风景》,速写

究艺术问题的重要工具。这些介质不仅使艺术家可以更自由和迅速地绘制，而且能更好地表现色调过渡、阴影和人体。红粉笔是达·芬奇的发明，这种接近人体肤色的粉笔特别适用于人体素描。除速写和研究性素描外，另一种新型素描是"示范"性素描。它们是艺术家为展示对某个艺术问题的研究而绘制的，可以说是"为艺术而艺术"的体现。[1]比如15世纪佛罗伦萨建筑师、据称是直线透视法的发明者布鲁内莱斯基绘制了佛罗伦萨洗礼堂和市政厅广场的素描，展示了透视法的原理和视觉效果。15世纪晚期雕塑家安托尼奥·波拉约罗的素描《从正面、侧面和背面看的裸体》则展示了对人体解剖的研究。

（二）作为艺术品的素描：草图及其意义

文艺复兴时期，素描理论和实践的重要发展集中体现在草图上。草图是15世纪晚期和16世纪发展起来的一种与实际作品等大的设计素描。其内容通常都非常细致和完整，包括人物、建筑及整个作品的透视空间等。在实际工作中，艺术家借助"印花粉印制"[2]或"铁笔刻绘"[3]技术将草图复制在墙壁、画板或画布上。瓦萨里在《意大利艺苑名人传》的技术性前言中详细描绘了制作和转绘壁画草图的程序。按照他的描绘，制作程序大致如下：用浆糊将一些方形的纸粘在一起，然后贴在墙上。将其表面用冷水打湿后抹平。待纸干了，艺术家用一根末端有炭笔的长杆将事先画在小素

---

[1] Francis Ames-Lewis, *The Intellectual Life of the Early Renaissance Artist*, New Haven and London: Yale University Press, 2000, p. 248.

[2] 用针或其他尖头工具在图案轮廓上穿孔，转绘图案时，用一个包着印花粉的布包在上面拍打，以此将其印在作品表面。

[3] 采用铁笔刻绘时，一般先将一张纸（或垫在下面的另一张纸）的背面用炭笔、黑粉笔涂黑，然后依照纸上的素描或直接在空白的纸张以尖头铁笔进行刻绘。该技术速度快，但对艺术家的技艺和判断力有更高要求。

描上的内容，如人体、衣纹以及透视空间等按照一定比例放大转绘到草图上。在制作壁画时，将草图从墙上取下来，贴在要绘制壁画的位置，然后用铁笔在草图上刻绘，由此，图案轮廓便印在下面潮湿的灰泥涂层上。然后取下草图依照留下的痕迹描绘和上色。[1] 正如瓦萨里所说，草图对于涉及复杂人像、构图和透视空间等的大型湿壁画是必不可少的。但草图的意义和重要性不仅仅在于其实用性和功能性，更在于它与设计的关联。

在16世纪的艺术理论中，设计和素描是两个可以互用的概念。设计既指画出来的素描，也指艺术家凭借想象力和判断力在头脑中形成的概念。由于绘画、雕塑和建筑都不同程度地需要素描，因而设计被视为三门艺术的共同理论基础。这种观念在16世纪被广为接受。如瓦萨里指出："设计，绘画、雕塑和建筑艺术之父，源于理智。它从许多单个事物中得出一个整体判断，它就像自然中一切事物的形式或观念……从这种知识中出现了概念或判断，因此在头脑中形成了某种后来借助手表现出来的、被称为设计的东西。我们可以总结性地认为，设计不外乎是我们心灵中的概念以及其他人通过想象在头脑中赋予其形式的东西的可见表达和宣示。"[2] 16世纪晚期，学者拉法埃罗·波尔吉尼在其《闲谈》（1584）中几乎重复了瓦萨里的观点："在我看来，素描不过是用线条将人在理智中构思和在头脑中想象的东西清楚地展示出来。要以适当方式使其表现出来，这要求对手进行长期训练，使手习惯用钢笔、碳笔或铅笔遵从理智的指挥。"[3] 这种新的素描或设计观念反映了艺术家和知识精英将艺术提升为自由艺术的努力，同时也是15世纪以来素描实践日益智性化的结果。

有两个因素促进了草图的发展：复制技术的进步和自然主义风格的发

---

[1] Giorgio Vasari, *Vasari on Technique*, trans., by Louisa Maclehose, New York: Dover Publications, Inc, 1960, pp. 213-215.

[2] Giorgio Vasari, *Vasari on Technique*, p. 205.

[3] Raffaello Borghini, *Il Riposo*, ed. and trans., by Lloyd Ellis Jr., Toronto: University of Toronto Press, 2012, p. 107.

展。从技术层面看，草图是传统的图画复制技术印花粉印制的发展。在中世纪和文艺复兴早期，画家们很少使用局部或整体的设计素描。画家制作湿壁画时通常直接在最下面一层灰泥上画底图，或者先画一幅小素描，然后按照一定比例放大后画在墙上。印花粉印制主要用于复制图谱，如复杂或重复性的装饰图案或动植物、衣纹等细节。到15世纪，随着自然主义风格的发展和艺术家对人体、构图和透视空间等的研究，印花粉印制成为将新发明运用到实际艺术制作的重要工具，如出现了人物构图的草图或肖像草图。到16世纪，大型湿壁画需求的增长进一步促进了印花粉印制技术的发展，比如拉斐尔的素描至少有1/6都使用了印花粉印制技术。[1]此外，16世纪还出现了更快速高效的铁笔刻绘技术。这种技术作用类似现代的复写纸，它的发展与当时大型湿壁画和木板画的需求有直接关系，快速完成订件对艺术家和赞助人来说都很重要。对快速的追求甚至反映在艺术理论和艺术批评中。在瓦萨里看来，文艺复兴艺术第三阶段，即完美的文艺复兴盛期艺术的共同特点是风格的"优美"、技术的"娴熟"和制作的迅速。这三点是相互交织的，快速和娴熟是艺术家高超技艺的证明，更是表现出"优美"这种至高无上的品质的前提。[2]瓦萨里自豪地说，"早期画家花费六年时间方能创作一幅画，而我们今日的大师们仅用一年时间便能创作六幅画"[3]。他还自吹，"我在从事绘画创作、构思和设计时不仅极为迅速，而且轻松自如"[4]。铁笔刻绘草图满足了在理论和实践中对快速的需求，铁笔刻绘不仅大大提高了制作速度，也使艺术制作过程更流畅和轻松。

16世纪，借助印花粉印制或铁笔刻绘的草图被广泛用于绘画，尤其是大型湿壁画的制作。对瓦萨里、拉法埃罗·波尔吉尼、乔瓦尼·巴蒂斯

---

[1] Carmen Bambach, *Drawing and Painting in the Italian Renaissance Workshop: Theory and Practice, 1300-160*, p. 14.
[2] Moshe Barasch, *Theories of Art, 1: From Plato to Winckelmann*, pp. 226-227.
[3] 瓦萨里：《意大利艺苑名人传·巨人的时代》（上），第7页。
[4] 瓦萨里：《意大利艺苑名人传·巨人的时代》（下），第489页。

塔·阿美尼尼等艺术家和知识精英来说，草图，尤其是具有图画效果的精美的"完成草图"并非工作素描，而是设计的完美体现，是具有审美价值的独立艺术品。如阿美尼尼指出，"草图是设计艺术所能表现的一切事物最终和最完美的体现"[1]。16世纪早期，在佛罗伦萨公开展示了达·芬奇的《圣母、圣子与圣安妮》草图以及他和米开朗基罗分别为佛罗伦萨市政厅的议事大厅制作的壁画草图《安加里之战》（Battle of Anghiari, 1503，图10）和《卡西纳之战》（Battle of Cascina, 1504，图11）。这三件著名的草图标志着具有独立审美价值的草图的诞生。

根据瓦萨里的记载，当达·芬奇在他位于圣母领报医院的工作室公开展示《圣母、圣子与圣安妮》草图时，全城引起了轰动："不仅震惊了每一位艺术家，而且吸引了无数男女老少，他们摩肩接踵前来一睹风采。这种情况持续了两天，就像过节般热闹，人们如痴如醉，惊羡不已……这一构想充分体现了莱奥纳尔多的智慧与天才。"[2]《安加里之战》和《卡西纳之战》草图同样引起普遍关注和赞美。瓦萨里这样赞美米开朗基罗的草图："所有人像都显示了高难度的透视短缩技巧。图中还有几组用不同手法绘成的人像：一些用碳笔勾出轮廓，有些只是寥寥几笔绘就，还有些逐渐隐没在人影中并用铅白突出亮部……它在艺术界引起了轰动，也使米开朗基罗获得了崇高的声誉。"按照瓦萨里的说法，这幅草图"事实上变成了一所艺术家的学校"。[3]雕塑家本韦努托·切利尼更将这两幅草图誉为"全世界的学校"[4]。

这三幅草图的制作和广为接受显示了西方艺术史上一个意义深远的转折。草图原本只是为艺术品制作的工作素描，在艺术品完成后价值也

---

[1] Carmen Bambach, *Drawing and Painting in the Italian Renaissance Workshop: Theory and Practice, 1300-160*, pp. 263-264.
[2] 瓦萨里：《意大利艺苑名人传·巨人的时代》（上），第9页。
[3] 瓦萨里：《意大利艺苑名人传·巨人的时代》（下），第268页。
[4] 切利尼著、王宪生译：《切利尼自传》，海燕出版社2001年版，第18页。

图 10 《安加里之战》

图 11 《卡西纳之战》

就消失了。但在16世纪，草图开始被视为艺术家技艺、天才和创造性的完美表达，不仅艺术家本人开始将制作草图本身当作目的，赞助人和公众亦开始将其视为与绘画同等价值的艺术品。米开朗基罗的壁画尚未动工，他就离开了佛罗伦萨，结果他的草图被运到市政厅，堂皇地展示在原定绘制壁画的位置，直到1512年。[1] 由于草图的审美价值，它们成了艺术家、业余艺术爱好者及收藏家竞相争夺的对象，米开朗基罗的草图就因此遭到厄运。这幅草图"被那些不知爱惜的艺术家们撕烂并分割成数片，流落各地"[2]。对草图审美价值的重视也还促进了"替代草图"（substitute cartoon）的出现。草图转绘，尤其是铁笔刻绘技术转绘草图会对草图造成很大损坏，而替代草图主要是为保护草图制作的工作素描。[3] 达·芬奇在绘制壁画《安加里之战》时，就绘制了另一件替代草图作为工作素描。

素描的兴起和发展是文艺复兴时期艺术领域的一项重要成就。传统的作坊图谱和范本书是纯实用性的生产素描，临摹图谱和范本书既是艺术家职业训练的基础，也是艺术制作的核心内容。自然主义的发展对传统的艺术再现形式提出挑战。素描成了艺术家研究人体、探索新的构图方法和建构透视空间等的重要手段，速写和研究性素描的出现和发展就清楚地表现了这一点。与此同时，素描开始被赋予崇高的理论意义。素描的重要性不仅在于它们是艺术家研究和解决艺术难题的工具，更因为它们展示了艺术家的工作过程，表现了其天才、想象力和创造性。简言之，对素描的重视与对艺术家的推崇分不开。

自14世纪以来，一些学者和艺术家已开始主张艺术是自由艺术，艺术家是从事自由艺术的知识人而非手艺人。艺术家正是通过素描摆脱了对

---

[1] Joost Keizer, "Michelangelo, Drawing and the Subject of Art", in *The Art Bulletin*, Vol. 93, No. 3 (2011), pp. 209-310.

[2] 瓦萨里：《意大利艺苑名人传·巨人的时代》（下），第268页。

[3] Carmen Bambach, *Drawing and Painting in the Italian Renaissance Workshop: Theory and Practice, 1300-1600*, pp. 285-286.

图谱和范本书的机械复制,并对人体和透视法进行科学研究和实验,由此呈现为一个"学者"。素描收藏的兴起充分体现了对素描文化价值的认可。瓦萨里在撰写艺术家传记的同时努力收集艺术家的素描,他的《素描集》按照年代顺序展示了自齐马布埃到他那个时代重要艺术家的素描,以视觉语言呈现了意大利艺术的发展史。[1]1563年,在瓦萨里积极推动下创建的佛罗伦萨设计学院,正式确立了素描在艺术教育和实践中至高无上的地位(参见本书第六章)。这座欧洲历史上第一座艺术学院的创建,同时也标志着现代艺术家的诞生。

(二)艺术家对自然的研究

自14世纪的彼特拉克开始,"模仿自然"就成了人文主义艺术批评的一个核心概念。当然,正如巴克森德尔指出的,人文主义艺术批评是有局限性的,但它无疑在社会精英中塑造了一种对自然主义艺术的趣味和批评标准,并通过赞助人对艺术实践产生影响。按照贡布里希的说法,正是对视觉现实主义的追求使文艺复兴时期的艺术发生了类似"希腊的艺术革命"那样的重大转折。

人体写生素描的兴起

人文主义艺术批评对职业艺术家的影响,最早表现在切尼尼的《艺人手册》中。切尼尼曾在帕多瓦宫廷工作多年,这个城市是当时人文主义的重镇,或许正是在与宫廷文人和学者的交往中切尼尼接受了新的艺术和艺术家观念。比如他在《艺人手册》中主张绘画是与诗歌一样的自由艺术,

---

[1] 瓦萨里从16世纪中期开始收藏艺术家的素描,共计约500件并装订成册,即著名的《素描集》。瓦萨里将素描按时间顺序编排,力图以这些视觉资料展示几个世纪以来艺术的发展。瓦萨里去世后,其收藏的素描流散四处,手册原来的面貌已不复存在。

并建议画家与哲学家、诗人等知识精英交往（参见本书第五章）。与同时代的人文主义艺术批评家一样，切尼尼也强调画家要模仿自然，虽然他并未列出具体的步骤或方法。

阿尔贝蒂在《论绘画》中将模仿自然视为艺术至高无上的目标并论述了相应的科学理论知识的重要性，尤其是光学和透视法。另外，为了画出有立体感或浮雕感的人像，他建议画家临摹雕刻人像。借助雕塑，画家不仅可以了解形式，也能把握真正的明暗变化。阿尔贝蒂尤其强调了解人体结构的重要性，比如他写道："在给一个人穿上衣服之前，我们先画一个裸体然后给他穿上衣服。因此在画裸体时，我们先画骨骼和肌肉，然后覆盖皮肉，这样就不难理解皮肤下面每块肌肉的位置。"[1]

保存下来的写生素描证实了这一时期艺术家观察自然和研究人体的发展。15世纪初，艺术家安托尼奥·皮萨内罗作坊那件有孔雀和猴子的素描是最早的动物速写。裸体男子和女子的素描也在这一时期出现，前者如1400年左右一位维罗纳绘图师所绘的《持球的裸体男子》，后者如1424年左右皮萨内罗作坊的一幅包括三个裸体女子的《女浴者》素描。[2] 这些早期的素描通常是为完成特定艺术品绘制的预备素描，都非常细腻、完整。它们很少表现出对人体结构的了解，而主要集中于光影、皮肤及衣纹等表面细节。这些素描可能并非真正意义的写生，而主要是依据雕塑或借助三维模型绘制的，这种情况在文艺复兴时期非常普遍。

不过在佛罗伦萨，15世纪中期以后艺术家对人体的兴趣开始朝着科学和更彻底的自然主义方向发展，这表现为真人模特的使用和对人体结构的关注。作坊的助手或学徒充当了最好的人体模特，如菲利波·利皮作坊的一些表现作坊助手或学徒日常活动的"学徒素描"。另外，一些"雕塑式

---

[1] Leon Battista Alberti, *On Painting*, p. 73.

[2] Joanne Bernstein, "The Female Model and the Renaissance Nude", in *Artibus et Historiae*, Vol. 13, No. 26 (1992), pp. 49-50.

素描",即从正面、背面和侧面三个角度观察的人体素描,表现了同样的趋势,如波拉约罗的《正面、背面和侧面的裸体》素描。[1]

达·芬奇是将阿尔贝蒂的理论和实践结合在一起的典范。达·芬奇保存下来的几千件素描充分显示了他对数学、透视法和人体结构的研究,对自然的观察以及对新构图的不懈探索和实践。他在谈到青年艺术家的培养和教育时,强调了学习科学理论知识以及通过经验观察、实践和写生研究人体比例和解构等的重要性。正如他一再强强调的,"智慧乃是经验的女儿"。[2]达·芬奇批评有些画家仅模仿人体外形,结果画出来的人像木头人一样。他认为,画家必须了解四肢在人体一切运动的肌肉、骨骼和肌腱,如此才能令人信服地表现人体运动的机制。[3]对人体结构的兴趣促使他亲自实践人体解剖并画了很多人体素描和人体结构示意图。比如瓦萨里描绘他的一些素描,"先画出人体骨骼,再细细描上所有的神经和肌肉,一部分肌肉附着在骨骼上,一部分肌肉起连接和拉紧作用,还有一部分主管运动……"。[4]达·芬奇一生至少进行了30个完整的人体解剖,完成了几千幅动物肌体的素描和相关研究(图12)。[5]人体也是米开朗基罗艺术的标志性成就。根据瓦萨里的记载,米开朗基罗也解剖了很多人体:"为了使自己达到炉火纯青的境界,他常常做人体解剖,观察韧带、肌肉、神经、静脉、各种运动,以及人体的各种姿态……"[6]

达·芬奇在15世纪晚期和16世纪的大量人体素描标志着自然主义艺术的一个新阶段。对自然的忠实记录以及具有解剖学准确性的人体素描成

---

[1] 关于15世纪晚期的"雕塑式素描",参见 Francis Ames-Lewis, *Drawing in Early Renaissance Italy*, pp. 105-110.
[2] Leonardo da Vinci, *Notebooks*, selected by Irma A. Richter, New York: Oxford University Press, 2008, p. 7.
[3] Leonardo da Vinci, *Notebooks*, p. 145.
[4] 瓦萨里:《意大利艺苑名人传·巨人的时代》(上),第7—8页。
[5] 麦克尔·怀特著、阚小宁译:《列奥那多·达·芬奇:第一个科学家》,生活·读书·新知三联书店2001年版,第48页。
[6] 瓦萨里:《意大利艺苑名人传·巨人的时代》(下),第326页。

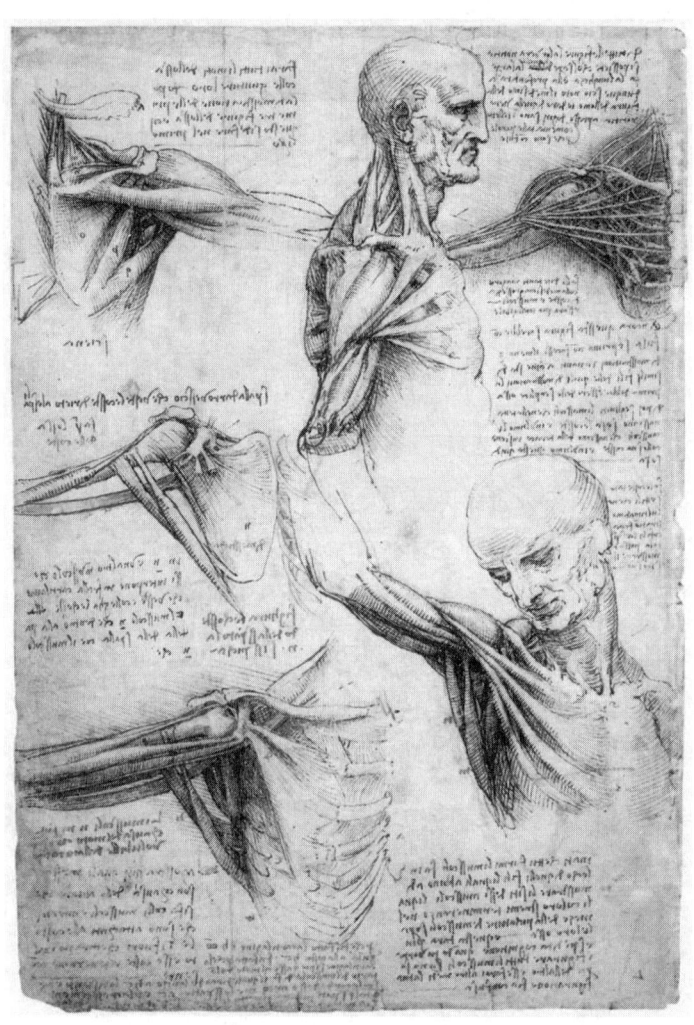

图 12 《人体肩膀的解剖研究》

为这一时期的一个突出成就，如米开朗基罗《卡西纳之战》草图的人体习作以及安德雷亚·德尔·萨尔托和彭托尔莫表现狗和学徒的粗率而充满活力的速写。[1]

16世纪，人体写生开始被视为艺术的本质和最高目标。瓦萨里指出："好的设计只可能源于不断摹仿自然对象以及研究优秀大师的绘画和古代雕像。但首先和最重要的，最好是画裸体的男人和女人的素描，并通过不断练习牢牢记住躯干、背部、腿、胳膊和膝盖的肌肉及其下面的骨骼。"[2] 不过，引入人体写生在不同的城市时间不一，显然佛罗伦萨走在其他城市的前列。在威尼斯，甚至乔尔乔内和提香画中的人像也大都是比照雕塑或三维模型绘制的，而使用真人模特直到16世纪晚期和17世纪才发展起来。[3]

透视法研究与应用

对透视法的研究与对人体的研究并行发展、相互促进，因为一幅真实可信的画必然要考虑所画对象之间及与观众的距离的把握。依据所画对象之间及与观众的距离对画进行放大或缩小并非文艺复兴时期才出现的。古代艺术家已在这方面做了大量探索和实践。中世纪，透视法在拜占庭及其他欧洲艺术中也有不同程度的保存和发展。[4] 但正如潘诺夫斯基指出的，图画中的直线透视法则是文艺复兴时期的一项发明。直线透视法不限于对房屋、家具等孤立对象的透视短缩，而是力图依据几何学将画面建构成一

---

[1] Philippe Costamagna, "The Formation of Florentine Draftsmanship: Life Studies from Leonardo and Michelangelo to Pontormo and Salviati", in *Master Drawings*, Vol. 43, No. 3 (2005), pp. 286-287.

[2] Giorgio Vasari, *Vasari on Technique*, p. 210.

[3] Catherine Whistler, "Life Drawing in Venice from Titian to Tiepolo", in *Master Drawings*, Vol. 42, No. 4 (2004), p. 372.

[4] 潘诺夫斯基在其《作为象征形式的透视法》一文中对古代和中世纪艺术中的透视法有详细讨论。参见 Erwin Panofsky, *Perspective as Symbolic Form*, trans., Christopher S. Wood, New York: Zone Books, 1991.

个连续和统一的视觉空间。[1] 虽然潘诺夫斯基的主张遭到一些学者质疑[2]，但有一点毋容置疑，直线透视法确实是一项文艺复兴时期的发明。这一发明是中世纪透视法、视觉理论与文艺复兴时期艺术实践结合的体现。[3]

在古代和中世纪，知识精英和艺术家属于两个不同的世界，少有交集。知识精英有关透视法和视觉理论的讨论很少与视觉艺术实践有关联。另外，图画艺术中的透视法大都基于艺术家的经验和直觉，而无系统的理论准则。文艺复兴时期，阿尔贝蒂率先将中世纪的透视法和视觉理论发展为一种建构图画空间的技术和方法。这一发明不仅深刻影响了文艺复兴时期的艺术理论和实践，而且对人们"观看"图画乃至整个世界的方式产生了深远影响。阿尔贝蒂指出了理论原则，透视法在艺术制作的实践中则要靠一代代艺术家的不断努力。雕塑家洛伦佐·吉贝尔蒂在阅读了中世纪阿拉伯数学家阿尔哈曾的意大利文本《光学宝鉴》后，在其《回忆录》第三部分转述了阿尔哈曾的光学理论，并与知觉心理学结合在一起来阐述审美

---

[1] Erwin Panofsky, *Perspective as Symbolic Form*, p.27. 潘诺夫斯基将直线透视法视为文艺复兴时期更深刻的空间观念或价值观的转变的体现。对潘诺夫斯基透视法理论的解释和批评，可参见 Michael Ann Holly, *Panofsky and the Foundation of Art History*, Ithaca and London: Cornell University Press, 1985.

[2] 如美国学者詹姆斯·埃尔金斯认为，潘诺夫斯基主张的那种无限的、等向性的、统一的画面空间是文艺复兴时期以后发展起来的。在文艺复兴时期那些实践透视法的艺术家的绘画中，透视法并未支配整个画面，而只是将准确描绘的对象放在一个不太确定的空间。参见 James Elkins, "Renaissance Perspectives", in *Journal of the History of Ideas*, Vol. 53, No. 2 (1992), pp. 209-210.

[3] 正如一些学者指出的，文艺复兴时期的透视法主要继承了中世纪而非古代的透视法和光学理论。其中，11世纪阿拉伯学者阿尔哈曾的《光学宝鉴》(*Opticae thesaurus*) 尤其重要。阿尔哈曾的光学理论被14世纪晚期、15世纪早期意大利帕尔马数学家比亚乔·佩拉卡尼继承和发展，而后者的《透视法问题》(*Quastiones perspective*) 直接影响了布鲁内莱斯基和保罗·乌切罗等艺术家（David Summers, *The Judgement of Sense: Renaissance Naturalism and the Rise of Aesthetics*, pp. 165-166）。汉斯·贝尔廷也强调了阿尔哈曾的光学、视觉理论与文艺复兴时期直线透视法的紧密关联。参见 Hans Belting, "The Double Perspective: Arab Mathematics and Renaissance Art", in *Third Text*, Vol. 24, Issue.5 (2010), pp. 521-527.

判断的问题。按照阿尔贝蒂和15世纪人文学者安托尼奥·马内蒂[1]的说法，直线透视法的发明者是15世纪佛罗伦萨建筑师布鲁内莱斯基。瓦萨里在布鲁内莱斯基的传记中重述了这一在当时已被普遍接受的观点："菲利波借助平面图、剖面和一些交叉线条，独自发现了一种准确获得透视效果的方法……并亲手画下了圣乔瓦尼广场的速写。在速写中，广场上铺砌的黑白大理石随着向远处延伸而逐渐缩小……"[2]之后，画家马萨乔将透视法引入绘画，而雕塑家多纳泰罗将其引入雕塑艺术，他们成功运用透视法的代表作分别是湿壁画《圣三位一体》（图13）和浮雕《希律王的宴会》（图14）。

到15世纪中晚期，透视法成为那些前卫艺术家共同关切的内容。如画家保罗·乌切罗痴迷于透视法，经常研究至深夜，他的妻子请他就寝，他则感叹："透视法是多么迷人啊。"[3]画家皮埃罗·德拉·弗朗切斯卡倾注毕生热情钻研透视法，著有《论绘画的透视法》(*De prospectiva pingendi*)。达·芬奇同样强调数学和透视法的重要性，如他为年轻画家列出的学习程序："首先应学习透视法，然后是事物的比例。接着他应当师从一位好老师，熟悉优美的肢体……"[4]这些热衷透视法的艺术家还努力将其运用到实际的艺术制作中，他们是最早和最坚持不懈地使用印花粉印制技术绘制人像构图草图的艺术家。因为如此绘制的有细腻轮廓线标记的草图有助于对个别细节、复杂的人物组像以及透视短缩的探索。[5]

---

[1] 安东尼奥·马内蒂（Antonio Manetti）著有《佛罗伦萨杰出人物传》(*Uomini Singhulari in Firenze*)。书中写了八位艺术家的传记，包括建筑师菲利波·布鲁内斯基的独传，这也是西方艺术史上最早的艺术家独传。关于马内蒂的艺术家传记及其影响，参见 Peter Murray, "Art Historians and Art Critics——IV VIV Uomini Singhulari in Firenze", in *Burlington Magazine*, Vol. 99, No. 655 (1957), pp. 330-336.
[2] 瓦萨里：《意大利艺苑名人传·辉煌的复兴》，第71—72页。
[3] 同上书，第33页。
[4] Francis Ames-Lewis, *The Intellectual Life of the Early Renaissance Artist*, p. 59.
[5] Carmen Bambach, *Drawing and Painting in the Italian Renaissance Workshop: Theory and Practice, 1300-1600*, p. 222.

图 13 《圣三位一体》

图 14 《希律王的宴会》

对透视法的关注不限于少数精英艺术家。在15世纪，透视法甚至也成了一些艺术作坊学徒教育的内容。15世纪帕多瓦艺术家弗朗切斯科·斯夸尔乔内为学徒设定了学习内容："后者（斯夸尔乔内）将教前者（画家古宗）的儿子学习按照我的方法画平面的基本原则，教他如何将人物放在画面的不同位置，以及怎样放椅子、凳子、房子，还要教他理解头部透视法与裸体的构造和比例，测量躯体正面和背面，并将眼睛、鼻子、耳朵和嘴巴分别放到头部的准确位置。"[1] 由于该作坊对理论知识的重视，米歇尔·萨沃纳罗拉将其称为帕多瓦的"绘画大学"。[2]

（三）对古代艺术的痴迷与学习

除了观察自然和学习科学知识，古代艺术对文艺复兴时期的艺术家来说也变得越来越重要。对古代艺术的挪用或借用并非文艺复兴时期才有。19世纪和20世纪之交，汉堡学者阿比·瓦尔堡业已关注异教古代图像在中世纪和文艺复兴时期的延存。随后，这个问题成了瓦尔堡研究所以及埃尔文·潘诺夫斯基图像学研究的核心。潘诺夫斯基的《中世纪艺术中的古典神话》（与萨克斯尔合著）、《西方艺术中的文艺复兴与历次复兴》、《图像学研究：文艺复兴时期艺术的人文主题》都围绕这个主题。[3] 潘诺夫斯基认为，古代艺术在欧洲中世纪已有"复兴"，但中世纪的"复兴"表现出一种"分离原则"，即古典形式总是被赋予非古典的、通常是基督教的

---

[1] Creighton Gilbert, *Italian Art, 1400-1500: Sources and Documents*, pp. 33-34.

[2] Creighton Gilbert, *Italian Art 1400-1500*, pp. 33-34.

[3] Erwin Panofsky and Fritz Saxl, "Classical Mythology in Medieval Art", in *Metropolitan Museum Studies*, Vol. 4, No. 2 (1933), pp. 228-280; *Renaissance and Renascences in Western Art*, New York and Evanston: Harper & Row, Publishers, 1969; 欧文·潘诺夫斯基著，戚印平、范景中译：《图像学研究：文艺复兴时期艺术的人文主题》，上海三联书店2011年版。

意义，而古典主题则总是被以非古典的、通常是现代的形式呈现。[1] 到文艺复兴时期，这种"分离"仍持续了很长时间。[2] 与此同时，另一种对古代艺术的考古式复兴也出现并发展起来，即对古代艺术品的细节、母题以及人像和构图的准确模仿，并由此历史地重构古代艺术的风格和原则。准确模仿和创造性重构是文艺复兴时期古代艺术复兴的两个重要方面，贡布里希概括为"模仿"与"吸收"。[3] 这一发展于13世纪晚期首先出现在雕塑领域，突出的例子是1260年左右乔瓦尼·皮萨诺为比萨洗礼堂制造的布道台浮雕，其中几乎所有人像均来自皮萨诺对罗马石棺的准确研究。阿雷佐学者里斯特罗记载了当时艺术家对古代艺术的热情。当时阿雷佐出土了大量赤陶瓶，"当鉴赏家们看见它们后，就围绕其展开了激烈的争论，情绪激动，几乎失去理智。而那些不是鉴赏家的人想把它们打碎扔掉。当这些东西流入雕塑家、艺术家或其他鉴赏家手中，他们奉若圣物，惊叹人类的技艺竟能达到如此高度"[4]。

14世纪，随着人文主义的兴起，知识精英和艺术家对古代艺术的热情开始高涨起来。1375年，彼特拉克的朋友、帕多瓦医生乔瓦尼·唐尼前往罗马进行文化"朝圣"，他在信中表达了对罗马古迹和艺术遗存的仰

---

[1] *Renaissance and Renascences in Western Art*, New York and Evanston: Harper & Row, Publishers, 1969, p. 84.

[2] 瓦尔堡注意到，1460年前后在表现古代神话的历史的素描和婚柜绘画中，古代人物穿着现代服饰并出现在喧闹的现代节日庆典氛围的场景中，如佛罗伦萨金匠马索·菲尼古尔拉所绘的99幅表现人类历史的素描。贡布里希在对阿波罗尼奥·迪·乔瓦尼作坊制作的表现《埃涅阿斯纪》中的人物和故事的婚柜画的考察中再次关注这个问题。对瓦尔堡而言，这主要由于节日庆典的日常体验影响了艺术家对古代的想象，这种"纯真的现实主义"与追求"考古"准确性的"古物学理想主义"形成了鲜明对照，后者代表了对古代的一种更理性和反思的态度。贡布里希则强调婚柜的功能和用途对其绘画主题和风格的影响。（Aby Warburg, *The Renewal of Pagan Antiquity*, introduction by Kurt Foster, translation by David Britt, Los Angeles: The Getty Research Institute Publications Programs, 1999, p. 167; E. H. Gombrich, "Apollonio di Giovanni: A Renaissance Cassone Workshop Seen through the Eyes of a Humanist Poet", in *Norm and Form*, pp. 11-28.）

[3] E. H. Gombrich, "The Style of All'antica: Imitation and Assimilation", in *Norm and Form*, pp. 122-128.

[4] Nicole Dacos, "Italian Art and the Art of Antiquity", in *History of Italian Art: Volume I*, prefaced by Peter Burke, translated by Ellen Bianchini and Claire Dorey, Cambridge: Polity Press, 1994, p. 118.

慕,他还提到一位跟他一样痴迷古代艺术的雕塑家:"我认识一位雕塑家,他在那些意大利同行中,尤其在人像雕塑方面很有名气。我常听人说他无比仰慕和崇敬他在罗马看到的雕像和浮雕,以致仅仅提到它他就会不能自已。"[1]不过在15世纪之前,艺术家和人文主义者对古代艺术的关注很少有相似之处。对艺术家来说,古代艺术遗存是方便实用的装饰母题宝库,而对人文主义者来说它们是宝贵的历史文献。艺术家关注石棺、浮雕、雕塑残片等的形式、风格和工艺,人文主义者则热衷于收集和研究铭文、像章和钱币。对古代艺术的"古物学研究"在15世纪以后才发展起来,这很大程度上是人文主义古物学家与艺术家携手合作的结果。新潮流的代表人物通常是在帕多瓦、曼托瓦、佛罗伦萨等在人文主义中心生活和工作并与人文主义者交往密切的艺术家。人文学者波焦·布拉乔利尼对古代艺术怀有强烈的考古学兴趣,他在其《论命运的变幻无常》(*De varietate fortunae*, 1431—1448)中对罗马城现存古迹做了详细描述。波焦在谈到友人送给他的三个大理石头部时指出:"多纳泰罗见过它,并且高度赞美它。"[2]弗拉维奥·比昂多是具有同样兴趣的古物学家,他的《复兴的罗马》(*Roma Instaurata*, 1444—1446)和《凯旋的罗马》(*Roma Triumphans*, 1456—1460)重构了古罗马的纪念碑以及风俗和日常生活。波焦和比昂多的著作在当时的知识人和赞助人中引起很大反响,促进了艺术家对古代艺术的考古学兴趣。

从15世纪开始,伴随着人文主义的发展和崇古热情的高涨,到罗马搜寻和研究古迹日益成为艺术教育的重要一部分。在15世纪早期的佛罗伦萨,这一潮流的代表是建筑师阿尔贝蒂[3]和布鲁内莱斯基、雕塑家吉贝

---

[1] Nicole Dacos, "Italian Art and the Art of Antiquity", in *History of Italian Art: Volume I*, p. 117.
[2] Nicole Dacos, "Italian Art and the Art of Antiquity", in *History of Italian Art: Volume I*, pp. 119-120.
[3] 阿尔贝蒂的建筑理论和实践,可参见 Anthony Grafton, *Leo Battista Alberti: Master Builder of the Italian Renaissance*, New York: Hill & Wang, 2000.

尔蒂和多纳泰罗。根据瓦萨里的记载，布鲁内莱斯基和多纳泰罗曾一道前往罗马挖掘和研究古代建筑和雕塑遗迹。"菲利波第一次看到那些雄伟的建筑和美丽的教堂，他长久驻足凝视，为之惊愕、震颤和痴迷。他开始准备绘制这些建筑的平面图，测量其檐口……他们走遍了包括临近的所有地方，一有机会就对看到的一切进行测量……在罗马，他认真细致地研究万神殿的拱顶的所有难点。他对所有的古代拱顶都做了记录，画了草图，并仔细琢磨其构造。如果菲利波和多纳泰罗发现埋在地下的柱头、石柱、檐口和建筑的基座，他们就会将其全部挖掘出来，以便进行细致的观察。"[1]他们二人在罗马和郊区四处搜寻、发掘和临摹古迹，结果被当地人叫做"寻宝人"。显然，罗马古迹对布鲁内莱斯基古典主义的建筑风格和多纳泰罗仿古的雕塑风格都发挥了重要影响。此后，到罗马研究古代艺术品成了有抱负的艺术家、建筑师、画家和雕塑家的必备教育。

15世纪早期，阿尔贝蒂强调了前往研究罗马古迹的重要性，罗马"有许多古代艺术品、神庙和剧场的范例，研究这些东西就像跟那些最优秀的大师一样可以学到很多知识……在看到各个地方的出色的古代艺术遗迹时，我无不怀着学习的态度。就这样，我不断搜寻、思考、测量和素描听说过的一切艺术遗迹，直到我掌握了这些古代建筑中曾使用的所有技巧或创意为止"[2]。之后保存下来的一些作坊素描表明，临摹古代雕塑或模型渐成为作坊实践的重要一部分。15世纪晚期，画家贝诺佐·戈佐利作坊保存下来的一本素描册就包括一些临摹古代雕塑的素描，如一幅临摹罗马城著名古代青铜像《挑刺的少年》（Spinario）的素描（图15）。[3]

一些艺术家，如贝诺佐·戈佐利将古代艺术遗存视为丰富的艺术宝

---

[1] 瓦萨里:《意大利艺苑名人传·辉煌的复兴》，第74—75页。

[2] Leon Battista Alberti, *On the Art of Building in Ten Books*, trans., by Joseph Rykwert, Cambridge: The MIT Press, 1991, pp. 154-155.

[3] Kathleen Wren Christian, *Empire without End: Antiquities Collection in Renaissance Rome, 1350-1527*, New Haven and London: Yale University Press, 2010, p. 169.

图 15 《挑刺的少年》

库，并通过临摹古代石棺、浮雕以及青铜和大理石雕像发现新的母题、形式、姿势以及完美的人体比例。为此，他们不仅四处探幽访古，还在作坊收藏和摆放古代雕塑或模型供学徒学习或进行艺术制作之用。吉贝尔蒂和多纳泰罗是最早收藏古代雕塑的艺术家之一。[1] 根据瓦萨里的记载，老科西莫·德·美第奇正是在多纳泰罗的影响下开始收藏古代艺术品的。[2] 15世纪晚期帕多瓦画家弗朗切斯科·斯夸尔乔内的作坊，是文艺复兴时期第一个有意识地为学徒提供古代艺术教育的学校和"雕塑博物馆"。斯夸尔乔内对古代艺术充满热情，在作坊内摆放了许多古代雕塑残片和模型供学徒临摹和研究。著名古物学家－艺术家曼泰尼亚就是这个艺术"大学"新型艺术教育的最杰出成果。[3]

15世纪晚期和16世纪，古代雕塑成了关注人体姿势、运动和比例的艺术家临摹和学习的焦点。因为艺术家们从老普林尼等古代作家那里得知，古代雕塑家，如波利克利图斯已经在其雕塑作品中发现了完美比例的原则。与此同时，随着君主、贵族和其他社会精英收藏古代雕塑的兴起，在作坊收藏古代雕塑并在作品中以不同形式借用古代图像不仅有助于艺术学习，而且是展示艺术家的学识、财富和提升社会地位和名望的重要途径。总之，收藏、展示和临摹古代雕塑几乎成了一切渴望成功的艺术家的必备活动。这一时期几乎所有的重要艺术家都收藏有不同数量的古代雕塑或模型，作为艺术学习或创作的资源。雅科波·贝利尼和真蒂莱·贝利尼就收藏了一些古代大理石雕塑和石膏模型，其中最著名的是一件后来

---

[1] 吉贝尔蒂作坊的古代雕塑包括一件据说来自希腊的大理石瓶、一件青铜像的腿部、许多半身像和雕塑残片。其中最著名的是一件据说来自古希腊雕塑家波利克利图斯的大理石浮雕板《维纳斯与乌尔坎》。（Robert Weiss, *The Renaissance Discovery of Classical Antiquity*, Oxford: Basil Blackwell, 1988, pp. 180-181.）
[2] 瓦萨里：《意大利艺苑名人传·辉煌的复兴》，第111页。
[3] Creighton Gilbert, *Italian Art, 1400-1500: Sources and Documents*, pp. 33-34.

被伊莎贝拉·德·埃斯特购买的柏拉图大理石头像。[1]朱利奥·罗马诺收藏有一些古代雕塑残片和石膏模型，包括一件维纳斯和一件表现罗马人与高卢人之战的浮雕。后来，他用它们装饰在曼托瓦的府邸。提香和洛伦佐·罗托也有一些古代雕塑石膏模型。[2]有些艺术家甚至建立了不亚于君主和贵族的古代雕塑收藏，如15世纪晚期的米兰雕塑家安德烈亚·布雷尼奥。布雷尼奥的收藏不仅数量众多，而且品质出众。其中最著名的一件是曾被许多艺术家临摹的穿着罗马凉鞋的大理石脚，以及后来进入教皇收藏的"观景楼的残躯"。布雷尼奥的古代艺术收藏有些被放在他的工作室和作坊，作为学习工具使用，有些被放在他在奎里纳尔的别墅。在1503年的遗嘱中，他将作坊和工作室的"雕塑、人像和图像"遗赠给一群朋友和艺术家同行，奎里纳尔别墅的大理石雕塑、钱币和宝石则留给了他的家人。布雷尼奥还慷慨地将其古物收藏向其他艺术家开放，因而他的作坊和别墅都成了艺术家学习古代艺术的重要场所。[3]另一位堪与君主收藏家媲美的艺术家、收藏家是阿雷佐雕塑家莱奥内·莱奥尼。借助职业生涯中积累的巨大财富以及与意大利艺术界、宫廷以及与皇帝查理五世宫廷（他与提香都是查理五世钟爱的宫廷艺术家，并与提香一样被封为骑士）的密切关系，莱奥尼建立了文艺复兴时期意大利，乃至整个欧洲最全和最丰富的雕塑和铸模收藏。他位于米兰的"豪华府邸"里展示着罗马城几乎所有可见的著名古代雕塑模型，如马可·奥勒留骑马像、《拉奥孔》、观景楼的阿波罗、法尔内塞的赫拉克勒斯、图拉真纪功柱的浮雕等。另外，他还拥有最全的米开朗基罗雕塑作品模型，如《圣母怜子》《基督复活》《暮》

---

[1] Francis Ames-Lewis, *The Intellectual Life of the Early Renaissance Artist*, p. 80.
[2] Francis Ames-Lewis, *The Intellectual Life of the Early Renaissance Artist*, p. 85.
[3] Kathleen Wren Christian, *Empire without End: Antiquities Collection in Renaissance Rome, 1350-1527*, pp. 278-279.

《晨》等。[1] 值得注意的是，他的收藏中还有达·芬奇的绘画、素描和素描册，如《勒达》和《圣母、圣子与圣安妮》的草图。[2] 作为一位以制作古代风格的像章、半身像、骑马像等闻名的雕塑家，莱奥内无疑将其艺术收藏用作艺术学习和创作的资料。但重要的是，他也用这个无与伦比的"艺术博物馆"展示其学识、财富和作为贵族的崇高地位。

一些艺术家成了古物学家。威尼斯画家雅科波·贝利尼是这种艺术家的最早典范。雅科波与当时威尼斯的收藏家和古物学家有密切交往，特别是 15 世纪 30 年代到访威尼斯的安科纳的齐里亚科以及著有《古代铭文集》(*Quaedam antiquitatum fragmenta*) 的威尼斯医生、古物学家乔瓦尼·马尔康诺瓦。可能正是在人文主义铭文集的启发下，雅科波将其素描编订成册。雅科波的素描手册包括各种母题和构图：建筑、肖像、宗教和世俗叙事画、几组狮子素描、步兵和骑兵等，其中最突出的是大量古钱币素描以及许多有铭文的罗马古墓纪念碑素描。[3] 皮萨内罗是另一位具有古物学造诣的艺术家。皮萨内罗不仅临摹古罗马石棺和浮雕，还收集了很多银币。他对钱币上的古代人物侧面像尤其感兴趣。他在 1435 年献给费拉拉公爵莱奥内罗·德·埃斯特的尤利乌斯·恺撒像和一幅古罗马皇后狄瓦·弗斯蒂娜的侧面像素描可能就来自钱币上的肖像。[4] 皮萨内罗还是第一个制造文艺复兴时期流行的古代风格像章的艺术家。大约同时，在罗马工作的建筑师和雕塑家安托尼奥·菲拉雷特的作坊也依据钱币肖像制作了许多有古罗马皇帝侧面像的圆雕饰。[5]

---

[1] Kelley Helmstutler Di Dio, *Leone Leoni and the Status of the Artist at the End of the Renaissance*, Farnham: Ashgate, 2011, pp. 138-139.
[2] Kelley Helmstutler Di Dio, *Leone Leoni and the Status of the Artist at the End of the Renaissance*, 2011, p. 142.
[3] Patricia Fortini Brown, *Venice & Antiquity: The Venetian Sense of the Past*, New Haven: Yale University Press, 1996, pp. 121-122.
[4] Roberto Weiss, *The Renaissance Discovery of Classical Antiquity*, p. 172.
[5] Francis Ames-Lewis, *The Intellectual Life of the Early Renaissance Artist*, pp. 112-113.

考古学兴趣不限于这些奉行自然主义风格的"进步"艺术家,也包括一些通常被归为国际哥特式风格的艺术家,如皮萨内罗的老师真蒂莱·达·法布里亚诺和佛罗伦萨画家贝诺佐·戈佐利。前者在1420年左右画了一些古代雕塑的素描。贝诺佐·戈佐利与其师傅安杰利科修士一起在罗马工作期间画了很多准确的古代浮雕和雕塑的素描,包括一幅临摹自图拉真纪功柱的鹰和一幅可能临摹自一件古代维纳斯雕像残片的女性裸体躯干背部素描。[1]

15世纪晚期和16世纪,艺术家的考古学研究进一步发展。这一时期保存下来的许多素描包括临摹自图拉真纪功柱、马可·奥勒留骑马像以及罗马或其他城市的古代石棺素描。15世纪晚期最伟大的考古-艺术家是安德雷亚·曼泰尼亚。曼泰尼亚是威尼斯画家雅科波·贝利尼的女婿,他对古代艺术的兴趣可能受到了雅科波的影响,但其成就远超其岳父。曼泰尼亚在古代艺术方面的造诣得到同时代人文学者和古物学家的高度认可,比昂多的《复兴的罗马》就题献给曼泰尼亚。《恺撒的凯旋》最充分地表现了他在古典文化和艺术方面的造诣。在这幅画中,曼泰尼亚将通过各种资源获得的无数考古学细节与学者有关罗马凯旋仪式的记载结合在一起,生动地重现了一个古代庆祝仪式的场面(图16)。正是由于其渊博的古代文化知识,伊莎贝拉·德·埃斯特将他形容为"古物专家"。

这一时期,一些重要的古代艺术品的考古发现也促进了艺术家与古代艺术的接触,特别是1480年前后罗马皇帝尼禄的"黄金宫"的发现和1506年《拉奥孔》的发现。[2] 黄金宫大量怪诞的屋顶壁画和粉饰激发了众多画家的兴趣,如多梅尼科·吉兰达约、菲利波·利皮、卢卡·西尼奥雷利和贝尔纳迪诺·平图里乔等,进而激发了怪诞装饰在意大利的盛行。

---

[1] Francis Ames-Lewis, *The Intellectual Life of the Early Renaissance Artist*, pp. 122-123.

[2] Leonard Barkan, *Unearthing the Past: Archaeology and Aesthetics in the Making of Renaissance Culture*, New Haven:Yale University Press, 2001.

图 16 《恺撒的凯旋》(仪式场景 4)

《拉奥孔》的发现几乎立刻在罗马艺术界引起轰动，米开朗基罗和建筑师朱利亚诺·达·圣加罗是最早临摹《拉奥孔》的艺术家之一。1510年左右，建筑师布拉曼特组织了一场艺术竞赛，看谁能用青铜制作出最出色的《拉奥孔》复制品。[1] 拉斐尔担任评委是当之无愧的，因为他是16世纪早期最出色的考古艺术家。[2]

一些有财力的艺术家很自然地成了古物收藏家（参见本书第四章第三节）。根据吉贝尔蒂的说法，他的收藏包括一件据说是古希腊时期的大理石瓶、一件真人等大的青铜腿、许多半身像和雕塑残片，还有一件据说是古希腊雕塑家波利克里图斯的浮雕。[3] 根据雅科波·贝利尼的遗孀在1471年拟定的遗嘱，他也收藏了不少珍贵的古代雕塑残片和石膏模型，其中可能包括一件古希腊雕塑家普拉克西特莱斯的大理石维纳斯像以及1512年雅科波的两个儿子卖给伊莎贝拉·德·埃斯特的一件柏拉图半身像。[4] 曼泰尼亚和朱利奥·罗马诺在曼托瓦的府邸以及莱奥内·莱奥尼在米兰的府邸都收藏并展示了许多古物。

总之，自15世纪以来，研究人体、透视法和古代艺术日益成为艺术家职业活动和教育的重要内容。相应地，在作坊内外出现了与艺术设计和研究关联的特定空间，现代意义的工作室开始形成。在意大利语中，studio一词最初主要指学者的书桌或书房，文艺复兴时期，随着视觉艺术在理论和实践中与自由艺术的靠近，艺术家的studiolo，即书桌及其所在的

---

[1] Lisa Pon, *Raphael, Dürer and Marcantonio Raimondi: Coping and the Italian Renaissance Print*, p. 27.

[2] 1515年，教宗利奥十世任命拉斐尔为"古物专员"，让他负责考察并记录罗马的古代纪念碑。拉斐尔1519年左右写给教宗的信阐述了他重建罗马的计划并表达了文物保护的意识。更重要的是，拉斐尔还第一个依据风格明确区分了古罗马艺术的不同时期，如他指出的，君士坦丁凯旋门的主体部分为君士坦丁时代所建，而其浮雕则分别属于图拉真、安东尼·庇护和君士坦丁时代。（Francis Ames-Lewis, *The Intellectual Life of the Early Renaissance Artist*, p. 140.）

[3] Francis Ames-Lewis, *The Intellectual Life of the Early Renaissance Artist*, p. 81.

[4] Patricia Fortini Brown, *Venice & Antiquity: The Venetian Sense of the Past*, p. 118.

空间开始被与学者的 studio 相提并论。[1] 这一空间通常摆放着艺术家的书籍和收藏的艺术品,它既是工作和学习的场所,也是艺术家作为学者的象征。16 世纪晚期,艺术家恩涅亚·维科的一幅表现雕塑家巴乔·班迪内利作坊的版画表现了这种新型作坊或艺术家工作室的理想画面:在画面右边的一个长桌旁,两个少年和一个男子正在画素描,在他们身边有两个青年男子和三位穿着高贵、举止庄严的长者(根据徽志,其中一个就是巴乔·班迪内利)正评论他们的素描;在画面左边,三个少年正用铁笔在蜡板上画素描,还有一个在观看;在他们身后墙壁的石架上杂乱地摆放着许多书籍、躯干、小雕像、一匹马的头部和一个罗马皇帝的半身像;在画面前景散放着一些人体骨架。[2]

(四)对临摹和复制的谴责以及对创意、想象力和个人风格的注重

自 15 世纪以来,艺术实践日益与科学结合在一起,艺术制作日益转变为理智性的设计、研究和创作活动。同时,临摹和复制开始遭到质疑和谴责,独创性和艺术家的个人风格开始被认可和重视,现代的艺术和艺术家观念开始浮现。在文艺复兴时期的艺术家那里,模仿和独创性并非非此即彼的关系,临摹和模仿的价值也并未被彻底否定。相反,有两类模仿被认为是必不可少且非常有价值的:一是模仿古代的优秀作品,二是模仿现代的艺术杰作。对于模仿古代艺术家的重要性,美国艺术史家大卫·卡斯特有一段精彩的分析,值得在这里引述:

---

[1] Michael Cole, Mary Prado ed., *Invention of the Studio: Renaissance to Romanticism*, Chapel Hill: The University of North Carolina Press, 2005, p. 3.
[2] Nikolaus Pevsner, *Academies of Art: Past and Present*, p. 40.

文艺复兴时期的艺术基于古代之上,但是,这种单一文化资源的观念并未限制艺术家或诗人的自由。因为文艺复兴时期的艺术活动并未被视为抄袭,而是被视为模仿。抄袭将失去尊严,但模仿在精神气质上是有所不同的。模仿是自由活动,可以选择或保留——或如同一位人文主义者所说——一种自我意识。因此,过去不是一个负担,而且自由和大胆的现代人能够从古代那里借鉴他所需要的东西,并做出超越古代的非凡成就。对彼特拉克来说,完美模仿的观念体现在对蜜蜂的比喻上:蜜蜂吸收一切花朵的果实,并将它转化为蜂蜜。[1]

另外,现代艺术的优秀作品也成为被学习和模仿的对象。根据瓦萨里和切利尼的记载,乔托在圣十字架教堂的壁画、马萨乔在卡尔米内教堂的绘画以及达·芬奇和米开朗基罗在佛罗伦市政厅的壁画草图等,就成了"临时"和自发的艺术学校。[2] 切利尼在其自传中谈道,艺术家皮埃罗·托里加尼回忆说,他少年时代常常与米开朗基罗一起前往卡尔米内教堂临摹马萨乔的绘画,他还在一次冲突中打断了米开朗基罗的鼻梁。切利尼还谈到艺术家们临摹米开朗基罗和达·芬奇为佛罗伦萨市政厅壁画绘制的草图,并将其誉为全世界艺术家的"学校"。[3]

当然,我们不能夸大这种模仿的程度,更不能认为文艺复兴时期艺术家的艺术训练完全基于模仿艺术大师。在文艺复兴时期的艺术理论和实践中,对科学的艺术理论知识和规则的探索与对艺术家个体创造性和想象力的重视相互促进。自14世纪晚期的彼特拉克开始,将艺术提升为自由艺术便成为人文学者和艺术家的最高目标。到15、16世纪,人文主义艺术

---

[1] David Cast, "*Humanism and Art*", in *Renaissance Humanism*, *Vol.3*, Philadelphia: The Pennsylvania University Press, 1988, pp. 427-430.

[2] 瓦萨里:《意大利艺苑名人传·巨人的时代》(下),第268页。

[3] Benvenuto Cellini, *My Life*, trans. by Julia Bondanella and Peter Bondanella, New York: Oxford University Press, 2002, pp. 19-20.

理论逐渐发展出两种艺术观念：科学的艺术和诗意的艺术。前者以准确模仿自然为目标，并力图通过艺术与科学的结合确立系统的理论和规则；后者则强调艺术与文学，尤其是与修辞学和诗学的相似性，并强调艺术家的想象力和创造性。正如贡布里希指出的，在前一种传统中，艺术制作技术和方法的进步成为衡量艺术发展的标准和目标，并促进了艺术实践中创新的发展。[1] 诗意的艺术传统到 15 世纪晚期和 16 世纪开始占主导地位，与艺术家的个体创造性密切关联的"创意"（invenzione）和"想象"（fantasia）成为艺术理论中的核心概念。[2] 无论科学的艺术，还是诗意的艺术都以模仿自然和古代艺术为最高目标，并批评和谴责模仿其他艺术家或自我模仿的做法。

　　15 世纪初，切尼尼业已强调想象力对绘画的重要性。他认为，绘画"需要想象力和手的技能，如此便能发现那些看不见的、隐藏在自然物体影子中的事物并用手将其固定下来，将并不实际存在的东西呈现在眼前……正如诗人可以按照自己的心意自由创作，画家也可以依照想象力自由地画一个站着、坐着、半人或半马的人像"[3]。达·芬奇认为，"画家若以别人的画为榜样，画出的画必然没有多少价值。但如果他探究和遵从自然造物，则能产生好的结果"。他认为绘画在古罗马以后的衰落就是艺术家相互模仿所致，而乔托正是不满足于模仿老师的作品而师法自然，才超越

---

[1] 贡布里希对文艺复兴时期的艺术"进步"观念及其对当时艺术实践的影响做了经典论述，参见 E. H. Gombrich, "The Renaissance Conception of Artistic Progress and its Consequences", in *Norm and Form*, pp. 1-10 以及 "The Leaven of Criticism in Renaissance Art: Text and Episodes", in *The Heritage of Appelles: Studies in the Art of the Renaissance*, Ithaca, New York: Cornell University Press, 1976, pp. 111-131.

[2] 想象力，即 imagination 或 fantasia，是古代和中世纪官能心理学的一个重要概念。柏拉图将某种超验的想象力视为诗人的一种崇高品质，古代晚期的一些学者又将这种想象力扩展至视觉艺术家领域。中世纪，imagination 和 fantasia 主要被用于官能心理学，很少与视觉艺术和艺术家产生关联。到文艺复兴时期，随着人文主义艺术理论的发展，诗人的想象力和神圣灵感开始被赋予艺术家，fantasia 开始被专用于视觉艺术和艺术家。（Martin Kemp, "From 'Mimesis' to 'Fantasia': The Quattrocento Vocabulary of Creation, Inspiration and Genius in the Visual Arts", in *Viator*, VIII (1977), p. 366.）

[3] Cennino Cennini, *The Craftsman's Handbook*, pp. 1-2.

了同时代以及从前的艺术家。之后,艺术又因艺术家背离自然而衰落,直到马萨乔重新师法自然,艺术才获得生机。他还认为,模仿其他艺术家而非自然的画家只是自然的孙子,只有谋求金钱的画家才模仿别人,渴望名声和荣誉的画家都应模仿无穷丰富的自然。[1] 米开朗基罗谴责在艺术创作中临摹和复制他人的作品,强调艺术家要具有独创性。他指出:"跟在别人屁股后面跑的人永远不可能跑到别人前面,一个不能独立创作的人也不可能很好地借鉴别人的作品。"[2] 米开朗基罗讽刺一个在绘画中大量模仿与抄袭他人作品的画家:"他做得很好,但是当世界末日来临时,所有东西都会回归本体,我不知道这幅画会怎样,因为它已经所剩无几了。"[3] 瓦萨里在《意大利艺苑名人传》中谴责了只模仿师傅的作品而不是观察自然的艺术家:

> 艺术创作中,倘若艺人们只是一味模仿师傅或其他杰出人士的风格,模仿那些心仪的创作手法、人物姿势、面部表情或衣服样式,除此之外再无其他追求。那么,尽管他们也可能通过日积月累的学习钻研,创作出同样的作品,但永远不可能获得艺术的完美。事实上,亦步亦趋地模仿他人的艺人成为一流大师的情况是极其罕见的……如果一个人只是琢磨其他艺术家的画风,而非自然本身,那么毫无疑问,其作品不仅将逊于自然,而且无法赶上那些他曾借鉴风格的艺术家的作品。如今我们便发现,许多艺术家除了师傅的作品外,什么也不研究,他们忽视自然,未曾从中学到有益的东西,这样,他们不仅无法超越自己的师长,而且也极大地损伤了自己的才华。[4]

---

[1] Leonardo da Vinci, *Leonardo on Art and Artist*, New York: Dover Publications, Inc, 2002, pp. 84-86.
[2] 瓦萨里:《意大利艺苑名人传·巨人的时代》(下),第333页。
[3] 同上书,第334页。
[4] 瓦萨里:《意大利艺苑名人传·辉煌的复兴》,第218-219页。

需要注意的是，Invenzione 与现代意义的"发明"有很大不同。正如马丁·肯普指出的，该词原是一个修辞学概念，到 15 世纪，invenzione 主要有两种使用语境：自然哲学和修辞学－诗学领域。前者指发现或发明"真理"（dottrina），后者涉及文学作品的主题、内容。[1]15 世纪早期，阿尔贝蒂首次将修辞学中的 invenzione 转用于视觉艺术，并将其视为叙事画的一个重要品质，即新颖的主题或内容。随后，invenzione 日益成为整个视觉艺术理论的一个核心概念，被用于表示建筑师发明新的工程技术和方法的能力与画家发现新颖的主题或内容的自由和能力。绘画中的 invenzione 起初被视为赞助人或其博学的艺术顾问的特权，但到 15 世纪晚期和 16 世纪，随着职业艺术家设计能力和理论素养的不断提高，艺术家开始分享 invenzione。同时，视觉艺术领域 invenzione 和 fantasia 成了两个可以互换的概念，都强调艺术家的创新能力。比如，当曼托瓦侯爵夫人伊莎贝拉·德·埃斯特打算请一些著名画家装饰她的房间时，她很多时候都把 invenzione 交给了画家，如乔瓦尼·贝利尼和达·芬奇。[2]

从"作坊风格"到艺术家的个人风格

对艺术家个人风格的重视同样显示了对艺术家个人价值的认可。前面谈到，文艺复兴早期，绝大多数重要艺术品都是作坊制作而非艺术家个人独创，因此艺术风格主要是"作坊风格"。随着艺术实践的日益理智化与对艺术家想象力和创造性的重视，个人风格在理论和实践中日益受到重视。切尼尼虽然主张画家要跟随和模仿某位大师的风格，但他也强调形成个人风格的重要性。在长期模仿某位大师的风格和作品后，"如果自然赋

---

[1] Martin Kemp, "From 'Mimesis' to 'Fantasia': The Quattrocento Vocabulary of Creation, Inspiration and Genius in the Visual Arts", in *Viator*, VIII (1977), pp. 348-349.
[2] Francis Ames-Lewis, *The Intellectual Life of the Early Renaissance Artist*, pp. 184-185.

予你想象力，你会发现你最终将获得一种属于自己的风格，而且肯定是好的风格"。[1]15世纪中期以后，对图谱和范本书制约的打破促进了个人风格的迅速兴起和发展。1472年，佛罗伦萨学者阿拉马诺·里努齐就指出，马萨乔、多梅尼科·威尼齐亚诺、菲利波·利皮修士和安杰利科修士各有其独特风格，但都一样出色。[2]人文学者克里斯托法诺·郎迪诺对许多佛罗伦萨艺术家的个人风格做了更敏锐的评论：马萨乔的"粗朴"和对透视法的精通，菲利波·利皮的"优雅和精巧"，安德雷亚·卡斯塔尼奥对透视法和技术难题的偏好及用笔的"谨慎和流畅"，保罗·乌切罗对动物、风景和透视法的精通和安杰利科修士的"优雅、虔诚和精巧"。[3]这一时期，个人风格成了赞助人雇佣艺术家的一个参考因素。米兰公爵鲁多维科·斯福查的代理在佛罗伦萨为他寻找合适的艺术家，代理在信中指出了15世纪晚期四位佛罗伦萨艺术家的不同风格供他参考：波提切利的"阳刚"、菲利皮诺·利皮的"妩媚"、佩鲁吉诺的"天使般的神情"和吉兰达约的"优雅之风"。[4]瓦萨里对《意大利艺苑名人传》中提到的200多位艺术家的个人风格几乎一一做了评价。如16世纪画家帕米加诺笔下的人物具有某种独有的"姿态的生动、甜美和迷人魅力"；[5]画家和建筑师朱利奥·罗马诺是拉斐尔的高足，他在模仿其师的风格方面无人能及，但在他们师徒合作完成的作品中，人们还是能辨认出他的笔迹。[6]品评艺术家的个人风格甚至成为宫廷贵族文雅的谈话的内容，如16世纪学者巴尔达萨雷·卡斯提利奥内在其《论廷臣》里指出："在绘画领域，达·芬奇、曼泰尼亚、拉斐尔、米开朗基罗和乔尔乔内都是最优秀的；但他们作画的方式

---

[1] Cennino Cennini, *The Craftsman's Hanblbook*, p.15.
[2] Creighton Gilbert, *Italian Art, 1400-1500: Sources and Documents*, p. 185.
[3] Creighton Gilbert, *Italian Art, 1400-1500: Sources and Documents*, p. 191.
[4] 彼得·伯克：《意大利文艺复兴时期的文化与社会》，第159页。
[5] 瓦萨里：《意大利艺苑名人传·巨人的时代》（上），第264页。
[6] 同上书，第386—406页。

各不相同，他们每个人都具有独特的完美风格。"[1]

总之，从15世纪开始，艺术作坊的活动和实践相比中世纪发生了许多重要变化。中世纪晚期、文艺复兴早期，作坊主要是艺术生产和销售的场所，作坊内的一切活动都是为了尽可能高效率地按照顾主的要求制造顾主期望的产品，以最大限度地获取利润。艺术家要花费大量时间和精力从事作坊的经营和管理，接受任何能得到的订件。艺术品通常是作坊师傅和学徒、帮工、助手们运用代代相传的工具和技术分工合作的结果，现代的独立制作和独创观念对当时的艺术家来说是陌生的。从15世纪开始，人文主义艺术理论和自然主义的发展促使艺术实践日益理智化。通过对人体解剖和透视法以及古代艺术的研究和学习，艺术家打破了图谱和范本书的限制，其个人才能和创造力得到更自由的发展，独创和个人风格在理论和实践中日益受到重视。艺术家的职业教育也发生重要变化。除技能训练外，作坊日益注重对科学知识和古代艺术的学习。换言之，传统的作坊正向近代意义上的工作室过渡。不仅如此，在15世纪晚期和16世纪，一些艺术家的作坊成为从传统的学徒制教育到近代艺术学院的桥梁。作为文艺复兴时期意大利艺术家职业活动的基本单位，作坊实践的变化体现并促进了艺术家阶层与手艺人的分离，以及艺术家作为创造性精英现代现身的确立。

---

[1] Baldesar Castiglione, *The Book of the Courtier*, trans. by Charles S. Singleton, New York: Doubleday, 1959, p. 60.

第三章

艺术品的功能和用途

传统上，艺术品通常被视为个体艺术家天才和创造性的表达。这一观念肇始于文艺复兴时期人文学者和艺术家对个体艺术家的歌颂，并到浪漫主义主义时代的"天才崇拜"达到顶峰。这种对艺术天才的崇拜造成了对文艺复兴时期艺术的严重误解和曲解。意大利文艺复兴时期是一个艺术订制的时代。艺术品的制作和使用，人们对艺术品和艺术家的态度和认识都与现代社会有很大差异。早在19世纪，著名文化史和艺术史家雅各布·布克哈特业已强调依据"任务"，即功能和用途，理解文艺复兴时期艺术品的重要性。他指出，传统的艺术家传记使人误以为"艺术家自由地选择自己的任务，而事实上他们受制于一系列不断增加的先例"，他主张"依据手段和影响因素，依据内容和任务"来研究艺术和艺术品。[1] 布克哈特晚年依据类型对文艺复兴时期绘画的研究就是对这一方法的实践，例如他对"祭坛画""肖像画"和"收藏家"的研究。[2] 而且，布克哈特把特定艺术类型与其使用场所、宗教仪式以及赞助人的宗教、社会、政治需求和审美趣味等联系起来。

随后，汉堡艺术史和文化史家阿比·瓦尔堡继承并发展了布克哈特的这一路径。瓦尔堡指出："文艺复兴早期佛罗伦萨文化的一个首要事实是：艺术品的制作归功于赞助人和艺术家的相互理解。它们从一开始就是顾主和制作者谈判的结果。"[3] 1902年，瓦尔堡在对15世纪晚期佛罗伦萨宗教画中的世俗人物肖像的研究中考察了艺术家、赞助人和教堂修士的"谈判"，同时指出了世俗人物肖像与当时人们在教堂内供奉还愿蜡像传统

---

[1] Jacob Burckhardt, *Italian Renaissance Painting according to Genres*, trans. by David Britt and Caroline Beamish, Los Angeles: The Getty Research Institute, 2005, pp. 1-2.

[2] 前三篇论文收入1898年出版的《对意大利艺术史的贡献》(*Beträge zur Kunstgeschichte in Italien*)，后者参见Jacob Burckhardt, *Italian Renaissance Painting according to Genres*, Los Angeles: The Getty Research Institute, 2005.

[3] Aby Warburg, *The Renewal of Pagan Antiquity: Contributions to the Cultural History of the European Renaissance*, p. 187.

的关联。遗憾的是，在被风格分析、鉴赏学和图像学主宰的传统艺术史学中，瓦尔堡这种"语境化"的方法长期被忽视。只有瑞士艺术史家瓦克内格尔沿着这一路径做了重要尝试。在 1938 年出版的《文艺复兴时期佛罗伦萨艺术家的世界》中，瓦克内格尔从"任务"和赞助人，以及作坊和艺术市场的角度考察了文艺复兴早期的佛罗伦萨艺术和艺术家。[1] 此后，直到 20 世纪五六十年代社会艺术史的兴起，这一艺术史方法才开始获得重视，对艺术赞助的研究也因之大盛。贡布里希对美第奇家族三代成员艺术赞助模式的概要研究表明，该家族作为艺术赞助人的作用超出了出资人，虔诚、政治和家族利益以及不同的个性和趣味，深刻影响了他们对艺术家和艺术风格的选择。[2]1972 年，著名学者米歇尔·巴克森德尔在其经典之作《15 世纪意大利的绘画和经历》中将绘画作品视为艺术家和赞助人"社会关系的沉积"，并用"时代之眼"这个著名的概念强调了包括赞助人、观众和艺术家在内的群体认知风格对视觉艺术风格的影响。[3] 自此，艺术赞助成为艺术史研究的热点领域，赞助人在艺术品制作中的作用也日益获得认可和强调。[4] 正如近几十年对文艺复兴时期艺术赞助的研究表明，对一件文艺复兴时期的艺术品来说，功能与美至少同样重要。只关注艺术品的风格、彩色、技艺以及艺术家的个性和创造性是远远不够的，我们还要必须考虑其制作和使用的最初意图和环境，了解其最初服务的各种功能。

---

[1] Martin Wackernagel, *Der Lebensraum des Künstlers in der Florentinischen Renaissance: Aufgaben und Auftraggeber, Werkstatt und Kunstmarkt*, Leipzig: Verlag E. A. Seemann, 1938. 英文版：*The World of the Florentine Renaissance Artist: Projects and Patrons, Workshop and Art Market*, trans., by Alison Luchs, Princeton: Princeton University Press, 1981.

[2] E. H. Gombrich, "The Early Medici as Patrons of Art", in *Norm and Form*, pp. 35-57.

[3] Michael Baxandall, *Painting and Experience in Fifteenth Century Italy: A Primer in the Social history of Pictorial Style*, p. 1.

[4] 关于近几十年来文艺复兴时期艺术赞助研究的概述，可参见 Jill Burke, *Changing Patrons: Social Identity and the Visual Arts in Renaissance Florence*, Pennsylvania: The Pennsylvania University Press, 2004，尤其是该书序言部分。

第一节　虔诚和赎罪：
宗教仪式和崇拜语境下的宗教艺术

今天展示在博物馆和美术馆的文艺复兴时期的绘画和雕塑，往往让人过分关注其审美特性，而忽视了它们最初被制作和使用的环境。文艺复兴时期并非一个"为艺术而艺术"的时代，绝大多数重要艺术品都服务于特定宗教、社会和政治的功能。我们可以把这一时期的艺术品大致分为宗教艺术和世俗艺术两类。其中，宗教艺术在这一时期始终占绝对主导地位。教堂和礼拜堂是宗教艺术的集中地。这些仪式空间的修建和装饰以及宗教法事仪式用品构成了宗教艺术需求的主流。宗教艺术的主要功能是虔诚、崇拜和仪式。

宗教艺术需求的增长

文艺复兴时期，绝大多数重要艺术品首先服务于表达和激发宗教虔诚。从13世纪到16世纪，在意大利各地，教会组织机构的扩展、炼狱的教义和普遍的罪孽感以及瘟疫、战争、剧烈的政治和社会动荡等造成的不安与大众虔诚的增长等，都促进了对宗教艺术品的需求。文艺复兴时期的意大利人充满了罪恶感。原罪以及其他尘世罪，如"七宗罪"（傲慢、嫉妒、愤怒、贪婪、绝望、贪食、淫欲）都使人们不安。在意大利各城市，许多商人都是通过经营工商业和银行业致富的，追逐财富与传统的基督教贫困理想的矛盾使许多人感到不安。15世纪早期的许多布道士都明确谴责商人放高利贷。他们鼓励人们通过对宗教机构的慈善捐助来赎罪，这成了使用财富的首要动机和合理性依据。15世纪，佛罗伦萨商人维斯帕香亚诺·达·比斯提奇在其名人传记中谈及老科西莫·德·美第奇对圣马可修道院的捐助时指出:"他好像认为自己有些钱,我不知道他的钱是从哪儿得来的,这些钱来得并不干净。他急于卸下肩上的这一重负,于是便和教皇尤金尼斯四世陛下商谈。教皇告诉他……花一些钱用于建筑。"[1] 从 13 世纪到 16 世纪,各地教堂的数量持续增长。在佛罗伦萨,1348 年黑死病爆发前共有教堂 126 座。在随后的三个世纪,虽然瘟疫使人口锐减,但人们建造教堂的热情并未消减:75 座旧教堂被改建,另有 65 座新教堂被建造起来。1427 年,佛罗伦萨城内及教区有 29 个修道院及 48 座女修道院。到 15 世纪末,女修道院的数量上升到 54 座。热那亚在 1353 年有 76 座教堂和 35 个宗教会所,一个世纪后,教堂和宗教会所的数目分别增加到 90 个和 53 个。[2] 如果说兴建教堂的热潮主要与教会组织机构的革新和扩张有关,那么肇始于 13 世纪晚期的私人礼拜堂的"爆炸",则与大众虔诚和普遍的赎罪心理有关。教会有关炼狱的教义主张,由于原罪和其他罪孽,人死后要在炼狱接受惩罚,但人们可以通过"善功"获得豁免,缩短在炼狱的时间。其中,修建和装饰礼拜堂因其高额的花费和所处的神圣空间成了最有吸引力的"善功"。

14 世纪的托钵僧会教堂是第一批包含私人礼拜堂的教堂,如佛罗伦萨圣方济各会的圣十字架教堂有十个礼拜堂,圣多明我会的新圣玛利亚教堂有四个礼拜堂。这些礼拜堂都属于该城最显要的商业家族,如阿尔贝蒂家族、巴尔迪家族、佩鲁奇家族等。随后修建礼拜堂的热潮持续增长,直到 16 世纪中期前后,随着美第奇家族专制统治的确立和特伦特宗教大会的影响才开始受到控制。现代人习惯从美学角度看待这些教堂和礼拜堂,或将其视为容纳那些著名壁画和祭坛画的场所。但事实上,对这些宗教机构的赞助首先是为了获得墓地。按照 15 世纪早期佛罗伦萨大主教安东尼

---

[1] E. H. Gombrich, *Norm and Form*, p. 37.
[2] Richard Goldthwaite, *Wealth and the Demand for Art in Italy, 1300-1600*, Baltimore: The Johns Hopkins University Press, 1993, pp. 131-132.

奥·佩罗奇的说法，葬在"神圣空间"有三种好处：教堂供奉的圣徒们会替死者请求上帝的怜悯、前来教堂的亲属可以看见陵墓并为死者祈祷、死者可以不受魔鬼的骚扰并永享安宁。此外，还有一个不太光明但同样重要的理由，即教堂还向死者的亲朋好友出售牧师做的葬礼弥撒，它们可以帮助死者快速走出炼狱。[1] 佛罗伦萨圣乔瓦尼教区的圣洛伦佐教堂从15世纪开始成为美第奇家族的墓地，这里也是佛罗伦萨杰出艺术的"神殿"，如布鲁内莱斯基建造的旧圣器室、多纳泰罗的雕塑、米开朗基罗建造的新圣器室和美第奇家族陵墓雕塑等。[2] 当乔瓦尼·迪比奇·德·美第奇出资修建一个圣器室作为家族的墓室礼拜堂时，该教堂同时设立了专职牧师为乔瓦尼和他的父母及朋友们做弥撒。乔瓦尼去世后，其子科西莫（即老科西莫·德·美第奇）和洛伦佐捐赠900弗罗林为其做弥撒和作为为此设立的圣职的薪俸。[3] 此后，为该家族成员举行的葬礼弥撒和各种纪念弥撒充满了教堂的日历。这一做法不仅为美第奇家族遵循，事实上也盛行于整个意大利。

宗教需求不仅促进了宗教艺术数量的增长，也促进了新的艺术种类、题材、图像和风格的发展。教堂湿壁画和木板祭坛画这两种重要的西方绘画类型的出现和发展就与圣方济各会和圣多明我会有直接关系，正是这些修会的教堂最早采用了大型湿壁画和祭坛画，取代了先前流行的镶嵌画。正如许多学者指出的，14世纪自然主义艺术风格的"复兴"与圣方济各会有重要关联。该修会以模仿耶稣的行迹为宗旨，并在布道中鼓励信徒对福音书中的故事感同身受和视觉化想象，为此在一次圣诞节布道中牵来一

---

[1] Robert W. Gaston, "Sacred Place and Liturgical Space: Florence Renaissance Churches", in *Renaissance Florence: A Social History*, ed., by Roger J. Crum and John T. Paoletti, p. 338.

[2] 关于这座教堂的最新研究，参见 Robert W. Gaston, Louis A. Waldman (eds.), *San Lorenzo: A Florentine Church*, Florence: Villa I Tatti, 2017.

[3] Robert W. Gaston, "Liturgy and Patronage in San Lorenzo, Florence 1350-1650", in *Patronage, Art, and Society in Renaissance Italy*, ed., F. W. Kent and Patricia Simons, p. 122.

头牛和一头驴，可能还有一个真实的婴儿。[1] 阿西西的圣方济各教堂雇佣了许多一流画家，如锡耶纳画家西莫内·马尔蒂尼、安布罗乔·洛伦泽蒂和佛罗伦萨画家乔托及其弟子，从而使这座教堂成了新的自然主义艺术的中心。[2]

宗教图像的性质和功能

托钵僧修会教堂大型湿壁画和祭坛画的发展体现了宗教图像的"爆炸"，即以基督、圣母、诸圣徒以及《旧约》和《新约》故事为主题的湿壁画、木板画、彩色玻璃画、镶嵌画、雕塑等的涌现。这也是宗教艺术在文艺复兴时期的一项重要的新发展。托钵僧修会采用表现圣母、基督和圣徒生平的祭坛画和壁画的做法迅速被其他修会和宗教团体模仿。到15、16世纪，意大利人已习惯于充斥着绘画的教堂。绘画不仅覆盖了墙壁和天花板，甚至扩展到走廊、修士餐厅、议事堂和修士宿舍。宗教图像首先服务于教会自中世纪早期以来即确立的有关图像功能的规定，如13世纪热那亚的约翰所说：传播教义和教导无知的民众，以可见的形式再现道成肉身的教义和圣徒的事迹以及激发宗教虔诚。[3] 这些规定为宗教图像的制作和使用确立了基本框架。"得体"是宗教图像的首要考虑，圣母、基督、诸圣徒的生平以及《新约》和《旧约》的故事构成了教堂壁画的主要内容。祭坛画则往往与道成肉身的教义相关，如圣母子、基督受难、圣母领报等，因为祭坛是道成肉身或弥撒的焦点和核心。宗教图像也被用来表达和捍卫受到争议的教义。15世纪中期，多纳泰罗为帕多瓦的圣安东尼奥大教堂制作的高祭坛浮雕，就与当时人们对圣母童真感灵受孕这一教义的

---

[1] E. H. Gombrich, *The Uses of Images: Studies in the Social Function of Art and Visual Communication*, London: Phaidon, 2012, pp. 29-30.

[2] Donal Cooper, *The Making of Assisi: The Pope, the Franciscans, and the Painting of the Basilica*, New haven and London: Yale University Press, 2013.

[3] Michael Baxandall, *Painting and Experience in Fifteenth Century Italy*, p. 41.

关注有关。[1] 在罗马，表现教皇的至高权力以及打击异端、捍卫正统教义是教皇和其他教廷高级官员艺术赞助的主题。如 15 世纪晚期波提切利和佩鲁吉诺分别在梵蒂冈宫的西斯廷礼拜堂绘制的壁画《惩罚克拉》（Punishment of Korah, 1480—1482）和《基督把钥匙交给圣彼得》（Christ Consigns the Keys to St. Peter, 1480—1482）。前者表现了挑战摩西（象征基督）者的下场，后者论证了教皇谴责和拯救世人的普世权力。[2]

16 世纪，由于新教革命以及随后反宗教改革的影响，图像捍卫正统教义和打击异端和的功能得到进一步强化。1540 至 1550 年间威尼斯阿尔加的圣乔尔乔修会委托制作的一系列宗教画就表现出明确的反异端立场，如《圣彼得和圣保罗支撑着教堂的大厦》以及表现第一个教会异端魔法师西蒙的绘画。[3] 罗马的梵蒂冈宫是这种"战斗性艺术"的集中地。如位于西斯廷礼拜堂前面大厅的壁画都宣扬了教皇权力的至高无上。其中瓦萨里及其作坊在 1572 至 1573 年创作的五幅大型"时事"政治壁画直接反映了当时的政治和宗教纷争。其中，贯穿这些画的一个普遍主题是：反叛上帝和唯一真信仰（天主教）者必定要遭到惩罚。画中表现了 1571 年基督徒在勒班托对土耳其人的胜利以及 1572 年法国天主教徒在圣巴托罗梅奥日屠杀胡格诺教徒事件。后一幅画距事件发生只有两个月！[4] 在这个宗教紧张和冲突的时代，教会越来越重视图像的"得体"并加紧了对宗教图像的检

---

[1] Sarah Blake Mcham, "Visualizing the Immaculate Conception: Donatello, Francesco della Rovere, and the High Altar and Choir Screen at the Church of the Santo in Padua", in *Renaissance Quarterly*, Vol. 69 (2016), p. 831.

[2] Loren Partridge, *The Art of Renaissance in Rome, 1400-1600*, Prentice Hall: Calmann & King Ltd, 1996, pp. 116-118.

[3] Gabriele Neher, "Moretto and the Congregation of S. Giorgio in Alga 1540-1550: Fashioning a Visual Identity of a Religious Congregation", in *Fashioning Identities in Renaissance Art*, ed., by Mary Rogers, p.138.

[4] Jan L. De Jone, "Papal History and Historical *Invenzione*: Vasari's Fescoes in the Sale Regia", in *Vasari's Florence: Artists and Literati at the Medicean Courts*, ed., by Philip Jacks, Cambridge: Cambridge University Press, 1998, p. 228.

查和控制，艺术家的自由日益受到限制。1573年，威尼斯画家保罗·维罗内塞被传唤到威尼斯宗教裁判所，解释他为什么在一幅《最后的晚餐》中画上"小丑、酒鬼、日尔曼人、侏儒及其他类似不必要的庸俗之物"。[1]

此外，图像也被平信徒广泛用以表达宗教虔诚、赎罪、还愿和拯救。14世纪末、15世纪初，佛罗伦萨商人乔瓦尼·莫雷利记录了当时人们通过家庭宗教图像表达虔诚和赎罪的做法。他在《日记》（Ricordi）中记载，在爱子早夭一周年的晚上，他半夜起床，脖子上缠着鞭子，跪在十字架前亲吻、拥抱基督、圣母、福音布道者圣约翰像，逐一沉思他们的悲伤和痛苦，为他们曾承受的痛苦而忏悔自己的罪孽："我凝视着十字架上将我们从永世的惩罚中拯救出来的基督，想象着耶稣基督被钉在十字架时曾承受的巨大悲伤。我几乎不忍再看，但是我相信通过他的怜悯，我获得了救赎，我的心灵和所有感官获得极大抚慰。"[2] 教会人士也鼓励人们在家庭内安放圣像，如15世纪早期圣多明我会会长乔瓦尼·多米尼奇建议在家里放儿童圣徒和圣女像，因为它们有助于激发孩子的宗教情感。[3]15世纪佛罗伦萨保存下来的富裕家庭的财产清单显示，在那些中等收入者家中几乎每个房间都有宗教艺术品。大部分家用宗教图像出自一般艺术家之手，它们常常是批量制作的廉价制品，很少有审美价值。但也有例外，那就是为少数富有家族的宫邸制作的宗教图像。贝诺佐·戈佐利为美第奇家族制作的著名祭坛画《三王来拜》（Magi）就在美第奇宫的礼拜堂。老科西莫委托许多一流佛罗伦萨艺术家为其制作家用宗教图像，如多纳泰罗、贝诺佐·戈佐利、安杰利科修士和菲利波·利皮等。安杰利科修士的作品包括一幅

---

[1] Robert Klein and Henri Zerner, *Italian Art, 1500-1600: Sources and Documents*, Evanston: Northwest University Press, 1989, p. 132.

[2] Dale Kent, *Cosimo de' Medici and the Florentine Renaissance: The Patron's Oeuvre*, New Haven and London: Yale University Press, 2000, p. 99.

[3] Richard Goldthwaite, *Wealth and Demand for Art in Italy, 1300-1600*, Baltimore: The Johns Hopkins University Press, 1993, p. 142.

祭坛画《三王来拜》和另一幅更有名的有镀金木框的"圆形画"《三王来拜》，这幅圆形画估价为 100 弗罗林，是美第奇宫最昂贵的一幅绘画。[1] 到 16 世纪，随着宗教改革思想的影响，借助图像沉思和祈祷的个人宗教进一步发展。1540 年前后，米开朗基罗作为礼物送给著名女赞助人维托利亚·科罗纳的一件素描《哀悼基督》就是一件供个人祈祷和沉思的宗教艺术品。这件作品也是素描作为独立艺术品的早期范例，体现了 16 世纪艺术和宗教观念的变化及相互影响。[2]

文艺复兴时期，对图像的态度很难与"图像崇拜"区分开。对很多人来说，宗教图像不是没有精神的物质制品，而是神圣力量的体现和存在。捐助与崇拜圣母和诸圣徒的图像是祈求他们代替世人向上帝请求怜悯，减免炼狱惩罚的重要途径。1361 年，一个叫弗朗切斯奇诺·达·布利格内尔的商人向那不勒斯的殉教者圣彼得教堂捐赠一块大理石石板，上面的图案表现他将一大袋钱币倒到一个象征死神的骷髅面前。上面的铭文写道："如你放过我，我愿意给你所有一切。"死神答道："即便这样，当那个时刻来临你仍然难逃一死。"虽然死亡无可避免，但圣徒的求情却能让他活得长久一些。[3] 1348 年黑死病在欧洲爆发后，对圣塞巴斯蒂安的崇拜迅速盛行。表现圣塞巴斯蒂安的图像随之大量出现，其中许多出自著名画家之手，如波拉约罗兄弟、安杰利科修士、波提切利等。如今的观众首先关切艺术家的技艺和风格，但对当时的人来说，这些图像首先是抵御瘟疫的吉祥物。[4] 在佛罗伦萨城内和近郊区，此种"偶像崇拜"在整个文艺复兴时期一直盛行不衰。其中，有 40 多件著名圣母子和基督的"神奇图像"具

---

[1] Dale Kent, *Cosimo de' Medici and the Florentine Renaissance: The Patron's Oeuvre*, pp. 252-254.

[2] Alexander Nagel, "Gifts for Michelangelo and Vittoria Colonna", in *The Art Bulletin*, Vol. 179, No. 4 (1997), pp. 649-650.

[3] Evelyn Welch, *Art and Society in Italy: 1350-1500*, pp. 161-162.

[4] 关于与黑死病相关的圣徒崇拜及其图像，参见 Louise Marshall, "Manipulating the Sacred: Image and Plague in Renaissance Italy", in *Renaissance Quarterly*, Vol. 47, No. 3 (1997), pp. 485-532.

有类似"公共崇拜"的地位，最著名的是位于郊区圣玛利亚教堂的祭坛画《英普内塔圣母》(Madonna of Impruneta)和城内圣母领报教堂的壁画《圣母领报》(SS. Annunziata)。[1] 此外，还有其他不计其数的各种介质的基督、圣母和圣徒像（从帆布画、壁画到木雕、石雕、金属雕像以及钱币肖像不等），它们被认为对自然现象以及战争、外交、个人和团体的命运等整个"城市宇宙"有广泛和直接的影响。[2]

感恩艺术，或"还愿"艺术也表现了人们的这种思维。这种艺术品是为感谢和回报圣母、圣徒的帮助和庇佑而奉献的。1432年，一个叫萨拉的修女曾祈求圣方济各阻止两个西班牙骑士的决斗。当愿望实现，她请人将这件事画了下来以表达对圣徒的感激。曼泰尼亚在1495至1496年绘制的著名祭坛画《凯旋的圣母》(The Madonna della Vittoria, 图17)也是一件还愿艺术品。它是曼托瓦侯爵弗朗切斯科·贡扎加二世为感激圣母在福尔诺沃之战中的佑助而委托制作的（至少侯爵本人认为他在这次战役中打败了法国人）。[3] 卡尔帕乔的《万名基督徒的殉道》和提香的《宝座上的圣马可》是赞助人为兑现瘟疫期间的誓愿委托制作的。[4] "还愿"艺术有时包括礼拜堂和别墅。按照15世纪佛罗伦萨富商菲利波·斯特罗奇的说法，该家族毗邻圣图乔小教堂的别墅就是为感谢上帝保佑他在尘世的好运修建的。[5] "还愿"蜡像是专门服务于此目的的艺术制品。瓦萨里曾记载，15世纪佛罗伦萨艺术家安德雷亚·维罗基奥就制作了很多此类蜡像，这种风

---

[1] Megan, Holmes, *The Miraculous Image in Renaissance Florence*, New Haven and London: Yale University Press, 2013, pp. 1-2.
[2] Richard Trexler, *Public Life in Renaissance Florence*, Ithaca: Cornell University Press, 1991, p. 73.
[3] Charles M. Rosenberg eds., *The Court Cities of Northern Italy: Milan, Parma, Piacenza, Mantua, Ferrara, Bologna, Urbino, Pesaro, and Rimini*, Cambridge: Cambridge University Press, 2010, pp. 162-163.
[4] 彼得·伯克:《意大利文艺复兴时期的文化与社会》，第129页。
[5] Amanda Lilllie, "The Patronage of Villa Chapels and Oratories near Florence: A Typology of Private Religion", in *With and without the Medici: Studies in Tuscan Art and Patronage 1434-1530*, eds., by Eckart Marchand and Alison Wright, p. 39.

图 17 《凯旋的圣母》

俗一直持续到瓦萨里时代。[1]20世纪初,瓦尔堡业已注意到佛罗伦萨人在教堂内供奉还愿蜡像的传统,这一习俗波及各个社会阶层,并一直延续到17世纪。1478年的"帕齐阴谋"之后,洛伦佐·德·美第奇委托制作了三个真人大小的蜡像,将其分别供奉在三个不同的教堂:佛罗伦萨圣加罗街的一座修道院、圣母领报教堂(此处的一件壁画《圣母领报》是当时佛罗伦萨最著名的"公共崇拜"图像之一,壁画所在的华丽的大理石神龛是洛伦佐的父亲皮埃罗赞助的)以及阿西西外的天使圣玛利亚教堂。[2]

"偶像破坏"和偶像崇拜是一个硬币的两面。由于相信图像的力量,当图像未能达到预期目的时,破坏图像就成了报复和打击圣徒的极端体现。有一个鞋匠祈求施洗者约翰告诉他是否他的妻子有通奸,圣徒未能给出满意的答复,此人怒不可遏:"我知道你没有告诉我实情。我已经供奉了你整整二十五年了,从来没给你添过麻烦。我发誓,我再也不崇拜你了。"[3]有时圣像破坏者会遭到可怕的惩罚,因为对圣像的不敬被认为危及国家和社会。一个著名的例子是,1501年,一个叫安托尼奥·李纳尔代斯基的佛罗伦萨人向圣母祈祷保佑他赢钱,结果他却输得一文不名。当他在回家的路上看到圣玛利亚·德·里奇教堂外墙上的一幅《圣母领报》,他愤怒之下拾起一块马粪砸了过去。结果他被告发,受到法庭审判,被处以绞刑。一年后,一个佛罗伦萨画家将这个故事画了下来(图18)。[4]虽然有很多这样的图像出自著名艺术家之手,但这些图像的价值显然并不取决于艺术家的风格和其他审美特质,而是取决于它们作为有效力的神圣中介的名望、行奇迹的记忆以及维持对其崇拜的各种形式的物质的因素。

兄弟会艺术赞助是平信徒表达宗教虔诚的另一重要形式。兄弟会是

---

[1] 瓦萨里:《意大利艺苑名人传·辉煌的复兴》,第295—296页。
[2] Aby Warburg, *The Renewal of Pagan Antiquity: Contributions to the Cultural History of the European Renaissance*, pp. 189-190.
[3] Richard Trexler, *Public Life in Renaissance Florence*, pp. 119-120.
[4] Megan Holmes, *The Miraculous Image in Renaissance Florence*, pp. 100-101.

图 18 《安托尼奥·李纳尔代斯基被绞死》

有共同宗教热情和渴望的平信徒自发组成的。兄弟会运动兴起于13世纪，在整个文艺复兴时期一直盛行不衰。兄弟会使那些穷困潦倒、无力独立参加宗教生活——如为亲友举行葬礼、做弥撒、从事慈善活动、向教会或其他宗教团体捐献和购买宗教艺术品——的平信徒也有机会参与和表达其宗教热情。在整个文艺复兴时期，兄弟会一直是重要的艺术消费者，他们赞助教堂和礼拜堂及相关的仪式用品，委托制作表达其团体宗教虔诚的壁画和祭坛画。威尼斯的兄弟会数量位列意大利各个城市之首，"大兄弟会"，即地位最高的几个兄弟会大多起源于13世纪的鞭笞运动，"小兄弟会"则通常集中于对某个圣徒的崇拜。这些兄弟会不仅在城市宗教和社会生活中有重要作用，也是重要的艺术赞助人。兄弟会的会所往往为宗教壁画覆盖，其中有些出自著名艺术家之手，如圣奥索拉兄弟会在15世纪90年代委托画家卡尔帕乔为其会所绘制了表现圣乌苏拉生平的系列画。1550年前后，圣三一兄弟会委托丁托雷托制作了创世记主题的系列帆布画，圣洛克兄弟会也委托丁托雷托绘制了50多件帆布画。没有会所的"小兄弟会"则赞助教堂祭坛画，如乔瓦尼·贝利尼的著名祭坛画《费雷尔的圣文森特多联画》《锡耶纳的圣凯瑟琳》和《圣乔柏》，以及提香在1526至1530年绘制的《殉道者圣彼得》都是威尼斯的"小兄弟会"委托制作的。[1] 内里·迪·比奇曾为许多兄弟会制作绘画，为朝圣者耶稣兄弟会的会所绘制了一个朝圣者和一些鞭笞者像，为圣弗雷迪亚诺兄弟会绘制了湿壁画《圣母与圣安东尼和圣莱奥纳尔多》等。[2]

需要强调的是，文艺复兴时期宗教艺术和世俗艺术的功能有时发生重叠，这主要是由于宗教艺术的私人化和世俗化。这一时期，世俗个体、家

---

[1] Peter Humfrey, "Competitive Devotions: The Venetian Scuole Piccole as Donors of Altarpieces in the Years around 1500", in *The Art Bulletin*, Vol. 70, No. 3 (1988), p. 401.

[2] Dale Kent, *Cosimo de' Medici and the Florentine Renaissance: The Patron's Oeuvre*, pp. 36-37.

族或团体通过"赞助权"侵蚀宗教空间是一个突出现象。[1] 具有赞助权的赞助人不仅有权任命教士和牧师、安排私人弥撒和葬礼,而且有责任和权利修建与装饰家族礼拜堂、陵墓并展示其名字、徽章和肖像等。一座文艺复兴时期的家族礼拜堂既是表达宗教虔诚的空间,也是保存个人、家族或团体记忆以及展示与追求名望和地位的"私人领域"(参见本章第三节)。[2]

宗教艺术世俗化的其中一个重要体现是趣味和审美的兴起。15 世纪晚期和 16 世纪,"为艺术而艺术"的趋势兴起并扩展至宗教艺术。正如贡布里希在对文艺复兴时期的教堂壁画和祭坛画的研究中指出的,对视觉现实主义的追求导致了手段与功能的冲突甚至是分离:手段本身常常成了目的。更复杂的情况是,与宗教艺术世俗化相对的还出现了世俗艺术的"神圣化"。在 15 世纪和 16 世纪,用于个人祈祷和崇拜的家庭宗教图像日益盛行,同时私人宫邸和别墅内礼拜堂和祈祷室开始出现。[3] 因此,文艺复兴时期宗教艺术和世俗艺术有时交织在一起,并不存在泾渭分明的界限。但是,如果历史性地看,尽管宗教艺术依旧占据主导地位,但世俗艺术的发展同样是显而易见的,这主要体现在艺术的政治、社会和审美功能的增强。

---

[1] "赞助权"通常指世俗捐赠人与宗教机构的法律关系。12 世纪的教会法学家最早使用这一概念,"赞助权"的权力主要涉及对教会人员的任命与教会空间的组织和安排,如礼拜堂的修建和装饰以及包括祭坛、法衣、蜡烛等仪式用品。另外,捐赠人还享有许多宗教服务,如代为祈祷和私人弥撒、建造陵墓等等。(Jill Burke, *Changing Patrons: Social Identity and the Visual Arts in Renaissance Florence*, pp. 101-103.)

[2] 礼拜堂在教堂内的位置、规模和高度都是赞助人地位和财富的标志,比如一些所谓"超常"礼拜堂,即靠近高祭坛、建在升起的平台上的大型礼拜堂就往往属于少数既富且贵的显赫家族。(Johathan Nelson and Richard Zeckhauser, eds., *The Patron's Payoff: Conspicuous Commissions in Italian Renaissance Art*, pp. 122-123.)

[3] 在世俗空间,尤其是宫邸和别墅内建礼拜堂是文艺复兴时期的一个新发展,显示了世俗空间与神圣空间的交织。参见 Amanda Lillie, "The Patronage of Villa Chapels and Oratories near Florence: A Typology of Private Religion", in *With and without the Medici: Studies in Tuscan Art and Patronage 1434-1530*, eds., by Eckart Marchand and Alison Wright, pp. 19-39.

第二节 艺术与政治塑造和政治打击

用艺术表达政治理想和塑造统治者的美好形象并非文艺复兴时期特有。古希腊帕特农神庙的政治性神话浮雕和古罗马歌颂图拉真皇帝征服的图拉真纪功柱是这种政治艺术的古代典范。但在文艺复兴时期的意大利，艺术，无论宗教艺术还是世俗艺术，前所未有地与城市政治生活紧密联系在一起。艺术在政治生活中的重要性首先与这一时期意大利独特的政治状况有关。意大利中北部的城市最初都是神圣罗马帝国或教皇的属地。13世纪，许多城市以不同方式获得独立，但神圣罗马帝国、教皇以及法国、西班牙等欧洲强国仍以不同方式介入和控制城市的政治。同时，城市平民与贵族、不同家族、党派（当时最重要的党派是支持教皇的圭尔夫党和支持皇帝的吉伯林党）间的斗争也异常激烈，因此政体更迭和统治权的轮换构成了城市政治生活的常态。复杂、动荡的政治局势既推动建筑、绘画和雕塑艺术的发展，又赋予其明显的意识形态色彩。无论在威尼斯、锡耶纳和佛罗伦萨这样的寡头制共和国，还是在那不勒斯、米兰、帕多瓦、曼托瓦、乌尔比诺和罗马的宫廷，艺术很大程度上都是文化政治的一部分：被用来证明权力的合法性、表达政治理想、塑造统治者的美好形象以及用于外交。[1]

---

[1] 文艺复兴时期，一些意大利艺术家在家乡城市之外的其他城市和国家的旅行、工作有时与政治、外交有密切关系，如文艺复兴早期佛罗伦萨的乔托、锡耶纳画家西莫内·马尔蒂尼和比萨艺术家安德烈亚·皮萨诺等。一方面，艺术家本人往往会选择到友邦城市工作，同时，他们也可能作为外交"礼物"被政府派到其他城市，以期通过其工作建立或改善、巩固城市之间的友好关系。关于艺术家与城市外交的关系，可参见 Brendan Cassidy, "Artists and Diplomacy in Late Medieval Tuscany: The Case of Giotto, Simone Martini, Andrea Pisano, and Others", in *Gesta*, Vol. 51, No. 2 (2012), pp. 91-110.

公共艺术和国家建构

13 世纪晚期到 15 世纪早期是城市共和国的时代，也是大型公共艺术资助的黄金时代。城市爱国主义是激发公共艺术赞助的首要因素。城市的美和力量，以及自由、和平、公正等价值观构成了艺术的主题。公共赞助不仅包括市政厅和广场这样的世俗建筑，而且通过由精英组成的工程委员会扩展到主教堂、洗礼堂、修会教堂等宗教空间。[1] 在佛罗伦萨，"佛罗伦萨的光荣"是艺术的永恒主题。从 13 世纪到 15 世纪初，佛罗伦萨政府赞助了一系列重要的艺术工程，如市政厅（始建于 1296 年）及市政厅广场、督政官宫（始建于 1250 年）、奥尔圣米凯莱市场，以及鲜花圣玛利亚大教堂（主教堂，其著名的大圆顶是政府在 15 世纪初委托布鲁内莱斯基设计和修建的）、洗礼堂、圣方济各会的圣十字架教堂和圣多明我修会的新圣玛利亚教堂等。这些公共和世俗建筑工程重塑了城市空间，展示了佛罗伦萨的美和力量。这种城市和教会的统一很多时候是教会机构的自愿。1445 年，佛罗伦萨圣灵教堂和卡尔米内的圣玛利亚教堂的修士请求政府拨出一笔资金用于修缮和装饰他们的教堂，理由是教堂的完善和美会让上帝与圣徒保佑国家和每个捐资人"和平和安康"。[2] 公共空间的图像也体现了虔诚、政治理想和公共福祉的统一，如寓意像或拟人像、圣母和本土圣徒的图像、表现国家历史上重要战争和事件的壁画等。"公正"是共和国的核心政治理想，也是共和国政治图像的重要主题。最早的范例是 14 世纪早期乔托在佛罗伦萨督政官宫所绘的"公正"，其中"公正"手拿权杖，头顶天平。乔托的"公正"启发了锡耶纳画家安布罗乔·洛伦泽蒂和皮埃罗·洛伦泽蒂，他们 1337 年在锡耶纳市政厅绘制的著名壁画《好政

---

[1] 关于中世纪晚期和文艺复兴早期意大利城市共和国的公共艺术赞助，可参见 Helene Wieruszowski, "Art and Commune in the Time of Dante", in *Speculum*, Vol. 19, No. 1 (1944), pp. 14-33.

[2] Jill Burke, *Changing Patrons: Social Identity and the Visual Arts in Renaissance Florence*, p. 63.

府的寓言》中有类似风格的"公正"。在锡耶纳,国家主要有两种象征形式:圣母与锡耶纳领土内的城镇、城堡和政府官员等。圣母崇拜在锡耶纳具有公共意识形态的地位,这是这一时期意大利圣徒崇拜"政治化"的典型体现。[1] 锡耶纳官方画家杜乔和西莫内·马尔蒂尼都曾在该城最重要的公共空间绘制圣母像。1308 至 1311 年,锡耶纳主教堂建造委员会委托杜乔为主教堂高祭坛绘制了祭坛画《庄严圣母》(Maestà)。这幅祭坛画是一件献给圣母的感恩艺术品,也是歌颂锡耶纳国家力量的政治宣传品:它是为感谢圣母保佑锡耶纳人在 1260 年的蒙塔佩尔蒂之战中击败佛罗伦萨人制作的。这件作品的高额花费和巨大尺寸在当时都是绝无仅有的。它从杜乔的作坊运送到主教堂那天,锡耶纳人倾巢而出,举行了盛大的游行和庆祝,一位编年史家这样记载:

> 锡耶纳人无比虔诚地护送这幅祭坛画到主教堂,随行的队伍中包括锡耶纳城主教鲁吉尔利·达·卡索莱、主教堂全体修士、该城所有宗教修会、城市贵族和官员以及督政官、人民队长和所有最高贵的市民,所有人都手拉手,举着灯。队伍后面是妇女和儿童。同时钟声齐鸣,响彻全城。出于虔敬,整整一天,商铺关门,人们向穷人布施并向上帝和他的母亲玛利亚祈祷和演说。作为这个城市的支持者和保护神,玛利亚会保持和增进锡耶纳城及其政府的和平与安康,使其免于一切危险和邪恶的威胁……整个作品耗资 3000 弗罗林。[2]

1315 年,锡耶纳"九人委员会"又委托西莫内·马尔蒂尼在市政厅

---

[1] 关于这一时期意大利圣徒崇拜的"政治化",参见 Richard Goldthwaite, *Wealth and Demand for Art in Italy, 1300-1600*, pp.109-111.

[2] Keith Christiansen, "Duccio and the Origins of Western Painting", in *The Metropolitan Museum of Art Bulletin*, New Series, Vol.66, No. 1 (2008), pp. 16-17.

大议事厅东墙绘制了巨幅壁画《庄严圣母》。画中有锡耶纳城及其主要官职的标志，如百合花、狮子等。画中的铭文以圣母的名义告诫政府官员要确保公正、和平和繁荣，杜绝不公正、战争、叛国、偷盗和谋杀等恶行。[1] 这幅壁画将圣母呈现为同时在精神和国家实际事务中统治和指导锡耶纳人的女王。西墙上的图像则表现了14世纪早期锡耶纳征服的城市和城堡。洛伦泽蒂兄弟在"和平厅"绘制的著名壁画《好政府的寓言》和《坏政府的寓言》同样强调了这些核心政治理念。这两幅壁画将公正统治的好政府与不公正的坏政府的统治做了生动的对比：在公正的统治下，人们得享和平、繁荣和井然有序的生活，而在不公正的统治下则充斥着战争、罪犯、小偷和叛乱者。这两幅壁画可以说是将抽象的政治理想和美德视觉化的经典范例，启发和影响了当时和以后许多国家的政治图像。16世纪初，佛罗伦萨政府分别委托达·芬奇和米开朗基罗在市政厅大议事厅绘制壁画，纪念佛罗伦萨历史上两次重要战役。由于市政厅与城市共和国的紧密关系，其修建、改建和装饰往往与城市政治密切交织在一起。佛罗伦萨市政厅从13世纪到16世纪的命运就典型体现了这一点。美第奇家族崛起前，市政厅的修建和装饰都是政府赞助的，市政厅的政治图像也强调了该城悠久的共和政治传统，古罗马英雄（特别是赫拉克勒斯）和罗马共和国时期的政治文化名人肖像以及表现佛罗伦萨共和国早期历史和名人（如但丁、彼特拉克和薄伽丘等）肖像构成了壁画装饰的主题。1416年，多纳泰罗为"百合花厅"制作的大理石雕像《大卫》同样歌颂了共和国的政治和军事胜利。[2] 随着美第奇家族的崛起，该家族开始侵入市政厅的修建和装饰。1476年，很可能是在洛伦佐的授意下，长老会出资购买了原位于美第

---

[1] Bram Kempers, *Painting, Power and Patronage: The Rise of the Professional Artist in Renaissance Italy*, pp. 131-132.
[2] 关于15世纪早期到16世纪佛罗伦萨市政厅装饰的政治含义，参见 Sarah Blake McHam, "Structuring Communal History through Repeated Metaphors of Rule", in *Renaissance Florence: A Social History*, ed., Roger J. Crum and John T. Paoletti, pp.104-137.

奇宫的青铜雕塑《大卫》并将其放在百合花厅入口。[1] 随后，洛伦佐通过控制工程委员会，使重新装饰的百合花厅成了洛伦佐时代政治意识形态的表达。16 世纪，随着共和体制的终结和美第奇统治的正式确立（1532 年，作为共和国之象征的元老会被解散，阿莱桑德罗·德·美第奇一世被任命为佛罗伦萨的公爵），该家族也完成了对市政厅的彻底占有。1540 年，市政厅成了美第奇家族的私人宫邸，即"旧宫"。科西莫·德·美第奇公爵委托瓦萨里再对旧宫进行改造和装饰，使这个曾经的共和国权力中心成了颂扬美第奇家族和作为"公民君主"的科西莫公爵的纪念碑。[2]

市政厅广场及此处的雕塑同样与政治生活紧密相关。这个广场是重要的公共庆典和仪式的舞台，也是该城动荡的政治生活的见证。1494 年，当美第奇家族被驱逐，多纳泰罗为该家族制作的塑像《犹滴杀死荷洛芬尼》被政府没收并从美第奇宫运到市政厅广场，以象征共和国对美第奇家族专制的胜利。[3] 16 世纪，这件雕塑被共和国委托米开朗基罗制作的大理石雕塑《大卫》取代。其中，大卫是佛罗伦萨共和国的象征，而歌利亚成了暴君和独裁者的象征。[4] 共和国政府还委托米开朗基罗制作另一件姊妹雕像，即《赫拉克勒斯与卡库斯》（未完成）。美第奇家族返回后委托宫廷雕塑家巴乔·班迪内利完成了这件塑像，并将其改造为美第奇家族胜利的象征。因为自 15 世纪以来，赫拉克勒斯就是该家族权力和统治的重要

---

[1] Melinda Hegarty, "Laurentian Patronage in the Palazzo Vecchio: The Frescoes in Sala dei Gigli", in *The Art Bulletin*, Vol. 78, No. 2 (1996), pp.265-266.

[2] 从 1555 到 1562 年，瓦萨里及其助手绘制了旧宫三个房间的著名世俗壁画，即"科西莫一世厅"的神话题材壁画、"利奥十世室"表现美第奇家族历史的壁画和"大厅"表现佛罗伦萨城历史的壁画。科西莫公爵及其圈子的历史学家大量介入了这些壁画的设计。正如瓦萨里指出的，这些壁画的每一部分都来自公爵的"伟大想象"，参见 Henk Th. Van Veen, *Cosimo de' Medici I and His Self-Representation in Florentine Art and Culture*, translated by Andrew P. McCormick, New York: Cambridge University Press, 2006, pp. 54-55.

[3] Dale Kent, *Cosimo de' Medici and the Florentine Renaissance: The Patron's Oeuvre*, p. 52.

[4] Bruce Cole, *Italian Art 1250-1500: The Relation of Renaissance Art to Life and Society*, New York: Harper & Row Pulishers, 1987, p.167.

标志。[1]1545 至 1555 年，科西莫公爵一世委托本韦努托·切利尼制作了《柏修斯和美杜莎》，其中，佛罗伦萨共和国成了被斩首的美杜莎。

公共广场经常出现的另一种艺术形式骑马雕塑同样具有强烈的政治意义。这种雕塑在古罗马时代已有，在中世纪时期也偶有出现，但只是到文艺复兴时期才真正获得复兴。最早的骑马像以绘画形式出现，主要纪念为保卫城市做出贡献的雇佣兵队长，如 1330 年左右西莫内·马尔蒂尼在锡耶纳市政厅绘制的佣兵队长圭多里乔·达·弗里亚诺的骑马像。15 世纪，绘画或雕塑形式的军事将领骑马像更多出现，著名的如 1436 年画家保罗·乌切罗在佛罗伦萨主教堂所绘英籍雇佣兵队长《约翰·霍克伍德爵士》、1453 年多纳泰罗为帕多瓦的圣安托尼奥大教堂广场制作的青铜雕塑《加塔梅拉塔》（纪念佣兵队长埃拉斯莫·达·纳尔尼）、15 世纪 80 年代维罗基奥在威尼斯制作的青铜雕塑《巴托罗梅奥·科莱奥尼》等。中世纪晚期和文艺复兴的军事将领骑马像通常象征着城市共和国的军事力量。因为在当时缺乏国家常备军的情况下，只有这些人能确保意大利城市和乡村的安全。同时，这些骑马像也显示了中世纪骑士文化的持续影响。另外，随着文艺复兴时期人们对古代文化艺术日益增长的兴趣，骑马像也日益受到古罗马先例的影响，如多纳泰罗的《加塔梅拉塔》就明显受到保存在罗马的古罗马皇帝马可·奥勒留骑马像的影响。[2] 同时，15 世纪中期以后，随着意大利领主制的发展，骑马像也逐渐从歌颂共和国转向歌颂君主和统治者。最早的例子之一是 15 世纪早期费拉拉统治者尼科罗·德·埃斯特三世位于其旧宫大门上方的骑马像。另外，15 世纪晚期达·芬奇设计但未完成的米兰统治者弗朗切斯科·斯福尔扎的骑马像，以及 16 世纪晚期詹波

---

[1] Michael D. Morford, "Bandinelli's Hercules and Cacus: A Machiavellian Display for the Medici", in *Renaissance Studies: A Festschrift in Honor of Professor Edward J. Olszewski*, ed., by Jennifer H. Finkel, Michael D. Morford and Dena M. Woodall, New York: Peter Lang, 2013, pp. 105-106.

[2] Frederick Hart and David Wilkins, *History of Italian Renaissance Art*, Upper Saddle River, N. J.: Prentice Hall, 2007, pp. 258-260.

隆那制作的位于佛罗伦萨旧宫广场的科西莫·德·美第奇公爵一世骑马像也是此类雕塑的典范。

艺术不仅被用来宣传政治理想和塑造统治者的形象，也被用来打击对手和叛乱分子。锡耶纳市政厅的湿壁画中就有很多被推翻的统治者和名誉扫地的叛乱分子的图像。在佛罗伦萨，此类图像最早的例子是1344年一幅画在督政官宫外立面上的表现驱逐雅典公爵沃尔特的画。雅典公爵沃尔特曾是佛罗伦萨的独裁者，后来失去民心，在1343年8月的圣安妮节被驱逐。在画面右侧，佛罗伦萨人跪在圣安妮脚下请求她驱逐沃尔特；左侧，沃尔特仓皇而逃，折断的武器散落在四周。[1]此后，督政官宫外墙成了这类"丑类像"的集中地。[2]1440年，画家安德雷亚·德尔·卡斯塔尼奥在这里画了八个谋乱分子被绞死的画像，由此得到"绞死者的安德雷亚"的绰号。1478年，在试图推翻美第奇家族的帕齐阴谋被镇压后，画家波提切利在这里画了八个叛乱领袖被绞死的画像，画上还附有洛伦佐·德·美第奇写的警示性文字（1494年美第奇家族被驱逐后这些画像被涂掉）。[3]

艺术外交也是城市政治生活的重要一部分。14世纪的一些著名艺术家，如乔托、西莫内·马尔蒂尼和安德烈亚·皮萨诺等都在城市外交中扮演重要角色。[4]在佛罗伦萨，艺术外交一直是美第奇家族文化政治的一部分。佛罗伦萨艺术"趣味"在那不勒斯的引入就是老科西莫艺术外交的结果，如多纳泰罗和米凯罗佐为那不勒斯枢机主教布兰卡奇奥修建的陵墓、

---

[1] Bruce Cole, *Italian Art,1250-1550: The Relation of Renaissance Art to Life and Society*, New York: Harper & Row Publishers, 1987, p. 152.

[2] Samuel Y. Edgerton, "Icons of Justice", in *Past and Present*, 89 (1980), pp. 30-31.

[3] Rupert Shepherd, "Art and Life in Renaissance Italy: A Blurring of Identities?", in *Fashioning Identities in Renaissance Art*, ed., by Mary Roger, p. 68.

[4] Brendan Cassidy, "Artists and Diplomacy in Late Medieval Tuscany: The Case of Giotto, Simone Martini, Andrea Pisano, and Others", in *Gesta*,Vol. 51, No. 2 (2012), pp.91-110.

多纳泰罗的作坊为阿尔方索五世的"新堡"修建的凯旋门以及美第奇家族送给阿尔方索五世的一幅菲利波·利皮的祭坛画等。[1] 到洛伦佐时代，艺术外交的重要性进一步凸显，洛伦佐成了整个佛罗伦萨的"作坊老板"。[2] 许多佛罗伦萨艺术家都被作为外交"礼物"派往国外，如菲利皮诺·利皮在罗马、安东尼奥·波拉约罗在米兰以及朱利亚诺·达·圣加罗在卡拉布里亚等。在15世纪晚期的米兰，斯福尔查家族将雇佣托斯卡纳艺术家作为巩固与美第奇家族——其财政后盾和政治盟友——外交关系的重要途径，菲利皮诺·利皮和佩鲁吉诺为帕维亚的切尔托萨修道院制作的祭坛画就是这一外交政策的体现和结果。托斯卡纳雕塑家、建筑师菲拉雷特更成了弗朗切斯科·斯福尔扎的宫廷建筑师。通过菲拉雷特，新的古代风格被引入米兰。[3]

在15世纪晚期的曼托瓦，贡扎加家族主要通过联姻和精明的外交政策确立和维持统治，因而艺术在外交中发扮演了尤其重要的角色。曼泰尼亚在圣乔尔乔城堡的"彩绘厅"（曼托瓦侯爵的会客厅）绘制的一幅贡扎加家族集体像可以说是"外交性"艺术的突出范例（图19）。画中不仅有鲁多维科·贡扎加及其妻子和孩子们的肖像，还有神圣罗马皇帝（该家族名义上的领主）腓特烈三世和丹麦国王（有姻亲关系的盟友）克里斯汀的肖像。这幅画引起米兰公爵加莱佐·马利亚·斯福尔扎的不满，因为鲁多维科·贡扎加是加莱佐的雇佣兵队长，但画中却没有出现他的肖像。[4]

---

[1] Nicolas Bock, "Patronage, Standars and *Transfert Culturel*: Naples between Art History and Social Science Theory", in *Art History*, Vol. 31, No. 4 (2008), pp. 585-586.

[2] F. W. Kent, *Lorenzo de' Medici and the Art of Magnificence*, Baltimore and London: The Johns Hopkins University Press, 2004, p. 2.

[3] Evelyn Welch, "Patrons, Artists, and Audiences in Renaissance Milan, 1300-1600", in *The Court Cities of Northern Italy: Milan, Parma, Piacenza, Mantua, Ferrara, Bologna, Urbino, Pesaro, and Rimini*, ed., by Charles M. Rosenberg, pp. 41-42.

[4] Alison Cole, *Italian Renaissance Courts: Art, Pleasure and Power*, London: Laurence King, 2016, pp. 174-178.

图 19 《贡扎加家族集体像》

宫廷政治图像与君主权力的塑造

在曼托瓦这样的意大利宫廷,由于君主的身份和统治权力大都是非法的,因此确立个人或家族统治的连续性和合法性以及塑造理想君主成了艺术赞助的首要目标。中世纪骑士文化及其价值观、古代历史和神话以及建构家族的古老世系和业绩构成了宫廷图像的核心内容。骑士文化及其价值观主要体现在以中世纪骑士传奇、爱情、狩猎、马上比武为主题的国际哥特式风格的挂毯和壁画在宫邸的流行,最著名的如15世纪早期皮萨内罗在曼托瓦侯爵宫的"皮萨内罗厅"。骑士文化对意大利的宫廷既有"直接相关性",也有象征意义。在战争频仍的意大利,武力和武士品质是获得和确保权力的最有力手段。有些意大利君主本身就是职业武士出身,即"雇佣兵队长",如米兰、曼托瓦和乌尔比诺的统治者。[1] 曼托瓦的贡扎加家族就是靠充当雇佣兵队长发家的,1433年,皮萨内罗为该家族绘制这些壁画时,正值该家族统治的一个极端重要时刻。这一年,神圣罗马帝国皇帝西吉德来到曼托瓦,赐予吉安弗朗切斯科·贡扎加侯爵头衔,从而使该家族的政治权力和社会地位获得正式批准和合法化。皮萨内罗的壁画由此成为该家族借助艺术展示其趣味、权力和地位的第一次尝试。[2] 另外,古代历史和神话在宫廷政治图像中的出现和发展则与人文主义新文化的影响有关。从14世纪开始,彼特拉克等人文主义者就鼓励君主赞助文化艺术,并将之塑造为君主的一种美德。在人文主义的影响下,古代风格在宫廷日渐盛行,如14世纪帕多瓦卡拉拉家族宫邸以及15世纪曼托瓦、费拉拉和乌尔比诺公爵宫邸的装饰壁画。其中,古代历史和神话中的人物和事件被

---

[1] 关于文艺复兴时期宫廷壁画中的骑士文化与意大利君主形象塑造的密切关联,可参见 Joanna Woods-Marsden, "French Chivalric Myth and Mantuan Political Reality in the Sala del Pisanello", in *Art History*, Vol. 8, No. 4 (1985), pp. 397-412.

[2] Barbara Furlotti and Guido Rebecchini, *The Art of Mantua: Power and Patronage in the Renaissance*, translated from Italian by A. Lawrence Jenkens, pp. 36-37.

作为统治者美德和成就的榜样或类比。在这些君主的城堡和宫邸，赫拉克勒斯、朱庇特与查理大帝、亚瑟王传奇中的英雄并存，它们以不同的方式体现和塑造着趣味和政治抱负。[1] 世系和城市历史上的重要人物和事件是宫廷政治图像的第三构成要素，它们是建构王朝连续性、合法性和塑造理想君主的另一重要手段。

14 世纪晚期、15 世纪早期，帕多瓦卡拉拉家族宫邸的世俗题材壁画是宫廷政治图像的早期典范。卡拉拉家族宫邸大厅许多房间的古代风格装饰显示了该家族对古代历史文化的崇尚，如"忒拜厅""尼禄室""赫拉克勒斯室""卢克雷西娅室""卡米卢斯室"等。这些世俗图像的设计受到彼特拉克的重要影响。彼特拉克与该家族关系密切，并帮助设计了著名的"名人厅"（Sala Virtutum Illustrium），其中有 36 位古代政治和军事名人的肖像。[2] 早前，乔托在那不勒斯国王罗伯特的"新堡"的名人像也受到彼特拉克的启发。[3] 大厅的另一个地方则绘有卡拉拉家族祖先和该城名人肖像，其中包括彼特拉克的肖像。这也是彼特拉克最早的个人肖像。到 15、16 世纪，名人肖像几乎成为君主宫邸装饰的标准配置，著名的如 1476 年曼泰尼亚为曼托瓦公爵弗朗切斯科·贡扎加制作的九幅帆布画《恺撒的凯旋》、乌尔比诺公爵费德里科·达·蒙特菲尔特罗书斋里的 28 幅名人像以及 16 世纪早期提香为曼托瓦公爵费德里科·贡扎加二世公爵宫的"诸皇帝室"绘制的 11 幅古罗马帝王像。这些名人像被用于展示或建构王朝的古老世系、城市与古罗马共和国或帝国的渊源以及作为君主业绩和美德

---

[1] Charles M. Rosenberg eds, *The Court Cities of Northern Italy: Milan, Parma, Piacenza, Mantua, Ferrara, Bologna, Urbino, Pesaro, and Rimini*, pp. 6-7.

[2] John Richards, *Petrarch's Influence on the Iconography of the Carrara Palace in Padua: The Conflict between Ancestral and Antique Themes in the Fourteenth Century*, Lewiston Queenston Lampeter: The Edwin Mellen Press, 2007, p. 58.

[3] C. L. Joost-Gaugier, "Giotto's Hero Cycle in Naples: A Prototype of Donne Illustri and a Possible Literary Connection", in *Zeitschrift für Kunstgeschichte*, Vol. 43 (1980), pp. 316-317.

的榜样。当然，它们也展示着君主在古代历史文化方面的趣味和修养。古代风格艺术在宫廷的发展也带有明显的政治色彩。仿古像章首先在埃斯特家族统治的费拉拉出现并风行，莱奥内罗·德·埃斯特有一千多件个人像章。这些像章不仅使君主的形象广为传播，还通过铭文歌颂了君主的美德。[1] 钱币肖像的复兴则首先与15世纪晚期米兰统治者"摩尔人"鲁多维科·斯福尔扎有关。斯福尔扎家族是推翻维斯康蒂家族之后上台的，但在弗朗切斯科发行的钱币上两个家族的徽章并排出现，强调了王朝的连续性和新君主权力的合法性。[2] 就君主的公共形象来说，文武兼修是君主官方肖像的普遍主题。最具代表性的是乌尔比诺公爵费德里科·达·蒙特菲尔特罗的一幅官方肖像：一身戎装的费德里科正襟危坐，手捧书卷，在灯下聚精会神地阅读（图20）。

14世纪晚期开始，一种由人文主义者复兴和发展的"壮美"（magnificence）理论赋予君主的艺术赞助道德色彩。其中，亚里士多德的《尼各马可伦理学》构成了这种新消费伦理的古代源泉。米兰宫廷文人加勒瓦诺·费亚马借用亚里士多德的"壮美"歌颂米兰统治者阿佐内·维斯康蒂的艺术赞助。按照费亚马的说法，昂贵的材料、精湛的工艺、珍稀的外来物品，甚至一幅壁画崇高的道德色彩和著名艺术大师的参与都是"壮美"的体现，是君主美德的象征。[3] 在佛罗伦萨，亚里士多德的《伦理学》15世纪早期被译成拉丁文，其"壮美"理论在人文主义者和社会精英中广为流传。莱奥纳尔多·布鲁尼、莱昂·巴蒂斯塔·阿尔贝蒂、马泰奥·帕尔

---

[1] Alison Cole, *Italian Renaissance Courts: Art, Pleasure and Power*, p. 138.
[2] Charles M. Rosenberg, ed., *The Court Cities of Northern Italy: Milan, Parma, Piacenza, Mantua, Ferrara, Bologna, Urbino, Pesaro, and Rimini*, pp. 7-8.
[3] Alison Cole, *Italian Renaissance Courts: Art, Pleasure and Power*, p. 31.

图 20 《费德里科·达·蒙特菲尔特罗的画像》

米里等都强调"壮美"对个人和整个佛罗伦萨的积极意义。[1] 在 15 世纪晚期那不勒斯学者乔瓦尼·彭塔诺的《论壮美》(De Magnificentia)中,科西莫·德·美第奇、教皇尼古拉五世和西克图斯四世对教堂、私人宫邸、别墅和图书馆等的赞助,与宏伟的古罗马建筑遗迹和查理大帝在美因茨建造的桥梁一样都是"壮美"的典范。[2] 人文学者萨巴迪诺·德利·阿里恩提赞美费拉拉公爵埃尔科莱·德·埃斯特建造私人宫邸、别墅、公共喷泉和赞助教堂等活动,将其与奥古斯都皇帝媲美,因为奥古斯都像他一样,将砖石的罗马城变成了一座大理石之城。

第三节　记忆、自我塑造和区分:艺术品的社会意义

文艺复兴时期,艺术的世俗化倾向日渐明显,并成为文艺复兴时期艺术最显著的特征。一方面,宗教艺术日趋也俗化;另一方面,世俗题材的艺术品种类和数量都不断增长。世俗肖雕像和画像,以及表现古代神话和历史的绘画在 13 世纪晚期和 14 世纪开始出现,到 15 世纪和 16 世纪迅速发展。比如,世俗题材的绘画在 15 世纪 20 年代占 5%,到 16 世纪 20 年代上升至约 20%。[3] 世俗艺术服务于赞助人的各种世俗需求,如身份和形象塑造、对地位和名望的渴望、价值观和政治理想的表达以及趣味和审美等。

---

[1] 在佛罗伦萨,对"壮美"的倡导体现了 15 世纪初以来对财富的态度的转变。人文主义者的"壮美"理论主要受到亚里士多德与西塞罗的影响和启发,教会学者对"壮美"的论述则主要体现了基督教的传统慈善伦理。比如 15 世纪美第奇圈子的一些布道士就将这种君主和世俗统治者的美德提升为某种"公共神学"。参见 Peter Howard, "Preaching Magnificence in Renaissance Florence", in *Renaissance Quarterly*, Vol. 61, No. 2 (2008), pp. 327-328.

[2] Alison Cole, *Italian Renaissance Courts: Art, Pleasure and Power*, p. 32.

[3] 彼得·伯克:《意大利文艺复兴时期的文化与社会》,第 23 页。

艺术与社会竞争

除了宗教和政治功能，艺术也是团体、个人和家族展示地位、财富和自我塑造的重要手段。在文艺复兴时期的意大利，行会不仅是重要的经济组织，也在城市政治和社会生活中有重要影响。艺术赞助是行会展示其地位和影响力的重要途径。佛罗伦萨主教堂与洗礼堂的修建和装饰主要由该城最重要的两个行会——羊毛行会和商人行会负责。在羊毛行会负责的主教堂，该行会的标志，即上帝的羔羊，展示在许多醒目的位置。在商人行会赞助的圣十字架教堂许多地方都可以看到该行会的纹章——一捆货物和一只鹰。佛罗伦萨奥尔圣米凯莱市场外的圣徒雕塑可以说是行会艺术赞助的纪念碑。这些雕塑分别为佛罗伦萨最重要的14个行会赞助。其中，作者的名气、原料、雕塑的位置乃至风格都成了行会显示其财富、地位和影响力的途径。如商人行会制作的保护圣徒施洗者圣约翰像就是当时最著名的雕塑家洛伦佐·吉贝尔蒂制作的。该雕塑使用了昂贵的青铜，并占据着最重要的位置。另一个重要的团体赞助者——兄弟会，也通过艺术赞助展开竞争。1455年，皮斯托亚的圣三一兄弟会打算赞助一幅祭坛画，在讨论费用时发生了分歧。其中一个成员指出，鉴于祭坛画与兄弟会的荣誉密切相关，祭坛画至少应达到200弗罗林的标准。[1] 威尼斯的兄弟会在经济、政治和宗教生活中的重要性使它们能够雇佣许多著名艺术家，如真蒂莱·贝利尼、提香、丁托雷托等。威尼斯兄弟会在赞助艺术和仪式方面的奢侈花费遭到当时人的批评，许多人指责他们以牺牲穷人的利益为代价换取宏大和奢华。[2]

社会竞争也是刺激和影响个人艺术赞助的重要因素。个人赞助与公共

---

[1] Michelle O'Malley, *The Business of Art: Contracts and the Commissioning Process in Renaissance Italy*, p. 102.
[2] 彼得·伯克:《意大利文艺复兴时期的文化与社会》，第96页。

赞助的区分有时是相对的，尤其对统治阶层来说，私人意图和公共利益常常是交织和重叠的。15世纪晚期，佛罗伦萨富商、赞助人乔瓦尼·鲁切拉伊对赞助艺术的动机的概括很有代表性。乔瓦尼既修建了宏伟的私人宫邸，也慷慨赞助了许多宗教建筑工程。这些艺术工程让他感到极大满足和快乐，因为它们"有助于上帝的荣耀、城市的荣誉以及纪念我自己"。在他赞助的新圣玛利亚教堂正立面，至今仍能清楚看到大量他的个人标志。[1] 不过，这一时期，个人赞助，尤其是统治阶层以外的个人赞助有一个明显的变化趋势：从宗教和公共利益转向个人和家族。

13世纪到15世纪早期，个人赞助主要表现为对教堂、修道院、礼拜堂等宗教机构的捐助，并从属于公共团体的需求。这一时期，无论基督教伦理还是社会价值观，都反对个人追求地位和荣耀。如圣多明我会会长乔瓦尼·多米尼奇修士指出，修复旧教堂比新建教堂更可取，而且最好不留名字。[2] 从15世纪开始，人们对财富的保守态度明显改变，合理使用财富开始被认为有助于个人道德与公共利益。结合了基督教慈善伦理和古代思想的"壮美"理论赋予炫耀性艺术消费合理性。[3] 这种理论对统治家族以及整个精英阶层都产生了广泛影响。按照这种理论，各种形式的艺术赞助，无论公共的还是私人的、宗教的还是世俗的，都是美德和高贵的体现。与这种对财富和消费的积极态度相应，通过艺术赞助展示个人和家族的地位和荣耀也日益公开和多样化。其中，家族礼拜堂和私人宫邸的修建和装饰尤其成了赞助人追求地位和荣耀以及通过艺术进行自我塑造和社会区分的途径。

---

[1] Jonathan K. Nelson and Richard J. Zeckharser, eds., *The Patron's Payoff: Conspicuous Commissions in Italian Renaissance Art*, p. 1.

[2] A. D. Fraser Jenkins, "Cosimo de' Medici's Patronage of Architecture and the Theory of Magnificence", in *Journal of the Warburg and Courtauld Institutes*, Vol. 33 (1970), p. 163.

[3] 关于文艺复兴时期人们对财富态度的变化以及使艺术消费合理化的"壮美"观念的出现和发展，参见 Richard A. Goldthwaite, *Wealth and the Demand for Art in Italy, 1300-1600*, pp. 205-207.

作为社会竞争舞台的礼拜堂

正如我们前面提到的，13世纪晚期家族礼拜堂的出现与大众宗教虔诚的增长密切相关。但在随后的发展中，礼拜堂日益"私人化"。赞助和拥有家族礼拜堂本身就是一种特权，财富、地位和礼拜堂拥有权往往交织在一起。萨缪尔·科恩通过对1276年至1427年意大利中部六个城市的3400份遗嘱的研究指出，赞助一座礼拜堂的费用大致为208.9弗罗林，这超过了大多数立遗嘱人的总资产。[1] 若加上为礼拜堂配备的宗教仪式用品、壁画和祭坛画装饰以及教士的法衣、购买弥撒等，费用会翻倍。因此，只有富有的家族和团体才买得起礼拜堂。礼拜堂规模、装饰以及空间分布等都显示了赞助人的地位和财富等级。14世纪，佛罗伦萨圣十字架教堂和新圣玛利亚教堂最早的14个礼拜堂都属于该城最显赫的大家族，如阿尔贝蒂家族、巴尔迪家族和佩鲁奇家族等。到15世纪，私人拥有赞助权的趋势进一步发展。1460年左右，佛罗伦萨62座教区教堂有15座受到个人或家族赞助的控制。[2] 几乎每个富有的佛罗伦萨大家族都有家族礼拜堂，有些甚至拥有多个位于不同教堂的礼拜堂；但礼拜堂拥有权的社会分布并不平衡。14、15世纪，佛罗伦萨9座主要教堂的204个家族礼拜堂中有81%属于统治阶层，其中57%属于统治阶层中地位最高的26个家族。[3]

不同于通常的理解，礼拜堂并非个人和家族在教堂参加宗教生活的空间。事实上，赞助人很少来这里。这里主要是举行葬礼弥撒和纪念弥撒的场所。祭坛和祭坛画、壁画、礼仪用具甚至教士法衣上的家族纹章、铭文、旗帜、个人和家族保护圣徒的图像等，都展示了赞助者的身份。阿尔

---

[1] Samuel K. Cohn Jr., *The Cult of Remembrance and the Black Death: Six Renaissance Cities in Central Italy*, Baltimore and London: The Johns Hopkins University Press, 1992, p. 13.

[2] Jill Burke, *Changing Patrons: Social Identity and the Visual Arts in Renaissance Florence*, p. 102.

[3] Jonathan Nelson and Richard Zeckharser, eds., *The Patron's Payoff: Conspicuous Commissions in Italian Renaissance Art*, p. 127.

贝蒂家族在圣十字架教堂的墓室礼拜堂位于教堂核心区，即高祭坛所在位置的地下。对礼拜堂的赞助构成了阿尔贝蒂家族自我塑造和政治策略的重要一部分。[1] 与教皇关系密切的斯特罗奇家族采取了不同的展示策略。他们获得教会批准，在新圣玛利亚教堂的家族礼拜堂设立了供奉圣托马斯·阿奎那的祭坛。1344年教皇颁布法令，允诺在圣托马斯节到该礼拜堂参加弥撒的信徒死后在炼狱的时间可减少515天，由此，该家族礼拜堂在整个佛罗伦萨宗教生活中的重要性极大提高。[2] 从14世纪晚期开始，"壮美"理论的发展使借助礼拜堂展示财富和地位的做法合理化。乔瓦尼·托纳波尼在委托吉兰达约兄弟绘制礼拜堂壁画的合同中就明确指出，这项工程旨在"表达虔诚和对上帝的爱，提高家族和家庭的荣耀，以及促进该教堂和礼拜堂的利益"。随着礼拜堂日益成为不同家族展示地位和财富的舞台，礼拜堂的规模、装饰和位置，乃至著名艺术家的参与和新颖的风格等都成了区分手段。那些占据更大空间、装饰更豪华并居于突出位置的"超常礼拜堂"，以及独立于教堂主体的"卫星礼拜堂"清楚地显示了赞助人显赫的社会等级。[3] 礼拜堂的"私人化"遭到一些教会人士的强烈批评。15世纪晚期，佛罗伦萨修士和宗教改革家吉罗拉莫·萨沃纳罗拉尖锐地指出："如果我说'给一个穷人10杜卡特'你可能不肯，但如果我说'用100杜卡特在这里，在圣马可教堂建一个礼拜堂'你一定会为了把你的纹章放在这里而愿意这样做；你愿意是为了自己，而非上帝。"[4]

由于赞助权常常是世袭的，赞助权的转让往往显示了家族间的竞争及

---

[1] Jonathan Nelson and Richard Zeckharser, eds., *The Patron's Payoff: Conspicuous Commissions in Italian Renaissance Art*, pp. 133-134.

[2] Jonathan Katz Nelson, "Memorial Chapel in Churches: The Privatization and Transformation of Sacred Spaces", in *Renaissance Florence: A Social History*, ed., Roger J. Crum and John T. Paoletti, p. 358.

[3] Jonathan Katz Nelson, "Memorial Chapel in Churches: The Privatization and Transformation of Sacred Spaces", in *Renaissance Florence: A Social History*, ed., Roger J. Crum and John T. Paoletti, pp. 365-366.

[4] Johnathan Nelson and Richard Zeckhauser, eds., *The Patron's Payoff: Conspicuous Commissions in Italian Renaissance Art*, p. 126.

地位和权力的消长。[1] 一个著名的例子是，15世纪晚期佛罗伦萨萨凯蒂家族和托纳波尼家族在新圣玛利亚教堂的赞助权之争。自14世纪起，该教堂高祭坛和高坛的赞助权就被分配给至少三个家族。其中，托纳波尼家族赞助壁画，萨凯蒂家族赞助祭坛画。但15世纪晚期，托纳波尼族利用其财富和政治影响逐渐控制了礼拜堂的大部分赞助权。1486年，该教堂教士将高祭坛礼拜堂的赞助权卖给乔瓦尼·托纳波尼。在这里，他委托吉兰达约兄弟绘制了新的祭坛画和包含其家族成员肖像的壁画。[2] 萨凯蒂家族在高祭坛上的纹章也被抹掉，这引起弗朗切斯科·萨凯蒂的强烈愤慨。他在1488年的遗嘱中告诫后人务必认真对待这件事，因为这涉及家族荣誉。[3] 最后，萨凯蒂家族被迫退出。弗朗切斯科另外在圣三一教堂获得一个家族礼拜堂。虽然这两个家族都与美第奇家族关系密切（弗朗切斯科·萨凯蒂是美第奇银行日内瓦分行的总经理），但托纳波尼家族因其与美第奇家族的姻亲（乔瓦尼是洛伦佐·德·美第奇的舅舅）关系显然更有势力。

在佛罗伦萨，美第奇家族的崛起同时伴随着对宗教空间的控制。用虔诚展示和建构地位是美第奇家族政治策略的重要一部分。该家族的艺术赞助始于其教区教堂圣洛伦佐教堂。1418至1423年，乔瓦尼·德·美第奇委托布鲁内莱斯基在这里修建了著名的旧圣器室礼拜堂和另一个毗邻的供奉圣科西莫和圣达米安的礼拜堂。这个独立于教堂主体的圣器室礼拜堂凸显了该家族显要的社会地位，并成为佛罗伦萨和意大利其他城市20多个类似的圣器室礼拜堂的典范。[4] 到老科西莫时代，该家族对圣洛伦佐教堂

---

[1] 教会法允许赞助权世袭和通过继承、捐赠等转手，但需要得到教会批准，公开买卖和巧取豪夺是被禁止的。赞助权的转手多因赞助人未能履行赞助义务，但有时也通过篡改或伪造教堂历史。

[2] Patricia Simons, "Patronage in the Tornaquinci Chapel, Santa Maria Novella, Florence", in *Patronage, Art, and Society in Renaissance Italy*, eds., by F. W. Kent and Patricia Simons with J. C. Eade, p. 225.

[3] Aby Warburg, *The Renewal of Pagan Antiquity: Contributions to the Cultural History of the European Renaissance*, pp. 230-231.

[4] Dale Kent, *Cosimo de's Medici and the Florentine Renaissance: The Patron's Oeuvre*, New Haven and London: Yale University Press, 2000, p. 186.

的大规模赞助使这座教堂成了美第奇家族及其党派的专属领域。在赞助中殿礼拜堂和唱诗班厅时，科西莫清楚地表明这里只能出现科西莫和教堂教士的纹章、标志和墓室。[1] 在他赞助重建的圣马可修道院，其家族和个人纹章遍布于教堂内外，如正立面、大门上方、祭坛以及祭坛画和壁画中。该家族保护圣徒圣科西莫和圣达米安出现在安杰利科修士绘制的祭坛画中，由此该教堂不仅供奉圣马可，也成了这两位美第奇家族圣徒的圣所。此外，科西莫及其子皮埃罗还控制了菲埃索莱大修道院、圣十字架教堂、圣母领报教堂以及鲜花圣玛利亚大教堂等重要宗教空间。[2] 1440 年以后，随着该家族统治地位的巩固，其艺术赞助也日益公开炫耀。1462 年，一个佛罗伦萨商人建议皮埃罗·德·美第奇在日内瓦赞助一座教堂，因为在那里其他意大利商人都留下了自己的标记，而最古老和最重要的美第奇银行却没有。他认为皮埃罗或许也希望自己的标志出现在那里。[3] 在皮埃罗赞助的圣母领报教堂大理石神龛的华盖上，他让艺术家刻下"仅大理石就花了 4000 弗罗林"。[4] 这种炫耀性赞助并非没有遭到批评，蒂莫西·马菲修士为此撰写了《对诋毁科西莫·德·美第奇之'壮美'者的反击》。[5] 洛伦佐直接赞助的宗教建筑虽然不多，但他通过担任"工程委员会委员"影响和控制了包括主教堂在内的许多重要宗教工程。[6]

当然，若认为礼拜堂完全成了个人和家族自我宣传和塑造的工具也是不客观的。宗教艺术赞助不仅与个人虔诚和宗教信仰密切交织，而且要平

---

[1] E. H. Gombrich, *Norm and Form*, p. 42.

[2] 关于老科西莫宗教艺术赞助概况，参见 Dale Kent, *Cosimo de's Medici and the Florentine Renaissance: The Patron's Oeuvre*, pp. 10-12.

[3] Bram Kempers, *Painting, Power and Patronage: The Rise of the Professional Artist in Renaissance Italy*, p. 192.

[4] Martin Wackernagel, *The World of the Florentine Renaissance Artist*, p. 239.

[5] E. H. Gombrich, *Norm and Form*, p. 39.

[6] 从 1463 年起，洛伦佐开始以"工程委员会委员"的身份介入和控制多个佛罗伦萨重要的宗教和公共建筑工程，其中包括主教堂大穹顶的巨大金球以及市政厅的重新装饰工程。参见 F.W. Kent, *Lorenzo de' Medici and the Art of Magnificence*, pp. 21-23.

衡教堂教士的要求以及宗教空间的仪式功能和需要。就此而言，私人宫邸和别墅及其装饰比礼拜堂更直接和清楚地展示了个人和家族的社会和政治需要以及趣味和审美爱好。

私人宫邸与记忆、展示和自我塑造

私人建筑古已有之，但只有在文艺复兴时期，私人宫邸、乡村别墅和花园才发展为一种独特的建筑艺术。私人建筑是意大利文艺复兴时期城市社会文化的产物。文艺复兴时期的私人建筑并不完全属于私人领域，它们也是社会、政治斗争的舞台。私人建筑首先是家族记忆、世系和身份的象征。15世纪晚期佛罗伦萨富商和艺术赞助人乔瓦尼·鲁切拉伊将建造与家族繁衍相提并论，他认为人生在世最重要是两件事——繁衍后代和建造。[1]因此，对私人宫邸的破坏甚至摧毁也成了打击敌对家族、消除其记忆以及警示对手的有效手段。13世纪晚期，佛罗伦萨市政厅就是在被拆毁的乌贝尔蒂家族宫邸的旧址上修建的。这个曾经显赫一时的大家族被宣布为吉伯林党叛乱分子并遭到镇压。[2]另一个例子是，15世纪早期老科西莫修建的宏伟的美第奇宫遭到嫉妒和抵制。一天晚上，有人将畜血泼洒在其宫邸门口。[3]16世纪早期，美第奇家族确立其专制统治，被镇压的敌对的皮蒂家族的私人宫邸成了美第奇家族的宫邸。

在佛罗伦萨，虽然修建私人宫邸的活动13世纪晚期已出现，但这一热潮的兴盛则始于15世纪。1427年，政府推行的财产税是刺激私人宫邸发展的重要经济因素，这一新税法将私人住宅排除在征税范围之外。由此，修建私人宫邸成了重要的投资。除了经济考虑，这一热潮也受到该城

---

[1] Jill Burke, *Changing Patrons: Social Identity and the Visual Arts in Renaissance Florence*, p. 39.

[2] Michael Lingohr, "The Palace and Villa as Spaces of Patrician Self-Definition", in *Renaissance Florence: A Social History*, ed., Roger J. Crum and John T. Paoletti, p. 241.

[3] Dale Kent, *Cosimo de' Medici and the Florentine Renaissance: The Patron's Oeuvre*, pp. 222-223.

悠久的城市爱国主义以及古代文化复兴的双重促动。14 世纪至 16 世纪，宏伟的城市建筑被视为佛罗伦萨美、财富和市民美德的象征。15 世纪早期，人文主义者、秘书长莱奥纳尔多·布鲁尼在对佛罗伦萨的歌颂中尤其赞美了"众多宏伟的建筑，如此壮美和辉煌；高耸的塔楼和大理石教堂，美丽绝伦的住宅，有垛口的城墙，数不胜数的别墅以及所有这些所带来的愉悦、荣光和装饰。看到这些所有人都会立刻改变想法，他们不再为这个城市最伟大和最全面的成就感到吃惊，而是会认为它有能力主宰和统治全世界"[1]。16 世纪晚期，学者弗朗切斯科·波基在其《佛罗伦萨的美丽事物》(*The Beauties of the City of Florence*, 1591) 中表达了同样的情感。[2]

  布鲁尼歌颂的佛罗伦萨建筑仍主要是公共建筑。15 世纪中期开始，随着"均势政治"[3] 带来的政治稳定，意大利各地兴起了修建私人宫邸的热潮。传统的城市公共美学也扩展至私人宫邸。佛罗伦萨及其他城市的人文主义者和建筑理论家，如阿尔贝蒂、安东尼·菲拉雷特、乔瓦尼·彭塔诺等无不强调私人宫邸对个人和家族以及整个社会和国家的重要意义。在人文学者和赞助人中有广泛影响的"壮美"理论也主要集中于建筑。

  早期的私人宫邸无论规模、高度，还是外观和风格大都受制于政府对城市秩序和视觉统一性的规定。15 世纪中期以后，随着修建私人宫邸热潮的兴起，宫邸日益成为个人和家族社会、政治竞争的舞台。在私人宫邸、别墅和花园中，除了传统的家族纹章，随处可见的个人标志和半身像体现

---

[1] Dale Kent, *Cosimo de' Medici and the Florentine Renaissance: The Patron's Oeuvre*, p. 217.

[2] Francesco Bocchi, *The Beauties of the City of Florence: A Guidebook of 1591*, trans. by Thomas Frangenberg and Robert Williams, London and Turnhout: Harvey Miller Publishers, 2006, p. 25.

[3] "均势政治"指 1450 至 1494 年威尼斯、米兰、佛罗伦萨、那不勒斯和教皇国五个意大利强国通过外交和联盟维持的相对平衡的状态。参见恩斯特·尼尔森著、刘耀春译：《近代均势外交的起源》，载陈恒主编：《新史学》第 19 辑，大象出版社 2017 年版，第 16—30 页。

了建筑的"个人化"趋势。在美第奇宫，美第奇家族纹章（美第奇"圆球"）、老科西莫的个人徽记（插着三根羽毛的钻石戒指）公开展示在柱头及正立面装饰中。在乔瓦尼·鲁切拉伊和菲利波·斯特罗奇建造的私人宫邸，窗子、墙壁、柱头、喷泉及宫邸内的壁炉等处也充斥着家族和个人的徽记。宫邸正立面风格的日益多样化是社会和政治竞争的体现。建筑风格的选择多是为了传达特定的社会和政治信息，而较少有审美方面的考虑。佛罗伦萨最早采用古典风格的乌扎诺宫属于政治上显赫的乌扎诺家族。该家族及其所属的圭尔夫党声称，自己是古罗马共和传统以及佛罗伦萨自由的守护者，党派也是佛罗伦萨古代风格艺术的重要赞助人，如多纳泰罗的青铜像《圣路易斯》和布鲁内莱斯基设计的圭尔夫党总部的新客厅。[1] 美第奇家族是古代文化和艺术复兴的重要支持者。美第奇宫的古典风格既体现了该家族崇尚古代的趣味，也显示了老科西莫的社会和政治意图。美第奇宫参照的古代样本是古罗马皇帝的宫邸，且美第奇宫的规模、礼拜堂（此前，有礼拜堂的世俗建筑仅限于佛罗伦萨市政厅）以及庭院内的巨大雕塑等，都是以前的私人宫邸所没有的。在随后修建私人宫邸的热潮中，美第奇宫成了模仿和竞争的参照物。许多宫邸是"谄媚性模仿"的产物，即通过模仿表达政治忠诚，如帕齐宫和鲁切拉伊宫。[2] 当然，对统治集团以外的富有家族来说，确立个人和家族的身份和地位更可能是首要考虑。比如纳什家族和德尔·普格里斯家族这两个 15 世纪佛罗伦萨的新贵家族，就主要通过购买和修建家族宫邸来创造新的家族公共身份，巩固其刚刚获得的社会地位。[3]

不仅宫邸本身，宫邸内的家庭生活以及家具、装饰和陈设也是家族自

---

[1] Michael Lingohr, "The Palace and Villa as Spaces of Patrician Self-Definition", in *Renaissance Florence: A Social History*, ed., Roger J. Crum and John T. Paoletti, pp. 254-256.
[2] Dale Kent, *Cosimo de' Medici and the Florentine Renaissance: The Patron's Oeuvre*, pp. 235-236.
[3] Jill Burke, *Changing Patrons: Social Identity and the Visual Arts in Renaissance Florence*, p. 18.

我呈现的一部分。在乔瓦尼·彭塔诺的《论华丽》（On Splendor）中，"华丽"作为"壮美"在私人领域的延伸被塑造为一种美德。如果说壮美主要体现在公共建筑上，那么华丽在主要表现为室内生活的雅致以及与此相关的各种精致和壮美的家具、摆设与装饰。这些物品的美激发了人们对其拥有者的仰慕，展示了拥有者的趣味、地位和美德。[1] 保存下来的富有家族财产清单是了解室内装饰发展和演变的重要证据。15世纪早期，家具、贵重物品和装饰都较少，主要集中在卧室。重要的家具和物品上往往绘有装饰画，如护壁板、婚柜、长凳和床头等。图像以宗教性为主，如1424年乌扎诺宫的财产清单记录了十幅画：其中有两幅圣徒像（一个画在庆生盘上，一个画在木板上），其余都是圣母子像。圣母子像似乎是主要房间的必备品，甚至仆人的房间也有。[2] 许多重要的家具和物品上都有家族纹章，其制作、装饰和展示往往与家族的重要事件相关，是建构和维持家族记忆的重要因素。用于婚礼的婚柜和庆祝新成员降生的庆生盘尤其展示了这一点。制作精美的庆生盘是保佑婴儿顺产的吉祥物，有些庆生盘一面画着婴儿顺利出生的场面，一面画着健康的男婴。[3] 昂贵和装饰华丽的婚柜在15世纪意大利城市的富有家族中非常风行。在新娘出嫁时，盛放嫁妆的婚柜醒目地展示在婚礼队伍中。婚柜上有家族纹章，装饰图案大都与美德、个人和家族的荣誉、权力和繁衍为主。[4] 这些婚柜还是文艺复兴时期表现古代历史、诗歌和神话等世俗画的载体。许多15世纪的著名艺术家都积极

---

[1] Luke Syson and Dora Thornton, *Objects of Virtue: Art in Renaissance Italy*, London: The British Museum Press, 2001, p. 29.

[2] Patricia Lee Rubin, *Images and Identity in Fifteenth Century Florence*, New Haven and London: Yale University Press, 2007, p.14.

[3] 关于庆生盘的功能和意义，参见 Giovanni Ciappelli and Patricia Lee Rubin, eds., *Art, Memory, and Family in Renaissance Florence*, Cambridge: Cambridge University Press, 2000, p. xi, note 3.

[4] Luke Syson and Dora Thornton, *Objects of Virtue: Art in Renaissance Italy*, p. 70.

从事婚柜画制作，许多婚柜成了杰出的艺术品。[1]

15世纪中期以后，家具和室内陈设日益多样和精致。绘画也不限于家具和护壁板，而扩展至整个墙壁和天花板，带有木框的独立木板画和帆布画也出现了。1492年，洛伦佐·德·美第奇去世后编制的美第奇宫财产清单显示了自15世纪早期以来，该家族通过直接订制、收藏和其他途径累积的100多件绘画和雕塑。洛伦佐的卧室和位于高层的大厅是室内装饰最集中的地方。洛伦佐的卧室有安杰利科修士的著名圆形画《三王来拜》和保罗·乌切罗表现圣罗马诺之战的三幅画。[2]后者有镀金木框，挂在护壁板上方。大厅有波拉约罗兄弟所绘的著名的《赫拉克勒斯的功绩》组画。洛伦佐卧室的居室集中了很多老科西莫时代艺术巨匠的作品，如安杰利科修士与多纳泰罗的宗教画和雕塑。多纳泰罗在美第奇宫的作品还包括庭院内的那对大型青铜雕塑——《大卫》和《犹滴杀死荷洛芬尼》。[3]除了著名艺术家的作品，这里还有大量古代钱币、宝石雕刻、像章、雕塑以及昂贵的佛莱芒挂毯、珠宝、玻璃和珐琅制品以及中国瓷器。除了带来舒适和愉悦，这些物品更重要的功能是在特定场合展示并打动参观者。自科西莫时代开始，向尊贵的客人或外国大使展示美第奇宫、圣马可花园和美第奇别墅的艺术收藏就成了美第奇家族的传统。1490年，洛伦佐写信让他

---

[1] 贡布里希曾对15世纪佛罗伦萨一家专门从事婚柜画的作坊做了研究，并分析了古代历史和神话题材的婚柜画与人文主义的关联。（E. H. Gombrich, "Apollonio di Giovanni: A Renaissance Cassone Workshop Seen through the Eyes of A Humanist Poet", in *Norm and Form*, pp.64.）从那以来，婚柜作为文艺复兴时期视觉文化的重要组成部分日益成为一个研究热点，重要的如 Cristelle Baskins, *Cassone Painting, Humanism and Gender in Early Modern Italy*, Cambridge, Cambridge: Cambridge University Press, 1998；*The Triumph of Marriage: Painted Cassoni of Renaissance*, Pittsburgh: Gutenberg Periscope Publishing Limited, 2008.

[2] 乌切罗的三幅画原是15世纪早期佛罗伦萨巴托利尼家族委托制作的，该家族的成员参加了这场战争。15世纪80年代，洛伦佐·德·美第奇出于政治意图从该家族抢走了这些画，因为老科西莫在这场佛罗伦萨与卢卡的战争中发挥了关键作用。对洛伦佐而言，这些绘画是其祖先光辉历史和业绩的重要证明。参见 Dale Kent, *Cosimo de' Medici and the Florentine Renaissance: The Patron's Oeuvre*, p. 266.

[3] Dale Kent, *Cosimo de' Medici and the Florentine Renaissance: The Patron's Oeuvre*, pp. 244-245.

的儿子皮埃罗带领一位尊贵的威尼斯客人参观花园和他书房的古代艺术收藏。皮埃罗回信说，此人确实对古钱币很感兴趣，但对古代雕塑似乎不甚了解。[1]

肖似性与理想化：世俗肖像的性质和意义

如果说家族礼拜堂和宫邸展示了个人和家族的身份、地位和财富，那么肖像则更直接和具体而微地展示了其宗教、政治和社会渴望。文艺复兴时期是西方世俗肖像的一个黄金时代，这一时期制作的肖像无论数量还是种类都远远超过了古代和中世纪。在传统上，文艺复兴时期的世俗肖像和人物传记以及自我肖像和自传往往被类比，同被视为个人主义发展的重要例证。[2] 文艺复兴时期，世俗肖像一度被视为个人真实样貌的忠度记录；但正如现代学者指出的，将肖像与个人主义联系在一起是有问题的。文艺复兴时期，肖像并不仅仅是个人真实样貌和思想情感的记录与表达，而是服务于各种复杂的宗教、社会和政治目的的。

文艺复兴时期的世俗肖像表现为各种类型，有着不同的功能和用途。古代风格的钱币肖像、像章、骑马像、半身塑像等显示了这一时期人文主义文化的影响和对古代艺术的趣味。由于这些肖像大都与古代帝王或统治者有关，因而其"复兴"常常带有政治意味，比如皮萨内罗制作的早期古代风格的像章就主要为费拉拉、米兰、曼托瓦等宫廷的君主制作的。[3] 宗教空间的肖像，如教堂与礼拜堂壁画和祭坛画中的捐助人与"旁观者"像

---

[1] F. W. Kent, *Lorenzo de Medici and the Art of Magnificence*, pp. 32-33.
[2] 将文艺复兴时期的肖像与个人主义联系起来的代表人物是19世纪瑞士文化史家雅各布·布克哈特。对布克哈特这一观点的分析和批评，参见 Peter Burke, "The Renaissance, Individualism and the Portrait", in *History of European Ideas*, Vol. 21, No.3, (1995), pp. 393-400.
[3] 关于15世纪早期皮萨内罗在宫廷复兴和制作仿古像章的活动，参见 Beverly Louise Brown, "Portraiture at the Courts of Italy", in *The Renaissance Portrait: From Donatello to Bellini*, eds., Keith Christiansen and Stefan Weppelmann, New York: The Metropolitan Museum of Art, 2011, pp. 31-37.

以及陵墓塑像，首先与虔诚和获得拯救有关。这些肖像作为真人的"替代物"在神圣空间和宗教故事中的在场，被认为有助于获得圣徒的神圣调解，缩短在炼狱的时间。这些图像可分为三类：跪着祈祷的捐助人、假扮为宗教故事中的人物和以本来样貌插在宗教叙事画的"旁观者"。文艺复兴时期，这三类肖像常常并列出现和使用，它们既是个人虔诚的表达，也是赞助权的"视觉证明"。14 世纪早期，富有且有权势的恩里科·斯科罗维尼赞助修建了阿雷纳礼拜堂，他通过不同肖像塑造了自己的理想形象。斯科罗维尼出身卑微，不光彩的发家史使其在当时备受非议（比如但丁在《神曲》中将斯科罗维尼的父亲打入地狱第七层的高利贷者之列）。在乔托的一幅壁画中，斯科罗维尼作为虔诚的捐助人跪在圣母面前，将礼拜堂的模型献给圣母。另一件真人大小的大理石像（可能是陵墓像）及铭文强调了斯科罗维尼新近获得的贵族身份："阿雷纳骑士，恩里科·斯科罗维尼阁下的真实形象。"[1] 此类捐助人像有既定的形式规范，通常为跪着祈祷的侧面全身像，如果同时出现男性和女性，则前者尺寸更大并处于圣徒右侧的尊显位置。因此，捐助人尺寸和位置的异常变化往往显示了某些特殊信息。一个突出的例子是，里米尼君主罗贝尔托·梅拉泰斯塔（1493 年刚刚去世）的情妇伊莎贝塔·阿尔多夫兰迪尼委托多梅尼科·吉兰达约的作坊制作了一幅祭坛画。其中有伊莎贝塔、罗贝尔托的两个儿子和一个儿媳的画像。画中，伊莎贝塔不仅尺寸超过两个儿子，而且位于圣母右侧。当时，伊莎贝塔击败了丈夫的兄弟，成了她儿子的摄政。她力图通过这件肖像展示新近获得的政治权力和地位。[2]

假扮成宗教故事画的人物的肖像在 15 世纪出现并逐渐盛行。一个早

---

[1] Laura Jacobus, "A Knight in the Arena: Enrico Scrovegni and His 'True Image'", in *Fashioning Identities in Renaissance Art*, eds., Mary Rogers, p. 17.

[2] Johathan K. Nelson and Richard J. Zeckhauser, eds., *The Patron's Payoff: Conspicuous Commissions in Italian Renaissance Art*, p. 94.

期例子是，1423年佛罗伦萨富商帕拉·斯特罗奇委托真蒂莱·达·法布里亚诺在圣三一教堂的家族礼拜堂绘制了祭坛画《三王来拜》。其中，帕拉化身为国王身后的一位驯鹰师（驯鹰师的意大利语为strozziere，暗指斯特罗奇家族）。[1] 此后，在美第奇家族委托制作的一系列《三王来拜》壁画和祭坛画中，该家族主要成员也以类似风格出现在三位国王的随行队伍中。最著名的是1459年左右贝诺佐·戈佐利为美第奇宫礼拜堂制作的祭坛画《三王来拜》。这幅画几乎就是一幅展示该家族统治的政治图像，其中不仅有从老科西莫到洛伦佐三代美第奇家族主要成员的肖像，而且还有该家族在国内外重要朋友和盟友的肖像，如米兰统治者吉安加莱佐·马利亚·斯福尔扎和里米尼统治者西吉斯蒙多·潘多尔夫·梅拉泰斯达等。三王来拜主题事实上成了美第奇的家族图像，这一主题既表达了虔诚，也表现了这些富有的商人和银行家对华丽的宫廷风格的偏好。虔诚、权力和趣味交织在一起。15世纪晚期和16世纪，赞助人化身为旁观者，甚至开始以圣徒的面貌出现在宗教叙事画和祭坛画中。15世纪晚期佛罗伦萨宗教改革家萨沃纳罗拉对这一现象的强烈批评从反面显示了其盛行：

> 这就是你们放在我神庙内的偶像。你们的神像就是你们在教堂内画的那些人像和肖像。年轻人到处说"这个是抹大拉，那个是圣约翰"。因为你们在教堂内画的人像肖似某个女人，这是很糟糕的，是对上帝的大不敬。[2]

15世纪以来，以真实人物为模型的圣徒像是艺术家追求自然主义风格的一个体现和结果，但无疑也与赞助人借助虔诚实现私人目的有关。从"旁观者"像发展出来的另一种肖像，即穿着当时服饰的赞助人以其本来

---

[1] Patricia Lee Rubin, *Images and Identity in Fifteenth-Century Florence*, p. 26.
[2] Alexander Nagel, *The Controversy of Renaissance Art*, Chicago: University of Chicago Press, 2011, p. 14.

面貌"插在"宗教画中的肖像更清楚地显示了这一点。最典型的例子是，1482 至 1485 年多梅尼科·吉兰达约在圣三一教堂萨凯蒂家族礼拜堂绘制的壁画。其中，弗朗切斯科·萨凯蒂及其妻子、儿子、女儿和女婿都身着现代服饰以旁观者的形象出现在画中。在《批准圣方济各会会规》中，占据前景突出位置的旁观者不仅有弗朗切斯科·萨凯蒂和他的儿子们，还有当时佛罗伦萨统治者洛伦佐·德·美第奇和他的儿子们。弗朗切斯科是美第奇银行在日内瓦分行的经理，洛伦佐的在场无疑展示了两个家族密切的经济和政治关系。[1]

独立的世俗肖像，如名人肖像与祖先肖像等，本质上是文艺复兴时期的发明。这种肖像从 14 世纪开始出现，到 15、16 世纪风靡整个意大利。早期独立画像的全侧面形式既与传统宗教画中的捐助人像有关系（因而暗示了个人虔诚和基督教美德），也受到古代钱币和像章上帝王侧面像的影响。[2] 与古代像章一样，文艺复兴时期侧面像背面往往有与美德有关的铭文和寓意图案。那时的人常常从自然主义或现实主义的角度评价世俗肖像，如"栩栩如生""唯欠呼吸而已"等。乔托作为自然主义风格的先驱的名望与其所绘的肖像画有重要关联，如他在佛罗伦萨督政官宫所绘的但丁像。[3] 肖像画某种程度上成了自然主义风格的隐喻。不过，事实上，文艺复兴时期肖像画的"理想化"（idealization）至少与"肖似性"（likeness）同等重要。米开朗基罗在圣洛伦佐教堂新圣器室雕刻的洛伦佐和亚里士多德的理想化的大理石像就备受赞誉。正如人文学者尼科罗·马特利指

---

[1] Eckart Marchand, "The Representation of Citizens in Religious Fresco Cycles in Tuscany", in *With and without the Medici: Studies in Tuscan Art and Patronage 1434-1530*, eds., Eckart Marchand and Alison Wright, pp. 119-122.

[2] Alison Weight, "The Memory of Faces: Representational Choices in Fifteenth Century Florentine Portraiture", in *Art, Memory, and Family in Renaissance Florence*, eds., Giovanni Ciappelli and Patricia Lee Rubin, p. 92.

[3] 瓦萨里将这幅但丁像归于乔托，但这一记载的真实性一直是现代西方艺术史家争论的问题。参见 E. H. Gombrich, "Giotto's Portrait of Dante?", in *The Burlington Magazine*, Vol. 121, No. 917 (1979), pp. 471-483.

出的：

> （米开朗基罗）并未表现洛伦佐公爵和亚里士多德阁下的真实样貌，而是以他认为能使他们赢得更多赞美的尺寸、比例、得体、优雅和光彩表现了他们。这样，当人们注视它们便会为之惊叹。因此，作家们有时夸大事实，也是为了使之（主题）将来更让人好奇。[1]

就其功能来说，文艺复兴时期的肖像可视为圣徒像在世俗领域的延伸，其目的不仅仅是记录某一个体的真实样貌，而主要是作为美德、高贵性和道德品质等的榜样。正如前面讲到的，名人肖像与名人传在14世纪同时出现，并都与人文主义者彼特拉克有关。这并非偶然，名人肖像与名人传记一样是个人和公共历史与道德教育的重要内容。私人空间使用的祖先肖像首先是为了记忆和纪念。据老普林尼记载，古罗马人有制作和保存祖先肖像的传统。文艺复兴时期，特别是15世纪中期以后，随着人文主义的影响和名望崇拜的兴起，在私人空间摆放家庭成员画像和半身塑像蔚然成风。[2] 除了纪念死者和安慰生者，这些肖像在建构和展示家族记忆与荣誉方面也扮演着重要角色。与名人肖像一样，这些肖像也被用作美德和行为的榜样。展示人物的外貌与心灵同样重要。

文艺复兴时期，女性画像尤其是女性美德以及家族地位和财富的符号。独立的女性画像几乎都是全侧面，直到15世纪70年代以后才出现了3/4侧面像。这一流行趋势既暗示了虔诚和基督教美德，也强调了女性的

---

[1] Johnathan K. Nelson and Richard J. Zeckhauser eds., *The Patron's Payoff: Conspicuous Commissions in Italian Renaissance Art*, p.102.

[2] 有关室内肖像在佛罗伦萨的兴起和发展概况，参见 Patricia Lee Rubin, "Understanding Renaissance Portraiture", in *The Renaissance Portrait: From Donatello to Bellini*, eds., Keith Christiansen and Stefan Weppelmann, p. 11.

端庄和贞洁，因为这种姿势转移或消解了激发男性欲望的女性凝视。[1] 女性肖像通常作于某些特定时刻，如结婚、生育或死亡。1488年，多梅尼科·吉兰达约所绘的《乔瓦娜·德利·阿尔比奇·托纳波尼》既是个人纪念像，也是家族婚姻联盟——阿尔比奇家族（乔瓦娜的娘家）和托纳波尼家族（夫家）联盟的标志（图21）。当时乔瓦娜及其腹中的第二个孩子刚刚去世，乔瓦娜佩戴着昂贵的珠宝，华丽的衣服上有托纳波尼家族纹章。铭文强调了其内在美德："啊，艺术，你若能描绘性格和灵魂，则世上没有任何画作比你更美。"[2] 15世纪中期以后，出现了男性和女性的3/4侧面像。达·芬奇作于15世纪70年代的《吉内弗拉·德·本奇》（Ginevra de' Benci）是这种女性肖像的早期典范。但女性肖像风格的这一变化与妇女的社会、文化地位并无直接关联，而主要受新兴的半身塑像的影响。[3]

第四节　从图像到艺术：趣味和审美的兴起

虽然文艺复兴时期的艺术品具有重要的宗教、政治和社会功能，但赞助人对艺术品的态度也并非全然实用性和功利性的。趣味和审美也是艺术赞助的重要动因。不过，就这一时期而言，"无功利的"纯粹审美态度严格来说并不存在。很多时候，赞助人的趣味和审美爱好（包括对某种艺术风格的推崇和对特定艺术家的赞助）与赞助人的社会和政治竞争、自我界

---

[1] Patricia Simons, "Women in Frames: The Gaze, the Eye, the Profile in Renaissance Portraiture", in *Journal of History Workshop*, No. 25 (1988), pp. 20-21.

[2] Stefan Weppelmann, "Some Thoughts on Likeness in Italian Early Renaissance Portraits", in *The Renaissance Portrait: From Donatello to Bellini*, eds., Keith Christiansen and Stefan Weppelmann, p. 67.

[3] 最早的独立半身塑像是1453年米诺·达·费埃索莱为皮埃罗·德·美第奇制作的。关于文艺复兴时期半身雕像的复兴及其作为个人和家族价值观的象征，参见 Geraldine Johnson, "Family Values: Sculpture and Family in Fifteenth-Century Florence", in *Art, Memory, and Family in Renaissance Florence*, eds., Giovanni Ciappelli and Patricia Lee Rubin, pp. 221-229.

图 21 《乔瓦娜·德利·阿尔比奇·托纳波尼》

定和自我塑造密切交织在一起。审美爱好，即对艺术品本身具有鉴别力的喜好，当然不是文艺复兴时期才出现的。12世纪法国圣德尼修道院院长絮热就表现出对建筑（即圣德尼修道院）、装饰以及精美圣器的喜好；13世纪经院学者纪尧姆·杜朗的《理性主业》（*Rationale Divinorum Officiorum*）第一卷也有对教堂的详尽讨论。杜朗是孟德的主教，他在罗马密涅瓦旁的圣玛利亚教堂的坟墓就表现了一种奢华但有鉴别力的趣味。但这些中世纪学者关注的主要是艺术的象征意义。比如杜朗在其著作中只有一次提到"美"这个词，即"主啊，我喜爱你所住的殿的美"（《圣经·诗篇》第26章第8节），但他立刻在注解中指出，这是"被信仰、希望和博爱的精神所装饰"的场所。[1]

文艺复兴时期的独特性在于，审美本身被塑造成了艺术品的"存在理由"，即艺术品的重要性不再取决于或主要取决于其宗教、政治和社会功能，而是获得了自身独立的价值。这种现代审美态度的发展与人文主义、城市消费文化的发展以及艺术收藏和艺术市场的兴起密切相关。

从14世纪开始，人文主义者对世俗生活之意义的思考促使他们开始积极评价艺术审美的意义。从彼特拉克开始，艺术鉴赏便成了人文主义知识储备的一部分。彼特拉克在其《论命运的补救法》（*De remediis fortuitorum*, 1354—1366）中对有鉴别力的欣赏者和无知的门外汉做了区分：前者注重艺术品的思想、道德和审美价值，后者则沉迷于华丽和昂贵的材料带来的感官愉悦。比如当"快乐"强调从绘画中获得的愉悦，"理智"反驳道：

你喜爱画笔和色彩，价格、技艺以及多样性和奇妙的组合令你赏心悦目。尤其是，无生命的图画的栩栩如生的姿势，以及（静止不动

---

[1] John Larner, "The Artists and the Intellectuals in Fourteenth Century Italy", in *History*, Vol. 54, No. 180（1969）, p. 17.

的）图像的动感、凸出画框的面孔和活灵活现的肖像确实令你叹为观止，以致你感觉似乎它们在跟你说话。危险恰恰就在于此，因为许多伟大的人都曾被这些东西迷住。无知的人只会略感惊奇而不以为意，有教养的人则为之惊叹和肃然起敬。绘画的确是一桩奇妙的事，要揭示这门艺术的起源和发展，绘画作品的美妙之处，匠人们的辛劳，君王们的疯狂以及那些被用匪夷所思的高价从海外购买，放在罗马的神庙、皇帝们的房间里或放在街道、广场和走廊的绘画是不可能的。这还不够，他们还必须用本应从事更伟大事物的手从事这门艺术，就像以前希腊最高贵的哲学家们所做的那样。因此，绘画艺术因更接近自然的作品而被推崇为技工艺术之首。而且，如果我们相信普林尼，那么在希腊人中绘画被列为自由艺术之首。[1]

正是基于对绘画审美价值的认可，彼特拉克极其珍视他拥有的一件乔托画的圣母像。他在遗嘱中特别将这幅画赠给他的朋友和赞助人——帕多瓦统治者弗朗切斯科·达·卡拉拉，并指出："无知的人不懂这幅木板画的美，精通艺术的大师则为之惊叹。"[2] 同时，城市爱国主义也鼓励了对艺术家技艺和名望的认可，因为著名艺术家的存在是展示和提升城市名望的重要文化资本。在佛罗伦萨，从14世纪菲利波·维拉尼到16世纪瓦萨里的艺术家传记写作就与城市自豪感和国家建构密切交织在一起。[3] 到15世纪和16世纪，随着人文主义的影响，审美和艺术鉴赏逐渐成了君主和城市社会精英知识储备的一部分。同时，人们对财富的态度的变化、为"炫耀性消费"辩护的"壮美"和"华丽"理想进一步赋予艺术消费与审美以

---

[1] Michael Baxandall, *Giotto and the Orators: Humanist Observers of Painting in Italy and the Discovery of Pictorial Composition*, 1350-1450, pp. 54-55.

[2] Paula Findlen, "Possessing the Past: The Material World of the Italian Renaissance", in *The American Historical Review*, Vol. 103, No. 1 (1998), p. 90.

[3] Catherine Soussloff, *The Absolute Artist: The Historiography of a Concept*, pp. 43-72.

合理性和积极意义。这一时期艺术收藏的兴起是促进审美态度发展的另一重要因素，因为它鼓励人们脱离艺术品制作和使用的功能性语境，而从审美角度看待艺术品。这种态度最先体现在古代艺术中，后逐渐扩展至文艺复兴时期的艺术品。对曼托瓦公爵夫人伊莎贝拉·德·埃斯特这样的赞助人和收藏家来说，乔瓦尼·贝利尼和达·芬奇等著名艺术家的风格和名望（而非题材和功能）是她考虑的首要因素。[1]

就文艺复兴时期的艺术趣味而言，瓦萨里在《意大利艺苑名人传》中呈现了一个自然主义与古典主义复兴和胜利的故事。自然主义和古典主义无疑是文艺复兴时期艺术趣味的重要一部分，但并非全部。文艺复兴时期的艺术趣味远比瓦萨里所说的更丰富多样。这一时期，伴随着自然主义和古典主义的复兴的还有"哥特式"的复兴，即表现中世纪骑士精神和价值观的华丽的哥特式风格的复兴和发展。14世纪晚期和15世纪早期，在勃艮第、法国、英国等北欧宫廷[2]的"国际哥特式"风格在意大利也极为流行。正如贡布里希指出的，这种风格的风行除了人类天生对一切"闪闪发光"的东西的喜爱，更与展示权力、财富和趣味的竞争，即所谓"名利场逻辑"有关。[3]15世纪，意大利事实上有两种"自然主义"：一是从乔托到马萨乔、多纳泰罗和布鲁内莱斯基注重人体立体感、透视法和素描的自然主义；二是北欧画家简·凡·艾克、罗杰·凡·德尔·魏登以及意大利艺术家真蒂莱·达·法布里亚诺、安东尼奥·皮萨内罗和贝诺佐·戈佐利代表的注重描绘自然细节的"哥特式自然主义"，或如贡布里希所说

---

[1] 15世纪晚期和16世纪早期，伊莎贝拉力图用所有当时著名意大利艺术家的作品来装饰其书房，如安德雷亚·曼泰尼亚、皮埃罗·佩鲁基诺、乔瓦尼·贝利尼，特别是达·芬奇。关于伊莎贝拉未获得乔瓦尼·贝利尼和达·芬奇的艺术品而做的努力，参见 Francis Ames-Lewis, *Isabella & Leonardo: The Artistic Relationship between Isabella d' Este and Leonardo da Vinci, 1500-1506*, New Haven: Yale University Press, 2012, pp. 32-39.

[2] 在本书中，"北欧宫廷"（Northern courts）指意大利以北地区的欧洲宫廷。

[3] E. H. Gombrich, *The Uses of Images: Studies in the Social Function of Art and Visual Communication*, pp. 86-87.

的"选择性自然主义"。[1] 意大利的人文主义者和社会精英对这两种自然主义都非常推崇。趣味的多样与风格的多样相互交织、相互促进。比如15世纪晚期最有鉴赏力的艺术批评家、佛罗伦萨诗人克里斯托弗罗·朗迪诺在对但丁《神曲》的评注中用16个术语评价了马萨乔、安德雷亚·德尔·卡斯塔尼奥、弗拉·安杰利科以及菲利波·利皮等四位15世纪早期画家的风格。其中，马萨乔和卡斯塔尼奥与透视法、浮雕感、朴素无华、设计等联系在一起；安杰利科和利皮则与华丽、色彩、虔诚、流畅等哥特式风格特质联系在一起。[2]

哥特式趣味本质上是一种宫廷趣味，其主要生产者和消费者是北欧宫廷，特别是勃艮第和法国。意大利的君主和城市统治精英对宫廷气派和威严的渴慕是这种趣味和风格在意大利传播的首要原因，而意大利与北欧密切的政治、经济和文化艺术交流和竞争则为其传播提供了可能性。华丽的勃艮第挂毯以及凡·艾克、魏登、汉斯·梅姆林等北欧艺术家的宗教画与肖像画在意大利宫廷和城市统治精英中都极受欢迎。在布鲁日、根特、安特卫普等北欧城市经商的意大利商人不仅直接赞助北欧艺术家，同时也是将北欧艺术品和趣味传播到意大利的中介和代理。[3] 15世纪，北欧艺术家，尤其是凡·艾克和魏登在意大利享有很高声望。1456年，那不勒斯国王阿尔方索五世的秘书、宫廷历史学家巴托罗米奥·法齐奥在其《名人传》中将凡·艾克、魏登和意大利"国际哥特式风格"艺术家真蒂莱·达·法布里亚诺、皮萨内罗视为最重要的画家，其中，"高卢人简

---

[1] E. H. Gombrich, *The Uses of Images: Studies in the Social Function of Art and Visual Communication*, p. 92.
[2] Michael Baxandall, *Painting and Experience in Fifteenth Century Italy*, pp. 118-153.
[3] 关于北欧挂毯和北欧艺术家的宗教画和肖像画在意大利宫廷和贵族中的风行，参见 Paul Nuttall, *From Flanders to Florence: The Impact of Netherlandish Painting, 1400-1500*, New Haven: Yale University Press, 2004.

（凡·艾克）被认为是我们时代最出色的画家"。[1]有些君主甚至专门派艺术家前往北欧学艺。1460年，米兰公爵就在给勃艮第公爵的信中推荐一个叫扎内托的意大利人前去随魏登学艺，"此人致力于艺术，当听闻阁下属地的威廉大师之名——据说他是最精通那些技艺的——他决心，在我们的允准下前往学艺"。[2]15世纪晚期乌尔比诺宫廷画家乔瓦尼·桑蒂，即著名艺术家拉斐尔的父亲也极为推崇凡·艾克和魏登。他在一首诗中歌颂他们"在绘画技艺和色彩方面是如此卓越，以致远远超过了现实本身"。桑蒂的"名人谱"还包括其他25位意大利艺术家。其中既有以素描和设计见长的透视法画家（马萨乔、保罗·乌切罗、皮埃罗·德拉·弗朗切斯卡以及达·芬奇等），也有深受北欧艺术和哥特式趣味影响的自然主义者（如真蒂莱·达·法布里亚诺、安杰利科修士、多梅尼科·吉兰达约和皮埃特罗·佩鲁吉诺以及威尼斯画家真蒂莱·贝利尼和乔瓦尼·贝利尼等），还有热衷于古代风格的古典主义者（如曼泰尼亚、波提切利等）。[3]

桑蒂的"名人谱"可以说代表了15世纪意大利精英中眼中的"经典"。这个"经典"囊括了托斯卡纳自然主义、古典主义以及哥特式自然主义。这三个趋势也并非泾渭分明，而往往是并存和交织的。前面提到的那些以国际哥特式风格表现的古代历史、诗歌和神话主题的婚柜装饰画就是典型的例子。正如贡布里希指出的，在那些婚柜画中，"仿佛马萨乔和多纳泰罗从不存在，仿佛真蒂莱·达·法布里亚诺代表的那种国际哥特式风格连续不断地一直发展到了下一代"。哥特式趣味和古代元素的奇特融合贯穿了整个文艺复兴时期。15世纪晚期和16世纪"古物学"古典主义的发展也未削弱哥特式趣味的吸引力，反而与之结合形成了一种"华丽的

---

[1] Michael Baxandall, *Giotto and the Orators: Humanist Observers of Painting in Italy, and the Discovery of Pictorial Composition, 1350-1450*, p. 106.

[2] Creighton Gilbert, *Italian Art,1400-1500: Sources and Documents*, p. 121.

[3] Michael Baxandall, *Giotto and the Orators: Humanist Observers of Painting in Italy, and the Discovery of Pictorial Composition, 1350-1450*, pp. 113-115.

古典风格"。[1]1480 年左右发现的罗马皇帝尼禄的黄金宫的"怪诞装饰"是促进这种风格形成和发展的重要因素之一。黄金宫的"怪诞装饰"吸引了意大利各地的艺术家前来研究和临摹,几乎成了一切宗教和世俗艺术不可或缺的重要元素。赞助人也深受这股热潮的影响。1502 年,枢机主教弗朗切斯科·皮科罗米尼,即后来的教宗庇护三世委托平图里乔装饰锡耶纳的皮科罗米尼图书馆,他在委托制作合同中明确规定"用如今所说的'怪诞'设计"来装饰。[2]

近年来,学界有关艺术赞助的研究日益强调赞助人的趣味对艺术风格的影响,比如古代风格就主要在受人文主义影响的宫廷和贵族圈子发展,如帕多瓦、曼托瓦、费拉拉的宫廷和佛罗伦萨美第奇家族的圈子。社会精英对古代文化的趣味无疑激励了艺术家对古代遗迹的兴趣,在前考古学和博物馆时代,这些圈子的古物收藏也是艺术家研究和临摹古代艺术的重要途径。另外,哥特式趣味和风格在文艺复兴时期的复兴则与意大利宫廷和城市商业精英对尼德兰和德国艺术制品的崇尚密切相关。当然,趣味是文化建构的。哥特式趣味与骑士理想、宫廷传统,与权力、地位、财富展示密切相关,古代风格则往往与历史的和政治的联想交织在一起。比如在 15 世纪中期学者安杰罗·德塞布里奥的《论优雅文学》(De politica litteraria)中,费拉拉公爵莱奥内罗·德·埃斯特形容他观赏罗马皇帝的头像就像阅读古代著作一样快乐。[3]不同的趣味服务于不同的政治、社会、宗教需求。因此,我们常常看到在同一个群体,甚至在同一个人身上多种趣味并存的现象。15 世纪早期,佛罗伦萨富商帕拉·斯特罗奇既是古代手稿的收藏家和人文主义新文化的支持者,也是国际哥特式风格艺术家真蒂莱·达·法

---

[1] Hellmut Wohl, *The Aesthetics of Italian Renaissance Art: A Reconsideration of Style*, New York: Cambridge University Press, 1999, p. 115.

[2] Hellmut Wohl, *The Aesthetics of Italian Renaissance Art: A Reconsideration of Style*, p. 137.

[3] Michael Baxandall, "A Dialogue on Art from the Court of Leonello d' Este: Angelo Decembrio's *De Politica Litteriaria pars* LXVIII", in *Journal of the Warburg and Courtauld Institutes*, Vol. 26 (1963), p. 324.

布里亚诺的赞助人；老科西莫·德·美第奇既支持多纳泰罗激进的古代风格，也赞助弗拉·菲利波·利皮和贝诺佐·戈佐利的国际哥特式风格绘画。[1] 在 15 世纪的曼托瓦、费拉拉和乌尔比诺等宫廷，骑士理想与人文主义新学术的交织是宫廷文化的一大特色。在这里，勃艮第挂毯与哥特式风格的壁画，与古代历史和神话题材的艺术品并行发展。[2]

人文主义的影响以及风格的实际和象征意义促使赞助人日益关注艺术家的个人风格。一个重要的证据是，1490 年左右，米兰公爵打算找一些画家装饰帕维亚的切尔托萨修道院，佛罗伦萨的代理在寄给公爵的一份报告中描绘了当时在佛罗伦萨的四位画家——波提切利、菲利皮诺·利皮、佩鲁吉诺和吉兰达约的风格供他参考：波提切利的画有一种"雄健之气"，用了最好的方法并完全符合比例；菲利皮诺的画比波提切利"更柔美"，但技艺逊一筹；佩鲁吉诺的有"圣洁之气"且非常柔美；吉兰达约有"清新之气"且他一双快手，手头有许多工作。[3] 这四位画家成名的原因和过程也显示了赞助人趣味的影响。吉兰达约在 15 世纪 70 年代的成名就得益于佛罗伦萨维斯普齐家族的赞助，这个家族青睐吉兰达约的主要原因是他的作品直接借用和模仿了当时商业精英崇尚的尼德兰和德国艺术。[4]

许多文艺复兴时期的赞助人对艺术怀有真正的热情和兴趣，美第奇家族三代统治者即是如此。同时，他们的艺术赞助也表现出不同的趣味和偏好。按照维斯帕西亚诺·达·比斯蒂奇的记载，老科西莫在绘画和雕塑

---

[1] 按照戴尔·肯特的说法，由于多纳泰罗激进的个人风格，老科西莫几乎是他在佛罗伦萨唯一固定的私人赞助人。（Dale Kent, *Cosimo de' Medici and the Florentine Renaissance*, p. 344.）
[2] 在 15 世纪晚期的乌尔比诺，费德里科·达·蒙特菲尔特罗花巨资（约一万杜卡特）大量购买北欧挂毯，其中包括一套著名的《围困特洛伊》。同时，他也大力赞助人文主义学术和皮埃罗·德拉·弗朗切斯卡这样的前卫画家，比如他请皮埃罗为他和他的妻子绘制的著名肖像画。关于费德里科对人文主义学术和视觉艺术的赞助，可参见 Cecil H. Clough, "Federigo da Montefeltro's Patronage of the Arts: 1468-1482", in *Journal of the Warburg and Courtauld Institutes*, Vol. 36 (1973), pp. 129-144.
[3] Michelle Malley, *Painting under Pressure: Fame, Reputation and Demand in Renaissance Florence*, p. 13.
[4] Michelle Malley, *Painting under Pressure: Fame, Reputation and Demand in Renaissance Florence*, pp. 36-37.

方面颇有造诣,支持和提携一切有才华的艺术家。他在建筑方面尤其精通,他建造的许多建筑都体现了他的建议和判断,不只如此,"好几个想要建造的人都来征求他的意见"。[1] 科西莫之子皮埃罗则喜欢华丽悦目的艺术制品,如制作精美的手抄书及国际哥特式风格的挂毯、绘画和雕塑。他委托米凯罗佐制作的圣母领报教堂的华丽的大理石神龛以及贝诺佐·戈佐利绘制的美第奇宫礼拜堂的壁画《三王来拜》就反映了这一点。他也特别喜爱工艺精美的宝石雕刻。据菲拉雷特记载,皮埃罗有很多价值连城的珠宝,"他特别喜欢观赏和讨论它们的精妙和卓越之处",他也喜欢观赏他拥有的许多用金、银和其他贵重材料制作的瓶子,赞扬它们崇高的价值和雕刻技艺,"在获取珍稀物品方面,他根本不在乎价格……"[2] 皮埃罗之子洛伦佐则可以说是他那个时代最有鉴赏家造诣的赞助人。布克哈特认为:"在所有那些努力于保护和奖励精神事业的伟大人物中,肯定地说,很少有人能像他这样有多方面的兴趣,大概也没有一个人能像他一样是出于内心深处的要求。"[3] 洛伦佐形容自己有一种对"美的渴望"。[4] 他喜欢华丽的北欧挂毯,也推崇意大利的古代风格;他热衷收藏古物,如手稿、钱币和宝石雕刻,也重视托斯卡纳本土艺术传统和艺术家。他力图将菲利波·利皮修士的遗骸运回佛罗伦萨,但因遭到斯波莱托人的反对而落空。为表达对大师的崇敬之情,他出资100杜卡特让菲利波之子菲利皮诺为其修建了大理石墓。[5] 洛伦佐还大力提携和帮助有天赋的青年才俊,鼓励他们对艺术的研究。如他将摆放古代雕塑收藏的圣马可花园对佛罗伦萨的青年艺术家开放,使之成了一所艺术家的学校。[6] 洛伦佐还有意识地保护和复兴一些即

---

[1] E. H. Gombrich, *Norm and Form*, pp. 41-42.
[2] E. H. Gombrich, *Norm and Form*, p. 51.
[3] 雅各布·布克哈特著、何新译:《意大利文艺复兴时期的文化》,商务印书馆1991年版,第217页。
[4] F. W. Kent, *Lorenzo de' Medici and the Art of Magnificence*, p. 43.
[5] 瓦萨里:《意大利艺苑名人传·辉煌的复兴》,第306页。
[6] 瓦萨里:《意大利艺苑名人传·巨人的时代》(下),第258—259页。

将失传的艺术，如镶嵌画。据瓦萨里记载："作为一名睿智之士，一位致力探求古代艺术品的人，他曾努力恢复这项长久以来被世人忽视的艺术的光彩。"[1] 洛伦佐尤其喜欢建筑，他在这方面的造诣远远超出了业余爱好者的水平。他拥有并阅读了古代建筑师维特鲁威以及当时建筑师阿尔贝蒂和菲拉雷特的建筑论著。1484 年，他不愿意把阿尔贝蒂的《建筑十书》长期借给费拉拉公爵，因为"他非常珍爱这本书并常常阅读"。[2] 他多方收集著名建筑师的模型和设计图。1481 年，他向乌尔比诺公爵索要巴乔·彭特里设计修建的公爵宫的设计图；他还极力搜求阿尔贝蒂为曼托瓦的圣塞巴斯蒂亚诺教堂设计的模型。[3] 洛伦佐最青睐的建筑师朱利亚诺·达·圣加罗建成的有些建筑事实上是洛伦佐设计的，如朱利亚诺为那不勒斯的菲迪南一世建造的特里布纳里宫。在朱利亚诺的素描集中，有一幅设计图附有如下说明文字："这是洛伦佐·德·美第奇为那不勒斯国王菲迪南的一座宫邸的模型做的设计图，我，朱利亚诺·达·圣加罗制作了这个模型，并带着它前往那不勒斯。这是在 1488 年。"[4]

这种审美态度也扩展至包括教堂祭坛画在内的"神圣图像"。1520 年，费拉拉公爵阿尔方索·德·埃斯特的一个代理从威尼斯写信给公爵，谈到他在提香的工作室看到的一幅精美绝伦的《圣塞巴斯蒂安》。这是提香为布雷斯卡亚的一座教堂的高祭坛绘制的一幅多联画的其中一联。他说他劝提香将这幅画转卖给公爵而不是将其送到教堂，因为"如果把那幅画送到布雷斯卡亚，交给教士们，他们会把它扔掉"。公爵提出愿以 60 杜卡特买这幅《圣塞巴斯蒂安》（这件多联画总共只有 200 杜卡特），但最终被

---

[1] 瓦萨里:《意大利艺苑名人传·辉煌的复兴》，第 255 页。
[2] F. W. Kent, *Lorenzo de' Medici and the Art of Magnificence*, p. 37.
[3] Mary Hollingsworth, *Patronage in Renaissance Italy: From 1400 to the Early Sixteenth Century*, pp. 71-72.
[4] Beverly Louise Brown, "An Enthusiastic Amateur: Lorenzo de Medici as Architect", in *Renaissance Quarterly*, Vol. No. 1 (1993), p. 6.

提香以诚信为由拒绝了。[1]不过这件事清楚地表明，在公爵眼中，这幅祭坛画的审美价值已超出其仪式功能，是"艺术"而非"神圣图像"。在费拉拉公爵身上我们看到了文艺复兴时期的人们对艺术品态度的重大变化。

14世纪开始，自然主义最初主要是服务于图像的宗教功能，艺术家在透视法、人体、比例、构图、色彩等方面的探索和创新也主要是在宗教艺术领域。但随着时间的推移，探索和展示技艺本身成了艺术制作的目标，这种对技艺与艺术家名望的尊重和认可最终促进了现代艺术和艺术家观念的诞生。艺术的独立或"审美化"遭到一些虔诚的宗教人士的批评。萨沃纳罗拉就指出："如今，人们用太多技巧和装饰来制作教堂中的人像，以致……上帝被抛诸脑后，人们只关注人像的技巧。"[2]萨沃纳罗拉身上体现的"艺术"与"教会"的冲突到16世纪中期的反宗教改革时变得尖锐起来。1563年的两个事件戏剧性展示了这一冲突：佛罗伦萨设计学院的建立与特伦特宗教会议对"神圣图像"的性质和功能的规定。前者体现了艺术家追求独立的最高成就，后者则显示了教会将艺术重新拉回到传统的功能性范畴的努力。不过，在反宗教改革之前，即从14世纪到16世纪早期，艺术家对艺术的探索以及艺术家的独立在赞助人和社会文化精英那里得到普遍认可，甚至是鼓励。艺术赞助实践，包括赞助人对艺术家的选择、赞助人衡量艺术品和艺术家价值的标准、赞助人和艺术家围绕艺术品的交流与"谈判"就反映了这一点。

---

[1] E. H. Gombrich, *The Uses of Images: Studies in the Social Function of Art and Visual Communication*, pp. 75-77.
[2] Marcia B. Hall, *The Sacred Image in the Age of Art: Titian, Tintorentto, Barocci, El Greco, and Caravaggio*, New Haven and London: Yale University Press, 2011, p. 43.

第四章

赞助人、艺术家和观众的合作与谈判

在上一章，我们考察了文艺复兴时期赞助人购买艺术品的意图及其对艺术家的影响。那么赞助人和艺术家在艺术制作中分别扮演了怎样的角色？换句话说，艺术品的"创作者"是艺术家还是赞助人？在这个问题上，西方学界存在两种传统认识。一是伟大统治者与"黄金时代"的观念，即把艺术成就归于统治者对艺术家的提携和慷慨赞助。肇始于文艺复兴时期的"美第奇神话"就将文艺复兴时期佛罗伦萨的艺术成就归功于美第奇家族的赞助。[1] 瓦萨里是这一神话的最著名倡导者，他在旧宫的壁画《科西莫·德·美第奇公爵一世与艺术家》则是这一观念的经典视觉再现（图22）。

另一种观念与之相反，它将艺术品视为个体艺术家自由和创造性的表达，而将艺术赞助，尤其是君主和宫廷的艺术赞助视为次要因素，甚至是阻碍和制约艺术家自由和创造性的消极因素。这一观念同样始于文艺复兴时期，到浪漫主义时代达到顶峰。那时，传统的赞助体制瓦解，自由艺术市场兴起，艺术家的"自由"获得了类似意识形态的地位。无知的赞助人与追求自由和创造性的艺术家的对立逐渐成了一个常见的主题。

现代有关赞助人和艺术家关系的研究也陷入了两极。贡布里希以来对艺术赞助人的研究揭示了赞助人在艺术制作中的重要作用。正如巴克森德尔指出的，文艺复兴时期的绘画"太重要而不能完全交给画家"。[2] 艺术品不仅涉及大笔金钱投入，更与国家、团体、家族及个人的宗教、政治和社会渴望休戚相关。保存下来的订制合同以及赞助人与艺术家的来往信件等文献表明，除了材料、费用、尺寸、交货日期等事务性问题，赞助人也关心主题和内容，甚至是风格、色彩等"纯艺术"问题。1542年，帕尔马的

---

[1] 将艺术与"黄金时代"关联源于古罗马时代，在文艺复兴时期由人文主义者和艺术家复兴和传播。关于"黄金时代"的观念及其意义和影响，参见 E. H. Gombrich, "Renaissance and Golden Age", in *Norm and Form*, pp. 29-34.

[2] Michael Baxandall, *Painting and Experience in Fifteenth Century Italy*, p. 3.

图22 《科西莫·德·美第奇公爵一世与艺术家》

一个兄弟会委托朱利奥·罗马诺绘制一幅《圣母加冕》，他们批评朱利奥的色彩不自然，使许多人像难以辨认。[1] 不过，不同时期和不同赞助人对艺术制作的介入程度存在很大差异。有学者指出，很多时候赞助人只是给出主题或题目，艺术家的作者身份毋容置疑。1390 至 1391 年，普拉托富商弗朗切斯科·达蒂尼在订制一幅宗教画时就让艺术家来决定主题和内容。[2]

一般来说，艺术家在制作常见和流行的宗教图像时往往有很大自主权，如圣母子像以及表现基督、圣母和主要圣徒生平的绘画。艺术家可以借助图谱和范本书中的图像储备，也可以临摹既有作品。另外，他们还可以通过阅读《圣经》和《金色传奇》(Golden Legend)之类的流行宗教书籍以及大众布道、街头宗教剧等日常经验补充对宗教艺术的图像和知识储备。1498 年，托斯卡纳雕塑家贝内代托·达·马伊亚诺的作坊财产清单显示他有很多流行的宗教书籍，包括一本俗语《圣经》和"一本圣徒故事，很大，很漂亮，羊皮封面，用方言写成"。大约同一时期的达·芬奇拥有的书与此类似：一本俗语《圣经》、一本布道小册子、奥古斯丁的《上帝之城》、一本关于基督受难的书和几本圣徒传。[3] 不过，在遇到复杂或不常见的宗教图像以及古代历史、诗歌和神话题材的作品时，赞助人或其博学的艺术顾问的介入往往非常重要。1424 年，雕塑家洛伦佐·吉贝尔蒂铸造佛罗伦萨洗礼堂的"天堂之门"，人文学者莱奥纳尔多·布鲁尼为其设计了图像方案。[4] 私人宫邸的世俗装饰画也常常需要艺术家、赞助人和

---

[1] Thomas McGrath, "Color and the Exchange of Ideas between Patron and Artist in Renaissance Italy", in *Art Bulletin*, Vol. 82, No. 2 (2000), p. 298.

[2] Creighton E. Gilbert, "What did the Renaissance Patron Buy?", in *Renaissance Quarterly*, Vol. 51, No. 2 (1998), pp. 401-402.

[3] Martin Kemp, *Behind the Picture: Art and Evidence in the Italian Renaissance*, New Haven: Yale University Press, 1997, p. 186.

[4] 根据吉贝尔蒂在其《回忆录》中的记载，赞助人让他自己决定这座青铜门的设计，而从完成的青铜门来看，布鲁尼的设计方案也确实未被采纳。关于在这件青铜门的设计中布鲁尼、赞助人和吉贝尔蒂分别扮演的角色，可参见 Creighton E. Gilbert, "What did the Renaissance Patron Buy?", in *Renaissance Quarterly*, Vol. 51, No. 2 (1998), pp. 395-397.

艺术顾问的合作，特别是这一时期流行的以古代历史和神话人物或故事为主题的装饰画。因为这些受到人文主义文化影响的装饰画超出了艺术家的知识范畴。

人文主义文化本质上是一种精英文化。虽然文艺复兴时期的个别艺术家通过自学获得了一定程度的知识教育，如吉贝尔蒂、菲拉雷特、达·芬奇和米开朗基罗，但总的来说，他们对古代历史和神话的了解是有限的。因此，在制作古代风格的艺术品时，人文主义者的介入往往非常必要。14世纪帕多瓦的雷吉亚宫"名人厅"的人文主义图像就受到彼特拉克的指导。15世纪晚期伊莎贝拉·德·埃斯特"书房"的古代神话题材的装饰画是人文学者帕里德·达·切雷萨拉设计的。乔瓦尼·贝利尼1514年为费拉拉公爵阿尔方索·德·埃斯特绘制的名画《诸神的宴会》是人文学者马里奥·阿奎科拉设计的。[1] 到16世纪，随着社会精英对视觉艺术兴趣的进一步增长和对复杂的寓意图像的偏好，艺术顾问制作方案的情况也日益普遍。著名的例子是，16世纪晚期诗人安尼巴莱·卡罗为画家塔德奥·祖卡罗所绘的法尔内塞宫一个房间制定了详细的书面方案；[2] 瓦萨里在1555至1562年为"旧宫"绘制的表现佛罗伦萨城历史和美第奇家族统治的系列壁画也得到科西莫公爵一世及其宫廷史学家温琴佐·波尔吉尼等人的帮助。[3]

不过，并非所有的古代风格图像都是艺术家遵照人文主义者顾问的详细方案制作的。有学者指出，很多时候人文学者可能只是向艺术家提供合适的题目或主题。[4] 曼泰尼亚为曼托瓦的贡扎加家族绘制的九幅著名的

---

[1] Anthony Colantuono, "Dies Alcyonia: The Invention of Bellini's *Feast of the Gods*", in *The Art Bulletin*, Vol. 73, No. 2 (1991), p. 237.

[2] 瓦萨里:《意大利艺苑名人传·巨人的时代》(下)，第243—251页。

[3] Rick Scorza, "Vasari's Painting of the *Terzo Cerchio* in the Palazzo Vecchio", in *Vasari's Florence: Artists and Literati at the Medicean Court*, ed. Philip Jacks, p. 182.

[4] Charles Hope, "Artists, Patrons, and Advisers in the Italian Renaissance", in *Patronage in the Renaissance*, ed. by G. F. Lytle and S. Orgel, p. 338.

帆布画《恺撒的凯旋》，既反映了贡扎加家族的王朝利益（"恺撒"的主题暗示贡扎加家族与神圣罗马皇帝的关系或与古罗马帝国的渊源），也体现了这位具有古物学家气质的艺术家对古典风格的追求。[1] 那些曾为伊莎贝拉·德·埃斯特工作的艺术家的经历也反映了艺术家"自主权"问题的复杂性。伊莎贝拉在委托佩鲁吉诺制作《爱与贞洁之战》（Battle of Love and Chastity）时提供了详细的书面方案要求艺术家严格遵照执行。但她在与乔瓦尼·贝利尼和达·芬奇打交道时，则允许他们自己决定"创意"或主题。[2] 艺术家的名气在这里起了重要作用。

因此，将文艺复兴时期的艺术品看作赞助人与艺术家合作的结果更为公允。为了制作一件令人满意的艺术品，艺术家在追求"艺术"时会考虑赞助人的趣味和意图，而赞助人力图通过购买艺术品获得"荣誉和光彩"（包含艺术家的技艺和名望）。赞助人对艺术家的选择以及艺术订制实践清楚地反映了这一点。

第一节　文化赞助与庇护制

文艺复兴时期，赞助人选择艺术家的方式和途径显示了他们对艺术家的认识和态度。这个问题涉及两个重要概念，即 mecenatismo 和 clientelismo。前者指主要文化艺术赞助；后者是文艺复兴时期意大利一种非正

---

[1] Stephen Campbell, "Mantegna's Triumph: The Cultural Politics of Imitation 'all'antica' at the Court of Mantua", in *Artists at Court: Image-Making and Identity 1300-1550*, eds., by Stephen Campbell, Boston: Isabella Stewart Gardner Museum, 2005, pp. 94-95.

[2] 伊莎贝拉在1505年给贝利尼的信中写道："我们请求您同意画一幅画，如果您不想要我们给出创意，我们让您来决定"；1501年，当伊莎贝拉试图请达·芬奇为她工作，她写信给当时在佛罗伦萨的皮埃罗·达·诺韦拉拉修士，让他转告达·芬奇，如果他愿意为她的书房画一幅画，"创意和时间由他来决定"。（Francis Ames-Lewis, *Isabella and Leonardo: The Artistic Relationship Between Isabella d'Este and Leonardo da Vinci, 1500-1506*, New Haven: Yale University Press, 2012, pp. 33, 35.）

式的社会和政治体制,指赞助人与顾客之间长期稳定的私人关系。其中,赞助人掌握权力或资源为顾客提供帮助、仲裁和机会,而顾客则以服务和忠诚作为回报。[1] 一些学者强调了文艺复兴时期艺术赞助与社会或政治赞助的差异,认为赞助人与艺术家的关系主要是一种基于合同和契约的法律关系,是暂时的而非长期的,并且赞助人对艺术家的态度包含或体现了现代的艺术观念。贡布里希在其对美第奇家族艺术赞助的经典研究中就指出,"一种有意识的'艺术'赞助的出现……若没有'艺术'的观念是不可能的"[2]。加里·伊安兹提也认为文艺复兴时期的意大利人对艺术赞助与社会赞助有明确区分,而英语里的"赞助"(patronage)一词的含混性造成了两者的混淆。[3] 不过,近年来有关文艺复兴时期艺术赞助的研究日益凸显这一区分的片面性。为美第奇家族工作的许多艺术家都与该家族有长期的私人关系,如老科西莫的"右手"米凯罗佐负责修建了老科西莫赞助的大部分古典主义风格的建筑;多纳泰罗与老科西莫有超出工作关系的"友谊",科西莫不仅是"激进的"多纳泰罗唯一和长期的私人赞助人,还多次将多纳泰罗推荐给其他赞助人。[4] 雕塑家贝托尔多·迪·乔瓦尼更像是洛伦佐·德·美第奇的亲信和贴身随从。1492 年美第奇宫的财产清单显示,这里有一个贝托尔多住的房间,布鲁内莱斯基的两幅展示透视法的著名素描可能就放在这里。[5] 菲利波·利皮和贝诺佐·戈佐利都曾为三代美第奇家族成员工作。戈佐利是安杰利科修士的弟子,曾协助安杰利科绘制圣马可修道院的祭坛画和壁画。正是通过这一关系,他后来为美

---

[1] F. W. Kent, Patricia Simons, eds., *Patronage, Art, and Society in Renaissance Italy*, p. 2.
[2] E. H. Gombrich, *Norm and Form*, p. 36.
[3] Gary Ianziti, "Patronage and the Production of History: The Case of Quattrocento Milan", in F. W. Kent and Patricia Simons, eds., *Patronage, Art, and Society in Renaissance Italy*, p. 300.
[4] Dale Kent, *Cosimo de' Medici and the Florentine Renaissance: The Patron's Oeuvre*, p.344.
[5] Martin Kemp, *Behind the Picture: Art and Evidence in the Italian Renaissance*, p.142.

第奇宫礼拜堂绘制了著名的壁画《三王来拜》。[1] 瓦萨里在 1550 年成为科西莫公爵一世的宫廷艺术家前已经为该家族其他成员工作过，他是伊波利托·德·美第奇和阿莱桑德罗·德·美第奇的监护人红衣主教塞尔维奥·帕萨里尼的一个远亲。因而当阿莱桑德罗公爵被刺杀后，瓦萨里觉得"建立在他恩宠之上的一切希望也随之化为泡影"。[2] 许多艺术家的成名也依赖这种社会和政治关系。波提切利 15 世纪 70 年代在佛罗伦萨的成名主要是通过为商业法庭绘制"美德"寓意画《刚毅》。这件订单的获得与权势人物托马索·索代里尼和洛伦佐·德·美第奇"直接的""高层的"的政治介入密切相关。[3]

对文艺复兴时期的艺术家来说，与显赫的赞助人的"友谊"不仅意味着名气、机会和成功，也是信誉和品质的保证。1490 年，当米兰公爵的代理向他汇报可供雇佣的佛罗伦萨艺术家时，他不仅描述了菲利皮诺·利皮、佩鲁吉诺、波提切利和吉兰达约的不同风格，更特别注明"上述画家，除菲利皮诺外，都曾在教宗塞克图斯四世的礼拜堂工作。他们后来也都在'伟大的'洛伦佐的斯佩达莱托别墅工作。他们的水平几乎不分轩轾"[4]。由于"友谊"的重要性，艺术家总是积极寻求某位显赫的赞助人的"友谊"。1438 年，画家多梅尼科·威尼齐亚诺得知皮埃罗·德·美第奇打算制作一幅祭坛画，他立刻写信给皮埃罗："听说这件事我很高兴，如果我能通过您的关系得到这幅画我会高兴万分。"[5] 1512 年，美第奇家族复辟后，雕塑家巴乔·班迪内利向枢机主教乔瓦尼·德·美第奇（即后来的教宗利奥十世）和朱利亚诺·德·美第奇兄弟献上一件出色的圣哲罗姆蜡像，由此得到他们的"友谊"和许多重要的艺术订单，后来更成为科西莫

---

[1] Dale Kent, *Cosimo de' Medici and the Florentine Renaissance: The Patron's Oeuvre*, p. 339.
[2] 瓦萨里：《意大利艺苑名人传·巨人的时代》（下），第 483 页。
[3] Michelle O' Malley, *Painting under Pressure: Fame, Reputation and Demand in Renaissance Florence*, pp. 28-30.
[4] Creighton Gilbert, *Italian Art, 1400-1500: Sources and Documents*, p. 139.
[5] Creighton Gilbert, *Italian Art, 1400-1500: Sources and Documents*, p. 5.

公爵最倚重的艺术家。[1]

除了"友谊",乡谊、邻里以及修会、兄弟会等团体纽带也是影响赞助人选择艺术家的重要因素。1445 年,圣墓镇慈悲圣母兄弟会委托皮埃罗·德拉·弗朗切斯卡为圣阿格斯蒂诺教堂制作一幅祭坛画,因为皮埃罗是当地人,而且他的两个兄弟是该兄弟会的成员。[2]1454 年,该教堂修士又委托皮埃罗制作另一幅祭坛画。此时赞助人选择皮埃罗不仅因为乡谊,而且因为当时皮埃罗已经是一个很有名气的艺术家。修会、托钵僧会和兄弟会等宗教或世俗团体是非常理想的赞助人,因为这些团体往往雇佣同一位艺术家或同一个艺术家族。一旦与这些团体建立联系,艺术家便可以获得其教堂或修道院的长期和稳定的订单。那些隶属某个修会的艺术家的职业生涯尤其表现了这一点,如圣多明我修会的修士安杰利科和加尔莫罗修会的修士菲利波·利皮的宗教画大都是同一修会委托订制,或位于同一修会的教堂。安杰利科为老科西莫赞助重建的圣马可修道院绘制了大部分壁画和祭坛画,因为他与该修道院修士同属圣多明我修会。

竞争是影响赞助人选择艺术家的另一因素。15 世纪早期,洛伦佐·吉贝尔蒂先后为佛罗伦萨两大行会制作青铜像,即 1406 年为布匹商行会制作的《施洗者圣约翰》和 1418 年为商人、银行家行会制作的《圣马太》。后者要求吉贝尔蒂要做得"至少与目前那件《施洗者圣约翰》一样大"。[3]1500 年前后,威尼斯小兄弟会的竞争促生了这一时期威尼斯最伟大的祭坛画:乔瓦尼·贝利尼在圣乔瓦尼教堂制作的《费雷尔的圣文森特多联画》《锡耶纳的圣凯瑟琳》和提香在圣保罗教堂制作的《殉道者彼

---

[1] 瓦萨里:《意大利艺苑名人传·巨人的时代》(上),第 521 页。
[2] Diane Cole Ahl, "The Misericordia Polyptych: Reflections on Spiritual and Visual Culture in Sansepolcro", in *The Cambridge Companion to Piero della Francesca*, ed. by Jeryldene Wood, Cambridge: Cambridge University Press, 2002, pp. 19-20.
[3] Martin Kemp, *Behind the Picture: Art and Evidence in the Italian Renaissance*, p. 42.

得之死》。[1]1523年，杰西的圣卢奇亚兄弟会聘请洛伦佐·洛托制作一幅祭坛画。洛托此前曾在这里为另一个兄弟会绘制过一幅祭坛画，合同要求洛托"要画得比先前的那件更好，更美丽"。[2]

赞助同一个艺术家有时也是政治忠诚的表达。美第奇家族的"朋友"常常赞助与该家族关系密切的艺术家，如15世纪晚期乔瓦尼·托纳波尼和弗朗切斯科·萨凯蒂对吉兰达约的赞助、普齐家族对波提切利的赞助，[3]以及朗弗雷迪尼家族对安托尼奥·波拉约罗的赞助等。[4]在15世纪的米兰，斯福尔扎家族将雇佣曾为维斯孔蒂家族工作的艺术家作为展示王朝连续性及其统治权力合法性的手段。1451年，弗朗切斯科·斯福尔扎迫使米兰大教堂的工程委员会将大教堂首席工匠——整个米兰最重要的艺术家职位——授予乔尔乔·德利·奥尔加尼，因为此人的父亲曾在维斯孔蒂家族时期担任此职。[5]

赞助人有时也通过比赛的方式选择艺术家，城市政府、行会、兄弟会等团体常常采取这种方式。在佛罗伦萨，最著名的是15世纪初佛罗伦萨洗礼堂第二座青铜门的比赛（吉贝尔蒂战胜布鲁内莱斯基）和争夺佛罗伦萨主教堂大穹顶的比赛（这一次布鲁内莱斯基击败吉贝尔蒂）。另外，1477年维罗基奥也与皮埃罗·波拉约罗争夺红衣主教佛尔特古埃里墓的工作（前者取胜）。1491年，佛罗伦萨大教堂的工程委员会还举行了一次佛

---

[1] Peter Humfrey, "Competitive Devotions: The Venetian Scuola Piccole as Donors of Altarpieces in the Years around 1500", in *The Art Bulletin*, Vol. 70, No. 3 (1988), pp. 405-407.

[2] Michelle O' Malley, *The Business of Art: Contracts and the Commissioning Process in Renaissance Italy*, p. 109.

[3] Michelle O' Malley, *Painting under Pressure: Fame, Reputation and Demand in Renaissance Florence*, p. 32.

[4] 朗弗雷迪尼家族之所以选择安东尼奥·波拉约罗为其在阿切特利的加里纳别墅绘制壁画，除了波拉约罗的名气和他与朗弗雷迪尼数年的私交外，也与赞助人通过赞助表达政治忠诚和社会地位有关。因为波拉约罗是一个"美第奇"艺术家，其名气主要是通过为美第奇家族工作确立的。（Alison Wright, "Dancing Nudes in the Lanfredini Villa at Arcetri", in *With and without the Medici: Studies in Tuscan Art and Patronage, 1434-1530*, ed. Eckart Marchand and Alison Wright, pp. 68-70.）

[5] Mary Hollingsworth, *Patronage in Renaissance Italy: From 1400 to the Early Sixteenth Century*, p. 169.

罗伦萨主教堂正立面的设计竞争。[1]有些赞助人通过代理选择艺术家，有些则会求助于了解艺术的"朋友"的推荐。1489年7月22日，卡拉布里亚公爵写信请洛伦佐·德·美第奇为他推荐一位艺术家，帮助达·芬奇制作米兰佣兵队长弗朗切斯科·斯福尔扎的骑马像。建筑师朱利亚诺·达·马伊亚诺在那不勒斯去世后，那不勒斯国王写信请求洛伦佐为他推荐一位接替者。[2]另外，报价和社会潜在观众的反应有时也会影响赞助人的选择。米兰公爵打算用壁画装饰一个礼拜堂，其代理人选用的是索价150杜卡特而不是200杜卡特的艺术团队。[3]老科西莫·德·美第奇修建卡雷吉别墅时选择了米凯罗佐的方案而放弃了当时更有名的建筑师菲利波·布鲁内莱斯基的方案，因为按照瓦萨里的说法，后者的设计"过于宏伟和华美"，易招致他人的嫉妒。[4]

艺术家的名气、技艺和风格当然也是赞助人的考虑因素。艺术家的名气不仅是品质的保障，也是赞助人提升名望和荣誉的象征资本。对艺术家之名的重视始于14世纪，彼特拉克是这方面的先驱，比如他珍视一件圣母像，因为它出自乔托之手。古代文化的复兴、城市爱国主义以及对艺术家的争夺等因素共同促进了对著名艺术家的追捧。1454年8月27日，一个叫切利尼的佛罗伦萨医生在家庭账簿中自豪地记录了一件他收到的珍贵礼物，即多纳泰罗的一件圣母子小浮雕板。这是多纳泰罗为感谢他的治疗作为礼物赠送的。在笔记中，切利尼列述了这位"杰出和出色的青铜、木雕和泥塑大师"在佛罗伦萨城各地的重要作品及其名气和声望。[5]1470年，佛罗伦萨富商和艺术赞助人乔瓦尼·鲁切拉伊也在其

---

[1] 很多艺术家都参加了这场比赛，甚至洛伦佐·德·美第奇都提交了一份设计方案，也正因为如此，这次比赛最后不了了之。
[2] Martin Warnke, *The Court Artist: On the Ancestry of the Modern Artist*, pp. 53-54.
[3] Creighton Gilbert, *Italian Art, 1400-1500: Sources and Documents*, pp. 124-125.
[4] 瓦萨里：《意大利艺苑名人传·辉煌的复兴》，第93、116页。
[5] Creighton Gilbert, *Italian Art, 1400-1500: Sources and Documents*, p. 117.

《日记》(Zibaldone)中记录了他拥有的许多"著名艺术家":"我们家中有许多雕塑、绘画和细木镶嵌,它们都出自最出色的大师之手,这些大师不仅在佛罗伦萨而且在整个意大利都久享盛名",如菲利波·利皮修士、朱利亚诺·达·马伊亚诺、安托尼奥·波拉约罗、安德雷亚·维罗基奥、维托里奥·迪·洛伦佐(洛伦佐·吉贝尔蒂之子)、安德雷亚·德尔·卡斯塔尼奥、保罗·乌切罗等。[1]

艺术家的名气成了值得炫耀的资本,城市爱国主义、家族荣耀和现代艺术收藏家的意识交织在了一起。富有家庭的财产清单也显示了对艺术家之名的注重。财产清单通常是在家族重要成员,特别是家长去世时委派专人制作,内容涉及不动产与室内装饰和陈设。在涉及艺术制品时,清单通常很少记录制作者,也往往只简要提及其主题或功能。15 世纪晚期,佛罗伦萨纳斯家族的清单就只简略提到几幅"圣母画"或"一幅圣母像"。[2] 1492 年美第奇家族的财产清单是一个例外,因其颇类似"藏品目录",记录了许多著名艺术家及其作品,如多纳泰罗的大理石圣母子浮雕、保罗·乌切罗的《圣罗马诺之战》、安托尼奥·波拉约罗的《赫拉克勒斯的业绩》以及多梅尼科·威尼齐亚诺、安杰利科和菲利波·利皮的宗教画等。该家族对乔托和齐马布埃的收藏同样显示了对艺术家名望的重视。根据佛罗伦萨附近的圣贝内代托修道院记载,该修道院原有一件齐马布埃的木板画,1490 年,洛伦佐之子皮埃罗听闻此事立即派人前来购买。[3] 也是在这一年,该家族请人制作了一件纪念乔托的大理石板放在佛罗伦萨主教堂,上面还有诗人安杰罗·波利齐亚诺撰写的铭文。[4] 雇佣著名艺术家成了提高赞助人名望和荣耀的手段。1482 年,多梅尼科·吉

---

[1] Creighton Gilbert, *Italian Art, 1400-1500: Sources and Documents*, pp. 110-112.
[2] Jill Burke, *Changing Patrons: Social Identity and the Visual Arts in Renaissance Florence*, p. 57.
[3] Creighton Gilbert, *Italian Art, 1400-1500: Sources and Documents*, pp. 136-137.
[4] Martin Kemp, *Behind the Picture: Art and Evidence in the Italian Renaissance*, pp. 152-153.

兰达约、佩鲁吉诺和波提切利完成罗马西斯廷礼拜堂的工作从罗马载誉而归，洛伦佐立即派他们与"美第奇画家"皮埃罗·波拉约罗一起制作市政厅"百合花厅"的壁画。多位艺术家合作完成同一项工程的现象在佛罗伦萨很少见，这是意大利北部的传统。洛伦佐此举旨在炫耀佛罗伦萨的艺术才俊，同时与西斯廷礼拜堂竞争。[1]

"名望崇拜"导致了对著名艺术家的巨大市场需求。1504年，佛罗伦萨最著名的画家之一菲利皮诺·利皮去世时的财产清单显示，他在城里经营着两个作坊，有至少三十二幅未完成的画，其中包括九幅大型祭坛画；另有三幅圆形画，五幅家用小木板画，十幅大小不一的木板画，两个神龛以及两件处理过的帆布等。画家佩鲁吉诺仅在1499年手头就有六幅大型祭坛画，另外还有壁画以及许多临时的小订件。[2]16世纪早期米兰"莱奥纳尔多风格"的盛行则显示了对达·芬奇的市场需求。当时占领米兰的法国官员被达·芬奇的风格吸引，渴望获得达·芬奇的原作或复制品。米兰当地的许多画家受托复制达·芬奇的作品，特别是壁画《最后的晚餐》和祭坛画《岩间圣母》。比如布拉曼提诺曾为法国财务大臣安托内·图尔平复制了一件《最后的晚餐》。[3]对艺术家之名的重视不仅影响了赞助人对艺术家的选择，也影响了艺术制作中赞助人和艺术家的谈判。

第二节　赞助人、观众与艺术家在艺术制作中的角色

文艺复兴时期，一件艺术品的产生不仅涉及艺术家，也与赞助人和观

---

[1] Michelle O' Malley, *Painting under Pressure: Fame, Reputation and Demand in Renaissance Italy*, p. 58.

[2] Michelle O' Malley, *Painting under Pressure: Fame, Reputation and Demand in Renaissance Italy*, pp. 87-88.

[3] Evelyn Welch, "Patrons, Artists, and Audiences in Renaissance Milan, 1300-1600", in *The Court Cities of Northern Italy: Milan, Parma, Piacenza, Mantua, Ferrara, Bologna, Urbino, Pesaro, and Rimini*, ed., by Charles M. Rosenberg, p. 51.

众密切相关。老科西莫·德·美第奇在修建美第奇宫时选择米凯罗佐而非布鲁内莱斯基的方案，除他本人与米凯罗佐的私人关系之外，也是因为布鲁内莱斯基的方案过于"奢华"，可能会遭到别人的妒忌和非议。潜在观众的重要性由此可见一斑。宗教艺术品，尤其是教堂和修道院这样的宗教空间的艺术品的制作，观众的重要性尤其突出。

赞助人对地位、名望和个人趣味的追求往往要与修士对艺术品仪式功能和教堂空间统一性的要求协调。文艺复兴时期，宗教空间的艺术始终存在"艺术"与"教会"，或功能与美的矛盾。这一矛盾到15世纪晚期和16世纪最终引发激烈冲突，并在反宗教时期达到顶峰。不过，在此前很长时间内，对赞助人、艺术家和观众而言，宗教艺术的功能和美并非截然对立的，而是相辅相成的，因为"美"本身就有宗教和社会文化价值。

艺术订制合同

保存下来的文艺复兴时期的艺术订制合同是我们了解艺术品订制过程的重要依据，也是揭示赞助人和艺术家的意图以及他们在艺术制作中的"份额"的重要文献。[1] 订制合同是具有法律效力的文献。它们通常是赞助人和艺术家就某项艺术工程进行了一系列口头讨论和协商后的结果和体现。订制合同通常由书记员拟定，由当事人抄写和保存。委托制作合同并不是赞助人交给艺术家的制作指导，而是对双方的权利和义务都有规范。

---

[1] 自20世纪60年代以来，文艺复兴时期的艺术品订制合同日益受到艺术史家们的重视，这些合同是揭示赞助人对艺术制作的介入或"控制"以及赞助人与艺术家的关系的重要依据。主要参见 Hannalore Glasser, *Artists' Contracts of the Early Renaissance*, PhD thesis, Columbia University, 1965; David S. Chambers eds., *Patrons and Painters in Renaissance Italy*, London: Macmillan, 1971; Creighton E. Gilbert, *Italian Art, 1400-1500: Sources and Documents*, Evanston: The Northwestern University Press, 1980; idem. "What did the Renaissance Patron buy?", in *Renaissance Quarterly*, Vol. 51, No. 2 (1998), pp. 392-450; Anabel Thomas, *The Painters Practice in Renaissance Tuscany*, Cambridge: Cambridge University Press, 1995; Michelle O'Malley, *The Business of Art: Contracts and the Commissioning Process in Renaissance Italy*, New Haven: Yale University Press, 2005.

第四章　赞助人、艺术家和观众的合作与谈判　　／　　183

艺术订制合同的内容大都涉及与"艺术"无关的事务问题，它们与普通商品的订制合同并无本质区别。合同内容通常包括材料、时间（制作时间和交货日期）、薪酬（酬金构成和付酬方式）、价格和使用场所等。合同往往也包含作品主题或题材，但很少详细规定图像或风景细节，也不太关注作品最终的"视觉再现"（visual representation）问题。1445年，圣墓镇慈悲圣母兄弟会与皮埃罗·德拉·弗朗切斯卡签订的一份祭坛画订制合同可被视为这一时期艺术订制合同的典型：

> （皮埃罗）要在圣墓镇慈悲圣母兄弟会的小教堂制作一幅祭坛画，就像现在的那幅。画周围的装饰框架和木料及其安放全部由他自己提供和负责。他要画该院长和顾问或其继任者以及上面提到的其他选出来的相关人士让他画的那些图像和人物，要用优质的金粉镀金和上好的颜料，尤其是佛青。皮埃罗需要自己出钱修复该画在未来十年内由于木料质量或皮埃罗本人的问题而可能出现的所有不完善之处。他们为与皮埃罗确定的所有这些按照1弗罗林1里拉和5苏尔迪的标准支付150弗罗林。其中，他们允诺按照他的请求现在支付50弗罗林，祭坛画完成后支付余款。皮埃罗允诺按照如今在那里的那块木板（祭坛画）的高度、宽度、样式和形状来制作、绘画、装饰和安放该祭坛画，并在三年内按照上面规定的条款、颜料和优质黄金，完成并交货和安装。除了画家本人，任何其他画笔都不得染指该画。[1]

这份合同的内容主要包括五个方面：材料、图像或主题、酬金或价格、制作时间以及艺术家本人的"亲笔"制作。其中，前四点是大部分合同共有的，虽然在不同时期和不同艺术订制中相关条款的详细程度各不相同。最

---

[1] Michelle O'Malley, *The Business of Art: Contracts and the Commissioning Process in Renaissance Italy*, p. 5.

后一点,即对艺术家本人"画笔"的强调 15 世纪中期以后开始较多地出现,显示了赞助人对艺术家认识的重要变化。

材料

材料及其品质等级是赞助人关心的重要问题。因为许多艺术品涉及昂贵的材料,如绘画用的金粉和佛青以及雕塑用的大理石和青铜等。材料的品质不仅与艺术品的价格直接相关,而且关涉荣誉和尊严。因而合同常常规定要用昂贵和优质材料,比如祭坛画合同就常常规定要用金粉和佛青。文艺复兴时期意大利的祭坛装饰大致有三种,即大理石装饰、木板祭坛画和帆布画。其中大理石祭坛装饰是最昂贵的。制作于 1388 至 1392 年的博洛尼亚圣弗朗切斯科教堂大理石高祭坛装饰耗资高达 2150 博洛尼亚金币(它的品质和含量与佛罗伦萨的金弗罗林和威尼斯的金杜卡特大致相当),远远超过了木板祭坛画的价格。整个文艺复兴时期最昂贵的木板祭坛画——拉斐尔在罗马梵蒂冈宫的《基督显圣》也只有 1079 杜卡特。圣弗朗切斯科教堂属于圣方济各会,为了与该城的圣多明我会竞争(曾订制一件华丽的圣多明我大理石祭坛),他们在合同中不仅要求艺术家德尔·马塞内兄弟要用最好的卡拉拉大理石,而且要抛光和打磨,还要在一切必要之处镀金。[1]

与现代人主要关注绘画本身不同,文艺复兴时期,祭坛画的木制雕刻镀金板与绘画本身同等重要,其制作费用有时达到整个祭坛画花费的一半。木框架的雕刻和镀金通常交给专业的木匠和镀金匠。有些合同要求艺术家提供木框架,比如皮埃罗·德拉·弗朗切斯卡在上述合同中就是如此。15 世纪佛罗伦萨画家内里·迪·比奇写于 1453 至 1475 年的《作坊

---

[1] Helen Geddes, "Altarpieces and Contracts: The Marble High Altarpiece for S. Francesco, Bologna (1388-1392)", in *Zeitschrift für Kunstgeschichte*, 67, Bd, H. 2 (2004), p. 161.

日志》(其中记录了50多件祭坛画)也显示了很多这样的情况。1455年,他记录了一件为贝纳尔多·卡内斯基制作的祭坛画木框架:"我必须用木料制作这幅祭坛画,费用全部由我承担,木板必须4布拉恰(约2.4米)宽……它必须做成这样:三块尖形木板,尖端是一些叶饰和花饰,每两块木板之间是天盖,天盖下方是壁柱,两侧是没有人像的圆柱,底部是与祭坛画相应的附饰画。"[1] 赞助人支付的酬金也常常包含木板框架的费用。佩鲁吉诺在1497至1500年为佛罗伦萨附近的瓦罗姆布罗萨修道院制作祭坛画时,合同规定的薪酬总额为300弗罗林,随后的一份文献表明其中包含了180弗罗林的木框架费。[2] 由于木框架的人像和叙事性图画通常与主画板图像有关,因此整个祭坛画的设计与制作需要画家和木匠密切合作。16世纪的帆布祭坛画(特别是在威尼斯)画和框往往是单独制作的,最后安装时才结合在一起,但其整体设计也离不开画家和木匠的合作。除了木框架,祭坛画常用的金粉和佛青也价格不菲。[3] 佛青是仅次于黄金的昂贵颜料,它分为许多不同等级,价格也不同。赞助人通常会在合同中明确规定画家用佛青,甚至具体到何种等级的佛青。1408年,吉拉尔多·斯塔尔尼纳为恩波里的圣斯泰法诺教堂绘制圣母生平主题的湿壁画,合同规定圣母的衣服必须用2弗罗林1盎司的佛青,别处用1弗罗林1盎司的即可;1488年,多梅尼科·吉兰达约在制作佛罗伦萨孤儿院的祭坛画《三王来拜》时,合同规定"蓝色必须用4弗罗林1盎司的佛青"。[4] 事实上,直到16世纪晚期,材料对一些赞助人来说仍至关重要。16世纪80年代,教宗格里高利十三世打算装饰新圣彼得教堂的一座礼拜堂,他让驻威尼斯的大

---

[1] Anabel Thomas, *The Painter's Practice in Renaissance Tuscany*, p. 115.
[2] Michelle O'Malley, *Painting under Pressure: Fame, Reputation and Demand in Renaissance Italy*, p. 105.
[3] 佛青是价格仅次于金和银的昂贵颜料,它是用从利凡特(Levant,当时欧洲人对中东的称呼)进口的一种天青石矿研磨的粉末中提取的。将这种粉末浸泡在水中多次,第一次提取的蓝色是富丽的紫蓝色,价格也最昂贵,通常被用于绘制圣母、基督和圣徒等重要的宗教人物。
[4] Michael Baxandall, *Painting and Experience in Fifteenth-Century Italy*, pp. 6, 11.

使购买高品质的金箔。教廷大使阿尔贝托·博罗内蒂在给教皇的信中提到威尼斯画家雅科波·丁托雷托，因为他是当时威尼斯仍使用和出售金箔的最重要画家。[1]

题材和内容

赞助人通常也关注作品的主题和内容。15世纪晚期佛罗伦萨商人弗朗切斯科·萨凯蒂之所以未能在新圣玛利亚教堂获得一个家族礼拜堂，就是因为礼拜堂装饰壁画的图像问题。正如瓦尔堡指出的，弗朗切斯科打算以其同名圣徒圣方济各的生平作为壁画主题，却遭到教堂修士的强烈反对，因为该教堂属于圣多明我会。教堂修士通常保留了对教堂核心区域的控制权，如高祭坛及其装饰。高祭坛画中出现的圣徒通常与教堂所属修会有关，比如修会创建者或修会著名圣徒。赞助人的"在场"则通过翼联或附饰画中出现的个人或家族保护圣徒来体现。有时也有例外，15世纪早期，安杰利科在圣马可修道院为老科西莫制作的高祭坛画，美第奇家族的双圣——圣科西莫和圣达米安，与圣马可一起出现在高祭坛画中醒目的位置，显示了老科西莫在该修道院的影响力。

不过，合同有关主题或图像的条款大都非常简略，有些仅要求艺术家参照或模仿某件既有作品，许多合同中"依照前例"（modo e forma）的字样就反映了这一点。[2] 保存下来的这一时期的160多份祭坛画和壁画制作合同表明，有27%的合同简略提到题材，16%的提到口头协商题材，

---

[1] Benjamin Paul, "Bad Colours for the Pope: Tintoretto, Giovanni Grimani and the Decoration of the Cappella Grogoriana in New St. Peter's", in *Artistic Practices and Cultural Transfer in Early Modern Italy: Essays in Honour of Deborah Howard*, ed. Nebahat Avcioglu and Allison Sherman, Burlington: Ashgate, 2015, p. 29.

[2] Christa Gardner von Teuffel, "Clerics and Contracts: Fra Angelico, Neroccio, Ghirlandaio and Others: Legal Procedures and the Renaissance High Altarpiece in Central Italy", in *Zeitschrift für Kunstgeschichte*, 62, Bd, H. 2 (1999), p. 195.

另外 16% 的则根本没有提及。[1] 有些合同提到构思或素描。此类 "合同素描" 可能出自艺术家本人，也可能是赞助人请其他艺术家代为绘制的。1466 年，帕多瓦的拉扎拉家族委托皮埃特罗·卡尔泽塔在圣安托尼奥大教堂的家族礼拜堂绘制一幅祭坛画和一幅屋顶壁画的合同，就附有另一位画家尼科罗·皮佐罗绘制的设计图。撰写合同的书记员巴托罗梅奥·桑维托将该素描复制在合同背面。[2] 大理石雕塑的设计素描常常由画家绘制，前面提到的博洛尼亚圣弗朗切斯科教堂修士就要求德尔·马塞内兄弟按照一幅素描制作大理石高祭坛。祭坛完成后，他们还以其在许多细节上与素描不符为由要求降低酬金（比如素描中许多圣徒头部有光轮，但完成的作品中没有）。[3] 1457 年，菲利波·利皮在给乔瓦尼·德·美第奇的信中谈到那件送给那不勒斯国王阿尔方索五世的三联画时也提到一幅素描："为了让您随时了解，我送来一幅素描，以展示木板三联画的形状以及高度和宽度。"[4]

在涉及复杂、新颖或不常见的图像时，赞助人也会请人拟定详细的书面指导。1425 年，莱奥纳尔多·布鲁尼为吉贝尔蒂的 "天堂之门" 拟定了方案。[5] 1429 至 1430 年，佛罗伦萨天堂修道院委托朱利亚诺·迪·雅科波绘制一幅祭坛画时，对主题和构图做了非常详细的描述：

---

[1] Michael O' Malley, "Subjects Matters: Contracts, Designs, and the Exchange of Ideas between Painters and Clients in Renaissance Italy", in *Artistic Exchange and Culture Translation in the Italian Renaissance City*, ed., by Stephen J. Campbell and Stephen J. Milner, Cambridge: Cambridge University Press, 2004, note 5, p. 33.

[2] Michael, O'Malley, *The Business of Art: Contracts and the Commissioning Process in Renaissance Italy*, p. 201. 这份素描也是目前可确定的唯一一份 "合同素描"。正如奥马利指出的，对那些与某件艺术品有关的素描要谨慎对待，有些可能并不是 "合同素描"，而只是艺术家的习作或设计草图。

[3] Helen Geddes, "Altarpieces and Contracts: The Marble High Altar Piece for S. Francesco, Bologna (1388-92)", in *Zeitschrift für Kunstgeschichte*, 67, Bd, H. 2 (2004), pp. 158-160.

[4] Michael Baxandall, *Painting and Experience in Fifteenth-Century Italy*, p. 4.

[5] 布鲁尼为青铜门设计了表现 20 个出自《圣经·旧约》的故事的方案，其内容可参见 Creighton Gilbert, *Italian Art, 1400-1500: Sources and Documents*, pp. 163-165.

中央是怀抱圣子的圣母,一侧是圣布里吉特,拿着两本书。圣母脚下跪着许多修士和修女,圣布里吉特正向他们颁发会规。上帝在圣布里吉特上方显现,圣母四周围着许多天使,他们正与她交谈;另一边是圣米歇尔,他正在称量许多灵魂。在天堂一边的附饰画中,许多天使和有福的灵魂正欢乐地舞蹈。在地狱一边的附饰画中,被诅咒的灵魂正遭受各种各样的折磨。[1]

另一份保存下来的详细的"书面指导"是 1438 至 1439 年画家萨塞塔为圣母镇圣弗朗切斯科教堂制作的祭坛画。按照该"书面指导",祭坛画正面为圣母和搂着圣母脖子的圣婴,背面为宝座上的圣方济各。"书面指导"还对叙事性附饰画做了详细描绘:正面的四幅表现基督受难,背面的八幅表现圣方济各生平,其中有四幅包含圣母镇本地圣徒贝亚托·兰尼尔里。[2] 奥尔维耶托大教堂的赞助人也极关注教堂装饰画的图像。从 15 世纪中期到 16 世纪早期,他们先后委托修士安杰利科、佩鲁吉诺和卢卡·西尼奥雷利制作了圣布利齐奥大礼拜堂《末日审判》主题的壁画和屋顶画。该教堂的"装饰委员会"(赞助人选出的一个委员会)的会议记录和其他大量文献表明,赞助人对这些复杂图像的设计和制作进行了严密控制和指导。比如他们在 1489 年和 1499 年分别与佩鲁吉诺和西尼奥雷利签订的订制合同中都规定必须按照"装饰委员会"提供的指导来画"人物"和"故事"。[3]

不过,此类详细的书面指导并不常见。大部分合同表明,艺术品的题材和内容是赞助人和艺术家在艺术制作过程中不断口头交流、讨论和谈判

---

[1] Anabel Thomas, *The Painter's Practice in Renaissance Tuscany*, pp. 108-109.

[2] Anabel Thomas, *The Painter's Practice in Renaissance Tuscany*, pp. 105-106.

[3] Edwin Hall and Horst Uhr, "Patrons and Painter in Quest of an Iconographic Program: The Case of the Signorelli Frescoes in Orvieto", in *Zeitschrift für Kunstgeschichte*, 55, Bd, H. 1 (1992), p. 39.

的结果，双方以不同方式影响了艺术品的最终面貌。赞助人主要希望得到更多人像或不同的场景，艺术家则关注如何创作人像和安排画面等细节。从 15 世纪晚期到 16 世纪，艺术家日益注重用新的构图和设计表现同一个主题。

制作时间

按期交货是赞助人普遍关心的问题。许多合同都明确规定了制作时限、最后期限及逾期罚款的内容。如皮埃罗·德拉·弗朗切斯卡与圣母镇圣弗朗切斯科教堂修士签订的合同就规定了三年期限。为了让艺术家按期交货，赞助人常常要求艺术家不间断地工作以及不得接受其他订件等。1308 年，杜乔为锡耶纳主教堂绘制《庄严圣母》，合同要求他"尽可能利用一切时间不间断地工作，且不能接受任何其他工作"。[1]1415 年，多纳泰罗为佛罗伦萨主教堂制作的大理石雕像《圣约翰》未能按时完成，主教堂的工程委员会威胁要罚款 25 弗罗林，相当于作品总价的 15%。吉贝尔蒂在铸造佛罗伦萨洗礼堂第二座青铜门时，1407 年签订的合同要求他每天都要工作，任何耽搁都要记录在案，且期间不得接受其他订件。[2]15 世纪中期，帕多瓦圣安托尼奥大教堂（Arca del Santo）与多纳泰罗及其五个作坊助手签订的大理石高祭坛订制合同也规定，艺术家们"在完成这些之前不得制作任何其他订件，否则必须返还所有已收到的资金，并补偿一切损失"。多纳泰罗在帕多瓦的另一份订制合同也规定，多纳泰罗必须不间断地工作，并在八个月内完成，否则赞助人有权将订件移交他人，多纳泰罗必须缴纳 50 杜卡特罚金，外加其他损失的费用。[3]1488 年，多梅尼

---

[1] Bram Kempers, *Painting, Power and Patronage: The Rise of the Professional Artist in Renaissance Italy*, pp. 145-146.
[2] Mary Hollingsworth, *Patronage in Renaissance Italy: From 1400 to the Early Sixteenth Century*, p. 24.
[3] David G. Wilkins, "Donatello and His Patrons", in *Patronage and Italian Renaissance Sculpture*, ed., by Kath Wren Christian and David J. Drogin, Farnham Burlington: Ashgate, 2010, p. 120.

科·吉兰达约为佛罗伦萨孤儿院绘制《三王来拜》时，合同要求他在30个月内完成，否则罚款15弗罗林。[1]1501年，米开朗基罗为锡耶纳大教堂里的皮科罗米尼图书馆制作15件雕塑的合同规定，他不得再接手其他会耽搁这项工作的订件；拉斐尔也被要求在两年内完成一幅祭坛画，预期未完要缴纳一大笔罚金（40杜卡特，超过该作品价格的一半）。[2]

虽然如此，逾期未完成的情况仍很多。导致这种情况的因素有很多，比如艺术家手头订件太多或生病、旅行、病故以及个人性格和习惯等。多纳泰罗对赞助人来说就是一个很难用"最后期限"来约束的人。他的职业生涯充满了与锡耶纳、帕多瓦、佛罗伦萨、普拉托等不同城市的多个赞助人的冲突。1425年，锡耶纳主教堂要求多纳泰罗和吉贝尔蒂返还领到的资金，因为他们没能按时完成要求的工作。1428年，普拉托主教堂与多纳泰罗和米凯罗佐签订的制作一个大理石神龛的合同要求1429年9月1日完成，但这件作品直到1438年才完成。1446年，佛罗伦萨主教堂的工程委员会委托多纳泰罗铸造圣器室的青铜门，但这个工程甚至从未动工。[3]皮埃罗·德拉·弗朗切斯卡1445年签订的祭坛画合同规定三年为期，但他直到1462年甚至更晚才完成。期间，他因拖延一度被赞助人告上法庭。[4]达·芬奇更是出了名的拖延，因此屡屡与赞助人发生冲突。1483年4月25日，他受托在米兰的大圣弗朗切斯科教堂为童贞受孕兄弟会制作三联祭坛画《岩间圣母》，合同规定在同年11月8日交货，但实际上这件作品拖了20多年才完成，期间兄弟会屡次以提起诉讼相威胁。[5]在米兰圣玛利亚

---

[1] Michael Baxandall, *Painting and Experience in Fifteenth-Century Italy*, p. 6.

[2] 彼得·伯克：《意大利文艺复兴时期的文化与社会》，第112页。

[3] David G. Wilkins, "Donatello and his patrons", in *Patronage and Italian Renaissance Sculpture*, ed., by Kathleen W. Christian and David J. Drogin, pp. 119-120.

[4] Diane Cole Ahl, "The *Misericordia Polyptych*: Reflections on Spiritual and Visual Culture in Sansepolcro", in *The Cambridge Companion to Piero della Francesca*, ed., by Jeryldene Wood, p. 20.

[5] Cecil Gould, "The Newly Discovered Documents concerning Leonardo's Virgin of the Rocks and Their Bearing on the Problem of the Two Versions", in *Artibus et Historiae*, Vol. 2 (1981), pp. 73-76.

感恩修道院绘制壁画《最后的晚餐》时，他常常半天时间都在沉思。修道院院长觉得难以接受，不断催促他尽快完成，甚至请米兰公爵对他施加压力。达·芬奇写信向公爵解释说，有才华的人做得最少的时候实际上做得最多，因为他们在思考和完善构思。[1]

曼托瓦侯爵夫人伊莎贝拉·德·埃斯特在1504年给她的艺术顾问帕里达·切雷萨拉的信中，抱怨乔瓦尼·贝利尼和佩鲁吉诺的拖延："我们不知道还有什么比这些画家的拖延更让人头疼的。我们尚未完工的房间或是你不得不每天设计出的新方案都因为这些画家古怪的工作方式而没能像我们希望的那样尽快制作出来。"[2] 到15世纪晚期和16世纪，一种受新柏拉图主义影响的天才观赋予艺术家的拖延以崇高的理由。按照这种独特的天才理论，"拖延"成了艺术家创造性沉思的必要条件和天才的象征。雕塑家鲁斯蒂齐指出："那些整天忙碌的人，即那些为谋生而不是为荣誉工作的人只是些匠人。因为不长时间沉思就不可能创作出艺术品。"[3] 瓦萨里传记中许多有关"拖延症"艺术家的记载也隐含着这一观念。菲利波·利皮总是不能像手艺人那样持续、快速完成订件。有一次，科西莫·德·美第奇为了让他持续工作，把他关在工作室。[4] 而对米开朗基罗而言，合同有关最后期限的规定不过是一纸空文。他的大部分雕塑（约3/5）都未完成，有些（至少13件）甚至被彻底放弃，从未被放到预定地点或交给赞助人。[5]

---

[1] 瓦萨里：《意大利艺苑名人传·巨人的时代》（上），第6页。.
[2] Francis Ames-Lewis, *Isabella and Leonardo: The Artistic Relationship between Isabella d' Este and Leonardo da Vinci 1500-1506*, New Haven:Yale University Press, 2102, p. 30.
[3] Rudolf Wittkower, *Born under Saturn: The Character and Conduct of the Artists*, New York: The Norton Library, 1969, p. 60.
[4] Giorgio Vasari, *The Lives of the Painters, Sculptors and Architects*, Volume II, p. 3.
[5] William Wallace, "Reversing the Rules: Michelangelo and the Patronage of Sculpture", in *Patronage and Italian Renaissance Sculpture*, ed., by Kath Wren Christian and David J. Drogin, pp. 156-157.

价格和付酬标准

艺术品的价格或薪酬对赞助人和艺术家来说都是最重要的问题。艺术品的价格首先受到中世纪经院哲学和神学家有关"公正价格"理论的影响。"公正价格"主要由市场决定，如成本、市场需求和劳动量等，同时允许合理的利润。"公正价格"首先与商品的使用价值有关，但也许涉及许多主观性因素。15世纪著名多明我布道士圣贝尔纳迪诺认为一件商品的价值来自三个因素：固有属性或使用价值（virtuositas）、稀有或复杂的工艺（raritas）和令人愉悦或合心意性（complacibilitas）。另一位教会人士、15世纪早期佛罗伦萨大主教圣安托尼奥乌斯则补充了另一点——艺术家的专业能力。他认为，画家的薪酬"不仅取决于劳动量，更应与其在行业内的勤奋和专业能力成正比"。[1]

总的来说，艺术品的价格取决于两个因素，即艺术品本身和艺术家。前者包括材料、尺寸、工时、工艺及市场需求等可见因素；后者则涉及诸多"不可见"因素，如艺术家和赞助人的地位和名气、艺术家与赞助人的关系、赞助人的趣味和对艺术家的态度以及慷慨、壮美的价值观等。由于上述诸多"经济因素"和社会因素的复杂交织，文艺复兴时期艺术品的价格表现出很大的地区、时期甚至个体差异。就祭坛画来说，从14世纪至16世纪，一幅祭坛画的平均价格大约为100杜卡特或稍低，超过这个数额的很少。15世纪最昂贵的祭坛画价格为500杜卡特或稍多，即15世纪早期萨塞塔为圣母镇圣弗朗切斯科教堂制作的祭坛画（510杜卡特）以及佩鲁吉诺分别在15世纪晚期和16世纪初为佩鲁贾的圣皮埃特罗教堂和圣阿格斯迪诺教堂制作的祭坛画（均为500杜卡特）。16世纪最昂贵的祭坛画是拉斐尔在罗马梵蒂冈宫的《基督显圣》（1079杜卡特），其次是塞巴斯

---

[1] Michelle O'Malley, *Painting under Pressure: Fame, Reputation and Demand in Renaissance Italy*, pp. 96-97.

蒂亚诺·德尔·皮奥姆波的《拉扎鲁斯的复活》(850杜卡特)。[1]

艺术品的价格大都是谈判和讨价还价的结果。有时，价格是在订制合同签订前确定的，并在合同中明确列出。1498年，佩鲁吉诺为奥尔维耶托大教堂绘制壁画和拱顶画开价1500杜卡特，但合同最终确定的薪酬只有200杜卡特。有时，合同中会说明薪酬在作品完成后通过估价确定。有时，如果双方对事先确定的价格有异议，将通过协商或估价重新确立一个新价格。三种情况都很普遍。14世纪晚期，博洛尼亚圣弗切斯科教堂的大理石高祭坛，合同原规定总价为2150博洛尼亚金币，其中赞助人预先支付250博洛尼亚金币，工程进行的三年内再分数次支付剩余的1900博洛尼亚金币。但作品完成后赞助人很不满意，并就价格产生异议。最后双方请来两位"估价人"重新估价，最后确定的价格为2261博洛尼亚金币。[2]1466年，佛罗伦萨大教堂委托多梅尼科·迪·米凯利诺制作湿壁画《但丁》，合同规定艺术家的酬金为100里拉。作品完成后，负责估价的两位艺术家声称多梅尼科应得到更高报酬，因为多梅尼科画了比最初设计更多的内容，暗示他付出了更多劳动、思考和艰辛。最后赞助人额外付给艺术家55里拉。1497年，佛罗伦萨画家多尼诺·迪·多梅尼科和阿涅奥罗·迪·多梅尼科为皮斯托亚市政厅的客厅绘制湿壁画，估价人认为艺术家画了比合同规定的更多内容，而这些反映了城市政府的荣誉，因而艺术家又额外得到2弗罗林。[3]15世纪晚期，菲利皮诺·利皮在新圣玛利亚教堂为斯特罗奇家族礼拜堂绘制祭坛画，因高昂的材料费用中途停工。最后赞助人同意

---

[1] Michael, O'Malley, *The Business of Art: Contracts and the Commissioning Process in Renaissance Italy*, p. 133.

[2] Helen Geddes, "Altarpieces and Contracts: the Marble High Altarpiece for S. Francesco, Bologna (1388-1392)", in *Zeitschrift für Kunstgeschichte*, 67, Bd, H. 2 (2004), pp. 173-174.

[3] Michelle O'Malley, *The Business of Art: Contracts and the Commissioning Process in Renaissance Italy*, pp. 122-124.

增加 100 弗罗林，作品原价由此提高了 40%。[1]

围绕价格和薪酬的争端在整个文艺复兴时期屡见不鲜。这种冲突可能来自艺术家和赞助人对价格标准的不同认识，比如艺术家往往强调其专业技能和名气，而赞助人则看重劳动量。像费拉拉公爵波尔索·德·埃斯特那样按照壁画面积支付薪酬的赞助人并不少见。1470 年，画家弗朗切斯科·德尔·科萨为波尔索绘制无忧宫壁画，他对公爵的做法非常不满，请求公爵给他更高酬金："我是弗朗切斯科·德尔·科萨，我已经独立制作了前厅的三幅画。如果阁下您打算每平方英尺只给我 10 便士，因为我不得不一直靠手为生，即便我为此损失 40 到 50 杜卡特，我也会心满意足地接受。但因为有许多其他情况，这让我感到伤心和难过。特别是考虑到我已经开始有了些名气，却竟被与费拉拉最卑微的助手一视同仁。"[2] 但波尔索没有理会科萨，于是科萨愤而去了博洛尼亚。不过，到 15 世纪晚期，越来越多的赞助人开始对艺术家的要求做出回应。1483 年，安德雷亚·维罗基奥在绘制《基督与圣托马斯》时仅凭技艺就预先获得 306 弗罗林，完成后又得到 494 弗罗林；1498 年，菲利皮诺·利皮在罗马的卡拉法家族礼拜堂工作时声称，他制作的大理石祭坛装饰"仅凭技艺"就获得 250 弗罗林。[3]

除了技术和名气，其他非成本因素也对艺术品价格有重要影响。16 世纪早期，正处于事业顶峰的菲利皮诺·利皮以 30 弗罗林的低价接受一幅祭坛画，因为该订件来自普拉托市政府。菲利皮诺曾与他的父亲菲利波·利皮一起在这个城市工作，对这里有深厚感情。该市政府选择菲利皮诺也是基于这层关系，并相信能得到"折扣"价。佩鲁吉诺在为他的家乡皮埃夫的一个兄弟会制作一幅祭坛画时也一再打折，因为该兄弟会的成

---

[1] Anabel Thomas, *The Painter's Practice in Renaissance Tuscany*, p. 183.
[2] Creighton Gilbert, *Italian Art, 1400-1500: Sources and Documents*, pp. 9-10.
[3] Martin Kemp, *Behind the Picture: Art and Evidence in Italian Renaissance*, p. 155.

员"像亲人"一般。[1] 除了友谊和乡谊，荣誉和地位也是影响价格的重要因素。1455年，皮斯托亚的圣三一修会决定订制一幅祭坛画，因为该修会在各方面均已发展到"顶峰"，但却没有一幅祭坛画。关于祭坛画的花费，一位修士强调，考虑到它所处的显要位置和修会的荣誉，不能低于150弗罗林，或应达到200弗罗林。[2] 当显赫的赞助人请著名艺术家工作时，艺术品的价格也常常与成本无关。佩鲁吉诺最贵的两幅祭坛画是为同一个城市的两个不同修会制作的，即佩鲁贾的圣本笃修会的圣皮埃特罗教堂和圣奥古斯丁修会的圣阿格斯迪诺教堂，两者均为500弗罗林。两个修会都是具有悠久传统和重要影响的老修会，而佩鲁吉诺则是享誉整个意大利的著名画家。在这里，荣誉、地位、竞争和艺术家的名气都影响了这两件高价祭坛画的价格。

艺术家自主性的提高

总的来说，在整个文艺复兴时期，艺术家的名气日益受到认可和重视。名气不仅影响了艺术品的价格，而且赋予艺术家更大自主权。吉尔贝蒂在铸造佛罗伦萨洗礼堂"天堂之门"时拒绝了人文主义者布鲁尼提供的方案。他在《回忆录》中声称，"我被允许用我认为最完美、最丰富和最悦目的方式制作它们"。[3] 完成的青铜门证实了吉贝尔蒂的说法。因为布鲁尼的方案包括从《圣经·旧约》中选出的20个故事，但青铜门只表现了10个故事。画家贝诺佐·戈佐利在美第奇宫绘制《三王来拜》时，皮埃罗·德·美第奇曾写信要求他删掉画中的两个天使，但戈佐利并没有遵从。[4] 在雇佣著名艺术家工作时，资助人有时会主动做出让步。1479

---

[1] Michelle O'Malley, *Painting under Pressure: Fame, Reputation and Demand in Renaissance Italy*, pp. 99-100.
[2] Creighton Gilbert, *Italian Art, 1400-1500: Sources and Documents*, p. 115.
[3] Creighton Gilbert, *Italian Art, 1400-1500: Sources and Documents*, p. 86.
[4] Creighton Gilbert, *Italian Art, 1400-1500: Sources and Documents*, p. 8.

年，佩鲁贾的统治者在委托皮埃特罗·迪·加莱奥托制作一幅祭坛画时，允许他在祭坛顶部嵌板描绘"任何他认为最合适或最和谐的主题"。1496年，佩鲁吉诺重新接手这幅祭坛画，他被允许绘制一件《哀悼基督》或"他自己决定与神龛相称的其他人像"。1502年，平图里乔为锡耶纳大教堂的皮科罗米尼图书馆绘制湿壁画时，合同让他"自己决定画人物或其他东西，或者他认为最适合的风景和其他东西"。[1]

曼托瓦侯爵费德里科·贡扎加在谈到曼泰尼亚时指出："这些出色的大师通常骨子里都有些与众不同，你必须满足于能从他们那里得到的任何东西。"费德里科的儿媳、曼托瓦侯爵夫人伊莎贝拉·德·埃斯特在装饰自己的书房时，遭到许多艺术家公开或委婉的反抗。她原打算让乔瓦尼·贝利尼绘制一幅与曼泰尼亚已完成的《帕尔纳苏斯山》相配的神话画，并派人送去方案。但贝利尼对这个主题不感兴趣，一再拖延。1501年，伊莎贝拉写信告诉她在威尼斯的代理，"我们愿意让他决定主题，只要是某个古代故事或美丽的寓意画即可"。但贝利尼仍迟迟不作回应，于是伊莎贝拉一再让步。最后，到1505年贝利尼才为她画了一幅圣诞图。[2] 在打算请达·芬奇为自己工作时，伊莎贝拉一开始就给了他很大自主权："题材和时间由他决定。"[3] 艺术家的自主性也在米开朗基罗身上得到充分体现。米开朗基罗成名后的作品几乎都是为尊重、欣赏和善待他的人制作的，否则，不管如何位高权重的人也会遭到他直接或委婉的拒绝。正如他的朋友、佛罗伦萨共和国正义旗手皮埃罗·索代里尼指出的："他需要你用善意和鼓励来引导；如果向他显示出爱并好好待他，他会制作出令全世界惊叹的

---

[1] Michelle O'Malley, *The Business of Art: Contracts and the Commissioning Process in Renaissance Italy*, pp. 180-182.

[2] Francis Ames-Lewis, *Isabella and Leonardo: The Artistic Relationship between Isabella d'Este and Leonardo da Vinci*, pp. 31-33.

[3] Francis Ames-Lewis, *Isabella and Leonardo: The Artistic Relationship between Isabella d'Este and Leonardo da Vinci*, p. 35.

东西。"[1] 订制合同对米开朗基罗而言大多是一纸空文。为了得到一件"米开朗基罗作品",赞助人在时间、主题、价格等方面给予他极大自主权。比如他与佛罗伦萨人阿涅奥罗·多尼围绕那幅著名的圆形画《圣家庭》的价格之争。米开朗基罗最初要价 70 杜卡特,但多尼认为要价太高,只肯付 40 杜卡特。他立刻将价格提高到 100 杜卡特,多尼同意支付最初的 70 杜卡特,但米开朗基罗被多尼的不信任激怒了,并将价格再次提升到 140 杜卡特。最后多尼由于不舍这幅画只得接受。[2] 在建造教皇尤利乌斯二世的陵墓时,双方甚至并未签订合同,没有严格的期限,也没有明确的金钱限制,因为他和教皇共同渴望的是"第八个世界奇迹"。当他发现教皇无意继续陵墓的工程,愤而返回佛罗伦萨。教皇被此举激怒,责令他立刻返回罗马。但米开朗基罗不肯屈从,并在一封长信中提出了继续陵墓工程的条件。由艺术家规定条件和标准,米开朗基罗在此开创了一个历史先例。[3] 费拉拉公爵阿尔方索·德·埃斯特渴望得到一件米开朗基罗的作品。1529 年,当米开朗基罗准备离开费拉拉时,他对米开朗基罗半开玩笑地说:"现在我把你扣留了。如果想让我给你自由,你得答应亲手按照你自己的想法为我做点什么,不管是什么,绘画或雕塑都可以。"[4] 曼托瓦侯爵费德里科·贡扎加同样渴望获得米开朗基罗的作品。1527 年,他写信给一位代理询问这位艺术家"是否愿意给我们这样的荣幸,给我们一件他亲手做的雕塑或绘画,随便什么,只要他认为合适即可,因为只要是他亲手做的我们都喜欢",他还说如果艺术家手头没有现成的作品,那么他也很乐意至少得到一件"他亲手画的出色的炭笔素描以满足我们的无限渴望"。[5] 教皇克

---

[1] William Wallace, *Michelangelo: The Artist, the Man, and His Times*, New York: Cambridge University Press, 2010, p. 79.

[2] Giorgio Vasari, *The Lives of the Painters, Sculptors and Architects, Volume VI*, pp.119-120.

[3] William Wallace, *Michelangelo: The Artist, the Man, and His Times*, pp.76-78.

[4] Ascanio Condivi, *The Life of Michelangelo*, p. 70.

[5] Barbara Furlotti and Guido Rebecchini, *The Art of Mantua: Power and Patronage in the Renaissance*, p. 170.

莱芒七世在委托米开朗基罗在圣洛伦佐教堂修建礼拜堂和图书馆时同样给予他充分自由，双方的通信中不断出现的"按照你的方式"字样充分反映了这一点。[1]

决定艺术家名气的一个关键因素是技艺。随着自然主义的发展，许多赞助人不再要求艺术家用金粉覆盖背景，而要求画上风景。吉兰达约在绘制新圣玛利亚教堂的托纳波尼家族礼拜堂壁画时承诺，画中要有"人物、建筑、城堡、城市、山脉、平原、岩石、服饰、动物、鸟儿和各种野兽"。这显然对技艺提出了更高要求。[2]前面提到的1455年皮埃罗·德拉·弗朗切斯卡的祭坛画订制合同和1488年吉兰达约为佛罗伦萨孤儿院制作祭坛画的合同也都强调了艺术家本人的"画笔"或手。正如我们前面谈到的，材料与技术的对立自14世纪以来就成了人文主义艺术批评的重要内容。彼特拉克将对艺术家技艺的认可视为区别有教养的鉴赏家和肤浅的门外汉的标准。[3]15世纪早期人文主义艺术理论家阿尔贝蒂在《论绘画》中同样强调技术的重要性。他指出："象牙、宝石和类似的昂贵材料因画家的手变得更珍贵。经过绘画艺术加工的黄金比未加工的同等价值的黄金更贵重。菲迪亚斯或普拉克西特莱斯制作的铅——最低级的金属——像也比银像贵重得多。"他告诫那些喜欢使用大量黄金的画家："即便你画维吉尔的黛多[4]——她的金箭袋、束金发的金发带、金边的紫色长袍、金制马缰绳以及所有黄金做的东西——我也不希望你用金粉。因为用普通颜料模仿黄金闪闪发光的效果的画家更值得钦佩和赞美。"[5]15世纪晚期，达·芬奇也谴责一种艺术家"因为没什么学识，只得一辈子做黄金和天青蓝的

---

[1] William Wallace, *Michelangelo: The Artist, the Man, and His Times*, p. 126.
[2] Michael Baxandall, *Painting and Experience in Fifteenth Century Italy*, pp. 17-18.
[3] Michael Baxandall, *Painting and Experience in Fifteenth-Century Italy*, p. 16.
[4] 维吉尔《埃涅阿斯纪》中的伽太基女王。
[5] Leon Battista Alberti, *On Painting*, pp. 64, 85.

奴隶"。[1] 这种观念逐渐影响了赞助人。15世纪佛罗伦萨大主教安托尼奥乌斯认为，画家的薪酬主要应取决于其勤奋和专业能力。另外，按照布鲁尼的说法，他为"天堂之门"制作方案时依据的一个重要标准是"出类拔萃"，即"以丰富多样的设计提供视觉的盛宴"。[2] 1495年，乌尔比诺宫廷画家乔瓦尼·桑蒂在献给公爵的编年史中提出了一系列品评艺术的标准，其中，"设计""创造力""勤奋不懈"以及精通算术、几何、透视法等被视为最重要的品质。

  订制合同显示了同样的发展，如合同中关于"亲手制作"的规定。"亲手制作"的字样大都出现在15世纪晚期和16世纪的合同中。有些合同详细规定了"亲手制作"的内容，如人像、腰部以上、头部或设计等。菲利皮诺·利皮为新圣玛利亚教堂的斯特罗奇家族礼拜堂绘制壁画时，合同明确规定"由他亲手完成，特别是人像"；1499年，卢卡·西尼奥雷利与奥尔维耶托大教堂签订的合同也要求他"保证亲手绘制拱顶壁画中的所有人物，特别是人的面部和腰以上的部分。绘画必须在该艺术家亲自指导下进行……"[3] 1489年，画家佩鲁吉诺与奥尔维耶托大教堂签订的合同中同样明确要求他亲手绘制所有人像，尤其是头部和腰以上的部分，并规定他不在时不能画任何东西。[4] 1502年，平图里乔为锡耶纳大教堂的皮科罗米尼图书馆绘制拱顶画和壁画，合同中规定他要亲自设计草图和绘制人像头部。[5] 总的来看，"亲手制作"主要集中于作品的设计、某些重要部分以及艺术家对整个艺术制作的监督和指导。所有这些都体现了对艺术家本人

---

[1] Martin Kemp, *Behind the Picture: Art and Evidence in Italian Renaissance*, p. 153.
[2] Creighton Gilbert, *Italian Art, 1400-1500: Sources and Documents*, p. 164.
[3] Michael Baxandall, *Painting and Experience in Fifteenth Century Italy*, pp. 22-23.
[4] Michelle O'Malley, "Late Fifteenth and Early Sixteenth-Century Painting Contracts and the Stipulated Use of the Painter's Hand", in *With and without the Medici: Studies in Tuscan Art and Patronage 1434-1530*, p. 157.
[5] Martin Kemp, *Behind the Picture: Art and Evidence in Italian Renaissance*, p. 155.

能力的强调。

这一时期赞助人日益注重风格的统一性，从另一个方面提升了艺术家的重要性。1476年，一个名叫扎卡里亚·罗纳提·贝卡丽娅的妇女写信给米兰公爵加莱佐·马利亚·斯佛尔扎。她说她雇了五个艺术家绘制一个礼拜堂的壁画，其中包括温琴佐·佛帕。然而，最后期限已过，这五人却还没开始工作。于是公爵写信给佛帕："我们希望并命令你履行对她的义务，并要确保参与绘制的人尽可能的少，这样才不会有损作品（风格）的一致性。"[1]

宫廷赞助：桎梏还是自由？

通过订制获得艺术品的方式主要盛行于城市共和国以及兄弟会、行会、家庭和个人等的艺术赞助。宫廷获得艺术品的方式与此有很大不同。除了基于商业合同的临时订制，宫廷往往会长期雇佣一群或某一位首席艺术家，为其提供固定薪水或津贴以及服装、免费食宿等特权，以便随时获得服务，快速、高效地满足宫廷的各种艺术需求。这些艺术家与君主的关系不是基于契约的法律关系，而是基于恩宠和忠诚的私人关系。这些人即通常所谓的"宫廷艺术家"。[2] 另外，在宫廷赞助体系下，无论临时或短期

---

[1] Michelle O'Malley, "Late Fifteenth and Early Sixteenth-Century Painting Contracts and the Stipulated Use of the Painter's Hand", in *With and without the Medici: Studies in Tuscan Art and Patronage 1434-1530*, p. 168.

[2] "宫廷艺术家"这一概念首先是由德国艺术史家马丁·沃恩克提出来的。他在《宫廷艺术家：现代艺术家的兴起》中认为，与宫廷的联系和在宫廷的经历赋予艺术家一种新的文化地位和身份。宫廷使他们脱离了行会控制和手艺人身份，成为廷臣－艺术家或作为社会文化精英的现代意义的艺术家。但近年来学者们对这一概念的使用提出了许多质疑。伊芙琳·威尔希指出，为宫廷工作的艺术家与宫廷的具体契约关系以及服务期限有很大区别，而且文艺复兴时期的文献中很少出现"宫廷画家"（pittore da corte），即便出现也常常是一个随意的、没有多少法律意义的概念。因此，"宫廷艺术家"应局限于那些正式成为宫廷一员，即有职位、固定薪水或其他好处的艺术家（Evelyn Welch, "Painting as Performance in the Italian Renaissance Court", in *Artists at Court: Image-Making and Identity, 1300-1500*, ed., Stephen Campbell, p. 19）。

的艺术订制还是宫廷艺术家长期稳定的服务,艺术品的制作和使用、艺术品的价格和对艺术家的酬报等,主要是在一种"荣誉经济"而非市场经济的框架内运作的。[1]君主获得的是艺术家的服务和"礼物"而非特定商品。可以说,宫廷赞助充分体现了文艺复兴时期文化赞助与社会庇护制的复杂交织。

文艺复兴时期的宫廷赞助对艺术家的影响一度是学者们争论的问题。对这个问题的看法与对专制体制和共和制的认识有关。自18世纪晚期以来,知识精英对欧洲君主专制体制的批评使宫廷成了专制和保守的象征,宫廷赞助也被视为一种压制艺术家自由和创造性的体制。到19世纪,随着旧制度的瓦解和中产阶级的胜利,这一观念得到广泛传播和接受。直到20世纪,认为宫廷艺术赞助桎梏艺术创造性的观念仍有很大影响。直到20世纪80年代德国艺术史学者马丁·沃恩克对宫廷艺术家的经典研究问世,情况才发生变化。沃恩克系统考察了14世纪到16世纪意大利宫廷获得艺术品和赞助艺术家的机制,及其欣赏与评价艺术品和艺术家的价值标准。他认为,宫廷构成了一个与城市共和国不同的理想的艺术赞助领域。在共和国,手工行会限定了艺术家作为手艺人的身份,而"宫廷的自由"则为艺术家提供了实现社会上升和身份转型的机会,即从手艺人转变为作为创造性精英的现代艺术家。[2]沃恩克的研究激发了学者们对意大利宫廷艺术赞助的兴趣和热情。如今,米兰、曼托瓦、费拉拉、乌尔比诺、那不勒斯以及罗马教廷等的艺术赞助及其宫廷艺术家都获得关注和研究。如今,沃恩克的一些观点已遭到批评或修正。比如他的"宫廷艺术家"事实上包含了所有曾为宫廷工作的艺术家,而没有区分艺术家与宫廷的关系及

---

[1] Alison Wright, "Between the Patron and the Market: Production Strategies in the Pollaiuolo Workshop", in *The Art Market in Italy, 15th-17th Centuries*, ed., Marcello Fanoni, Louisa Matthew and Sara Matthews-Grieco, Ferrara: Franco Cosimo Panini, 2003, p. 225.

[2] Martin Warnke, *The Court Artist: On the Ancestry of the Modern Artist*, p. xiv.

其获得的待遇等方面的差别。

　　文艺复兴时期的宫廷往往有许多从事各种不同艺术工作的艺术家，如肖像画家、手稿插图画家、金匠和建筑师等。这些人在宫廷等级体系中地位有很大差异，待遇也不同。有学者将这些人大致划分为四类：终身或长期享有固定月薪或年薪的廷臣－艺术家；享有类似特权但只在有限时期享有津贴的艺术家；担任某一宫廷艺术职位（如材料和工程总管）的艺术家；就某项工程临时雇佣的艺术家，这些人通常按照工作日或作品领取薪酬。[1] 前两类艺术家享有固定薪水、津贴、宫廷提供的免费食宿和其他特权、赏赐。如那不勒斯宫廷的皮萨内罗，费拉拉宫廷的科西莫·图拉和埃尔科莱·德·罗贝尔蒂，曼托瓦宫廷的曼泰尼亚和朱利奥·罗马诺，乌尔比诺宫廷的弗朗切斯科·迪·乔尔乔，米兰宫廷的达·芬奇以及佛罗伦萨科西莫·德·美第奇公爵一世宫廷的乔尔乔·瓦萨里等。后两类艺术家则不享有这些特权，其薪酬往往与工作时间和作品挂钩。

　　不过，沃恩克的有些重要观点仍获得普遍接受。特别是，他认为与宫廷的关系影响了人们看待艺术家的方式以及艺术家的自我认知。为宫廷工作不仅能为艺术家带来物质上的好处，而且能使其获得荣誉、名声、社会地位等"文化资本"；而这些成了使他们区别于普通手艺人的重要因素。宫廷艺术赞助本质上是一种"社会赞助"，社会和政治关系是艺术家获得宫廷委托的关键因素。著名艺术家也不例外。在米开朗基罗的职业生涯中，他与美第奇家族的私人关系就发挥了关键作用。1496年，他第一次来到罗马时就是凭借洛伦佐·德·美第奇的推荐信才获得为枢机主教拉法埃罗·里亚里奥制作大理石雕塑《巴库斯》的机会。米开朗基罗在罗马结识的朋友也大都与美第奇家族有关。[2] 提香也凭借"友谊"成为一位享誉

---

[1] Guido Guerzoni, "The Italian Renaissance Courts' Demand for the Arts: The Case of d' Este of Ferrara", in *Art Market in Europe, 1400-1800*, ed., Michael North and David Ormord, Aldershot: Ashgate, 1999, p. 64.

[2] William Wallace, *Michelangelo: The Artists, the Man, and His Time*, p. 15.

全意大利乃至整个欧洲的画家,特别是他与著名文人、艺术批评家皮埃特罗·阿雷蒂诺的友谊。1527年以前,提香的赞助人大都是威尼斯人,在1527年与阿雷蒂诺相识后,才通过后者广阔的关系网获得了意大利和欧洲其他国家的君主和贵族赞助人。另外,提香在1530年后能够结识神圣罗马帝国皇帝查理五世并为其工作,主要是通过前雇主曼托瓦公爵费德里科·贡扎加的引荐。[1]

宫廷能为艺术家提供施展才华和提升社会地位的机遇。宫廷艺术家往往要多才多艺,才能快速高效地完成宫廷需要的各种艺术工作,如制作君主及其家庭成员的画像、雕像或像章,设计挂毯、金银器皿、庆典和仪式的临时性艺术和婚柜,充当文物顾问和负责文物修复,以及设计和修建防御工事、城堡、宫邸以及城市广场、喷泉、道路等。达·芬奇向米兰公爵毛遂自荐的信中列举的多种才能对一个宫廷艺术家来说并不罕见。广泛多样的需求对艺术家的设计能力提出了更高要求,并促进了设计和制作的分离。许多宫廷艺术家只负责设计,具体制作则交给学徒和助手,比如提香、拉斐尔及其弟子朱利奥·罗马诺以及瓦萨里都是如此。由于宫廷艺术家对整个宫廷视觉艺术的广泛介入,其个人风格往往成了宫廷的"王朝风格"。15世纪晚期和16世纪,曼泰尼亚的绘画,特别是他的九幅著名帆布画《恺撒的凯旋》几乎成了曼托瓦宫廷艺术的象征。它们既体现了曼泰尼亚的"考古"艺术风格,也展示了受人文主义教育熏染的曼托瓦君主对古代的崇尚。16世纪的朱利奥·罗马诺比曼图涅亚更深刻地塑造了曼托瓦宫廷的视觉外观。朱利奥通过提供设计和监督制作,垄断了整个曼托瓦的艺术生产,如绘画、雕塑和建筑,以及挂毯、金银器皿、临时庆典装饰、舞台布景、演出服装等。[2] 统一的"王朝风格"有时也是君主希望和鼓励的,

---

[1] Charles Hopes, "Titian as a Court Painter", in *Oxford Art Journal*, Vol. 2 (1979), pp. 8-9.
[2] Barbara Furlotti and Guido Rebeccinini, *The Art of Mantua: Power and Patronage in the Renaissance*, pp. 116-117.

是其"艺术政治"的重要一部分。比如洛伦佐·德·美第奇就力图通过"宫廷艺术家"贝托尔多·迪·乔瓦尼塑造一种美第奇－佛罗伦萨艺术风格。此种风格既模仿古代,又与15世纪早期科西莫·德·美第奇时代佛罗伦萨的本土艺术传统密切相关;既显示了美第奇家族对古代的崇尚,又强调了该家族对佛罗伦萨共和国文化艺术的贡献。[1]

此外,也主要是在宫廷,人文学者和艺术家发展出一种新艺术观并由此促进了艺术家文化身份的重新界定。从彼特拉克开始,人文主义者开始借助古代权威将赞助文化艺术塑造为一种精英的美德。其中,古罗马作家老普林尼有关亚历山大大帝与画家阿佩利斯的"友谊"的记载,被推崇为当代君主和艺术家理想关系的典范。老普林尼记载,亚历山大只让阿佩利斯为他画像,当他发现阿佩利斯爱上他的情妇,竟慷慨地将她赐给他。许多人文主义者都用这一故事激励君主效仿亚历山大,赞助和礼遇他们的"阿佩利斯"。在阿维农教廷的锡耶纳画家西莫内·马尔蒂尼被彼特拉克誉为当时的"阿佩利斯"。他在《自然史》中记载这个故事的页边注中写道:"我们最喜爱的锡耶纳画家西莫内最近也获得了此种恩宠。"[2] 到15、16世纪,亚历山大和阿佩利斯的故事在宫廷广为流传。米兰宫廷的皮埃尔·孔蒂多·德森布利奥将菲利波·马利亚·维斯孔蒂视为当时的亚历山大,因为他只让画家皮萨内罗为他画像。[3] 在瓦萨里的《意大利艺苑名人传》中,君主和艺术家的友谊是最重要的主题之一,著名的如达·芬奇与法国国王弗朗索瓦一世的友谊。达·芬奇弥留之际,"经常嘘寒问暖的国王来到他的房间,达·芬奇挣扎着坐起来,禀告了自己的病情……接着又是一阵痉

---

[1] Luke Syson, "Bertoldo di Giovanni, Republican Court Artist", in *Artistic Exchange and Cultural Translation in the Italian Renaissance City*, ed., Stephen J. Campbell and Stephen J. Milner, Cambridge: Cambridge University Press, 2004, pp. 96-97.

[2] Michael Baxandall, *Giotto and Orators: Humanist Observers of Painting in Italy and the Discovery of Pictorial Composition*, New York: Oxford University Press, 1971, p. 63.

[3] Martin Warnke, *The Court Artist: On the Ancestry of the Modern Artist*, pp. 40-41.

挛,这是死亡的前兆。国王起身扶住他,显示自己对他的恩宠,以减轻他的痛苦。智能超群的达·芬奇立即意识到,这是他终生难得的殊荣。他躺在国王的怀里停止了呼吸,享年75岁"[1]。拥有和礼遇自己的"阿佩利斯"几乎成了君主的必备品质,如曼托瓦君主的"阿佩利斯"是曼泰尼亚和朱利奥·罗马诺、神圣罗马皇帝查理五世的"阿佩利斯"是提香等。

另外,为了论证这种友谊的合理性,人文学者对视觉艺术和艺术家做了重新界定。他们借助古代权威强调,艺术是与诗歌关系密切,是建立在数学、几何、光学等科学知识基础上的自由艺术。因此,艺术家不是手艺人,而是从事智性设计的文化精英。最早系统阐述这一观念的艺术论著——人文学者阿尔贝蒂的《论绘画》和《论建筑》(1450)都是献给宫廷和君主的:前者献给曼托瓦侯爵吉安弗朗切斯科·贡扎加,后者献给教宗尼科拉斯五世。此种主张普遍出现在宫廷艺术家的委任书或其他记载中。1468年,乌尔比诺宫廷建筑师卢奇亚诺·劳拉纳的委任书中指出:"那些技艺和才智卓绝之人必须得到荣宠和提升,特别是,如果建筑艺术一直备受尊崇。"[2] 另外,乌尔比诺宫廷画师,拉斐尔的父亲乔瓦尼·桑蒂在1495年所写的费德里科·达·蒙特菲尔特罗公爵的编年史中,提出一套艺术批评范畴。这些范畴也反映了当时宫廷看重的艺术家的才能和品质。桑蒂认为,最重要的能力是设计或"素描",然后是"创意",接下来是"勤奋"以及透视法。其中,曼托瓦的曼泰尼亚以及费拉拉的科西莫·图拉和埃尔考来·德·罗贝尔蒂被视为"制图"和"创意"大师。[3] 这种新艺术观不仅影响了社会精英对艺术家的态度,也深刻影响了艺术家的自我认知,鼓励他们重塑自身文化身份,并追求艺术创作中的自由和自主。

---

[1] Giorgio Vasari, *The Lives of the Painters, Sculptors and Architects*, Volume II, p. 167.
[2] Martin Warnke, *The Court Artist: On the Ancestry of the Modern Artist*, p. 56.
[3] Alison Cole, *Italian Renaissance Courts: Art, Pleasure and Power*, pp. 75-76.

15、16世纪，意大利各个城市对著名艺术家的争夺愈演愈烈。为吸引艺术家，宫廷常常打破常规，以各种优惠条件吸引艺术家。皮萨内罗是15世纪早期宫廷争相追逐的著名肖像画家和像章雕塑家，曾为费拉拉、米兰、曼托瓦等宫廷工作。最后，那不勒斯国王阿尔方索五世以400杜卡特的年薪"独占"了这位艺术家。乌尔比诺公爵费德里科·达·蒙特菲尔特罗声称四处寻找合适的建筑师，但却没有找到一个合适和有经验的人。1449年，里米尼统治者西吉斯蒙多·美拉泰斯达写信请洛伦佐·德·美第奇推荐一个画家装饰其宫邸的一个礼拜堂，并许诺给那个画家"一笔固定年薪，数目任由他决定。我还答应善待他，好让他乐意在这里生活。而且即便工作只是自娱，津贴也会定期支付"。[1]1460年，曼托瓦侯爵鲁多维科·贡扎加以15杜卡特月薪外加一处房屋与六口人的膳食和柴火的优惠条件吸引曼泰尼亚。为了留住曼泰尼亚和回报他的服务，曼托瓦侯爵后来赐予其帕拉丁伯爵头衔和其他各种赏赐。在宫廷获得的丰厚回报使曼泰尼亚过着贵族般的生活，他收集古代艺术品，还为自己设计和修建了一处豪宅。[2]16世纪，朱利奥·罗马诺在曼托瓦宫廷的成功甚至超过了曼泰尼亚。他被授予曼托瓦公民身份，并担任曼托瓦建筑工程总监这一最重要的艺术职位长达20多年。从宫廷获得的财富使他能够像曼泰尼亚一样为自己设计和修建一处豪华宫邸，并用他收藏的大量古代雕塑装饰。[3]1489年，那不勒斯国王请求洛伦佐·德·美第奇推荐一位建筑师。洛伦佐推荐当时在曼托瓦的卢卡·方切利，但遭到曼托瓦侯爵的拒绝。最后，锡耶纳艺术家弗朗切斯科·迪·乔尔乔接受了这一职位。[4]弗朗切斯科·迪·乔尔乔曾长期担任乌尔比诺公爵的宫廷建筑师，并由此获得很高声望。锡

---

[1] Martin Warnke, *The Court Artist: On the Ancestry of the Modern Artist*, p. 44.
[2] Barbara Furlotti and Guido Rebeccinini, *The Art of Mantua: Power and Patronage in the Renaissance*, p. 64.
[3] Barbara Furlotti and Guido Rebeccinini, *The Art of Mantua: Power and Patronage in the Renaissance*, p. 193.
[4] Martin Warnke, *The Court Artist: On the Ancestry of the Modern Artist*, p. 54.

耶纳政府为了"占有"这位本国艺术家甚至明令禁止他未经允许离开锡耶纳。[1]

16世纪，对艺术家最慷慨的君主当属罗马教皇，许多艺术家正是凭借为教皇工作在收入方面成了真正的"超级明星"。拉斐尔在为罗马教廷工作期间获得过很多薪水优厚的职位及艺术工程带来的丰厚收入。他在1520年去世前给叔叔的信中写道："目前，我发现自己在罗马的财产有3000杜卡特，另有50金苏尔迪的收入。因为教皇提供300杜卡特年薪照料圣彼得教堂，只要我活着就可以一直得到这笔钱。我定的任何价格他们都照付。我还开始为教皇绘制另外一组湿壁画，总价为2000杜卡特。"[2]1517年，拉斐尔以3000杜卡特购买了卡普林尼家族的一所房子（布拉曼特设计），显示了他的富有。[3]米开朗基罗也凭借为教廷工作获得巨额收入。他为西斯廷教堂绘制的天顶画带来约3200杜卡特收入。1518年，教皇利奥十世委托他在佛罗伦萨圣洛伦佐教堂工作期间，起初给出的年薪为300弗罗林，1524年后增加到618杜卡特。1534年，教皇保罗三世任命他为圣彼得大教堂的首席及建筑师、雕塑家和画家，提供的年薪约为1286弗罗林。[4]

正如前面提到的，在宫廷，艺术家的薪酬主要取决于"荣誉经济"而非市场经济。正是这种"荣誉经济"促生了艺术家的天价薪酬和"无价"艺术品的出现。有时，艺术家并不明确要价，而是将作品作为"礼物"献给君主，而君主则通过金钱或其他"回礼"展示其慷慨。"礼物交换"同时展示了艺术家和君主的荣誉。1491年，曼泰尼亚给曼托瓦侯爵弗朗切斯科·贡扎加的一封信就展示了这种"礼物交换"："上周日当我将这幅小

---

[1] Martin Warnke, *The Court Artist: On the Ancestry of the Modern Artist*, p. 70.
[2] Martin Kemp, *Behind the Picture: Art and Evidence in Italian Renaissance*, p. 156.
[3] Martin Kemp, *Behind the Picture: Art and Evidence in Italian Renaissance*, p. 156.
[4] Rab Hatfield, "The High End: Michelangelo's Earings", in *The Art Market in Italy, 15th-17th*, pp. 196-197.

画献给阁下，您大加赞赏，脸上露出愉悦的神情，说您很乐意将那块土地赠给我。现在我请求阁下展示出您一贯和天生的慷慨……您将成为一个赏识、热爱和奖掖才俊的人。"随后弗朗切斯科便将土地赐给了他，并在赠予书中提到亚历山大大帝对阿佩利斯和莱西珀斯以及奥古斯都对维特鲁威的恩宠。[1] 提香同样熟谙这种"礼物交换"的游戏。1537年，他将一件因价格问题被雇主拒收的大型祭坛画《圣母领报》献给西班牙国王菲利普二世的妻子伊莎贝拉。提香这样做一方面是模仿古希腊画家宙克西斯，因为宙克西斯也曾将作品无偿赠人，他认为自己的作品是无价的。同时，提香也期望获得慷慨的"还礼"。不出所料，提香得到了一笔丰厚的津贴。[2]

　　高额薪酬和高价艺术品也与宫廷的竞争有关。16世纪，除了意大利的君主和贵族，法国国王、西班牙国王、神圣罗马帝国皇帝、英国国王及其宫廷的贵族，甚至是土耳其苏丹都加入对意大利艺术家的竞争。他们不仅通过艺术商、代理和派驻意大利各国的大使购买著名艺术家的作品，而且以优越的条件吸引艺术家为自己服务。许多16世纪的艺术家都获得了国际赞助和声望，如达·芬奇、米开朗基罗、拉斐尔、切利尼和提香。提香可以说是"国际艺术家"的典范。从1530年直至去世的半个多世纪内，提香绝大部分亲手绘制的画作都是为威尼斯以外的君主和贵族制作的，如费拉拉、曼托瓦、乌尔比诺的君主和贵族、罗马教皇和枢机主教、西班牙国王以及神圣罗马帝国皇帝等。他至少为曼托瓦宫廷绘制了30多幅画，为哈布斯堡家族的君主及其大臣们绘制了100多幅画。[3] 国际竞争极大促进了"巨星"的出现。

　　除了丰厚的物质收益，艺术家还可能借助为宫廷工作实现真正的社会上升，成为君主的"近臣"或被封为贵族。"近臣"的头衔起初仅由皇

---

[1] Martin Warnke, *The Court Artist: On the Ancestry of the Modern Artist*, p. 148.

[2] Charles Hope, "Titian as a Court Painter", in *Oxford Art Journal*, vol. 2 (1979), p. 9.

[3] Charles Hope, "Titian as a Court Painter", in *Oxford Art Journal*, Vol. 2 (1979), p. 8.

帝和教皇赐予贵族，后逐渐扩展至银行家、医生、律师等中产阶级精英以及君主的仆从。从 14 世纪开始，艺术家也开始凭其才华、服务和美德获得此种荣誉，如乔托被阿不勒斯的罗伯特国王授予"近臣和亲信"。到 15、16 世纪，更多艺术家成为不同意大利君主的"近臣"，如切尼诺·切尼尼与帕多瓦宫廷，皮萨内罗和曼泰尼亚与曼托瓦宫廷，达·芬奇、文琴佐·佛帕和安布罗乔·德·普雷迪斯与米兰宫廷，以及提香和列奥内·列奥尼与查理五世的宫廷等。[1] 当然，正如有学者指出的，这一头衔并不能为艺术家带来多少实际好处，它可能仅意味着免税而不是稳定的订单。[2] 但这一头衔所暗示的与君主的私人关系无疑有助于提升艺术家的形象。另外，一些艺术家则凭借其服务获得贵族头衔，如西莫内·马尔蒂尼被那不勒斯国王授予骑士头衔，佛罗伦萨画家德罗·德洛被西班牙国王授予骑士头衔，真蒂莱·贝利尼和曼泰尼亚被皇帝弗里德里希三世封为骑士，曼泰尼亚被曼托瓦侯爵封为帕拉丁伯爵。提香从查理五世处获得帕拉丁伯爵和金马刺骑士团骑士头衔，列奥内·列奥尼和巴乔·班迪内利被查理五世被封为圣迪亚哥骑士团骑士。在整个 16 世纪，约有 30 位意大利艺术家获得贵族头衔，其中大部分都是从国外君主，尤其是哈布斯堡的帝国宫廷获得。因为除了罗马教皇，意大利的君主很少具有授予贵族头衔的资格。[3] 贵族头衔或许是面临资金短缺的君主们的一种方便而廉价的奖掖手段，但这些头衔无疑也显示了对艺术家的认可。

虽然有这些好处，为宫廷工作的艺术家也面临许多问题。首先，拖欠薪酬和津贴是常有的事。据说达·芬奇在米兰宫廷享有 2000 杜卡特年薪，但他写给米兰公爵鲁多维科·斯福尔扎的一封"讨薪信"却暗示这似乎只

---

[1] Martin Warnke, *The Court Artist: On the Ancestry of the Modern Artist*, pp. 115-116.
[2] Evelyn Welch, *Art and Authority in Renaissance Milan*, New Haven and London: Yale University Press, 1995, p. 248.
[3] Martin Warnke, *The Court Artist: On the Ancestry of the Modern Artist*, pp. 157-158.

是个理想数字:"非常遗憾,为了生存我不得不中断阁下委托给我的工作。但我希望能在短时间内赚到足够的钱以便能重拾信心,满足阁下的愿望。如果阁下认为我有钱,那么您就被骗了,因为在过去的36个月内我要供养6张嘴,而我只有50杜卡特……"为了收回一部分薪水,他为公爵设计了一个意味深长的寓意图像。其中,"贫困"正追赶一个青年,而化身为"好运"的公爵用兜帽将青年遮盖起来,并用镀金权杖击退"贫困"。这个谄媚性的图像将公爵美化为保护青年才俊免于贫困的慷慨君主。[1]

其次,宫廷艺术家还往往受制于君主个人的好恶、兴趣和其他政治、社会需求。除了绘画、雕塑和建筑工程,艺术家还会被要求设计挂毯、家具、金银器皿、临时性庆典装饰、舞台布景、演出服装、面具以及设计和建造军事器械和防御工事等。这常常使艺术家无法集中于自己感兴趣的工作。当教皇尤利乌斯二世修建其陵墓的热情下降,并打算以壁画装饰西斯廷礼拜堂的天顶,米开朗基罗迫于压力也不得不屈从。君主去世也可能意味着恩宠和特权的消失。曼托瓦侯爵鲁多维科·贡扎加去世后,曼泰尼亚发现自己在宫廷的地位急剧下降,这迫使他寻找其他理想的赞助人,如洛伦佐·德·美第奇。1481年,他将一幅素描《犹滴手持荷洛芬尼的头颅》献给洛伦佐,以期得到他的赞助。不过,1484年弗朗切斯科·贡扎加上台后,曼泰尼亚发现自己重新得宠了。在此后十年内,他为后者绘制了那九幅著名的《恺撒的凯旋》。[2]

最后,宫廷艺术家还受制于宫廷错综复杂的社会和政治关系。米兰宫廷的经历使达·芬奇发现,要获得订单,人际关系比才华更重要。[3] 对宫廷生活有切身经历的学者皮埃特罗·阿雷蒂诺将宫廷视为阴谋和裙带关系的渊薮:"感谢伟大的威尼斯自由,我已经习惯了自由,对于宫廷我只

---

[1] Evelyn Welch, *Art and Authority in Renaissance Milan*, pp. 255-256.

[2] Barbara Furlotti and Guido Rebeccinini, *The Art of Mantua: Power and Patronage in the Renaissance*, pp. 82-83.

[3] Evelyn Welch, *Art and Authority in Renaissance Milan*, pp. 251-252.

有鄙视而已。我将以这里（即威尼斯）为家，因为在这里阴谋无以藏身，在这里恩宠不会高于法律，在这里妓女的专横和懦夫的傲慢都不会发挥作用。"[1] 与宫廷的密切关系还可能给艺术家带来杀身之祸。1494 年法国入侵后，意大利成为欧洲强国争夺的战场，各个城市政局动荡，政权轮换频繁。为宫廷工作的艺术家常常遭到敌对国家或政权的迫害。1499 年法国攻占米兰后，达·芬奇的同僚加科莫·安德雷亚·达·费拉拉就被斯福尔扎家族的支持者处决。[2] 当然，也有些艺术家幸免于政治牵连。达·芬奇在法国攻占米兰后不久转而为法国国王弗朗索瓦一世工作。米开朗基罗既长期受美第奇家族成员庇护和赞助，也为推翻该家族建立的佛罗伦萨共和国工作。就米开朗基罗来说，这既是因为他的名气，更因为他在与赞助人打交道时的谨慎小心。正如当时流行的意大利谚语"闭上嘴，睁大眼"，他在和家人的通信中总是建议对方："干好自己的事，不要和任何人说话。"[3] 提香也因为深知与权贵的密切关系所暗藏的危险，有意识与服务的君主们保持距离。他从他们那里领取固定津贴，但不住在宫廷，而是在威尼斯工作和生活。

　　总的来说，沃恩克对"宫廷自由"的强调显然过于理想化了，但若认为宫廷桎梏了艺术家的自由和创造性也是偏颇的。首先，虽然文艺复兴时期的意大利君主大都是非法的，但宫廷仍是荣誉和地位的象征。宫廷的经历，无论时间长短，无论是何种契约关系，对艺术家来说都是重要的文化资本。宫廷的社会和政治关系网也意味着更多和更好的工作机会。其次，文艺复兴时期的宫廷与其艺术家更多的是一种互利互惠的关系。对意大利的君主来说，著名艺术家的存在本身是重要的文化资本。君主通过礼遇艺术家展示慷慨和美德，塑造了君主和宫廷的文化身份，提升了名望和荣

---

[1] Martin Warnke, *The Court Artist: On the Ancestry of the Modern Artist*, p. 72.
[2] Martin Warnke, *The Court Artist: On the Ancestry of the Modern Artist*, p. 253.
[3] William Wallace, *Michelangelo: The Artist, the Man, and His Times*, p. 100.

誉。最后，艺术家还通过介入宫廷的视觉再现，对建构君主权力的合法性和塑造理想君主发挥了重要作用。可以说，艺术家与宫廷通过重新界定彼此而实现了自我塑造。在米兰宫廷工作的建筑师菲拉雷特为自己制作的一个自我宣传性像章充分展示了宫廷与艺术家的这一关系。像章正面是菲拉雷特的侧面像和个人标志，即象征勤奋的蜜蜂。像章背面是寓意图像和铭文：在阳光照耀下，菲拉雷特正用凿子和刻刀（建筑师的标志）剖开一棵月桂树的树干，大量蜂巢从中涌出，铭文写道："正如太阳帮助蜜蜂，君主的恩宠对我们亦如是。"[1]

第三节　自由艺术品市场和艺术收藏

文艺复兴时期，虽然艺术赞助一直是艺术品生产和消费的主导模式，出售现成艺术品的自由市场也获得了发展并在15世纪晚期以后日益重要。艺术品自由市场在中世纪就已存在。在很多城市的二手市场上，宗教和世俗艺术制品与其他日用商品不加区分地一起出售。自14世纪以来，对宗教艺术品增长的需求也促进了非订制的圣母子、基督受难和其他流行的宗教图像的模本或复制品的出现。这些产品有时并非成品，以便按照顾主的要求进行修改和润饰。在威尼斯，1436年，政府允许画家们在一年一度的海神节期间在商铺门口出售小祭坛画和其他私人用的宗教图画；1441年的一项法令允许画家们在圣马可节和圣保罗节期间在店门口出售画的或印刷的图像；1518年的一项法令表明，除了商铺门口，画家们还可以在里亚尔多桥上出售其产品。[2]在佛罗伦萨，15世纪早期已出现流行的圣母子赤陶

---

[1] Alison Cole, *Italian Renaissance Courts: Art, Pleasure and Power*, pp. 66-67.
[2] Louisa C. Mattew, "Were There Open Markets for Pictures in Renaissance Venice?", in *The Art Market in Italy, 15th-17th Centuries*, p. 254.

和灰泥雕塑。到 15 世纪中期，雕塑家德西德里奥·达·塞蒂尼亚诺和安托尼奥·罗塞利诺的作坊开始批量生产此类彩绘石膏雕塑，他们作坊的产品不仅摆在街边的神龛内，也大量出现在私人家庭中。[1]1441 年，佛罗伦萨雕塑家卢卡·德拉·罗比亚发明了瓷釉彩陶。瓷釉彩陶更坚固耐用，且更绚丽多彩，因而迅速盛行。此种介质的圣母子浮雕和独立雕塑广泛出现在宗教和世俗空间，满足了从社会精英到一般大众的广泛需求。

15 世纪，另一类复制性艺术——木刻版画和铜版画开始在自由市场上流行。早期的意大利版画大都比较粗糙，主要面向大众市场，如日历插图、圣经故事、"星体的孩子"和圣徒像等。这些版画一般被作为廉价的实用品，用坏了就扔掉。总之，文艺复兴早期的自由艺术市场通常以复制性艺术为主，艺术品的功能、成本和价格是首要考虑。自由市场主要面向普通城市大众而非社会精英，产品价格也相对低廉，满足了普通民众的宗教、社会和艺术需求。自由市场的艺术品通常来自不太重要的艺术作坊，而重要的艺术家仍以寻求赞助为首要目标。

从 15 世纪晚期开始，重要的艺术家和赞助人开始介入自由市场。一些著名艺术家作品的复制品或衍生品、木刻版画和铜版画开始在自由市场上流通。这一现象既与艺术家的名望有关，也与社会竞争或友谊交织在一起。15 世纪晚期，佛罗伦萨出现了大约 160 多幅风格和题材极为相似的宗教画。这些作品主要以著名画家菲利波·利皮和弗朗切斯科·佩塞里诺的几幅宗教画为原型。学者们将其归于一位"利皮和佩塞里诺的模仿者"。利皮为美第奇宫礼拜堂绘制的祭坛画《三王来拜》是最主要的原型之一，许多作品都复制了这幅画的构图或人像细节。对这些作品的市场需求既有艺术因素，也有社会因素。除了对这两位画家的风格和新颖创意的追捧，美第奇家族的"朋友"也通过购买这些艺术品表达忠诚和"友谊"，类似

---

[1] Patricia Emison, "The Replicated Image in Florence, 1300-1600", in *Renaissance Florence: A Social History*, ed., Roger J. Crum and John T. Paoletti, p. 451.

为孩子取名"科西莫"或将美第奇家族统治的肖像嵌在赞助的宗教画中。[1] 此外,"利皮和佩塞里诺的模仿者"还制作了大量雷同的圣母子像,显示了当时对此类宗教艺术需求的持续增长。同时代另一位著名画家波提切利的一些宗教和世俗画也有类似的"衍生品"或"系列产品"在自由市场上流通,如圆形画《三王来拜》和为美第奇家族制作的《春》。[2] 这些产品是波提切利作坊的学徒和助手制作的。对艺术家来说,这些低成本、低价格和"批量"制作的产品既增加了收入,又进一步传播了其风格和名气,提升了其市场需求。

精英艺术家和赞助人的介入促进了版画的性质和功能的变化。注重设计和创意、制作精美的"艺术品"——铜版画开始出现。最著名的是佛罗伦萨雕塑家安托尼奥·波拉约罗制作于1465至1470年的古代风格铜版画《裸体人之战》。波拉约罗以设计著称,是当时著名的制图师。波拉约罗意在通过这幅版画展示其在设计、人体和古代艺术方面的造诣,因此他在这幅版画上署了名字。这幅版画显然不是面向大众,而是针对那些爱好古代艺术并具有"前卫"审美趣味的君主、贵族和学者。这件"为艺术而艺术"的版画标志着具有独立艺术价值的版画的诞生。这幅版画在当时大受欢迎,由于多次复制,铜版不得不重新雕刻,并且在佛罗伦萨和德国被制作成木刻版画出售。[3] 与波拉约罗同时代的曼泰尼亚和德国艺术家丢勒,以及16世纪的马坎托尼奥和拉斐尔也对版画的发展做出了重要贡献。正如瓦萨里记载的,马坎托尼奥不仅在意大利复制和出售丢勒的版画,而且

---

[1] Magen Holmes, "Copying Practices and Marketing Strategies in a Fifteenth-Century Florentine Painter's Workshop", in *Artistic Exchange and Cultural Translation in the Italian Renaissance City*, ed., Stephen Campbell and Stephen Milner, pp. 50-51.

[2] Michelle O'Malley, *Painting under Pressure: Fame, Reputation and Demand in Renaissance Florence*, p. 204.

[3] Patricia Emison, "The Replicated Image in Florence, 1300-1600", in *Renaissance Florence: A Social History*, ed., Roger J. Crum and John T. Paoletti, p. 436.

与拉斐尔合作制作了许多拉斐尔作品和素描的铜版画。[1]

自由市场的另一个重要变化是"原创"的现成艺术品也日益增多。此类艺术品买卖有些是在二手市场上进行，有些则表现为体面的"礼物交换"。自中世纪以来，艺术品就是二手市场商品的重要组成部分，古物以及宗教性或世俗的现代艺术制品与其他商品一起在二手市场上流通。1439年，佛罗伦萨骑士弗朗切斯科·迪·马泰奥·卡斯特兰尼发现他家的一幅护壁板装饰画落入一个犹太人手里，然后被卖给二手商弗朗切斯科·达·内罗，并通过内罗卖给了羊毛工行会。[2]

财产拍卖是艺术品进入自由市场一个重要途径。文艺复兴时期，个人、家庭或宗教机构因债务或其他需要公开拍卖财产的情况屡有发生，珠宝、衣物、家具和各种室内陈设、装饰的循环再用和再售也很常见。在15世纪的佛罗伦萨，最著名的拍卖是1495年美第奇家族被驱逐后由共和国政府任命的"清查署"对其家族财产的拍卖，该家族的许多艺术品由此易手。多纳泰罗的《犹滴杀死荷洛芬尼》《大卫》、菲利波·利皮的祭坛画被共和国没收，展示在公共场所。在为期三个月的拍卖期间，佛罗伦萨的贵族、富商，甚至一些手艺人争相购买美第奇家族的物品。其他城市的君主和贵族也密切关注和积极介入这场交易。米兰公爵鲁多维科·斯福尔扎向其大使打听此事，他还在1496年派金匠卡拉多索前往佛罗伦萨，希望能买到一些美第奇家族的艺术珍品。[3]

可以说，精英对自由艺术市场的介入既体现又促进了自由艺术市场的变化和发展。15世纪中期以后，君主和贵族日益通过自由市场"收藏"著名艺术家作品。伊莎贝拉·德·埃斯特得知乔尔乔内去世后，力图通

---

[1] 瓦萨里：《意大利艺苑名人传·巨人的时代》（上），第356—357页。
[2] Evelyn Welch, "From Retail to Resale: Artistic Value and the Second-Hand Market in Italy (1400-1550)", in *The Art Market in Italy, 15th-17th Centuries*, thews-Grieco, p. 283.
[3] Jacqueline Marie Musacchio, "The Medici Sale of 1495 and the Second-Hand Market for Domestic Goods in Late Fifteenth-Century Florence", in *The Art Market in Italy, 15th-17th Centuries*, p. 314.

过一个威尼斯商人购买他作坊的一幅"非常美丽和独特"的夜景。[1]1504年，威尼斯人米歇尔·威亚内去世后举行的拍卖中，伊莎贝拉力图购买其中一幅简·凡·艾克的画《法老被红海淹没》。后来，此画以115杜卡特被威尼斯总督的弟弟安德雷亚·罗雷丹购买。不屈不挠的伊莎贝拉最终通过"友谊"和137杜卡特得到这幅画。[2]另外，她还设法购得米开朗基罗早年制作的那件著名的古代风格的大理石雕塑《睡熟的丘比特》和一件维纳斯。

"礼物交换"是精英获得现成艺术品的另一重要途径。艺术品是意大利文艺复兴时期盛行的"礼物交换"体系的重要组成部分。非商业性的"礼物交换"有助于双方的荣誉。艺术家通过向赞助人"赠送"作品获得赞助是很常见的，如1465年菲拉雷特献给皮埃罗·德·美第奇一件马可·奥勒留骑马像的微型复制品，1481年曼泰尼亚将《犹滴手持荷洛芬尼的头颅》献给洛伦佐·德·美第奇，1537年提香献给西班牙国王菲利普二世的王后一幅大型祭坛画。[3]1494年美第奇家族被驱逐后，米开朗基罗将为该家族制作的大理石雕塑《赫拉克勒斯》送给斯特罗奇家族，以期获得后者的赞助。他在16世纪三四十年代还向法国国王弗朗索瓦一世赠送了多件艺术品，比如把原为费拉拉公爵阿尔方索·德·埃斯特绘制的《勒达》假手他的弟子安托尼奥·米尼送给法国国王；1544年又把原为教宗尤利乌斯二世的墓制作的两件大理石雕塑——《反抗的奴隶》和《垂死的奴隶》假手罗贝尔托·斯特罗奇送给法国国王。[4]威尼斯画家洛伦佐·罗托

---

[1] Alison Cole, *Italian Renaissance Courts: Art, Pleasure and Power*, pp.190-194.

[2] Evelyn Welch, "From Retail to Resale: Artistic Value and the Second-Hand Market in Italy (1400-1550)", in *The Art Market in Italy, 15th-17th Centuries*, pp. 290-291.

[3] 关于15、16世纪艺术家向君主赠送礼物的其他例子，可参见 Martin Warnke, *The Court Artist: On the Ancestry of the Modern Artist*, pp. 95-100.

[4] Maria Ruvoldt, "Michelangelo's *Slaves* and the Gifts of Liberty", in *Renaissance Quarterly*, Vol. 65, No. 4 (2012), pp. 1047-1048.

在 1542 年"赠给"一位珠宝匠朋友一幅肖像画，既用于表达友谊，也是一种"物物交换"。根据罗托在账本中的记录，这件肖像画原是为一个叫简·马里亚·皮佐尼的人画的，但完成后被对方退货。于是罗托将其转赠给他的珠宝匠朋友巴托罗梅奥·卡尔潘，并将此画改造成后者的保护圣徒圣巴托罗梅奥。罗托指出，这幅画的"友情价"为 10 杜卡特 62 里拉，而卡尔潘要回赠罗托一件同等价值的珠宝。[1] 有时，艺术家会同时采用多种不同的形式出售其作品。比如洛伦佐·罗托就采用了直接在商铺和市集上出售、制作复制品、通过代理人出售、赠送"礼物"，甚至抽奖等方式。[2]

艺术品交易的中间人

在现成艺术品交易中，艺术家和精英买主很少直接打交道，而大多通过中间人、代理和艺术商。人文学者是常见的一类中间人和代理。比如波焦·布拉乔利尼就帮助科西莫·德·美第奇从希腊和小亚细亚购买古董，曼托瓦学者萨巴·达·卡斯提利奥内则从罗德岛和罗马为伊莎贝拉·德·埃斯特购买和偷运古物。金匠和珠宝商是另一类常见的代理或艺术商，他们尤其在君主和贵族收藏古代艺术品时发挥了重要作用。早在 14 世纪，富有和博学的特雷维索书记员奥利维埃洛·福尔泽塔就让西莫内·达·维内齐亚和其他金匠为他购买了 50 枚古代钱币和一些大理石以及青铜雕塑头部。伊莎贝拉·德·埃斯特访问罗马期间也到金匠的铺子购买古代钱币。[3] 一个叫克里斯托弗罗·迪·格雷米亚的曼托瓦金匠在罗马等地为贡扎加家族搜购古代雕塑和雕刻宝石。1462 年，他为鲁多维科·贡

---

[1] David Chambers and Brian Pullan ed., *Venice: A Documentary History, 1450-1630*, Toronto: University of Toronto Press, 2012, p. 419.

[2] Louisa Matthew, "Were There Open Markets for Pictures in Renaissance Venice?", in *The Art Market in Italy, 15th-17th Centuries*, pp. 253-254.

[3] Evelyn Welch, "From Retail to Resale: Artistic Value and the Second-Hand Market in Italy (1400-1550)", in *The Art Market in Italy, 15th-17th Centuries*, p. 284.

扎加二世送来四件古代雕塑头部，并许诺会不惜冒着被"开除教籍"的危险为公爵送来更多罗马城及其他地方发现的古物。金匠卡拉多索主要负责为米兰的斯福尔扎公爵获取古代艺术品。1495 年，他在罗马为公爵购买了一件大理石雕塑《勒达》并运到米兰。[1] 其他艺术家也常常兼职为赞助人购买艺术品。比如以制作古代风格的小青铜雕塑闻名的安提科不仅充当了贡扎加家族的艺术收藏顾问，而且为该家族，特别是为伊莎贝拉·德·埃斯特修复和购买古物。1506 年，他从罗马向伊莎贝拉送去两件经他修复的大理石头部雕像。伊莎贝拉非常满意，回信说："我们已经收到头像，您修复得这么好，我们相信即使原作者雕刻也不过如此。其中我们看到了您完美的技艺。"[2] 伊莎贝拉倚重的另一个艺术家代理是吉安克里斯托弗罗·罗马诺。1505 年，伊莎贝拉写信让他在罗马找些"古代的好东西"；次年，伊莎贝拉再次写信要他去寻找"美丽的古代青铜钱币及其他好东西"，并告诉她品质和价格。[3] 普通商人兼营艺术品也是很常见的。1535 年，伊莎贝拉·德·埃斯特的一个代理写信告诉她，一个叫马泰奥·德尔·纳萨罗的商人和金匠从北欧带回 300 幅弗莱芒绘画，费德里科公爵已购买了其中 120 幅。[4]

美第奇家族的银行网络是该家族和其他佛罗伦萨贵族、富商获得艺术品的重要渠道。罗马分行在该家族的古代艺术收藏中发挥了重要作用，1471 年教宗保罗二世去世后，洛伦佐·德·美第奇就通过该银行购得其收藏的许多珍贵古物。[5] 布鲁日分行则为美第奇家族与其他意大利贵族和

---

[1] Luke Syson and Dora Thornton, *Objects of Virtue: Art in Renaissance Italy*, p. 105.

[2] Luke Syson and Dora Thornton, *Objects of Virtue: Art in Renaissance Italy*, p. 128.

[3] Laurie Fusco and Gino Corti, *Lorenzo de' Meidici: Collector and Antiquarian*, New York: Cambridge University Press, 2006, p. 183.

[4] Guido Rebecchini, *Private Collections in Mantua: 1500-1630*, Roma: Edizioni di Storia e Letteratura, 2002, p. 59.

[5] Laurie Fusco and Gino Corti, *Lorenzo de' Medici: Collector and Antiquarian*, p. 179.

君主购买北欧挂毯和绘画。15世纪60年代，布鲁日分行经理托马索·波尔提纳里为皮埃罗·德·美第奇购买用于装饰美第奇宫的北欧挂毯和绘画；15世纪70年代，菲利波·斯特罗奇也通过布鲁日分行购买了七幅"小布面画"和罗杰·凡·德尔·魏登的一幅木板画《圣方济各》。[1]1492年美第奇家族财产清单显示，该家族拥有的140幅绘画中有2/3为弗莱芒的作品，其中最著名的是简·凡·艾克的木板画《书斋中的圣哲罗姆》和佩特鲁斯·克里斯图斯的小木板油画《女子肖像》。这两幅画与其他两件"收藏品"——乔托的《基督被放下十字架》和帕多瓦画家斯弗朗切斯科·斯夸尔乔内的《犹滴》一起放在洛伦佐的"书斋"中。[2]最后，这一时期还有一类常见的艺术代理——大使。正如马丁·沃恩克指出的，自15世纪开始，关注当地艺术界并为政府或君主搜寻期望的艺术品或艺术家就一直是各国大使的重要职责之一。[3]

准职业艺术商的出现

15、16世纪，对古物和现代艺术品需求的增长还促进了准职业艺术品商人的出现。一个早期的例子是，15世纪早期商人-古物学安科纳的齐里亚科。在地中海地区经商和游历期间，齐里亚科狂热地搜集所能发现的古代钱币和其他文物，并竭力准确地抄写碑铭，他还编纂了一部古代铭文集（现已失传）。他与拜占庭皇帝和土耳其苏丹都保持着友好关系，并与同时代意大利人文学者、古物学家和对古代文化怀有热情的君主、贵族有密切联系，成为他们获得古代艺术品的最重要渠道。他既赠送也出售自己收藏的古物。他曾将一枚有图拉真皇帝头像的金币送给神圣罗马帝国皇帝西斯蒙多，还将一枚有维斯巴乡皇帝头像的银币送给人文学者拉法埃

---

[1] Paul Nuttall, *From Flanders to Florence: The Impact of Netherlandish Painting, 1400-1500*, pp. 77-78.
[2] Paul Nuttall, *From Flanders to Florence: The Impact of Netherlandish Painting, 1400-1500*, pp. 107-109.
[3] Martin Warnke, *The Court Artist: On the Ancestry of the Modern Artist*, pp. 103-104.

罗·卡斯提利奥内。15 世纪早期的另一个准职业古董商是弗朗切斯科修士。1430 年，人文学者安布罗乔·特雷维萨利在给尼科罗·尼科利的信中提及这位修士答应送来一些希俄斯岛的古物。1435 年，特雷维萨利从威尼斯写信给尼科罗说，有人告诉他弗朗切斯科修士正在叙利亚搜寻古物，准备将其送给尼科罗。波焦·布拉乔利尼在给尼科罗的信中说，他委托这位修士在希俄斯岛购买古代雕塑，后者告说他有一些古希腊著名雕塑家的雕塑头部。[1]

到 15 世纪晚期和 16 世纪，随着贵族和精英阶层收藏热的兴起，艺术品市场进一步繁荣发展，促进了更多艺术商的出现。威尼斯的多梅尼科·迪·皮埃罗和罗马的乔瓦尼·恰姆波利尼是其中最出名的两位。洛伦佐·德·美第奇正是从前者手中购得那件著名的红玉髓雕刻《马尔斯亚斯与阿波罗和奥林帕斯》。恰姆波利尼是罗马最著名的艺术商，洛伦佐绝大部分的古代艺术收藏品都是通过他获得的。恰姆波利尼本人也是个收藏家，同时也是个精明的商人。他在和洛伦佐做买卖时耍尽花招。1489 年，在罗马为洛伦佐收购古代艺术品的诺弗里·托纳波尼告诉洛伦佐，恰姆波利尼将三个古代农神雕塑的价格从 25 至 30 杜卡特提高到 50 杜卡特，并声称他在其他收藏家那里可以卖到 100 杜卡特。两个月后，诺弗里在恰姆波里尼处看到一件罗马皇帝涅尔瓦头像，但他写信告诉洛伦佐说，恰姆波里尼提出了一个"疯狂的"价格，并怀疑他没有拿出全部货藏。[2]

这一时期，北欧和中欧各国的君主和贵族也加入到对意大利艺术品的激烈市场角逐中。提香的同事和朋友、曼托瓦艺术家雅科波·斯特拉达就替中欧君主和神圣罗马帝国皇帝购买古代艺术品，他还被任命为皇帝鲁道夫二世的"古物学家"。许多著名古代艺术品通过他进入中欧，如鲁道夫二世收藏的一件被称为《伊罗纽斯》的尼奥比德像。这件作品曾先后被艺

---

[1] Laurie Fusco and Gino Corti, *Lorenzo de' Medici: Collector and Antiquarian*, pp. 184-185.

[2] Laurie Fusco and Gino Corti, *Lorenzo de' Medici: Collector and Antiquarian*, pp. 24-25.

术家洛伦佐·吉贝尔蒂和皮洛·里古里奥收藏。[1] 到 16 世纪，古代艺术品和意大利著名艺术家的作品都成为整个欧洲君主和贵族角逐的目标。瓦萨里在其传记中提到一个叫乔万巴蒂斯塔·普奇契尼的佛罗伦萨商人，专门替法国国王购买和订制意大利艺术品，如他让安德雷亚·德尔·萨托为法国国王画了一幅《死去的基督》。[2] 另一个著名的艺术商是佛罗伦萨人乔瓦尼·巴蒂斯塔·德拉·帕拉。此人也为法国国王工作。帕拉是个共和派。16 世纪早期，法国曾是推翻美第奇家族建立的佛罗伦萨共和国的支持者。帕拉充当了共和国政府及其支持者与法国"艺术外交"的桥梁。1529 年，斯特罗奇家族通过帕拉将米开朗基罗的大理石雕塑《赫拉克勒斯》送给法国国王；佛罗伦萨人乔瓦尼·班迪尼也是通过帕拉，将罗索·费伦提诺的《摩西与约斯罗的女儿们》送给法国国王。[3] 瓦萨里谴责帕拉为法国国王购买了许多珍贵的绘画和雕塑以装饰国王的宫殿，从而"夺走了佛罗伦萨大批珍贵的艺术品"。[4] 帕拉甚至曾想将佛罗伦萨人皮埃尔弗朗切斯科·波尔格里尼一整个房间的绘画都运到法国，但被后者的妻子严词拒绝了，并骂他是一个为了私利不惜讨好敌国的"卑鄙的捐客"。[5]

收藏与艺术的诞生

　　文艺复兴时期，自由艺术市场的发展与"收藏"密切交织在一起，收藏构成了艺术品进入自由市场的最重要驱动因素。收藏作为一种"炫耀性消费"的兴起是意大利文艺复兴时期的一项重要发展。这一时期有关视觉

---

[1] Tomas DaCosta Kaufmann, *Court, Cloister & City: The Art and Culture of Central Europe, 1450-1800*, London: George Weidenfeld & Nicolson Ltd, 1995, p. 174.

[2] Giorgio Vasari, *The Lives of the Painters, Sculptors and Architects*, Volume II, p. 310.

[3] Maria Ruvoldt, "Michelangelo's *Slaves* and the Gifts of Liberty", in *Renaissance Quarterly*, Vol. 65, No. 4 (2012), p. 1038.

[4] 瓦萨里：《意大利艺苑名人传·巨人的时代》（上），第 189—190 页。

[5] 瓦萨里：《意大利艺苑名人传·巨人的时代》（下），第 32 页。

艺术和艺术家的新观念不仅体现在人文学者和艺术家的艺术论著中，也诞生于对艺术品的收藏与展示实践中。

对珍贵、稀有或年代遥远之物的收集几乎与人类历史一样悠久，并广泛存在于不同时代和地区的文化中。欧洲的收藏文化可追溯到古代。古希腊神庙的宝库、展示神和英雄雕塑的广场可被视为现代欧洲博物馆的前身。古罗马时期，按照老普林尼的记载，从共和国晚期开始，收藏希腊绘画、大理石和青铜雕塑就在罗马贵族中成了一种时尚。公共广场、神庙、走廊与贵族的私人花园和府邸都成了展示古希腊艺术品的博物馆。公元1世纪，古物学家瓦罗41卷的《古物》(Antiquities)集中体现了这一时期罗马精英收藏和研究古物的热情与成就。瓦罗将古物归为两类——人之物品和神之物，并描述了物品的制作者、出处、年代和用途。[1] 中世纪，收藏主要与宗教虔诚和寻宝热有关，圣骸、古代雕刻宝石和贵重金属工艺品是收集的重点。9世纪，加洛林王朝的"文艺复兴"激发了重新发现和获取罗马古物的热潮。如查理曼在亚琛用罗马古建筑遗址的大理石和圆柱建造了皇家礼拜堂，死后还躺在一个古代石棺内下葬。他的儿子"虔诚者"路易也是如此。[2] 除了物质价值和作为建筑材料的实用价值，罗马古物也是加洛林君主证明其作为古罗马的继承者统治西部帝国的合法性的手段。到11、12世纪，随着城市复兴和建造大教堂的热潮的兴起，发现和收集古代物质遗存的热情进一步高涨。在古代和现代之间建立起联系，将古物"归化"自然后再使用成为一股潮流。古代的神庙或被改造为教堂，或被作为建造教堂的采石场，异教图像则被净化后改造为基督教图像。在法国孔克的圣福瓦教堂，盛放圣骸的圣盒雕塑的头部最初就是4世纪的一个皇帝头像。始建于9世纪、11世纪重建的威尼斯圣马可大教堂内部和外部有许

---

[1] 关于瓦罗的古物学，可参见 Alain Schnapp, *The Discovery of the Past: The Origin of Archaeology*, London: British Museum Press, 1996, pp. 63-65.

[2] Alain Schnapp, *The Discovery of the Past: The Origin of Archaeology*, pp. 92-93.

多带有拉丁和希腊铭文的古代大理石板和浮雕，这是威尼斯通过战争和购买方式从意大利和地中海地区获得的。它们既是建筑材料，也是威尼斯强大、富庶及其"假造的"古希腊罗马历史渊源的象征。始建于 11 世纪的比萨大教堂也有许多有拉丁铭文的大理石板，它们是比萨从罗马和奥斯提亚运来的。[1] 皇帝弗里德里希二世可以说是文艺复兴时期意大利那些热衷收藏古代艺术品的开明君主的先驱：他让人制作了一枚古代风格的金币，上面有他的"恺撒"风格的肖像；他还狂热地收集古代物品，让人到那些有可能发现大量古物的地方进行发掘。[2]

在某种意义上，文艺复兴时期的古代艺术品收藏是 9 世纪以来绵延不绝的"崇古"热情的延续。不过，文艺复兴时期的精英对古代艺术和建筑遗存的态度与中世纪精英有很大差异，从而使其收藏实践也出现了重大变化。中世纪对古物的态度基本上是功利性和实用性的。古罗马艺术和建筑遗存主要被作为建筑原料、物质财富或建构政治和历史连续性的手段，很少被视为具有独立价值的文化物品。古物常常被以各种方式整合进生活，而不是被系统地收藏并单独展示在特定空间。但在文艺复兴时期，除了物质价值和实用性，罗马古物更被视为具有重要社会、历史、文化和审美价值的精神财富并被加以系统收集和单独展示。这一变化突出表现对古建筑残存的态度上。中世纪主要被作为建筑材料的古罗马石柱、柱头或其他建筑残片，到文艺复兴时期则被奉为具有独立文化和艺术价值的艺术品单独展示在特定空间。1492 年，美第奇家族的财产清单就记录了该家族收藏的一些花岗岩和大理石圆柱、柱头和柱基。[3]

人文主义者在这种新的收藏观念和实践的兴起和发展中发挥了关键作用。他们将古代奉为行为、道德和理想生活的典范，不仅从古代手稿中

---

[1] Patricia Fortini Brown, *Venice & Antiquity: The Venetian Sense of the Past*, pp. 8-9.
[2] Alain Schnapp, *The Discovery of the Past: The Origin of Archaeology*, pp. 102-103.
[3] Laurie Fusco and Gino Corti, *Lorenzo de' Medici: Collector and Antiquarian*, p. 68.

寻找知识和智慧，也努力从古代钱币、碑铭、雕塑、建筑遗迹和残片中发现古代的伟大和辉煌。对古物的热情也不仅是个人趣味。在许多城市，发现、保存和研究古物常常与城市爱国主义交织在一起。古物是建构城市历史和塑造政治、文化荣耀的重要因素。人文学者还赋予古代艺术和建筑遗存前所未有的道德和审美价值。各种形式的古代图像，从有皇帝头像的钱币，到古代帝王、英雄、文化名人和诸神的头像、半身像和浮雕等，都被视为美德"榜样"和古代艺术家天才的象征。道德和审美价值的交织构成了人们收藏古代艺术品的最大动力。彼特拉克是倡导并实践这种收藏的先驱。他将自己收藏的一些古代金币和银币，包括一枚有奥古斯都头像的金币送给当时的神圣罗马帝国皇帝查理四世。他相信它们能激发他效仿那些伟大的古罗马帝王。[1] 彼特拉克对古钱币的态度与其撰写《名人传》(*On Illustrious Men*, 1367—1379)和设计帕多瓦的卡卡拉家族宫邸"名人厅"壁画的意图是一致的。彼特拉克不仅强调图像的历史、文化和道德价值，也强调其作为艺术品的审美价值。他在遗嘱中将自己珍藏的一件乔托的圣母像赠给他的朋友、资助人帕多瓦统治者弗朗切斯科·达·卡拉拉，并写道："无知的人不懂这幅木板画的美，精通艺术的大师（magister）则为之惊叹。"美国学者保拉·芬德伦指出，magister 一词一般指大学生，在这里，彼特拉克将艺术知识提升到与普通知识近似平等的地位。[2] 彼特拉克的朋友乔瓦尼·唐迪与其心意相通。他描绘罗马城"那些保存至今的雕塑，无论青铜铸造的还是大理石雕刻的，以及那些散落在地面上随处可见的残片，那些以令人惊叹的技艺造就的大理石凯旋门和表现伟大历史事迹的圆柱雕刻"都是古代伟人美德、荣誉、高贵灵魂和事迹的记忆与

---

[1] Kathleen Wren Christian, *Empire without End: Antiquities Collection in Renaissance Rome*, 1350-1527, p. 33.
[2] Paula Findlen, "Possessing the Past: The Material World of the Italian Renaissance", in *The American Historical Review*, Vol. 103, No.1 (1998), p. 90.

证明。[1]

  人文主义者对古代艺术的这种态度主要受到古代作家，尤其是老普林尼的启发。作为唯一保存下来的一部涉及古代视觉艺术的著作，老普林尼的《自然史》不仅对文艺复兴时期的艺术理论和艺术实践产生了重要影响，也深刻影响了文艺复兴时期精英收藏艺术品的实践。在《自然史》第33至36卷有关各种贵重和廉价金属、石头、矿物、泥土的性质和用途的描述中，老普林尼简要论述了与这些自然资源相关的艺术品的发展历史，包括绘画、金属雕塑、大理石雕塑和宝石雕刻。在谈论艺术品在古罗马社会中的使用时，老普林尼抨击了自共和国晚期以来罗马社会的"奢侈"之风，尤其是罗马精英对希腊艺术品的狂热收集，如科林斯铜器与古希腊著名艺术家的绘画和雕塑。罗马人将这些劫掠或高价购买的艺术制品展示在公共广场、神庙、走廊或私人别墅、花园内。它们既象征着罗马的胜利和荣耀，也为私人收藏家带来了"荣誉"（honos）和"权威"（auctoritas）。有学者指出，这两个概念通常用于政治领域，老普林尼在这里显然赋予艺术品以政治价值。[2] 但老普林尼也批评当时罗马人粗俗的趣味，认为大多数所谓的收藏家都是假充鉴赏家，以显得与众不同，事实上对科林斯铜器并无深入认识。[3] 这即是说，真正的鉴赏家应具有审美鉴别力，应看重艺术品体现的技艺和艺术家的天才，而非材料的价值。老普林尼的记载为文艺复兴时期从事艺术品收藏的知识人、君主和贵族提供了重要指导。彼特

---

[1] Kathleen Wren Christian, *Empire without End: Antiquities Collection in Renaissance Rome*, 1350-1527, pp. 26-27.

[2] Jacob Isager, *Pliny on Art and Society: The Elder Pliny's Chapters on the History of Art*, London: Routledge, 1991, p. 157. 老普林尼在谈到古希腊艺术家及其作品时，常常附带提到他们在罗马的收藏和使用。比如在第36卷谈到大理石雕塑时，他列举了罗马城及近郊展示古希腊大理石雕塑的主要公共场所和私人"美术馆"。

[3] Pliny, *Natural History*, IX, pp. 130-131.

拉克最早"发现了"老普林尼,并深受其影响。[1] 他在《论命运的补救法》(*Remedies of Fortune Fair and Foul*, 1354—1366)中简要叙述和传播了老普林尼的艺术观以及古罗马人的艺术收藏热。到 15、16 世纪,随着精英阶层对老普林尼著作的广泛阅读和接受,[2] 加上彼特拉克著作的权威和影响力,新艺术观和基于审美的艺术收藏理想在意大利精英中广泛传播,成为其教育和高雅生活的重要一部分。可以说,人文主义运动为文艺复兴时期的收藏文化注入了新的动力,并提供了基督教以外的世俗价值框架。

但人文主义运动并非影响文艺复兴时期艺术收藏的唯一因素,收藏也是这一时期精英炫耀式消费的一部分。艺术品本质上是奢侈品,而艺术品收藏往往需要占用个人和家族的很大一部分资金。对拥有物品的渴望是文艺复兴时期的一个突出现象。按照经济-艺术史学家理查德·哥德斯怀特的说法,文艺复兴时期不仅有"人的发现和世界的发现",还有一个"物品的发现"。[3] 人通过拥有物品界定自我,物品既体现同时也创造了文艺复兴时期的文化。炫耀式消费当然并非文艺复兴时期特有的现象,不过在这一时期炫耀性消费开始被推崇为一种美德。15 世纪开始盛行的"壮美"和"华丽"的观念就是一种炫耀式消费伦理和美学。它们不仅肯定拥有财富的合理性,更将花费财富塑造为一种公共和私人美德,一种只有富有者才能具有的美德。15 世纪晚期学者乔瓦尼·彭塔诺最早系统地阐述了这一理论。在彭塔诺看来,主要涉及家庭室内装饰华丽是一种私人美德,它体现为包括艺术品在内的各种精美、雅致、昂贵和奢华的装饰和摆设:"如果我们获

---

[1] 老普林尼《自然史》的节选本或摘要在中世纪一直存在。但中世纪欧洲学者对其论述视觉艺术的部分几乎视而不见,而主要关注该书里有关特异人种和医学的内容。直到彼特拉克,此种情况才发生关键性变化。

[2] 1469 年,《自然史》的第一个印刷本在威尼斯刊印;1476 年,人文学者克里斯托佛罗·朗迪诺翻译的第一个意大利文本首次在威尼斯刊印,改版包括 1000 个纸本和 20 个羊皮精装本。随后,该版又多次重印,从而使其为更多的非拉丁语读者了解和接受(Sarah McHam, *Pliny and the Artistic Culture of the Italian Renaissance*, p. 10)。

[3] Richard Goldthwite, *Wealth and the Demand for Art in Italy, 1300-1600*, p. 255.

取某些物品既为了实用，也为了美化和光彩，我们就说它们是装饰品，比如雕塑、木板画、挂毯、长凳、镶嵌象牙的座位、有宝石的布料、绘有阿拉伯花饰的盒子和柜子、水晶瓶以及其他人们依照自己的条件装饰家居的物品……这些东西赏心悦目，而且如果能够有许多人常常光顾这里和欣赏它们，它们就能为房子的主人带来声望。"[1] "壮美"和"华丽"不仅是美德，而且是文艺复兴时期城市精英重新界定的"高贵性"的重要一部分。

正如我们在上一节提到的，中世纪封建贵族的骑士理想和价值观对文艺复兴时期的城市精英和领主们仍有很大吸引力，血统和出身仍被视为高贵地位的重要因素。但文艺复兴时期意大利精英以城市为中心的生活方式，使之不可能全面模仿和接受意大利封建贵族与北欧宫廷的价值观，因而"高贵性"一度成了文艺复兴时期精英关注和讨论的焦点。在对"高贵性"的重新界定中，不仅文学成了一个重要指标，消费金钱的方式也成了体现和塑造高贵地位的重要手段。[2] 通过物品展示趣味、文雅和教养，成了文艺复兴时期包括艺术赞助和收藏在内的炫耀式消费的核心价值观。15世纪早期，波焦·布拉乔利尼在其《论高贵》（*On Nobility*, 1440）中谈到他在他的一个乡村别墅收藏的一些古代大理石雕塑残片，并借洛伦佐·瓦拉之口指出了它们对提升其个人和家族的高贵性的重要意义。瓦拉指出，"我们的东道主通过阅读了解到，在过去，人们为了提升家族名望和高贵地位常常在家里、别墅、花园、庭院和书房中摆放祖先的图像、绘画和雕像。但因为他（即布拉乔利尼）没有自己祖先的图像，他便力图用这些奇怪和残破的大理石让这个别墅和他自己变得高贵，由于这些东西的新颖奇特，他的荣誉可通过它们流传于后世"。[3] 到16世纪，艺术品作为具有道

---

[1] Luke Syson and Dora Thornton, *Objects of Virtue: Art in Renaissance Italy*, p. 29.
[2] 有关文艺复兴时期意大利精英对"高贵性"的讨论和重新界定，可参见 Richard Goldthwhite, *Wealth and the Demand for Art in Italy, 1300-1600*, pp. 199-202.
[3] Luke Syson and Dora Thornton, *Objects of Virtue: Art in Renaissance Italy*, p. 87.

德和审美价值的"高贵的财富"(ricchezze virtuose)的观念已被精英阶层普遍接受。16世纪中期,威尼斯人保罗·曼努奇奥对威尼斯贵族收藏家安德雷亚·罗雷达诺的艺术收藏的态度,表达了意大利精英的一种共识:"任何土地、宫邸或其他财富的价值和伟大都无法与您收藏的古物相提并论。这些不是单凭劳动就能获取的物质财富。您的收藏也不是一块能通过一个价格买到的宝石。这些是'高贵的财富',无知的人无法得到它们,它们只能在很长时间内凭借判断力、才智和渊博的知识获得。"[1]

正是对物品道德和文化价值的重视,使文艺复兴时期的收藏实践较之中世纪出现重要变化。需要指出的是,雕刻宝石、硬石器皿以及金、银等贵金属制品依旧是文艺复兴时期意大利精英收藏的重要内容。15世纪早期最伟大的古物收藏家威尼斯贵族皮埃罗·巴尔波,即后来的教宗保罗二世的收藏主要是雕刻宝石(500多件)、浮雕宝石(200多件)和许多价值连城的石瓶,其中包括著名的法尔内塞古杯,一件制作于公元前2至1世纪的缠丝玛瑙、玉髓和红玛瑙雕刻杯子(图23)。[2]1471年,保罗二世去世后,这件古物被洛伦佐·德·美第奇以3000弗罗林购得。1492年美第奇家族的财产清单表明,此类"财宝"性质的物品是该家族艺术收藏的主要内容。其中最昂贵的法尔内塞古杯估价高达1万弗罗林。但与中世纪君主和贵族的收藏不同,文艺复兴时期的精英不仅收藏这些财宝,也热衷收藏物质价值较低的古钱币、陶器以及青铜、大理石雕塑残片。保罗二世和美第奇家族的藏品中包括上千枚古钱币。即便是宝石和贵重金属制品,人们也强调其文化和艺术价值,即其制作工艺和设计所展示的艺术家的天才。法尔内塞古杯之所以备受追捧不仅因其昂贵的材料,更因为精湛的雕刻工艺和卓越的设计。在1471年被洛伦佐收藏前,它曾先后被那不勒斯国王

---

[1] Monica Schmitter, "'Virtuous Riches': The Bricolage of Cittadini Identities in Early-Sixteenth-Century Venice", in *Renaissance Quarterly*, Vol. 57, No. 3 (2004), pp. 916-917.

[2] Kathleen Wren Christian, *Empire without End: Antiquities Collection in Renaissance Rome, 1350-1527*, p. 93.

图 23 法尔内塞古杯

阿方索五世、教宗保罗二世等显赫的贵族和君主收藏。[1] 15 世纪晚期艺术家菲拉雷特表达了收藏观念的这一变化。他在赞美皮埃罗·德·美第奇收藏的古钱币、青铜、大理石雕刻以及宝石、金、银工艺品时指出，皮埃罗喜欢这些物品既因为它们呈现的图像（即古代伟人像），也因为它们展示的古代伟大艺术家的高超技艺和崇高天赋。他们不仅使诸如青铜、大理石制品这样不值钱的东西变得有价值，而且使"金、银这样值钱的物品更加价值连城"。[2]

对物品文化价值的注重也逐渐影响其货币价值，古代大理石雕塑残片在文艺复兴时期价格的变化清楚地表现了这一点。在中世纪，此类古代遗存一般被视为需要抵制或归化的异教偶像。它们被有意识地破坏或者净化后再使用，或者直接弃之不顾。文艺复兴时期，最初有意识地收集它们的是人文学者、古物学家和艺术家，如波焦的乡村花园就展示着他收藏的大理石雕塑残片。艺术家收集它们主要是供工作和学习之用。[3] 这些物品的价格起初相对较低。早期收藏家，如保罗二世和美第奇家族收藏的古代雕塑大都在 10 至 40 弗罗林之间。但从 15 世纪晚期开始，这些物品的价格飙升。伊莎贝拉花了 100 杜卡特购买曼泰尼亚手中的一件古罗马皇后弗斯蒂娜的雕像。她为获得一件普拉科希特列斯的《熟睡的丘比特》付出更高代价：为买主提供一个年薪 100 杜卡特的圣职。1506 年，《拉奥孔》在菲利斯·德·弗雷迪斯的葡萄园一经发现，立刻引起包括教宗尤利乌斯二世在内的全意大利君主和贵族收藏家的竞争。最后，教皇以匪夷所思的高价，

---

[1] Laurie Fusco and Gino Corti, *Lorenzo de' Medici: Collector and Antiquarian*, p. 128.
[2] Luke Syson and Dora Thornton, *Objects of Virtue: Art in Renaissance Italy*, p. 89.
[3] 艺术家收藏古代艺术品是为了工作和学习。古代钱币、石棺、建筑和圆柱浮雕以及大理石、青铜雕塑既是丰富的艺术母题宝库，也是艺术家了解和模仿古代艺术风格的重要资料。比如 15 世纪早期艺术家皮萨内罗制作的古代风格像章就受到其收藏的古代钱币的启发。另外，15 世纪其他许多艺术家也收藏有数量不等的古代艺术品。如佛罗伦萨雕塑家洛伦佐·吉贝尔蒂、帕多瓦艺术家弗朗切斯科·斯夸尔乔内、威尼斯画家乔瓦尼·贝利尼等以及曼托瓦宫廷的安德雷亚·曼泰尼亚等。关于艺术家的收藏活动可参见 Francis Ames-Lewis, *The Intellectual Life of the Early Renaissance Artist*, p. 81.

即为弗雷迪斯提供 600 杜卡特的终身年薪胜出。[1]

大理石雕塑残片显然不具有多少物质价值，甚至历史和文献价值也是有限的，人们对它们的热情主要是道德的和审美的。15 世纪晚期学者马泰奥·费莱尔福这样赞美罗马城蒙特卡瓦罗山的古罗马大理石雕塑《驯马者》（Dioscuri）："（两匹马和两个驯马者）每一个都美丽绝伦，这是普拉科希特列斯和菲迪亚斯以其高贵的艺术制作的。"他还指出，它们不是真实的人和马的肖像，而是艺术家非凡才智的体现。[2]

15 世纪中期以后，对古代雕塑的兴趣和热情在君主和贵族收藏家中迅速发展。到 15 世纪晚期和 16 世纪，古代雕塑残片甚至超过古代钱币和宝石雕刻成为最受追捧的收藏品。罗马的教皇和枢机主教们成为最主要的古代雕塑收藏者。这一方面是由于 15 世纪以来罗马城的大规模重建使大量古代雕塑重现天日，另一方面也因为教皇及其国际宫廷的高级官员们拥有无可匹敌的财富和收藏古罗马艺术遗存的强烈动机：展示其作为古罗马政治和文化荣耀继承者的合理性以及个人趣味、修养和美德。同时，教会精英收藏古代雕塑的热情还与他们在罗马城内和郊区修建私人宫邸、别墅和花园的活动密切交织，相互促进。

16 世纪，罗马古迹和古代雕塑成为整个意大利乃至欧洲艺术家、古物学家和社会精英艺术朝圣的目标。旅居意大利的荷兰艺术家马腾·凡·海姆斯凯尔克在 1532 至 1537 年参观并用素描记录了罗马主要的私人雕塑收藏，如德拉·瓦莱家族花园、加里家族花园、美第奇家族别墅以及集中展示教皇的雕塑收藏精品的"观景楼"。16 世纪罗马旅游指南性质的著作不仅包括教堂和其他传统的基督教遗迹，也包括古代建筑和异教雕塑，如博学的教士弗朗切斯科·阿尔贝蒂尼的《罗马古物》（*Opusculum de mirabilibus novae & veteris urbis Romae*，1510 年出版）和尤里塞·阿尔多万蒂的

---

[1] Laurie Fusco and Gino Corti, *Lorenzo de' Medici: Collector and Antiquarian*, pp. 201-202.
[2] Luke Syson and Dora Thornton, *Objects of Virtue: Art in Renaissance Italy*, p. 91.

《罗马城的古代雕塑》(Della statue antiche che per tutta Roma in diversi luoghi e casa si veggono，写于 1549 年左右）。[1]

现代艺术品收藏的兴起

自 14 世纪以来，不只古代艺术品，现代艺术品也逐渐被囊括在"高尚的财富"内。彼特拉克是这种观念的先驱。他不仅推崇乔托圣母像的审美价值，也非常欣赏当时的锡耶纳画家西莫内·马尔蒂尼。他在诗中赞美马尔蒂尼，请他画了一幅劳拉的画像和为一些古代手稿画插图，并与他结下友谊。到 15 世纪，对艺术品审美和道德价值的肯定和重视逐渐在精英阶层中传播开来。15 世纪佛罗伦萨银行家乔瓦尼·鲁切拉伊自豪地记录了他拥有的艺术品及其作者，包括菲利波·利皮修士、朱利亚诺·达·马伊亚诺、安托尼奥·波拉约罗和保罗·乌切罗等。1492 年美第奇家族财产清单的起草人认真记录该家族拥有的一些重要现代艺术品及其作者，包括乔托、马萨乔、多纳泰罗和安杰利科等。这些艺术品有直接订制的，有世代累积和继承的，也有特意"收藏"的，如乔托的作品。该家族还曾设法获得其他佛罗伦萨"老大师"作品，如皮埃罗·德·美第奇就曾从一座修道院获得一件齐马布埃的木板画。在佛罗伦萨，人们对现代艺术品的热情也与爱国主义有关。因为自 15 世纪以来，在佛罗伦萨的各种爱国主义写作

---

[1] 中世纪的旅游指南主要面向朝圣者，教堂是其关注的主要内容。到 16 世纪，旅游指南在意大利各地大量涌现，其预设的读者群已不限于传统的朝圣者，还包括对古代建筑和艺术遗存充满热情的"艺术朝圣者"。除阿尔贝蒂尼外，还有桑索维诺（Francesco Sansovino）的《威尼斯名胜》(Della cosa notabile in venetia,1556）, 阿尔贝蒂（Leonardo Alberti）的《意大利大观》(Descrittione di tutta Italia, 1550），马坎托尼奥·米凯尔（Marcantonio Michiel）的《设计作品札记》(Notizie d'opere del disegno, 1530 年左右）以及布奇（Francesco Bocchi）的《佛罗伦萨的美丽事物》(Le Bellezze della citta di Fiorenza，1591）等。17 世纪最著名的旅游指南是威尼斯学者里多尔菲（Carlo Ridolfi）的《艺术大观》(Maraviglie dell'arte, 1648）和布斯齐尼（Marco Boschini）的《绘画导航图》(La Carta de navegar Pittoresco, 1667）。这些旅游指南的作者大都是业余爱好者，他们基于切身经验和观察（而不是依据文献）记载了意大利主要城市私人收藏和公共场所的古代与现代艺术品，是了解这一时期意大利的艺术收藏文化和视觉艺术的宝贵资料。

中，齐马布埃、乔托及其他中世纪晚期和文艺复兴早期艺术家和艺术品已被普遍视为佛罗伦萨政治荣耀和文化优越性的象征。

到 16 世纪，收藏现代艺术品在整个意大利已非常普遍。对古代艺术品和现代艺术品的审美鉴别力成为精英的必备品质。在 16 世纪早期学者巴尔达萨雷·卡斯提利奥内的宫廷礼仪手册《论廷臣》中，鲁多维科·卡诺沙指出，一个绅士应具有对包括"古代和现代雕塑、花瓶、建筑、像章、浮雕宝石和凹雕宝石等"艺术品的审美判鉴别力。[1] 为伊莎贝拉·德·埃斯特搜寻古代艺术品的曼托瓦学者萨巴·迪·卡斯提利奥内指出了收藏现代艺术品的意义："有些人用古物，如头像、躯干以及古代大理石和青铜雕像装饰房子。但由于好的古代作品稀有不易获得，且极为昂贵，因此，他们就用多纳泰罗的作品。因为多纳泰罗在雕塑和铸造（青铜像）方面可与任何一位古希腊雕塑家媲美……或者他们也用米开朗基罗的作品。在雕塑和绘画方面，米开朗基罗是我们时代的光荣。"他认为现代艺术家作品以及凹雕宝石、弗兰德尔挂毯和土耳其地毯等，都显示了拥有者的"判断力、文化、教养和卓越"。[2] 伊莎贝拉·德·埃斯特不仅对古代艺术品有"不餍足的渴望"，也力图拥有所有意大利著名艺术家的作品。她竭力聘请所有著名意大利画家，包括曼泰尼亚、佩鲁吉诺、乔瓦尼·贝利尼和达·芬奇等装饰她的"书房"，并用古代艺术品和古代风格的青铜、大理石雕塑装饰她的"洞室"。在专门陈列其艺术收藏的"洞室"，普拉科希特列斯的《熟睡的丘比特》与米开朗基罗的《熟睡的丘比特》被并列展示。16 世纪二三十年代，威尼斯学者和收藏家马坎托尼奥·米凯尔在其《设计作品札记》中记录了意大利北部城市，特别是帕多瓦和威尼斯的主要私人收藏，如皮埃特罗·本博、安德雷亚·奥多内、安托尼奥·帕斯夸里诺和加布雷尔·文德拉明等。他的记载显示，这些人不仅收藏古代艺

---

[1] Baldesar Castiglione, *The Book of the Courtier*, p. 101.
[2] Robert Klein and Henri Zerner ed., *Italian Art 1500-1600: Sources and Documents*, pp. 23-24.

术品，也收藏现代雕塑和绘画。其中最著名、最具代表性的是威尼斯贵族加布雷尔·文德拉明。文德拉明的收藏代表了这一时期艺术收藏文化的最新发展潮流。他的收藏中既有古代钱币、大理石头部和残片，也有当时的意大利艺术品，特别是威尼斯画家的绘画（最著名的是乔尔乔内的《暴风雨》）。引人注意的是，他的收藏还包括许多素描和版画。在 1548 年的遗嘱中，文德拉明将其艺术收藏视为珍贵的家族遗产："这个小房间的东西价值数百杜卡特。它们不同于我们在账本中登记的家具和装饰，它们带来的好处远超过购买它们花费的金钱。"[1]

相比古物，当时的艺术品更便宜，也容易获得。15 世纪中期以后，随着君主、贵族和教皇、枢机主教等日益介入和控制古物市场，对古物的竞争日趋于白热化。15 世纪 50 年代，在罗马的卡罗·德·美第奇在给乔瓦尼·德·美第奇的信中谈道，他购得原属于艺术家皮萨内罗的 30 枚银币，但皮埃罗·巴尔波（未来的教皇保罗二世）却强行夺走了它们。1471 年保罗二世去世后，其收藏同样成了其他君主和贵族收藏家争夺的对象。[2] 贵族和君主收藏者的介入使古物价格暴涨，普通人难以获得。在这种情况下，艺术品成了相对廉价和易得的替代品。正如学者波米安指出的，收藏实践的创新常常是一种"自下而上"的互动。因价格和社会关系被排除在既定的有意义的物品外的阶层被迫去发现新的有价值的物品，随着时间推移，这些物品又会被最高的阶层精英接纳。[3]

不只如此，艺术品收藏的兴起也与社会竞争和社会区分有重要关系。文艺复兴时期，艺术收藏日益成为一个排他性和竞争性的领域。正如前面

---

[1] David Chambers and Brian Pullan eds., *Venice: A Documentary History, 1450-1630*, pp. 428-429.

[2] 由于古代艺术品的重要性，文艺复兴时期的古物收藏竞争不仅取决于财力，也是收藏者政治权力和地位的较量。为了得到期望的古物，贵族和君主收藏家们几乎不择手段。关于这一时期收藏家的"不光彩"行为，参见 Laurie Fusco and Gino Corti, *Lorenzo de' Medici: Collector and Antiquarian*, pp. 185-187.

[3] Krzysztof Pomian, *Collectors and Curiosities: Paris and Venice, 1500-1800*, trans. Elizabeth Wiles-Portier, Cambridge: Polity Press, 1990, p. 30.

提到的，15 世纪中期以后古代艺术品收藏日益成了贵族和君主的特权，知识人、艺术家和其他普通收藏者被排除在外。米凯尔记录的 16 世纪威尼斯的 11 个重要私人收藏家只有 6 个藏有古物。其他都是现代意大利艺术品，尤其是"威尼斯画派"的作品。[1] 与 15 世纪以来佛罗伦萨精英对本城艺术家作品的收藏一样，这也与城市爱国主义有关。不过，社会竞争也发挥了影响。在威尼斯，富有但被排除政治权力之外的市民通过发明新的收藏品（包括现代艺术品）和新的收藏模式进行社会区分，提升其地位和影响力。著名市民收藏家安德雷亚·奥多内对大理石半身像的收藏在 16 世纪早期的威尼斯非常少见。[2] 另外，新艺术观对艺术家天才和创造性的肯定也是促进现代艺术品收藏的重要因素。到 16 世纪，现代艺术品也开始具有很高的"货币价值"。1525 年，达·芬奇的弟子萨莱去世后，他的姐妹对其作坊财产，以及他继承的达·芬奇的一些作品进行了估价和出售，包括《蒙娜丽莎》《圣母、圣子与圣安妮》和《勒达》。其中，估价最高的《勒达》（200 苏尔迪）甚至超过了萨莱从达·芬奇那里继承的一处葡萄园的价格。《蒙娜丽莎》100 苏尔迪的高价同样不同寻常。因为肖像画的价格一般取决于像主的社会地位，但《蒙娜丽莎》的价格显然主要体现了人们对达·芬奇艺术天才的崇拜。[3]

这种对艺术天才的崇拜还使艺术家的草图、素描、未完成作品和版画也成了新的"可收藏物"。对艺术家来说，"图谱"性质的素描是艺术教育和生产的重要工具，其价值主要是实用性的，而不是文化的和审美的。在 15 世纪晚期和 16 世纪，随着新艺术观的兴起，素描开始被视为设计这一普遍的艺术原则和艺术天才的具体化和外在表现。同时，素描本身也日益成

---

[1] 比如根据米凯尔的记载，塔德奥·加蒂有三件贝利尼和三件乔尔乔内，文德拉明有三件贝利尼和两件乔尔乔内（包括著名的《暴风雨》）。

[2] Monika Schmitter, "'*Virtous Riches*': The Bricolage of Cittadini Identities in Early-Sixteenth-Century Venice", in *Renaissance Quarterly*, Vol. 57, No. 3 (2004), p. 948.

[3] Martin Kemp, *Behind the Picture: Art and Evidence in Italian Renaissance*, pp. 160-161.

为艺术家学习、探索和研究透视法、人体以及新的构图和创意的途径。艺术家本人也日益重视草图和素描，不仅将其视为珍贵的作坊财产，也视为其创造性的思想文化成果。一些艺术家开始在自己的素描上署名。最早的例子之一是1430年左右皮萨内罗的一件褐色笔墨羊皮纸素描，表现了从三个角度呈现的一个人物，上面写有"皮萨内罗作"的字样。[1]曼泰尼亚的一些非常细腻的素描上也有他的名字，如他送给洛伦佐·德·美第奇的《犹滴手持荷洛芬尼的头颅》。达·芬奇去世后把自己的素描作为礼物赠给亲戚和弟子，米开朗基罗也常常向朋友、弟子和艺术家同行赠送自己的素描。从15世纪晚期开始，素描逐渐引起知识人和贵族收藏家的关注。1466年，帕多瓦人文主义者菲利斯·菲利奇亚诺的遗嘱中就提到"许多杰出的设计大师画在纸上素描和绘画"。[2]

到16世纪，人们对素描的热情持续发展。达·芬奇的《圣母、圣子与圣安妮》的草图在佛罗伦萨引起轰动和围观；1504年，米开朗基罗的《卡西纳之战》的草图同样赢得普遍关注，本韦努托·切利尼将其形容为"全世界的学校"。拉斐尔的素描同样是狂热收藏的目标。拉斐尔为西斯廷礼拜堂的挂毯设计的著名草图《使徒行迹》受到全欧洲艺术家和收藏家的追捧。瓦萨里是最早有意识地将素描作为独立的"艺术品"或历史文献加以系统收藏的收藏家之一。他从16世纪20年代开始收集艺术家的素描，并最终将其收集的上千件素描编纂成册，即著名的《素描集》。瓦萨里将这些素描按时间顺序编排成一个"想象的博物馆"，通过它们来展现几个世纪以来意大利视觉艺术的发展。[3]到16世纪晚期，素描收藏在业余爱好者和贵族收藏家中已非常普遍。威尼斯贵族加布雷尔·文德拉明、塔德奥·孔塔利尼（收

---

[1] Luke Syson and Dora Thornton, *Objects of Virtue: Art in Renaissance Italy*, p. 170.

[2] Francis Ames-Lewis, *Drawing in Early Renaissance Italy*, p. 4.

[3] Catherine Monbeig Goguel, "Vasari's Attitude toward Collecting", in *Vasari's Florence, Artist and Literati at the Medicean Court*, New York: Cambridge University Press, 1998, p. 117.

藏了乔尔乔内的一些素描）和提莫泰奥·维蒂（收藏了很多翁布里亚地区艺术家的素描）都收藏了不少素描。[1]

艺术品的展示空间：书斋、庭院、走廊、花园和别墅

文艺复兴时期的精英还发明了专门用于展示艺术品的空间，即"书斋"、别墅和花园。这些空间不同于中世纪教堂或君主的财宝室，而是体现和创造人文主义文化和价值观的空间。书斋作为一种居室类型的出现和发展不仅代表了对个体的歌颂，而且表现了作为意大利文艺复兴之典型特征的对教育、知识和艺术的推崇。[2] 书斋最初兴起于人文主义者中，并与模仿古代伟人道德和生活方式的渴望有关。彼特拉克有两个书斋，分别位于他在阿尔夸的别墅和卡拉拉家族的宫邸，这里是他倡导和实践"孤独生活"的场所和象征。从 15 世纪开始，随着崇古热潮的兴起，书斋文化扩展到贵族和君主，成为其新建或改建的私人宫邸的重要一部分。在书斋中，具有物质价值或道德、文化、审美价值的古物，包括雕刻宝石、硬石瓶、金银制品以及古钱币和青铜小雕塑等，与书籍一起展示着主人的财富、权力以及知识和美德。

15 世纪著名的例子是费拉拉公爵莱奥内罗·德·埃斯特在贝尔费奥雷的私人宫邸的书斋、乌尔比诺公爵费德里科·达·蒙特菲尔特罗在乌尔比诺的公爵宫和古比奥（Gubbio）的公爵宫的书斋、皮埃罗和洛伦佐·德·美第奇在美第奇宫的书斋以及曼托瓦公爵夫人伊莎贝拉·德·埃斯特在贡扎加家族宫邸的书斋。书斋装饰的一个常见主题是"缪斯"，强调了书斋作为艺术"神殿"的性质和功能。1447 年，莱奥内罗在贝尔费奥雷宫的书斋是最早的例子。此处表现九位缪斯的寓意壁画由著名人文学者

---

[1] Francis Ames-Lewis, *Drawing in Early Renaissance Italy*, p. 12.
[2] Dora Thornton, *The Scholar in His Studies: Ownership and Experience in Renaissance Italy*, New Haven: Yale University Press, 1997, p. 1.

瓜里诺·达·维罗纳设计并由画家科西莫·图拉绘制。[1] 另外，伊莎贝拉的书斋也有曼泰尼亚画的一幅《缪斯和阿波罗》。书斋装饰的另一个常见装饰主题是名人像，强调了书斋的纪念和道德意义。乌尔比诺的公爵宫的书斋就有 28 幅名人像。[2] 这个书斋与费德里科·达·蒙特菲尔特罗在古比奥的公爵宫以"自由艺术"（表现为各种乐器和科学器具）为主题的书斋，都展示了这位佣兵队长出身和受过人文主义教育的君主的文化、趣味、美德和高贵。[3] 美第奇宫的书斋，尤其是二楼与接待室和礼拜堂相连的书斋，则通过存放和展示的物品，特别是昂贵和精美的古物展示了主人的财富、权力以及知识和美德，如雕刻宝石、硬石瓶、钱币以及大理石和青铜雕塑。[4] 这些书斋都不大，而且往往毗邻卧室，似乎是一个封闭的私人房间。但事实上，在 15、16 世纪，书斋日益成为一个准开放性的展示空间。其装饰和陈设旨在打动潜在的参观者，如来访的外国贵族、君主或大使。美第奇宫二楼的书斋就直接与接待室相连，是皮埃罗和洛伦佐引领外国访

---

[1] 维罗纳在给莱奥内罗的一封信中详细描述了九位缪斯的身份、职守和相应的视觉呈现风格。参见 Michael Baxandall, *Giotto and the Orators: Humanist's Observers of Painting in Italy and the Discovery of Pictorial Composition*, Oxford: The Clarendon Press, 1971, pp. 89-90.

[2] 文艺复兴时期贵族和君主用祖先或古代及现代名人像装饰私人宫邸的做法，显然是受到古代作家或当时人文学者的影响，比如西塞罗、维特鲁威和老普林尼等都曾记载古罗马贵族在书斋或图书馆摆放祖先和名人肖像的习惯。文艺复兴时期早期的著名例子是 14 世纪帕多瓦卡拉拉宫的"名人厅"。15 世纪，乌尔比诺宫书斋开启了一股新潮流，从此直到 16 世纪，名人肖像成了意大利君主和贵族书斋的标配。这些肖像既有助于家族荣耀，也被视为美德、行为和理想生活的"榜样"。比如乌尔比诺宫的名人像就强调了费德里科对"积极生活"和知识性的"沉思生活"的追求。（Cecil Clough, "Art as Power in the Decoration of the Study of an Italian Renaissance Prince: The Case of Federico da Montefeltro", in *Artibus et Historiae*, Vol. 16, No. 31 (1995), p. 30.）

[3] 古比奥宫书斋最著名的是表现自由艺术的透视景木雕护壁板装饰。这种木雕在 15 世纪初最先兴起于佛罗伦萨，显示了佛罗伦萨艺术家和赞助人对透视法这种新艺术知识和方法的热情。体现着新艺术和科学精神的透视景木雕一度是那些受到人文主义影响的君主最喜爱的书斋装饰，除了费德里科的古比奥宫，教宗尼科拉斯五世的书斋和美第奇宫皮埃罗·德·美第奇的书斋也采用了此种装饰。（Olga Raggio, "The Liberal Arts Studiolo from the Ducal Palace at Gubbio", in *The Metropolitan Museum of Art Bulletin*, Vol. 53, No. 4 (1996), pp. 18-19.）

[4] Andrea M. Gáldy, *Cosimo I de' Medici as Collector: Antiquities and Archaeology in Sixteenth Century Florence*, Newcastle upon Tyne: Cambridge Scholars Publishing, 2009, pp. 66-67.

客参观的重要场所。

如果说书斋是小型古代艺术品的博物馆，那么庭院、走廊、花园和别墅则是文艺复兴时期精英展示大型古代和现代雕塑的"美术馆"。正如前面谈到的，最早在花园或城郊别墅展示古代雕塑的是一些人文学者和古物学家。老普林尼、西塞罗等古代作家记载的罗马贵族在乡村别墅、花园和庭院摆放古希腊雕塑的风尚，对文艺复兴时期的精英产生了深刻影响。西塞罗曾在给阿提库斯的信中让他在希腊购买雕塑，以展示在他位于托斯坎鲁姆的别墅。波焦·布拉乔利尼受到西塞罗的启发开始从希腊和罗马城购买古代雕塑，并将其展示在自己的花园。他在15世纪早期给尼科罗·尼科利的信中谈道，他打算从希腊购买几件据称是普拉科希特列斯或波利克利托斯的作品：一个朱诺头部、一个戴桂冠的密涅瓦和一个长角的巴库斯。[1] 波焦的花园成为15世纪晚期和16世纪盛行的贵族和君主雕塑花园或"学院花园"的典范。这些花园不同程度地向收藏家、业余爱好者、艺术家和诗人开放，成了最早的现代"雕塑艺术博物馆"。在这里，古代雕塑不仅展示着主人的趣味、判断力和美德，而且被视为激发艺术家和诗人灵感的源泉。古代女性裸体像借助和诗歌的关联获得收藏合理性，如15世纪早期罗马枢机主教普罗斯佩罗·科罗纳花园的《美惠三女神》和古物学家朱利奥·波姆波尼奥·莱托"学院花园"的《沉睡的女神》。[2]

深受人文主义理想熏染的美第奇家族是最早收藏大型古代雕塑残片的家族之一。15世纪晚期，洛伦佐·德·美第奇将该家族收藏古代雕塑的圣马可花园向艺术家开放，使之成了一座艺术家的学校和博物馆。这个花园由多纳泰罗的弟子和美第奇家族宫廷艺术家贝托尔多·迪·乔瓦尼负责。瓦萨里在谈到米开朗基罗早年的学艺经历时就谈到这个花园在其教育中的重要作用："豪华者洛伦佐·德·美第奇把雕塑家贝托尔多（多纳泰罗

---

[1] Kathleen Wren Christian, *Empire without End: Antiquities Collection in Renaissance Rome, 1350-1527*, p. 123.
[2] Kathleen Wren Christian, *Empire without End: Antiquities Collection in Renaissance Rome, 1350-1527*, p. 140.

的弟子）请到他位于圣马可广场的花园，既是为了让他看管珍藏于此处的无数古代珍宝，更主要的是，他打算在此创建一所伟大画家和雕塑家的学校，并让贝托尔多担任校长。"[1] 米开朗基罗的弟子阿斯卡尼奥·孔迪维在米开朗基罗的传记中也记载："他（米开朗基罗）被格拉纳奇带进了位于圣马可广场的美第奇花园，伟大的洛伦佐——教皇利奥十世的父亲和一个多才多艺的人——把许多人像和古代雕塑用作花园的装饰。"[2] 圣马可花园是美第奇家族艺术收藏的一部分。这里是美第奇家族存放和加工用于建筑工程的大理石的工厂，也是存放和修复其收藏的古代雕塑以及一些佛罗伦萨本地和外地艺术家的"素描、草图和模型"的博物馆，如多纳泰罗、马萨乔、保罗·乌切罗和菲利波·利皮等的作品。为美第奇家族工作的不同年龄、水平的艺人和艺术家在这里临摹古代雕塑和交流艺术理论、技艺，使之成了1563年佛罗伦萨设计学院的博物馆的先驱。[3]

15世纪晚期和16世纪，"雕塑花园"成为罗马收藏家最喜爱和最流行的收藏方式。将大型古代雕塑展示在别墅、花园和走廊并不只是出于方便，更与一种别墅或花园"意识形态"，即田园闲逸生活密切相关。[4] 这种观念来自一些古罗马作家。西塞罗、小普林尼和维特鲁威等把乡村别墅视为一种以创造性的文化艺术活动为主的、高尚的乡村闲逸生活理想的象征。15世纪中期以后，随着意大利君主和贵族建造热情的高涨，这一理想获得广泛"复兴"。城郊别墅和花园以及城内宫邸的庭院和花园都成了展示主人道德、知识和趣味的空间。而在这些空间展示古代雕塑成为这一理想的关键因素。花园的主人将其视为"新时代的帕尔纳苏斯山"。花

---

[1] 乔尔乔·瓦萨里：《意大利艺苑名人传·巨人的时代》（下），第258—259页。

[2] Ascanio Condivi, *The Life of Michelangelo*, p. 10.

[3] Luigi Zangheri, "The Accademia del Disegno and It's Museology", in *Giorgio Vasari and the Birth of the Museum*, ed., Maria Wellington Gahtan, Farnham: Ashgate, 2015, p. 200.

[4] James S. Ackerman, *The Villa: Form and Ideology of Country House*, Princeton: Princeton University Press, 1990, p. 37.

园展示的雕塑本身也强调了与文化艺术活动的关联。如枢机主教普罗斯佩罗·科罗纳花园里的《美惠三女神》、古物学家波姆波尼奥·莱托"学院花园"的《沉睡的女神》[1]以及教皇尤利乌斯二世的观景楼里的《阿波罗》《沉睡的阿里阿德涅》。[2]花园主人常常将花园向诗人和艺术家开放，支持诗人就某件雕塑创作警句和诗歌，将花园塑造为艺术灵感的源泉。在这一时期的罗马，几乎任何一块缀着古代雕塑残片的绿地都成了缪斯女神的避难所或新帕尔纳苏斯山。[3]

在罗马，教皇、枢机主教以及知识人、世俗贵族和富商日益将艺术收藏从秘不示人的"私有物"转变为促进公共福祉或提升个人名望、地位和美德"展示品"。这成了教皇及其宫廷的枢机主教们收藏"异教"古代艺术品的合法性理由。1471年，教皇塞克图斯四世建立了第一个"公共博物馆"。他将原位于拉特兰宫的几件重要青铜像（包括《母狼》《挑刺的少年》）转运到卡皮托利山（即罗马市政府所在地），献给"罗马人民"。[4]16世纪初，教皇尤利乌斯二世专门为收藏和展示古代雕塑建立了"观景楼"，并向艺术家开放。教皇收藏和展示古代艺术品当然主要服务于其文化政治；但为艺术家提供学习和模仿的古代典范并以此促进艺术的发展，也是其政治"修辞"的重要一部分。事实上，这也成了其他教会和世俗精英收藏、

---

[1] 关于莱托的"学院花园"和拥有沉睡女神像的其他意大利贵族花园，参见 Kathleen Wren Christian, *Empire without End: Antiquities Collection in Renaissance Rome, 1350-1527*, pp. 134-136.

[2] 1503年当选为教皇后，尤利乌斯二世任命建筑师布拉曼特设计和修建一个连接教皇宫邸与观景楼别墅的花园，以展示教皇的雕塑收藏。1506年，《拉奥孔》最先被运到此处，随后《阿波罗》《菲利克斯的维纳斯》《沉睡的阿里阿德涅》《赫拉克勒斯与安泰》等陆续运抵，从而使这个花园成了意大利乃至整个欧洲最著名的古代雕塑博物馆。这个雕塑花园的修建受到罗马奥古斯都时代诗人维吉尔史诗的启发，其雕塑收藏强调了尤利乌斯二世作为第二个"尤利乌斯·恺撒"的政治和文化业绩，以及在他统治下一个新"黄金时代"的到来。(Kathleen Wren Christian, *Empire without End: Antiquities Collection in Renaissance Rome, 1350-1527*, p. 167.)

[3] Kathleen Wren Christian, *Empire without End: Antiquities Collection in Renaissance Rome, 1350-1527*, p. 149.

[4] Kathleen Wren Christian, *Empire without End: Antiquities Collection in Renaissance Rome, 1350-1527*, pp. 106-107.

展示古代艺术品的理由。因此，除了露天的古代建筑废墟、遗迹和"公共博物馆"，私人收藏家的别墅、花园和庭院也常常欢迎诗人和艺术家前来观看、学习和临摹。艺术家对古代雕塑的临摹和在艺术创作中的模仿和引用，有助于传播收藏者的名声和提升其影响力。

16世纪早期荷兰艺术家马腾·凡·海姆斯凯尔克参观并临摹了罗马重要的古迹以及私人收藏，如德拉·瓦莱家族的花园雕塑、加里家族的花园雕塑、美第奇别墅的雕塑以及卡皮托尔山博物馆和"观景楼"的雕塑。同时，这一时期出版的罗马旅游指南也为艺术家们提供了罗马重要古迹和古物的指导，如弗朗切斯科·阿尔贝蒂尼的《罗马古物》和尤里塞·阿尔多万蒂的《罗马城的古代雕塑》。16世纪，不仅古迹和私人、公共收藏的古代雕塑，保存有现代著名艺术家作品的教堂、礼拜堂和私人别墅也成了艺术家的学校。本韦努托·切尼尼在自传中谈道，他在16世纪早期旅居罗马期间不仅参观和临摹罗马古迹，而且临摹米开朗基罗在西斯廷礼拜堂的壁画和拉斐尔在银行家阿格斯蒂诺·凯吉府邸里的壁画。他指出，"看到像我这样的年轻艺人到他们家里学习，他们非常自豪"。[1]

随着书斋、花园、别墅和走廊等艺术收藏空间的形成，艺术品展示也日益模式化和系统化。首先，艺术品逐渐被作为"高尚的财富"与普通家庭财物区分开。这一发展体现并促进了这一时期艺术理论强调的艺术与手工艺，以及艺术家与手艺人的区分。其次，雕塑与绘画的收藏和展示都日益系统化。古代雕塑和现代绘画成为两类主要的收藏目标。书斋主要被用于存放贵重的小型古代艺术或古代风格的现代艺术品，如钱币、像章、青铜小雕像等。它们可能被放在抽屉里、装在袋子里、挂在墙上或摆在书桌、书架上。到16世纪中期，专门用于摆放和展示藏品的"展列柜"日益流行，并成为收藏家书斋的标准配置。这种风尚率先兴起于罗马，最早

---

[1] Benvenuto Cellini, *My Life*, pp. 29-30.

的例子是瓜斯塔拉领主切萨雷·贡扎加在 16 世纪 60 年代请人制作的书斋陈列柜。切萨雷的展柜成为意大利乃至整个欧洲君主和贵族收藏家效仿的典范。主要为中欧君主购买古代和现代意大利艺术品的艺术商雅科波·斯特拉达，就在 1567 至 1568 年请人画了切萨雷展柜的素描送给巴伐利亚的阿尔布雷希特五世和皇帝马克西米连二世。[1] 大型古代雕塑残片和现代著名雕塑家的古代风格的雕塑则集中展示在宫邸和别墅的庭院、花园与走廊这些宽敞的休闲娱乐空间。在这里，它们被安放在专门制作的基座上或神龛内，作为艺术品被欣赏和崇拜。绘画最初主要作为"居室装饰"出现在书斋、卧室、接待室等主要房间的墙壁或家具上。15、16 世纪君主和贵族收藏家的书斋装饰大都出自当时著名意大利画家，如古比奥宫书斋、伊莎贝拉·德·埃斯特的书斋及其兄弟费拉拉公爵阿尔方索·德·埃斯特的书斋。[2]

16 世纪中期开始，绘画收藏和展示模式发生重要变化：绘画开始被集中展示在一个特定空间——"画廊"。同时，绘画收藏对象日益集中于某一位或几位杰出艺术家，体现并促进了这一时期对杰出艺术家"名字"的崇拜和一个艺术"经典"的建构。比如提香、达·芬奇、米开朗基罗、拉斐尔等的绘画、草图、素描以及依据其作品或素描制作的复制品、版画等，吸引了整个欧洲君主和贵族收藏家收藏热情。画廊通常是一个长方形房间，两边墙上开有许多窗户朝向一片开阔的风景。这里是一个休闲和欣

---

[1] Dora Thornton, *The Scholar in His Study: Ownership and Experience in Renaissance Italy*, pp. 69-70.
[2] 阿尔方索·德·埃斯特的书斋是 16 世纪早期最著名的绘画"画廊"，这里尤其以四件著名威尼斯画派的古代神话画著称，即乔瓦尼·贝利尼的《诸神的宴会》以及提香的《崇拜维纳斯》《酒神祭》和《巴库斯与阿里阿德涅》，这些画被集中展示在一个房间，即阿尔方索卧室旁边的 camerino d'Alabatro。此外，阿尔方索还委托多索·多西、拉斐尔等为这个房间书斋绘制类似的神话题材绘画，与威尼斯画派并列展示。关于这个书斋的绘画作品及其订制、展陈，可参见 Charles Hope, "The Camerini d'Alabastro of Alfonso d' Este-I", in *The Burlington Magazine*, Vol. 113, No. 824 (1971), pp. 641-650; Charles Hope, "The Camerini d'Alabastro of Alfonso d' Este-II", in *The Burlington Magazine*, Vol. 113, No. 825 (1971), pp. 712-721.

赏艺术的场所，也是展示主人趣味、修养以及财富、地位和权力的空间，因为许多画廊同时也是接待室。在罗马，新晋精英，特别是罗马教皇及其亲属和支持者，对画廊的发展发挥了关键作用。罗马的古老贵族家族通常都是在"大厅"展示祖先肖像或表现家族历史的壁画，而新贵族则"发明"画廊作为自我呈现和塑造的理想空间。其中，通过绘画，包括壁画和带有精致框架的架上画的数量和品质制造"震惊"，是修建和装饰画廊的指导原则。[1]

文艺复兴时期的艺术品收藏和展示不仅创造了现代意义的艺术，也促进了对艺术家文化价值的认可。一方面，从14世纪开始，基于对艺术家技艺和创造性的肯定的审美鉴别力被提升为一种社会区分的标准和精英的必备品质；另一方面，艺术家对艺术收藏的介入和重要贡献也促进了对艺术家的社会认可。文艺复兴时期的艺术品收藏是一个艺术家、知识人、贵族和君主密切合作的领域。由于对古代的普遍崇拜，古代文化艺术知识成了一种赋予拥有者极高声望的文化资本，而艺术家与古物学家、人文学者一样是最早拥有这种知识的人。如果说人文学者和古物学家主要是古代手稿和有文献价值的碑铭、钱币的专家，艺术家则被视为一切古代艺术和建筑遗存的鉴赏家。

从15世纪开始，人文学者和古物学家开始与一些熟悉古代艺术的艺术家合作，让他们购买古物，或进行古物鉴定和修复。人文学者尼科罗·尼科利与雕塑家洛伦佐·吉贝尔蒂交好，并请后者为他发现的一件雕刻红玉髓《阿波罗、马尔斯亚斯和奥林波斯》，即著名的"尼禄之印"制作黄金托座。多纳泰罗在古代艺术方面的造诣得到同时代人文学者和贵族的推崇。1430年，波焦·布拉乔尼利在给尼科罗·尼科利的信中谈道

---

[1] Christina Strunck, "*Concettismo* and the Aesthetics of Display: The Interior Decoration of Roman Galleries and *Quadrerie*", in *Dispaly of Art in the Roman Palace: 1550-1750*, ed., Gail Feigenbaum, Los Angeles: The Getty Research Institute, 2014, pp. 217-218.

他从罗马得到一件古物,并强调它得到多纳泰罗的高度肯定。[1] 当君主和贵族开始介入古物收藏,他们同样倚重艺术家的"专业"意见。比如瓦萨里就谈道,老科西莫·德·美第奇主要受到多纳泰罗的影响,"产生了把古代遗物搜集到佛罗伦萨的远大抱负",多纳泰罗还亲手修复了其中许多。[2]1506 年《拉奥孔》出土时,教皇尤利乌斯二世派朱利亚诺·达·圣加罗、米开朗基罗和吉安克里斯托弗罗·罗马诺前往查看和鉴别。罗马诺、曼泰尼亚和达·芬奇也为伊莎贝拉·德·埃斯特担任古物收藏顾问。1505 年,伊莎贝拉听从曼泰尼亚和罗马诺的意见,放弃了一件从罗马得到的象牙头部雕塑,因为他们说那是一件赝品。[3] 曼泰尼亚可以说是 15 世纪古物学家-艺术家的典范。他在古物方面的造诣得到当时古物学家的肯定,人文学者菲利斯·菲利齐亚诺将其编纂的古代碑铭集题献给曼泰尼亚。在曼托瓦宫廷期间,他不仅自己收藏和研究古物,也充当该家族古物收藏的顾问。1472 年,枢机主教弗朗切斯科·贡扎加写信请他的父亲鲁多维科·贡扎加允许曼泰尼亚到波洛尼亚陪他,以便让他鉴定自己收藏的一些雕刻宝石、青铜像和其他古物。[4] 米开朗基罗少年时代曾在美第奇家族的圣马可花园学习和临摹该家族收藏的古代雕塑。他在 1495 年前后制作的那件著名的古代风格的大理石雕塑《熟睡的丘比特》欺骗了许多具有古物学造诣的收藏家,充分展示了他学习古代艺术的成就。[5]16 世

---

[1] Francis Ames-Lewis, *The Intellectual Life of the Early Renaissance Artist*, pp. 85-86.
[2] 瓦萨里:《意大利艺苑名人传·辉煌的复兴》,第 111 页。
[3] Francis Ames-Lewis, *The Intellectual Life of the Early Renaissance Artist* p. 86.
[4] Francis Ames-Lewis, *The Intellectual Life of the Early Renaissance Artist*, p. 86.
[5] 孔迪维和瓦萨里都曾记载这个故事。这件作品可能是与米开朗基罗交好的洛伦佐·德·美第奇委托制作的,并由商人巴尔达萨雷·德·米兰内斯作为古董卖给罗马著名古物收藏家枢机主教拉法埃罗·里亚尔罗。里亚尔罗得知真相后将其返还给巴尔达萨雷。伊莎贝拉在米兰的代理在给她的信中也谈到这件几乎可以以假乱真的"赝品",但伊莎贝拉对这件现代作品并无兴趣。后来,随着米开朗基罗声望日隆,这件作品开始成为君主们争夺的目标。1502 年,伊莎贝拉千方百计从切萨雷·波尔加手中得到这件作品,而此前,它属于被切萨雷驱逐的乌尔比诺公爵朱多巴尔多·达·蒙特菲尔特雷。

纪早期米开朗基罗在费拉拉期间，阿尔方索公爵引领他参观自己的收藏，把每一件东西拿给他看，急欲得到他的肯定。[1]16世纪著名古物学家安德雷亚·福尔维奥在其《罗马城的古物》(The Antiquities of the City of Rome, 1527)中声称曾与拉斐尔一起考察罗马古迹。教皇利奥十世非常看重拉斐尔的古物学知识，并在1515年任命他为"古物专员"，负责记录和保护罗马城和郊区的艺术遗存。[2]有些成功的艺术家还建立了甚至令贵族和君主觊觎的艺术收藏。15世纪50年代，卡罗·德·美第奇力图获得刚去世的皮萨内罗收藏的古钱币。1512年，雅科波·贝利尼去世后，伊莎贝拉立刻派人从他儿子手中购得一件柏拉图大理石头像。1504年，伊莎贝拉在曼泰尼亚去世前不久从他手中购得弗斯蒂娜半身像。当时，年迈的曼泰尼亚疾病缠身，并因建造豪华的住宅而负债累累，不得不忍痛放弃了他"亲爱的弗斯蒂娜"。[3]16世纪，雕塑家莱奥内·莱奥尼在米兰的豪华府邸不仅收藏和展示16世纪最丰富的古代雕塑模型，而且还有米兰的"第一个"现代艺术画廊，即二楼八角形的房间。这里存放和展示着莱奥尼最珍贵的艺术收藏，如梵蒂冈观景楼里的著名古代雕塑的模型、达·芬奇的手稿和雕塑模型以及提香的绘画等。八角形的形状既受到古罗马作家瓦罗在卡西诺的书斋的启发，也借鉴了教皇的观景楼，并成为后来其他贵族和君主"画廊"的典范，如佛罗伦萨乌菲齐宫里的特里布纳(Tribuna)。[4]不只如此，艺术家还通过复兴和制作古代风格的绘画和雕塑"重建"古代艺术和文化，塑造了文艺复兴时期精英对古代的想象。总之，在一个普遍崇尚古代的时代，艺术家对古代艺术的了解和对艺术收藏的介入，极大地促进了精英对艺术家价值的认可。

---

[1] Ascanio Condivi, *The Life of Michelangelo*, p. 70.
[2] Robert Klein and Henri Zerner ed., *Italian Art 1500-1600: Sources and Documents*, p. 45.
[3] Francis Ames-Lewis, *The Intellectual Life of the Early Renaissance Artist*, p. 80.
[4] Kelley Helmstutler Di Dio, "Leone Leoni's Collection in the Casa degli Omenoni, Milan: The Inventory of 1609", in *The Burlington Magazine*, Vol. 145, No. 1205 (2003), pp. 573-574.

第五章

从手艺人到天才：
文艺复兴时期艺术家身份和形象的建构

意大利文艺复兴时期不仅是西方艺术发展的一个黄金时代，也是西方艺术观念史上的一个分水岭。在现代社会，艺术家通常被视为文化英雄——具有灵感、想象力和超越常规的天才，其卓越的创造性成就具有普遍价值和意义。这种艺术家观念事实上是意大利文艺复兴时期的建构。在古代和中世纪，绘画、雕塑和建筑通常被归为实用性和技术性的体力活动，艺术家也一般被看作用手谋生的手艺人。到意大利文艺复兴时期，随着绘画、雕塑和建筑艺术令人瞩目的发展，对艺术和艺术家的传统观念也开始发生变化。艺术逐渐与应用艺术区分开并成为智性的自由艺术的一部分，艺术家也从卑微的手艺人上升为受尊崇的创造性精英和天才。文艺复兴时期发明的这种艺术家形象和观念对西方艺术史学产生了深远影响。在16世纪至18世纪，传记-艺术史构成了欧洲艺术史学的主导典范，不仅如此，事实上直至20世纪70年代以前，西方艺术史学的主流路径，如鉴赏学、形式分析、图像学、艺术心理学等，本质上均未超出"英雄崇拜"的范畴，都集中于艺术大师和经典，不同程度地认可艺术天才和艺术杰作的普遍价值。

20世纪中后期，"新艺术史"兴起，在对传统艺术史的批评反思中，艺术家成为关注的焦点。社会艺术史家通过重构艺术家工作和生活的社会文化情境而使其"祛魅"，[1] 女性主义艺术史家尤其批评了"艺术家"这一概念的性别和权力意涵。然而，作为传统艺术史之根基的天才艺术家观念

---

[1] 从社会艺术史角度重新研究艺术家可追溯到20世纪30年代，并主要受到马克思主义的影响，重要研究可参见 Martin Wackernagel, *The World of the Florentine Renaissance Artists*, Princeton: Princeton University Press, 1981; Frederick Antal, *Florentine Painting and Its Social Background*, Cambridge Mass.: Harvard University Press, 1986; Anorld Hauser, *Social History of Art*, London: Routledge, 1999. 20世纪70年代以来，重视"情境再现"的社会文化艺术史日益成为西方艺术史学的主流，对艺术家的研究也大量涌现，重要论述参见 Bruce Cole, *Renaissance Artists at Work*, New York: Harper and Row, 1983; Anabel Thomas, *The Painter's Practice in Renaissance Tuscany*, Cambridge: Cambridge University Press, 1995; Michelle O'Malley, *The Business of Art: Contracts and the Commissioning Process in Renaissance Italy*, New Haven: Yale University Press, 2005.

往往只是被简单批评为一种文化建构，少有人对其建构与塑造的具体情况进行深入和系统的分析。[1] 文艺复兴时期，天才艺术家观念的建构与现代对这一观念的批评都是特定社会、政治、文化发展的产物，对其梳理和分析不仅有助于对意大利文艺复兴时期社会和文化的理解，亦能促进对传统艺术史学的反思。笔者认为，天才艺术家身份和形象的建构是文艺复兴时期的一项重要成就，人文学者、诗人、新柏拉图主义哲学家、艺术家等社会文化精英以不同方式积极介入了这一过程。这一发展既是当时认可和尊重人的价值和尊严的人文主义传统的一部分，也与艺术家自我意识的觉醒和提升自身社会地位的努力密切联系在一起。

第一节　文艺复兴时期的天才观与艺术家身份的建构

文艺复兴时期，人文主义与艺术的关系一度受到质疑。有些学者指出，文艺复兴早期，人文主义与艺术事实上是两个并行发展而无实质交集的领域。艺术家收集、研究和模仿古代艺术遗存的现象直到1400年以后才发展起来，而艺术家和人文学者在复兴古代文化方面的密切合作迟至1600年才变得普遍和重要。[2] 另一些学者指出，文艺复兴早期的人文学者和诗人对艺术品和艺术家的赞美大多是重复和套用有限的古代警句、程式

---

[1] 1934年，维也纳艺术史学派的克里斯和库尔茨最早考察了作为文化英雄的天才艺术家形象的建构（Ernst Kris and Otto Kurz, *Legend, Myth, and Magic in the Image of the Artist*, New Haven: Yale University Press, 1979）。他们运用文献学和心理分析方法，集中研究了古代到文艺复兴时期的艺术家传记，尤其是"轶事"在塑造和建构艺术家形象中的作用，但并未引起艺术史家们的响应。此后直至20世纪90年代才有学者继续他们的研究，如索斯罗夫的《绝对的艺术家：一个概念的史学史》和艾米森的《创造"神圣的"艺术家：从但丁到米开朗基罗》（Catherine Soussloff, *The Absolute Artist: The Historiography of a Concept*, Minneapolis: University of Minnesota Press, 1997; Patricia Emison, *Creating the "Divine Artist": From Dante to Michelangelo*, Leiden: Brill, 2004）。

[2] Charles Hope and Elizabeth McGrath, "Artists and Humanists", in *Cambridge Companion to Renaissance Humanism*, Cambridge: Cambridge University Press, 2006, pp. 163-164.

或文类(如"图说"),[1]甚至撰写艺术家传记也大多服务于建构城市文化形象的政治目的,罕有对艺术家个体的严肃关注。[2]本书认为,人文学者和艺术家复兴古代文化艺术的实践或有时间上的不一致,但人文学者对艺术和艺术家的关注却是与人文主义运动相始终的。从14世纪到16世纪,人文主义艺术写作形成了一种影响深远的传统。这种对艺术和艺术家的持续关注和严肃思考本身就是古代和中世纪所没有的。而且,人文主义者的艺术写作并非纯粹的"好古主义",而常常是对古代传统的创造性解释,也包括曲解。[3]由此,他们不仅开创性地建构了系统的艺术理论,而且塑造了一种截然不同于古代和中世纪的艺术家形象。

(一)从手艺人到博学的"自由艺术家"

在古希腊,从事绘画和雕塑的艺术家常被视为卑下的体力劳动者。《荷马史诗》中艺术家的原型、锻造之神赫怀斯托斯的形象很有代表性:他被描绘为一个丑陋、肮脏的瘸子,常常被其他神嘲弄和取笑。艺术和艺术家到希腊化时代才开始被认真对待。公元前4世纪萨摩斯的杜里斯最早

---

[1] 巴克森德尔将1350年至1450年人文学者的艺术批评概括为如下三种趋势:一是与修辞学相连的西塞罗-彼特拉克传统,用几个有限的范畴将绘画与文学写作类比;二是受老普林尼启发的艺术家传记写作,将艺术史呈现为一系列高度结构性的艺术家传记;三是借助"图说"模式的传统。出于古代的"图说"指对绘画、雕塑或其他事物栩栩如生的描绘,后由拜占庭学者发展为一种高度程式化的文类,在文艺复兴时期通过维罗纳学者瓜里诺的影响为人文学者广泛接受。(Michael Baxandall, *Giotto and the Orators*, p. 97.)对人文主义艺术批评的系统分析,还可参阅 Rensselaer W. Lee, "*Ut Pictura Poesis*: The Humanistic Theory of Painting", in *The Art Bulletin*, vol. 22, no. 4 (1940), pp. 197-269.

[2] John Onians, "Brunelleschi: Humanist or Nationalist?", in *Art History*, vol. 5, no. 3 (1982), pp. 259-260. 索斯罗夫亦指出,文艺复兴时期艺术家传记写作在托斯卡纳地区的兴起和发展与地区主义密切相关,服务于佛罗伦萨共和政府新秩序的建构。(Catherine Sousslofff, *The Absolute Artist*, pp. 44-46.)

[3] 诺曼·兰德指出,传统的"图说"本质上是一种诠释,与艺术家本身并无多大关系。但文艺复兴时期的"图说"则表现了对艺术品视觉特性的感受和对艺术家技艺与风格的关注。(Norman Land, "Ekphrasis and Imagination", in *The Art Bulletin*, vol. 68, no. 2 (1986), pp. 212-213.)

对希腊雕塑家做了记载。[1]老普林尼也在《自然史》中描述矿石、金属、宝石等材料的使用时，插入了对希腊艺术家的记载。但总的来说，由于古代对体力劳动的偏见，艺术家通常被视为体力劳动者而遭到社会精英的鄙视，如古罗马诗人琉善所说："成为一个雕塑家能带来的好处是……只会成为一个用手工作的人……虽然你的艺术会得到普遍赞美，但任何有理智的观众都不想成为你这样的人。不管你品质究竟如何，你总会被看作一个用手谋生的普通手艺人。"在中世纪，艺术家一般与鞋匠、面包师、理发师等手艺人为伍，即便杰出的艺术家也只被视为技艺熟练的匠人。[2]这一时期有关艺术的文献大都是实用性的技术手册，几乎没有对艺术家的关注和对艺术的理论探讨。甚至建造那些著名大教堂的荣耀也往往归于赞助人，实际从事建造的艺术家要么被略而不谈，要么仅仅被视为熟练工人。[3]

这一情形到文艺复兴时期开始发生变化。13世纪晚期，但丁在《神曲》中记录了艺术家齐马布埃和乔托的盛名。[4]到14世纪，古代文化的复兴、地区主义和艺术的发展等一起促进了艺术家的"发现"。[5]其中，老普林尼的记载尤其影响了人们对艺术和艺术家的认识。[6]他认为，绘画在古代曾位于自由艺术的前列，且是贵族教育的一部分。[7]他还记载了古代

---

[1] Udo Kultermann, *The History of Art History*, pp. 2-3.
[2] Andrew Martindale, *The Rise of the Artist in the Middle Ages and Early Renaissance*, p. 9.
[3] 中世纪文献中提到的"建筑师"通常指出资者而非设计和建造者。如12世纪本笃会修士奥斯提亚的利奥在其《卡西诺山修道院编年史》中，将修道院主持德西德琉斯描绘为该修道院的建筑师，在谈到实际从事建造和装饰的艺术家时，他只提到德西德琉斯雇佣了一些有经验的工人，未提及他们的名字。(Elizabeth Holted, ed., *A Documentary History of Art, vol. I*, pp. 11-13.)
[4] 但丁著、田德旺译：《神曲·炼狱篇》，人民文学出版社1997年版，第125页。
[5] John Larner, "The Artist and the Intellectuals in Fourteenth Century Italy", in *History*, vol. 54 (1969), pp. 25-30.
[6] 老普林尼的《自然史》在中世纪并未失传，但中世纪学者感兴趣的主要是其中关于人种及植物、动物的医学功效等内容。到文艺复兴时期，老普林尼有关古代艺术和艺术家的记载才受到高度重视。参见 Sarah McHam, *Pliny and the Artistic Culture of the Italian Renaissance*, pp. 4-5.
[7] 老普林尼在谈及西锡安画家尤波母普斯时指出："由于他的影响，先是在西锡安，接着在整个希腊，自由出身的孩子开始接受素描教育，这是他们以前的教育中没有的，艺术进入自由学科的前列……" (Pliny, *Natural History*, 9, pp. 317-318.)

君主和贵族收藏、赞助艺术的热情以及对艺术家的尊重。"人文主义之父"彼特拉克首先复述并传播了老普林尼的这一观念。他歌颂乔托，将自己拥有的一件乔托画的圣母子像视若至宝；他委托锡耶纳画家西莫内·马尔蒂尼为维吉尔的《埃涅阿斯纪》作插图，并将这位画家与维吉尔相提并论，他还在评价同一位画家为他心中的爱人劳拉绘制的肖像时，盛赞其具有某种神圣天赋。[1] 此后，对艺术家的关注和关于艺术家的新观念皆得到更广泛的传播。薄伽丘赞美乔托逼真模仿自然的能力，并认为乔托使行将灭亡的艺术得到重生。[2] 佛罗伦萨学者菲利波·维拉尼明确将艺术家与从事自由艺术的学者等量齐观，并据此将艺术家列入其"著名公民"的传记。[3] 职业艺术家也开始受到这一观念的感召。乔托在为佛罗伦萨主教堂钟塔制作表现自由艺术和技工艺术的浮雕时，将建筑、绘画和雕塑放在靠近自由艺术的位置；切尼尼也在《艺人手册》中指出："正如诗人可以率性创作诗歌，画家也可以凭借自由的想象力绘制一个人像……因此，绘画应得到与诗一样的尊崇。"[4]

不过，在论证艺术作为自由艺术的合理性方面，文艺复兴时期的人文学者和艺术家从古代得到的支持事实上是微弱的。按照古代及中世纪的知识分类，自由艺术通常指智性的创造活动，如作为中世纪大学基础学科的"三艺"（语法、修辞、逻辑）和"四艺"（天文、算数、几何和音乐）。与自由艺术相对的技工艺术形成于中世纪，指一些实用性的技

---

[1] Sarah McHam, *Pliny and the Artistic Culture of the Italian Renaissance*, pp. 59-60.

[2] 薄伽丘著、钱鸿嘉等译：《十日谈》，译林出版社1993年版，第443—444页。"复兴"的观念从文学领域扩展至艺术领域始于薄伽丘。到15、16世纪，古代艺术由当时艺术家复兴的观念在人文学者和艺术家中广为流传，并由艺术家和艺术史家乔尔乔·瓦萨里做了经典阐述。

[3] 菲利波·维拉尼在其《佛罗伦萨城的起源及其著名公民传》（1381—1382）中指出："许多人正确的主张，这些画家（齐马布埃和乔托）并不亚于从事自由艺术的大师，因为后者通过研究和学习获得书中的知识，而前者凭借才智和过人的记忆将天赋激发的一切发挥到完美。"（Stefano Baldassarri and Arielle Saiber, ed., *Images of Quattrocento Florence*, New Haven: Yale University Press, 2000, p. 186.）

[4] Cennino Cennini, *The Craftsman's Handbook*, pp. 1-3.

术活动，如 12 世纪学者圣维克的休罗列的七门技工艺术。这一划分是一种社会、政治和心理区分：自由艺术通常与自由人、美德、理性联系在一起，技工艺术则与体力劳动、奴役性及感觉和经验联系在一起。绘画、雕塑和建筑上升为自由艺术是文艺复兴时期的重要成就，体现了这一时期艺术重要性的上升，并与对艺术家身份的重新界定交织在一起。在这方面，除老普林尼外，15 世纪被重新发现的古罗马建筑师维特鲁威的《建筑十书》也向人们展示了一种不同于匠人的艺术家典范。按照维特鲁威的描述，建筑师并非石匠、木匠或泥瓦匠，而是熟稔文学、绘图、几何、光学、数学、历史、音乐、天文等多种自由艺术的学者。[1] 此种博学多识的"自由艺术家"在社会精英中广为传播。

15、16 世纪，人文学者撰写艺术家传记成了一种传统，如 15 世纪的克里斯托弗罗·朗迪诺、安托尼奥·马内蒂、巴托罗米奥·法齐奥和 16 世纪的保罗·焦维奥等，都撰写了当时著名艺术家的传记。谈论艺术和艺术家甚至成为上流社会文雅的"沙龙"聚会谈话的内容。[2] 与此同时，系统的艺术理论也发展起来。阿尔贝蒂首次对艺术的功能、目标和艺术家的身份做了系统的重新界定。在 1435 年完成的《论绘画》中，阿尔贝蒂借用修辞学理论和概念阐述了绘画的目标，并展示了如何将数学和光学用于绘画实践。[3] 对于画家，他认为除了精湛的技艺，更要掌握数学和光学，

---

[1] Vitruvius, *Ten Books on Architecture*, trans. Ingrid Rowland, Cambridge: Cambridge University Press, 1999, pp. 22-23.

[2] 最重要的证据是乌尔比诺学者卡斯提利奥内的《论廷臣》和葡萄牙艺术家弗朗切斯科·达·霍兰达的《对话录》(1548)。前者记录了乌尔比诺宫廷的贵族和人文学者的聚会和谈话，后者记载了有米开朗基罗和一些贵族赞助人、知名学者及业余爱好者参加的谈话。虽然两书均非纪实性记录，但它们至少表明，在 16 世纪谈论艺术俨然为社会时尚。

[3] 阿尔贝蒂的绘画理论深受修辞学影响。他不仅借用了许多修辞学概念，如 "invention"（创意）、"decorum"（得体）、"composition"（构图）等，而且对绘画的本质和目标的阐述也比照了修辞学理论。(John Spencer, "Ut Retorica Pictura: A Study of the Quattrocento Theory of Painting", in *Journal of the Warburg and Courtauld Institutes*, vol. 20, no. 1/2, 1957, p. 26.)

结交诗人、历史学家和修辞学家。[1]

在人文主义艺术理论的鼓舞和启发下，一些对自身地位怀有更高期望的职业艺术家开始通过理论著述重塑艺术和自身的形象。[2] 雕塑家吉贝尔蒂在其《回忆录》中记载了古代和当时的著名艺术家，阐述了光学和解剖学理论，还写了自传（西方艺术史上第一部艺术家自传）。他将维特鲁威的艺术家理想用于雕塑家，认为雕塑家必须具备语法、几何、算术、天文、哲学、历史、解剖、透视法等自由学科知识。[3] 在自传中，他刻意将自己与手艺人区别开，强调了其对物质利益的淡漠和对科学知识的热情。达·芬奇则可以说是倡导和践行此种科学－艺术理想的典范。达·芬奇广泛涉猎数学、光学、解剖、物理、工程学、生物学等，是名副其实的科学－艺术家。他认为绘画是一门真正的科学，并特别强调数学的重要性："不是数学家请勿读我的著作……人类的任何研究若不经数学的论证就不能称为真科学"；[4] 他还系统阐述了透视法的原理和应用。[5]

总之，从阿尔贝蒂到达·芬奇，在理论和实践中将艺术与自由艺术，尤其数学结合起来，使之成为一项具有科学尊严和高贵品格的精神创造活动，成为人文学者和艺术家的至高理想。与此种艺术理想相应的是艺术中自然主义的兴起和胜利。自然主义艺术家对人体的准确表现和对三维空间的探索与建构正是建立在对透视法、数学、几何、人体解剖等科学知识的不懈探索和研究基础上。而当这种博学多识的"自由艺术家"理想广泛传

---

[1] Leon Battista Alberti, *On Painting and On Sculpture*, trans. Cecil Grayson, London: Phaidon, 1972, p. 95.

[2] 职业艺术家从事艺术理论著述是文艺复兴时期的一个突出现象。仅在15世纪，除吉贝尔蒂的《回忆录》，重要的还有画家皮埃罗·德拉·弗朗切斯卡的《论透视法》和《论神圣比例》、建筑师菲拉雷特和弗朗切斯科·迪·乔尔乔论建筑的著作（分别写于1460年和1480年左右）以及达·芬奇在笔记中有关绘画的论述等。这一现象表现了艺术家对新的人文主义艺术家观念的积极接受，也反映了艺术家自身理论知识水平的提高。

[3] Creighton Gilbert, *Italian Art, 1400-1500*, p. 83.

[4] Leonardo da Vinci, *Notebooks*, p. 9.

[5] Leonardo da Vinci, *Notebooks*, p. 112.

播和确立时，另一种同样脱胎于人文主义传统的不同的艺术家观念也在塑造着人们对艺术家的认识，即诗如画（ut pictura poesis）。现代的天才艺术家观念及形象的建构正是在这一理想中初露端倪。

（二）"诗意的艺术家"与天才艺术家观念的发端

在西方艺术史上，艺术家与诗人的命运从未像在文艺复兴时期这样休戚相关。这一独特现象源于古代的诗如画传统，即将诗歌与绘画或诗人与画家类比的传统。一般而言，古代作家常常从否定的角度将两者类比，在这方面，柏拉图在《理想国》中对画家和诗人的类比和谴责具有权威性影响。[1] 诗画被类比的依据主要是"模仿"（mimesis）和"想象"（fantasia）。在柏拉图那里，"想象"和"模仿"属于感觉和经验的范畴，正是基于对人类感觉的不信任，他对画家和诗人的想象性模仿活动持否定态度。但柏拉图也谈到某种积极的"想象"或幻想，如人在梦中、生病或获得神圣启发时的"想象或幻想"能预言未来，或获得以其他方式无法捕捉的真理。[2] 亚里士多德对"想象"的理解则比较积极，他将"想象"定义为一种介于感觉和理性的、灵魂形成"图像"的重要官能。[3] 希腊化时代，诗人与艺术家开始被从积极的角度类比，"想象"也成为解释艺术创造活动本质的核心概念。如公元3世纪早期的老菲罗斯托拉斯指出："想象是比模仿更聪明的老师，是它创造了这些塑像。模仿表现看到的，而想象

---

[1] 柏拉图在《理想国》中指出："诗人有两点类似画家，头一点是他的作品对于真理没有多大价值；其次，他逢迎人性中低劣的部分。"（柏拉图：《柏拉图文艺对话集》，第84页。）
[2] Martin Kemp, "The 'Super-artist' as Genius: The Sixteenth-Century View", in Penelope Murray, ed., *Genius: The History of an Idea*, New York: Basil Blackwell, 1989, p. 38.
[3] 到文艺复兴时期，想象在人类官能中的地位和重要性日益上升。新柏拉图主义哲学家强调想象的独立价值，认为想象超越一般感觉并与理性相似。由于艺术家的活动尤其被与想象联系在一起，因此对想象的本质和重要性的讨论促进了艺术家地位的提升。（David Summers, *Michelangelo and the Language of Art*, Princeton: Princeton University Press, 1981, pp. 112-113.）

却能呈现看不见的。"[1]修辞学家卡利斯特拉托斯则将柏拉图所说的诗人的灵感或神圣"迷狂"赋予了雕塑家："并非只有诗人和作家——当诸神的力量降临到他们的舌头上——的艺术才受到启发，雕塑家，当其被一种更神圣的灵感攫住也会表达充满了疯狂的创造。斯考帕斯就是这样为某种灵感驱使，将神圣迷狂灌注在他的雕塑中。"[2]老普林尼的《自然史》也记载了许多具有灵感和卓越想象力的艺术家，如"画家之王"帕拉苏斯声称自己按照赫拉克勒斯在梦中向他显现的样子画了这位英雄，画家提曼塞斯尤其以富有想象力的创意著称。[3]

与"想象"、灵感相关的另一个古代概念是"ingenium"（天赋或才智）。现代的天才观源于拉丁语词汇"Genius"和"ingenium"的结合。"Genius"原指某种个人或团体的守护精灵，"ingenium"指某种与生俱来的品质和才能。[4]后来，一些罗马作家将"天赋"与柏拉图所说的诗人的神圣"迷狂"混同，从而赋予"天赋"超自然色彩。如贺拉斯指出，"因为德谟克里特认为天赋是一种远比可怜的艺术更伟大的神赐，因此只允许疯狂的诗人进入赫利孔山"[5]。不过，对这些古罗马作家来说，"天赋"仅属于诗人和文化精英，与艺术家无关。

到文艺复兴时期，古代的诗画类比被重新"发现"并获得创造性运用。首先，与古代作家的只言片语不同，文艺复兴时期的文人学者和艺术家对绘画和诗歌的价值、功能、目标等做了系统的类比。[6]其次，如前所

---

[1] Moshe Barasch, *Theories of Art, 1: From Plato to Winckelmann*, p. 28.

[2] Moshe Barasch, *Theories of Art, 1: From Plato to Winckelmann*, p. 34.

[3] Pliny, *Natural History*, 9, pp. 315, 317.

[4] Penelope Murray, "Poetic Genius and Its Classical Origins", in Penelope Murray, ed., *Genius: The History of an Idea*, pp. 2-3.

[5] Penelope Murray, "Poetic Genius and Its Classical Origins", in Penelope Murray, ed., *Genius: The History of an Idea*, p. 21.

[6] 对文艺复兴时期"比较论"的详细论述，参见刘君:《文艺复兴时期的"比较论"与现代西方艺术传统的建构》,《四川师范大学学报》2009年第3期，第130—138页。

述，古代作家常常从否定的角度将两者类比，且大多以画为例说明诗或广泛的文学写作问题，而文艺复兴时期的诗如画则重在论证绘画的高贵，并通过强调两者的相似性，将诗意的和非理性的想象、灵感和"天赋"扩展至艺术家。诗如画的这一发展得益于诗歌的崛起。在古代，诗歌的地位是模糊的。诗歌被认为关乎灵感和想象而非理智和规则，因而一般并不属于自由艺术。中世纪诗歌不发达，诗歌通常被与语法和修辞联系在一起。[1]到文艺复兴时期，随着拉丁语和俗语诗歌的发展，诗歌确立为一门独立的自由学科，有时甚至被视为超越自由学科而与神学、哲学并驾齐驱的高级精神活动。[2]正是在这一背景中，诗如画才有了积极的意义，既肯定诗人的尊严和价值，又赋予艺术家光辉。

诗人但丁首先将画家与诗人相提并论。[3]随后，彼特拉克将西莫内·马尔蒂尼与维吉尔相比，菲利波·维拉尼则强调了画家乔托和诗人但丁的"友谊"。[4]到15、16世纪，绘画与诗歌常常被称为"姊妹艺术"，其相似性和密切关系被广泛认可并得到系统阐述。[5]如威尼斯学者莱奥纳尔

---

[1] Paul Oskar Kristeller, "The Modern System of Art", in Paul Oskar Kristeller, *Renaissance Thoughts and Arts*, p. 173.

[2] 如16世纪早期拉斐尔在梵蒂冈宫"签字厅"（Stanza della Segnatura）绘制的表现四种高级知识的寓意画《哲学》（即《雅典学派》）、《神学》、《法学》和《诗学》，就生动体现了诗学在这一时期的"崛起"。

[3] 但丁写道："契马布埃自以为在绘画方面擅长，如今乔托成名，使前者黯然失色。同样，一个圭多（指诗人圭多·圭尼泽利）也夺去了另一个圭多（圭多·卡瓦尔康蒂）在语言方面的荣誉。"（但丁：《神曲·炼狱篇》，第125页。）

[4] 菲利波·维拉尼指出，乔托在佛罗伦萨"督政官宫"（佛罗伦萨的第一座市政厅）的一个房间画了自己和诗人但丁的肖像，以此强调了诗人与画家的密切关系（Stefano Baldasarri and Arielle Saibe, eds., *Images of Quattrocento Florence*, p.187）。乔托与但丁的交往为15、16世纪的传记作家所乐道。有学者指出，从维拉尼开始的这个故事可能主要是为了强调画家与诗人的友谊和提高画家的地位，而并非历史事实（Hayden Magnnis, "Giotto's World through Vasari's Eyes", in *Zeitschrift fur Kunstgeschichte*, 56. Bd., H. 3 (1993), p. 390）。

[5] 到16世纪，人文学者和艺术家不仅强调两者相似，还借用和模仿亚里士多德和贺拉斯的诗学理论，建构了一种影响了随后二百多年的人文主义绘画理论。（Rensselaer W. Lee, "Ut Pictura Poesis: The Humanistic Theory of Painting", in *The Art Bullentin*, Vol. 22, No. 4 (1940), p. 197.）

多·朱斯提尼安尼在给塞浦路斯女王的信中说："我听说有些将绘画和诗歌联系在一起的最有威望和学识的人已经把它们称为姊妹艺术……因为她们都受到一种热切的思想和神圣灵感的指引。"[1] 同时，诗人的品质亦普遍为艺术家分享，如彼特拉克、薄伽丘和维拉尼歌颂了乔托的"天赋"。到15世纪，"天赋"更频繁地出现在赞美艺术或艺术家的语言中。[2] 如诗人阿涅奥罗·加里赞美画家皮萨内罗："技艺、比例、绘图能力、情感、风格、透视法和逼真描摹的能力——这一切都是上天赐予他的奇妙天赋。"[3] 人文学者卡罗·马尔苏皮尼为布鲁内莱斯基写了墓志铭，并盛赞其"神圣天赋"。[4]

"诗意的"艺术家观念也得到职业艺术家的响应。切尼尼指出："绘画……需要想象和技艺，前者能使你发现（眼睛）看不到的东西，那些隐藏在影子中的事物，后者则能使你将现实中不存在的东西呈现在眼前……"[5] 这一时期对绘画和诗歌最系统、最著名的是达·芬奇带有论战色彩的"比较论"。[6] 其中，达·芬奇主要论述了绘画对诗歌的优越性，但他显然也意识到两者在情感表现力、自由的创意和想象力等方面的共性。达·芬奇尤其强调想象力的重要性。他对艺术家如何培养和发挥想象力做了详细指导："如果你要构想一个场景，你可以观看布满污渍的墙壁或彩石，你从中能看到无数风景，包括各种形态的山川、河流、岩石、树木、

---

[1] Michael Baxandall, *Giotto and the Orators*, pp. 97-98.
[2] Martin Kemp, "From 'Mimesis' to 'Fantasia': The Quattrocento Vocabulary of Creation, Inspiration and Genius in the Visual Arts", in *Viator*, VIII (1977), p. 397.
[3] Michael Baxandall, *Giotto and the Orators*, pp. 35-36.
[4] Giorgio Vasari, *The Lives of the Painters, Sculptors, and Architects*, Volume I, p. 300.
[5] Cennino Cennini, *The Craftsman's Handbook*, pp. 1-2.
[6] Leonardo da Vinci, *Notebooks*, pp.188-190. 达·芬奇通过艺术和写作对当时盛行的"诗如画"做了积极回应。正如马丁·肯普指出的，达·芬奇的女性肖像画，如《抱白貂的女人》和《蒙娜丽莎》深受宫廷爱情诗的影响，而他对绘画和诗歌的"比较"也主要是为了回应宫廷诗人们的挑战。参见 Martin Kemp, "Leonardo da Vinci: Science and the Poetic Impulse", in *Journal of the Royal Society of Arts*, vol. 133, no. 5343, 1985, pp. 198-199.

平原、山谷及群山。你还能看到各种战斗景象，或姿势栩栩如生的奇怪人物，表情、服饰以及你能归纳出完整形式的无限多事物。"[1] 在达·芬奇那里，我们看到了两种人文主义艺术家理想的融合。科学的艺术与"诗意的"艺术并不矛盾，而是达到了平衡。[2]

"诗如画"不仅为人文学者和艺术精英积极倡导，还渗入作坊，融入普通艺术从业者的日常工作和生活。在佛罗伦萨画家戈佐利作坊，一本素描手册的封面上就写着："画家和诗人拥有，且必将永远拥有同样的能力。"[3] 同时，15 世纪晚期和 16 世纪的"诗意画"（poesie），一种以诗歌为素材，表现出丰富诗意想象的绘画类型的出现和盛行，也从另一方面反映了艺术家对这一理想的接受和响应。对艺术家天赋和想象力的强调和认可，有时还成了艺术家抵制赞助人干涉和争取创作自主权的筹码。如学者本博在给伊莎贝拉·德·埃斯特的信中写道："您曾来信说由我提供创意，但现在这将按照他（威尼斯画家乔瓦尼·贝利尼）自己的创意。他说他讨厌被限制，喜欢让思想在画中自由驰骋。"[4] 伊莎贝拉写信催促曼泰尼亚，后者回信说会在有"创意"时继续工作。[5]

综上所述，从 14 世纪开始，随着艺术的发展和古代文化的复兴，艺术家也被"发现"。通过探讨艺术与自由艺术和诗歌的联系，艺术家的价值和尊严得到确立，博学多识的"自由艺术家"与"诗意的艺术家"取代手艺人成为艺术家的理想典范。文艺复兴早期，前一种理想在艺术理论和实践中占主导，如阿尔贝蒂认为画家应博学多识，并批评一些当时画家

---

[1] Leonardo da Vinci, *Notebooks*, p. 173.

[2] Martin Kemp, "Leonardo da Vinci: Science and the Poetic Impulse", in *Journal of the Royal Society of Arts*, vol. 133, no. 5343, p. 212.

[3] Francis Ames-Lewis, *The Intellectual Life of the Early Renaissance Artist*, p. 167.

[4] Rudolf Wittkower, *Born under Saturn: The Character and Conduct of Artists*, pp. 35-36.

[5] Martin Kemp, "From 'Mimesis' to 'Fantasia'", in *Viator*, VIII (1977), pp. 374-375.

"鲁莽地相信个人天赋",认为一个画家仅凭天赋将很难有所成就。[1]而到15世纪晚期和16世纪,"诗意的"艺术和艺术家理想越来越重要,达·芬奇就表现了这一发展趋势。同时,随着诗学和艺术理论日益受到新柏拉图主义哲学的影响,"诗意的艺术家"逐渐与一种独特的新柏拉图主义天才观——"忧郁的萨杜恩人"合流。艺术家的文化地位上升到前所未有的高度。

"忧郁的萨杜恩人"与费奇诺的天才观

"忧郁的萨杜恩人"是希腊罗马及中世纪欧洲和阿拉伯医学、心理学、星占学等复杂结合的产物。"忧郁的萨杜恩人"原本是一个消极和否定性概念,指那些或因卑贱的出身和职业,或与众不同的性格、行为、精神倾向等而被排除在社会主流群体之外的人。但到文艺复兴时期,经由佛罗伦萨新柏拉图主义哲学的领袖费奇诺的"激进"解释,[2]"忧郁的萨杜恩人"一变成为创造性天才的代名词。费奇诺在集中表达其天才观的《生活三论》(De vita triplici, 1482—1489)一书中指出,天才其实就是柏拉图所说的神圣"迷狂"的代名词,不同的神圣"迷狂"在"忧郁"的激发下产生了不同形式的天才。[3]

费奇诺早年受过良好的人文教育并在大学学习亚里士多德的物理学和医学,后来当过医生,并因职业关系对占星学怀有浓厚兴趣。费奇诺很早就表现出对柏拉图哲学的兴趣。1462年,佛罗伦萨统治者老科西莫·德·美第奇委托他翻译柏拉图和柏拉图主义者的著作,并将其在卡内基的别墅赠予费奇诺,这座别墅由此成为新柏拉图主义哲学的根据地。通

---

[1] Leon Battista Alberti, On Painting and On Sculpture, pp. 99-101.
[2] 沃尔特·本雅明将费奇诺对"忧郁的萨杜恩人"的重新解释形容为文艺复兴时期的一项"激进"发展。(Walter Benjamin, The Origin of German Tragic Drama, trans. John Osborne, London: NLB, 1977, pp. 150-151.)
[3] Noel Brann, The Debate over the Origin of Genius during the Italian Renaissance, Leiden: Brill, 2002, p. 82.

过对柏拉图和柏拉图主义者的翻译和研究，费奇诺逐渐形成了自己的新柏拉图主义思想体系。《生活三论》是费奇诺晚年的著作，其写作初衷是从一个医生的角度为具有"忧郁"倾向的人文学者提供控制"忧郁"的实用良方。作为费奇诺晚年最重要的著作，该书事实上成为他毕生学术兴趣和思想的总结。

总的来看，费奇诺的天才观是其调和亚里士多德主义与柏拉图主义的一种努力，[1] 表现了对人类价值的肯定和对人类创造性活动的本质的理解。其天才观的第一个核心概念是柏拉图的神圣"迷狂"。柏拉图在《斐多篇》中区分了四种神圣"迷狂"："预言性迷狂""仪式性迷狂""诗性迷狂"和"爱的迷狂"。柏拉图所说的"迷狂"是一种超自然力量的注入，一种被动和短暂的着魔状态。他在谈到诗人的迷狂时指出："凡是高明的诗人无论在史诗或抒情诗方面都不是凭借技艺来做成他们的优美诗歌，而是因为他们得到灵感，有神力凭附着……由于这种灵感的影响，它们正如酒神的女信徒们依凭酒神从河水中汲取蜜乳，这是她们在神志清醒时做不到的……不得到灵感，不失去平常理智而陷入迷狂，就没有能力创造，就不能作诗或代神说话。"[2] 费奇诺对"迷狂"做了重新解释，使之从被动的着魔状态转化为人的积极努力。他在1457年给友人的信中指出，柏拉图的神圣"迷狂"是指灵魂通过沉思脱离肉体，重返"神圣本质"，达到神圣的美与和谐的体现。[3] 费奇诺的这一主张为艺术家被提升为"神圣创造者"奠定了重要的思想基础。

把艺术家与造物主或神进行类比具有悠久的历史，如古希腊人常常将普罗米修斯比作雕塑家。[4] 中世纪的神学家虽然认为只有上帝能从无到有

---

[1] Noel Brann, *The Debate over the Origin of Genius during the Italian Renaissance*, p. 83.
[2] 柏拉图：《柏拉图文艺对话集》，第8—9页。
[3] Masilio Ficino, *The Letters of Masilio Ficino, vol.1*, London: Shepheard-Walwyn, 1975, pp. 42-48.
[4] 在古代传统中，神并非从无到有地创造了世界，而只是为无形的事物赋形。正是在这个意义上，造物主常常被与艺术家类比。（Paul O. Kristeller, *Renaissance Thought and the Art*, p. 249.）

地"创造",人只能用现有物质进行"制造",但他们常在比喻意义上称上帝为"deus artifex",即宇宙的建筑师,或创造自然万物和人的雕塑家。[1]到文艺复兴时期,神与艺术家的古老类比开始被用来论证艺术家的价值,"上帝-艺术家"被改造成了"艺术家-上帝"。达·芬奇指出:"画家是各种人和事物的主人。如果画家想看到令他着迷的美丽事物,他能创造它们,如果他想看到可怕、滑稽可笑或令人同情的事物,他能成为创造这些事物的主人和神……事实上,宇宙中存在的一切,无论本质的、表象的还是想象的,画家首先形诸头脑,再用手表现。"[2]费奇诺的神圣"迷狂"观念则赋予这一简单类比新的意义和哲学基础。1481年,费奇诺圈子的诗人兰迪诺发展了他的理论,率先将但丁称为"神圣的"。随后,先是米开朗基罗(1532),接着提香(1537)和拉斐尔(1553)也分享了诗人的荣耀,被誉为"神圣的"艺术家。[3]

费奇诺天才观的第二个核心内容是亚里士多德或逍遥学派的"忧郁"观念。他认为,神圣"迷狂"必须借助物质因素实现,即黑胆汁或"忧郁"。"忧郁"的观念来自古希腊罗马医学。公元前5世纪的医学家希波克拉底认为人体由四种体液构成,即血液、黏液、黄胆汁、黑胆汁,不同体液占主导产生了不同的性格或气质。其中,与黑胆汁联系在一起的是"忧郁"。忧郁是一种消极的性格特质,忧郁的人内向、孤独、懒惰、迟钝并常常抑郁、焦虑、暴躁甚至发疯。但公元前4世纪逍遥学派的《问题篇》(*Problemata XXX*)对"忧郁"做了新的积极解释:"为什么哲学、政治、

---

[1] E. N. Tigerstedt, "The Poet as Creator", in *Comparative Literature Studies*, vol. 5, no. 4 (1968), pp. 465-467.
[2] Leonardo da Vinci, *Notebooks*, 2008, p. 185.
[3] 诗人阿里奥斯托(Ariosto)第一个将米开朗基罗形容为"神圣的"(il divino),在《疯狂的奥兰多》中,他一语双关地称米开朗基罗"Michel piú che mortale Angel divino"。不过,阿里奥斯托使用此语略带讽刺意味,暗含着对疯狂、自由放纵和无视社会规则的米开朗基罗的批评。但米开朗基罗的崇拜者和传记作者之一瓦萨里则完全从神圣创造性的意义上用"il divino"一词来塑造米开朗基罗。阿雷诺提不仅多次称米开朗基罗为"il divino",而且在1537年和1553年分别将其赋予提香和拉斐尔。(Patricia Emison, *Creating the "Divine" Artist: From Dante to Michelangelo*, pp.134, 136, 147.)

诗歌和艺术领域所有卓越的人显然都是忧郁的呢，其中有些人甚至患上了黑胆汁导致的疾病？"[1]作者指出，由于黑胆汁是一种导致极端的体液，忧郁的人都是与众不同的。黑胆汁既会导致病态的忧郁，也能激发非凡的创造性成就。

从长远来看，《问题篇》在两个方面对艺术家产生了重要影响：一方面，它对灵感或创造性做了一种自然主义的解释，将柏拉图所说的那种短暂的非理性状态，解释成一种稳定和持久的才能；另一方面，该书首次将与"忧郁"有关的非凡创造性与艺术家联系在一起。到中世纪，"忧郁"与创造性成就的联系几乎完全被遗忘了。"忧郁"要么被视为肉体疾病，要么被看作"精神病"（"忧郁"常被与七宗罪之一的"懒惰"联系在一起）。[2]文艺复兴早期，人文学者强调积极生活的价值，对"忧郁"及与之关联的沉思生活也持保留态度。在他们看来，"忧郁"至多是学术生活中无法避免的坏事。[3]但到费奇诺这里，"忧郁"却被提升为天才的属性和代名词。在《生活三论》中，费奇诺将柏拉图的"迷狂"与亚里士多德主义的"忧郁"等同起来，从而赋予"忧郁"超自然的价值："缪斯的祭祀或者起初就是忧郁的，或者从事研究时因天体的、自然的或人类自身的原因变得忧郁。亚里士多德在《问题篇》中证实了这一点。他说所有在某一知识领域杰出的人都是忧郁的人……柏拉图在《斐多篇》中似乎也同意这一点，说诗歌的大门只为疯狂的诗人而开。"[4]

费奇诺对"忧郁"的重新解释受到多种因素的影响，如人文学者对人的价值和尊严的强调、15世纪晚期佛罗伦萨思想界日益强调沉思生活的趋势、柏拉图及柏拉图主义的影响、《问题篇》的重新发现等。不过，这

---

[1] R. Klibansky, E. Panofsky and F. Saxl, *Saturn and Melancholy*, London: Thomas Nelson and Sons, 1964, p.18.
[2] R. Klibansky, E. Panofsky and F. Saxl, *Saturn and Melancholy*, pp. 67-68, 78-79.
[3] Noel Brann, *The Debate Over the Origin of Genius During the Italian Renaissance*, pp.48-50.
[4] Marsilio Ficino, *The Book of Life*, trans. Charles Boer, Irving: Spring Publications, 1980, pp. 7-8.

首先与其个人禀性分不开，因为费奇诺自己就是一个"忧郁的人"。[1] 在书中，费奇诺特别指出学者变成忧郁的人主要是因为追求知识过于艰难，灵魂必须使自己脱离外界的一切而专注于内在。[2]

费奇诺的天才观还包括对土星萨杜恩的重新评价。萨杜恩是希腊神话中的克罗诺斯，提坦巨神——黄金时代的最后一位统治者，农业和建筑的发明者，也是一位邪恶和可怕的神，为了避免被推翻的命运而残忍地吞噬自己的孩子，但最终还是被推翻和放逐。"忧郁－土星－萨杜恩"的组合是古代和中世纪神话、占星学、医学等传统的复杂结合。[3] 按照这一传统，萨杜恩是一个邪恶不祥的星体，以萨杜恩为主导星座的人具有孤僻、体弱多病、智力迟钝、怯懦、懒惰、嫉妒、邋遢等消极特质。"萨杜恩人"往往从事与土、石和木头打交道的工作，如农民、挖墓人、乞丐、瘸子、罪犯等。但到文艺复兴时期，萨杜恩作为希腊神话中黄金时代的最后一位统治者，开始与最高远的智慧、最神秘的知识、最深刻的思想和卓越的创造性联系在一起。[4] 费奇诺指出，"忧郁的人"都是土星的孩子，土星的影响促使他们追求最神秘的知识和沉思，并由此获得最深刻和崇高的智慧。[5] 他还指出，所有星体中只有萨杜恩有利于沉思，萨杜恩人远离社交和公共生活，钟情于孤独和神圣的沉思；他们对神秘事物充满好奇，全身心地投入某种研究直至生命终止，甚至忘却日常生活中的一切。[6] 当然，费奇诺也意识到萨杜恩的危险："萨杜恩人很少与普通人类分享其品质和命运，

---

[1] Marsilio Ficino, *The Book of Life*, p. 86.
[2] Marsilio Ficino, *The Book of Life*, p. 6.
[3] 古希腊人将古老的东方占星学与其神话结合在一起，用神的名字命名了一些主要星体，神的特性随之也被赋予这些星体；到中世纪，阿拉伯学者将这些星体与四种气质联系在一起，如胆汁质与好斗的马尔斯（Mars）并联，多血汁与快乐的维纳斯或仁慈的朱庇特结合，阴暗的萨杜恩则与"忧郁"联系在一起。随着阿拉伯占星学著作被翻译成拉丁文，这种理论也传播到欧洲。（R. Klibansky, E. Panofsky and F. Saxl, *Saturn and Melancholy*, pp. 127-128.）
[4] R. Klibansky, E. Panofsky and F. Saxl, *Saturn and Melancholy*, pp. 191, 205, 247.
[5] Marsilio Ficino, *The Book of Life*, pp. 169-173.
[6] Marsilio Ficino, *The Book of Life*, pp. 165, 173.

（萨杜恩人）或以神圣与众不同，或以愚蠢野蛮异于常人，或犹如神助，或极端悲惨。"[1] 事实上，费奇诺撰写《生活三论》的主旨就是给像他那样的"忧郁的萨杜恩人"提供克服萨杜恩不良影响的方法。在费奇诺看来，虽然黑胆汁和萨杜恩的影响有摧毁性，但只要通过药物、饮食、音乐、良好的生活习惯和星座吉祥物等加以控制，它们就能激发极度的专注、深刻的内省和创造性的沉思，取得卓越的成就。

总之，经过费奇诺的解释，"忧郁的萨杜恩人"成了天才的代名词。"忧郁"不再是一种肉体或精神疾病，而是追求精神生活的精英极度专注和投入的表现，是人类取得非凡的创造性成就不可或缺的。费奇诺及其圈子的新柏拉图主义哲学主导了15世纪晚期佛罗伦萨的思想和知识生活，并通过旅行、书信、手稿、印刷书籍传播到意大利和欧洲其他地区。"忧郁的萨杜恩人"主要是指哲学家、诗人等文化精英，但费奇诺曾在书信中指出，诗歌和音乐的创造性可用于绘画，因为它们都追求美与和谐。[2] 同时，15世纪晚期和16世纪诗歌和绘画这两门"姊妹艺术"的紧密联系也为这一观念扩展到艺术领域提供了思想背景。[3] 随着时间推移，费奇诺复杂的天才观开始被简单地理解为天才必然都是异于常人的怪人。这种被通俗理解的"天才观"在15世纪中后期广为流传，深刻影响了艺术家形象的塑造和建构。

艺术家被视为怪人是有传统的。老普林尼就记载了许多有怪癖的艺术家：雕塑家西朗纽被称为"疯子"，因为他从不满意自己的作品，经常将完成的雕塑打碎；雕塑家卡里马库斯过分注重细节而被称为"吹毛求疵

---

[1] Marsilio Ficino, *The Book of Life*, p. 172.
[2] Noel Brann, *The Debate Over the Origin of Genius During the Italian Renaissance*, p. 104.
[3] 16世纪，艺术理论和实践都受到新柏拉图主义哲学影响。艺术的目标不再是准确模仿自然，而是表现艺术家头脑中的"理念"。祖卡罗（Federico Zuccaro）的《论绘画、雕塑和建筑艺术的理念》和罗马佐（Giovanni Lomazzo）的《绘画神殿的理念》都专门论述了"理念"。

的人"。[1] 在老普林尼那里,"怪"主要是个别艺术家的独特性格和工作习惯使然,与神圣"迷狂"无关。到文艺复兴时期,不合常规的艺术家再次引起关注,并似乎普遍化了。如 14 世纪晚期作家萨凯蒂在其小说中讲到一位画家妻子抱怨:"你们这些画家总是荒诞不经,你们建造空中楼阁,总是醉醺醺的却不以为耻!"[2] 萨凯蒂的俗语小说取材于大众文化,因而一定程度上反映了普通公众对艺术家的认识。这个故事也表明人们对此类艺术家批评多于推崇。但费奇诺的天才观却赋予艺术家"怪"的积极意义:与"忧郁"密切联系在一起的性格和行为成了天才的象征。学者罗马诺·阿尔贝蒂在其论绘画的著作中对画家们的"忧郁"做了费奇诺式解释:画家们"让自己的头脑脱离现实和摆脱一切世俗纷扰,结果便变得忧郁了。而按照亚里士多德的说法,这种忧郁是智慧和天赋的标志。因为正如他所说,所有具有天赋的和聪明的人都是忧郁的。"[3]

不过,首先明确将艺术家界定为"忧郁的天才"的并非意大利的学者和艺术家,而是德国神秘主义哲学家阿格里帕。阿格里帕在《论神秘哲学》(*De Occulta philosophia*, 1533)中发展了费奇诺的天才观,认为"忧郁"不仅能激发神学家和预言家的头脑,哲学家、科学家、政治家的理智,也能激发艺术家的想象。[4] 正是在阿格里帕的影响下,德国艺术家阿尔布雷希特·丢勒通过其著名的版画《忧郁 I》(图 24),首次用视觉语言呈现了作为"忧郁的天才"的艺术家。

---

[1] Pliny, *Natural History*, 9, pp. 187, 195.

[2] Rudolf Wittkower, "Individualism in Art and Artist: A Renaissance Problem", in *Journal of the History of Ideas*, vol. 22, no. 3 (1961), p. 292.

[3] Piers Britton, "'Mio malinchonico, o vero... mio pazzo': Michelangelo, Vasari, and the Problem of Artists' Melancholy in Sixteenth-Century Italy", in *The Sixteenth Century Journal*, vol. 34, no. 3 (2003), p. 663.

[4] R. Klibansky, E. Panofsky and F. Saxl, *Saturn and Melancholy*, pp. 358-359.

图 24 《忧郁 I》

丢勒、米开朗基罗、瓦萨里：天才艺术家形象的确立和多元化

丢勒制作于 1514 年的铜版画《忧郁 I》是艺术史上讨论最多和解释最丰富的版画，一件"史诗般宏大的小作品"。[1] 画中，"艺术"的拟人形象，一个长着翅膀、衣着邋遢、健壮的女人坐在石阶上一手托腮，凝神沉思。她身后是一座未完工的建筑，周围散乱地摆放着几何器具、木匠工具和其他有魔力与象征意义的物品。丢勒对费奇诺并不陌生，费奇诺的书信最初就是由丢勒的教父、纽伦堡印刷商安东·柯贝尔格印刷出版的。《生活三论》的前两卷在 15 世纪末被译成德语。[2] 在制作《忧郁 I》的两年前，丢勒已在论文草稿中引述过《生活三论》。[3] 丢勒在论及年轻画家的教育时也特别关注了"忧郁"："如果这个孩子过分勤奋以致变得忧郁，应通过快乐的音乐诱导他们（予以调节）。"[4] 另外，丢勒还在 1510 年得到一本阿格里帕的《论神秘哲学》手稿，由此接触到其天才理论。潘诺夫斯基认为，《忧郁 I》与同年制作的另一幅版画《书斋中的圣哲罗姆》表现的正是阿格里帕所说的最高级和最低级的"天才"，即做神圣沉思的圣徒和具有创造性想象的艺术家。因为丢勒曾至少六次将这两幅版画的复制品"配套"赠人，而且收藏家也常常一并观之。[5] 正如费奇诺对"忧郁的萨杜恩人"的重新解释，丢勒的版画也对"忧郁"和"萨杜恩"的图像传统做了重新解释：中世纪艺术中的"忧郁病"或"懒惰罪"被改造成了艺术天才的创造

---

[1] Paul Wood, "Genius and Melancholy: The Art of Dürer", in Emma Barker, Nick Webb, and Kim Woods, eds., *The Changing Status of the Artist*, New Haven: Yale University Press, 1999, p. 146.

[2] Erwin Panofsky, *Life and Art of Albrecht Dürer*, Princeton: Princeton University Press, 1945, p. 165.

[3] Erwin Panofsky, *Idea: A Concept in Art Theory*, p. 124.

[4] Martin Kemp, "The 'Super-artist' as Genius: The Sixteenth-Century View", in Penelope Murray, ed., *Genius: The History of an Idea*, p. 40.

[5] Erwin Panofsky, *Life and Art of Albrecht Dürer*, p. 156.

性停顿。[1]

丢勒出生于纽伦堡的一个金匠家庭，主要通过制作铜版画和木板画获得国际声望。在丢勒工作和生活的时代，新的艺术家观念已在意大利广为传播，但德国的社会文化精英对艺术家的态度仍基本延续着古代和中世纪传统，出色的艺术家只是熟练的手艺人。15世纪晚期和16世纪初的两次意大利之旅使丢勒接触到意大利艺术，也使他对艺术和艺术家有了新的理解。与意大利艺术家一样，他相信艺术是建立在科学基础上的自由艺术，并以极大热情研究透视法和人体比例，还撰写了《论测量》（Manual of Measurement, 1515）和《人体比例四论》（Four Books on Human Proportion, 1528）。同时，丢勒对艺术家的神圣创造性亦笃信不移："一个好画家头脑中充满了图像，如果他能永远活着，那么总会有——从柏拉图所说的内在理念中——新东西注入其艺术"，还认为"一个人在半张纸上用铅笔画出来的东西或在一块小木头上刻出来的东西，可能常常比另一个人用一年时间辛辛苦苦完成的大作品更有艺术魅力"。[2] 丢勒在1500年绘制的那幅著名的自画像生动地体现了这一点：他大胆挪用《基督保佑》的传统图像，自我呈现为具有神圣创造性的艺术家。[3]

不过，虽然丢勒对"忧郁的艺术家"做了令人难忘的视觉塑造，但《忧郁I》是否如潘诺夫斯基所认为的是丢勒的"精神肖像"则有待商榷。根据丢勒本人及其同代人的记载，丢勒认同和向往的毋宁是一种"自由艺

---

[1]《忧郁I》主要继承了三种图像传统："自由艺术"，画中的书籍、墨水瓶、圆规、几何体、球体、尺子等是几何、天文、数学的传统象征；中世纪表现四种气质以及美德和恶行的寓意画，比如手托腮蹲坐的女人就继承了中世纪"懒惰罪"的寓意画——通常是一个懒洋洋、邋遢、不理家务的主妇；占星学、滴漏、狗、蝙蝠等是土星萨杜恩的传统象征。(Paul Wood, "Genius and Melancholy: The Art of Dürer", in Emma Barker, Nick Webb, and Kim Woods, eds., The Changing Status of the Artist, pp. 158-160.)

[2] Erwin Panofsky, Idea: A Concept in Art Theory, pp.123-124.

[3] Joseph Koerner, The Moment as Self-Portraiture in German Renaissance Art, Chicago: The University of Chicago Press, 1993, p. 138.

术家"和创造性"天才"的结合,一种博学多识和有绅士般举止的社会精英。在 16 世纪初旅行威尼斯期间,那些成功跻身上流社会的意大利艺术家的生活方式和举止给他留下了深刻印象。他在给友人的信中写道:"这里有那么多出色的意大利人……他们都是有理智、有学问的人,能出色地弹奏鲁特琴和吹笛子,是绘画鉴赏家,是具有高尚情感和诚实美德的人。"[1]受此影响,丢勒购置了华丽的衣服,甚至开始学习舞蹈。他在信中写道:"离开这里的阳光我会多么冷啊!在这里,我是一个绅士;在家乡只是一个寄生虫。"[2] 最早记载丢勒个性的纽伦堡律师克里斯托弗·舒尔也如此描绘丢勒:"我们的阿尔布雷希特气宇轩昂,亲切和蔼,优雅得体……与一切有良好教养的人一样,他有一种快乐的天性。"丢勒《人体比例四论》的拉丁文译者夸美纽斯也写道:"他的谈吐是那么温柔、亲切、机智……虽然他确实没学过写作,但他却完全掌握了伟大的物理学和数学……但他并不是一个不苟言笑的忧郁的人,也不是一个令人厌恶的刻板的人;终其一生,所有带来愉悦和快乐并与荣誉和正直相符的一切他都矢志追求。"[3] 应当指出,在 15 世纪晚期和 16 世纪的德国,丢勒及其圈子的人文学者对艺术家神圣创造性的强调只是特例,艺术家作为手艺人的传统观念在社会文化精英和艺术家中仍占主导地位,因而丢勒塑造的带有超前色彩的"忧郁的艺术家"形象不仅未得到响应,反而遭到批评。[4]

只有在深受人文主义思想浸润的意大利,对艺术家个体价值的这种高度认可才能获得发展。文艺复兴时期,作为"忧郁的天才"的艺术家的典范不是丢勒,而是米开朗基罗。米开朗基罗漫长的一生既体现又促进了艺

---

[1] 阿尔布雷特·丢勒著、袁萍译:《版画插图丢勒游记》,中国人民大学出版社 2004 年版,第 7 页。
[2] 同上书,第 41 页。
[3] Giulia Bartrum, *Albrecht Dürer and His Legacy*, Princeton: Princeton University Press, 2002, pp. 13-14.
[4] 比如德国画家老卢卡斯·克拉那赫(Lucas Cranach the Elder, 1472—1553)通过改造丢勒的《忧郁 I》,制造了某种"反忧郁"图像,批评了丢勒的"忧郁的艺术家"观念。(Thomas DaCosta Kaufmann, *Court, Cloister & City*, London: Weidenfeld and Nicolson, 1995, pp. 122-123.)

术家身份和形象的变化。新柏拉图主义哲学对米开朗基罗的影响始于他早年在洛伦佐·德·美第奇圈子的经历并几乎贯穿了他的一生。[1] 他的阅读至少包括两部重要的新柏拉图主义著作，即费奇诺对柏拉图《会饮篇》的评注和兰迪诺对但丁《神曲》的评注。米开朗基罗非常强调艺术家的天赋、灵感和创造性，他指出"拥有天赐之艺术者，凭艺术征服自然"；还认为"即使最好的艺术家也不能构思大理石中不存在的图像，但唯有手遵从头脑，他才会获得这个图像"；再如"如果我们的神圣天赋出色地想象出某个人的姿势和面孔，那么凭借两种能力（即构思和创作），仅用一个粗略的速写就能赋予石头生命"。[2] 米开朗基罗还在书信和诗中强调自己的"疯狂"和"忧郁"。他在1525年的一封信中谈道，一次晚宴"使我从忧郁，或最好说是我的疯狂中略得解脱"；在1554年的一封信中写道："你一定会说我又老又疯竟想写十四行诗，但既然许多人都说我返老还童了，（那）我（就）想当个孩童"；大约同时期的一首诗也写道："忧郁让我幸福，痛苦给我休憩。"[3] 米开朗基罗的书信和诗大都是功成名就以后写的，注重自身形象的米开朗基罗对"疯狂"和"忧郁"的自恋式强调，无疑不是指病态的疯，而是指创作中的狂热和专注，即费奇诺所说的"神圣迷狂"。

另外，米开朗基罗的传记作家也给世人呈现了一个"忧郁的天才"形象。葡萄牙艺术家弗朗切斯科·德·霍兰达在《对话录》中描绘了一个孤僻、衣着随意和无视社会规范的米开朗基罗。不过，霍兰达又借米开朗基罗之口为艺术家的"怪"做了辩解："有人说杰出的画家都是奇怪和难以相处的，而事实上他们只是普通人。只有白痴和不明智的人才认为他们古

---

[1] Anthony Blunt, *Artistic Theory in Italy: 1450-1600*, Oxford: Oxford University Press, 1962, pp. 59-64.
[2] Michelangelo Buonarroti, *Complete Poems and Selected Letters*, trans. Creighton Gilbert, New York: Random House, 1963, pp. 70, 100, 132.
[3] Michelangelo Buonarroti, *Complete Poems and Selected Letters*, pp. 243, 300, 150.

怪和喜怒无常……杰出的画家喜欢独处不是因为傲慢，而是因为没遇到配从事画画的有才华的人，或是为了避免与无聊人的闲谈损害和贬低他们的才智，使之不能持续进行他们总是沉迷于其中的高贵的想象。"[1] 孔迪维在米开朗基罗的帮助和参与下撰写的《米开朗基罗传》（1553）可能最接近米开朗基罗的自我认同。在书中，米开朗基罗被塑造为一个无师自通的天才，如米开朗基罗有一次半开玩笑地谈到其雕塑天赋来自乳母——石匠的妻子和女儿——的奶汁。[2] 孔迪维也以辩解的口吻提到米开朗基罗青年时代的孤僻："当他年轻的时候，米开朗基罗不仅专注于雕塑和绘画，也致力于所有与之相关的事物。由于太投入，他一度远离人群，只与几个人来往。"[3] 瓦萨里在《意大利艺苑名人传》中也含蓄地提到米开朗基罗的一些怪癖：喜欢独处；生活节俭到近乎吝啬；从不宴请别人，也不接受别人的礼物；工作中极度专注和投入，如有一次因数月不脱鞋子，结果脱鞋时连皮都扯了下来。[4]

瓦萨里对忧郁的艺术家的呈现需要特别说明。《意大利艺苑名人传》的写作和修订得到许多人文学者的积极帮助，因而瓦萨里对艺术家的呈现很大程度上代表了16世纪中晚期意大利社会文化精英对艺术家的认识。在书中，瓦萨里记载了众多"忧郁的"艺术家：痴迷透视法的乌切罗过着隐士般的生活，孤僻、古怪和忧郁。马萨乔除了艺术什么都不关心，包括穿着和金钱。[5] 达·芬奇创作《最后的晚餐》时常常长时间陷入沉思。皮埃罗·迪·科西莫极端孤独并有各种匪夷所思的怪癖。[6] 画家彭托尔莫孤

---

[1] Francisco de Hollanda, *On Antique Painting*, trans. Alice Sedgwick Wohl, Pennsylvania: The Pennsylvania University Press, 2013, p.177.

[2] Ascanio Condivi, *The Life of Michelangelo*, pp. 6-7.

[3] Ascanio Condivi, *The Life of Michelangelo*, p. 102.

[4] Giorgio Vasari, *The Lives of the Painters, Sculptors, and Architects*, Volume IV, pp. 109, 173-174, 178.

[5] Giorgio Vasari, *The Lives of the Painters, Sculptors, and Architects*, Volume I, pp. 232, 264.

[6] Giorgio Vasari, *The Lives of the Painters, Sculptors, and Architects*, Volume II, pp. 161, 181-82.

独得让人难以置信,为了保证与世隔绝,他在一楼的工作室和二楼的卧室只有一条绳梯相通,他工作时就把梯子拉上去;他只在高兴的时候给喜欢的人画画,恐惧死亡,从不参加宴会或到人群聚集的地方,并常常整日沉思。[1]瓦萨里记载的真实性遭到现代学者的质疑,[2]但他对忧郁的艺术家的大量关注无疑显示了费奇诺天才观的影响。

与费奇诺不同的是,在瓦萨里这里,"忧郁"并非天才的标志,反而是才华和成功的障碍,如彭托尔莫晚年艺术才华的堕落就被归咎于"忧郁"。"忧郁的艺术家"事实上是一种反面典型,被用来塑造瓦萨里心目中的理想艺术家,即一种既有神圣创造性,又在行为举止中避免了"忧郁"的廷臣-艺术家。在对廷臣-艺术家的楷模拉斐尔的赞美中,瓦萨里明确表达了这一点:"他既出色又文雅,有一种天生的庄重和善良,就像那些有着非凡的高贵和温柔的天性并且亲切、友善的人一样,在所有场合,与任何阶层的人相处,他都表现得亲切和快乐。因此,大自然创造了冠绝并超越艺术的米开朗基罗·鲍纳罗蒂,也同样创造了艺术与风度皆无与伦比的拉斐尔。到那时为止,大部分艺人都表现出某种愚蠢和疯狂,这除了使他们古怪和荒谬可笑,还常常更多地暴露出邪恶的阴暗,而不是美德的光彩。而在拉斐尔身上,那些最罕见的天赋与优雅、勤奋、美、谦逊和好性格如此完美地结合在了一起,它足以掩盖最丑陋的邪恶和最糟糕的缺点。"[3]

瓦萨里对费奇诺天才观的这种修正或选择性接受,代表了16世纪中后期精英艺术家的态度。甚至瓦萨里著名的竞争对手,个性张扬、行为乖

---

[1] Giorgio Vasari, *The Lives of the Painters, Sculptors, and Architects*, Volume III, pp. 250-251, 254-255.

[2] 早在1924年,"维也纳学派"的著名艺术史家施罗塞已通过"细读"文本揭示了《意大利艺苑名人传》中许多曲解、错误甚至虚构的信息。参见 "Julius von Schlosser on Vasari: A Translation from *Die Kunstliteratur*", trans. Karl Johns, in *Journal of Art Historiography*, no. 2 (2010), pp. 21-24.

[3] Giorgio Vasari, *The Lives of the Painters, Sculptors, and Architects*, Volume II, p. 221.

张的艺术家切利尼在这方面也与其志同道合。[1] 艺术家阿美尼尼在其《论绘画艺术的真原则》中也批评了"忧郁"时尚:"在普通人甚至包括明智的人中滋生了一种糟糕的思想:他们认为如下事实是不言而喻的,即最出色的画家必定染有某种丑陋和难以启齿的恶行,并伴有一种源于古怪头脑的喜怒无常和怪异性格。最糟糕的是,许多愚蠢的画家也相信这些错误的想法,并伪装出忧郁的怪诞,其唯一的好处是他们认为这些愚蠢的行为使他们变成了最卓越的人。"他建议画家们"远离各种疯狂和无教养的恶行。不要冷漠不合群或通过粗鲁的举止和说脏话而表现得怪异,这是粗鄙的人的特征"。[2]

对"忧郁的艺术家"的质疑和批评源于多种因素。首先,14 世纪以来逐渐确立的自由艺术家理想不仅强调艺术家的理论知识素养,也注重行为的塑造。切尼尼建议画家注意自己的言行,改变无教养、粗鲁的不良形象,养成像哲学家或其他学者那样良好的生活和工作习惯。[3] 阿尔贝蒂主张"画家首要做个有教养的人,熟谙各种自由艺术。我们都知道,正直的品格比勤奋和技艺更能让人敬慕。没人怀疑赢得别人的喜爱对艺术家获得名声和财富多么重要……因此,艺术家应特别注意自己的道德品行,特别是要有礼貌、随和、亲切"[4]。对职业艺术家来说,模仿社会精英的行为举止也有助于提升自身形象。达·芬奇认为绘画高于雕塑的一个理由就是:雕塑家肮脏、邋遢,工作室常常杂乱、污秽,跟干体力活的匠人没有什么分别;而画家却能穿着整洁、光鲜的衣服工作,并且举止优雅,房间也整

---

[1] Victoria Coats, "Rivals with a Common Cause: Vasari, Cellini and the Literary Formation of the Ideal Renaissance Artist", in David Cast, ed., *Ashgate Research Companion to Giorgio Vasari*, Farnham: Ashgate, 2014, p. 215.

[2] Giovanni Battista Armenini, *On the True Precepts of the Art of Painting*, ed. and trans. Edward J. Olszewski, New York: B. Franklin, 1977, pp. 274, 278.

[3] Cennino Cennini, *The Craftsman's Handbook*, p. 16.

[4] Leon Battista Alberti, *On Painting and on Sculpture*, p. 95.

洁、安静，还能静静地听音乐和读书。[1] 正如彼得·伯克所言，社会地位较低的群体常常模仿地位较高群体的文化习俗，以提高社会地位或表明其社会地位已经提高。[2]

其次，反宗教改革的保守氛围也使具有个人主义色彩的"忧郁的艺术家"不受欢迎。反宗教改革时期，罗马天主教会既致力于控制文化，也注重控制行为。在艺术领域，反宗教改革影响的一个例子是"得体"受到前所未有的重视，且日益具有道德和宗教色彩，不仅指艺术题材的适当，而且涉及艺术家的生活方式。如瓦萨里在谈到以"圣洁"风格著称的画家安杰利科修士时主张，创作宗教艺术品的艺术家本身就应该虔诚和圣洁。[3] 米开朗基罗在罗马西斯廷教堂的壁画受到批评，主要因为"得体"问题。阿雷提诺谴责这些充满裸体的壁画更适合澡堂而不是教堂；多尔切主要从道德而不是艺术的角度批评《末日审判》："假如米开朗基罗的这些人像更得体些，即使构图的完美稍逊些，那也比你实际上看到的这种极端完美和极端不体面并存好得多！"[4]

最后，文艺复兴晚期，随着意大利和欧洲其他地区的宫廷成为首要艺术赞助者，宫廷的价值观和对行为规范的注重渗透到艺术领域。[5] 模仿贵族的行为举止，遵从宫廷礼仪规范的廷臣－艺术家比特立独行的"忧郁的艺术家"显然更能赢得君主的青睐。阿美尼尼对"忧郁"的谴责部分就出于这一考虑。他指出，只有学识和温文尔雅的举止才能取悦贵族赞助人，

---

[1] Robert Klein and Henri Zerner, *Italian Art 1500-1600: Sources and Documents*, 1966, p. 5.
[2] 彼得·伯克著、杨豫等译：《欧洲近代早期的大众文化》，上海人民出版社 2005 年版，第 10 页。
[3] Giorgio Vasari, *The Lives of the Painters, Sculptors, and Architects, Volume I*, p. 341.
[4] Patricia Emison, *Creating the "Divine" Artist: From Dante to Michelangelo*, pp. 198-199.
[5] 关于 16 世纪中后期，宫廷在意大利社会和文化生活中的重要性，参见 H. G. Koenigsberger, "Republics and Courts in Italian and European Culture in the Sixteenth and Seventeenth Centuries", in *Past and Present*, no. 83 (1979), pp. 32-56, esp. 36-42, 53-56.

使自己在激烈的竞争中胜出。[1] 艺术与宫廷文化密切交融的一个突出例子是 16 世纪艺术理论中的"maniera"。"maniera"最初指艺术家的手法，在 16 世纪发展为指称艺术创作中挥洒自如或优雅洒脱的行为表现。[2] 卡斯提利奥内在《论廷臣》中将拉斐尔推崇为完美廷臣的典范。与拉斐尔及其艺术联系在一起的"优雅"被树立为廷臣的最高理想。[3] 一个"优雅"的廷臣本身就是一件艺术品。他要在一切行为中表现出"sprezzatura"——一种精心表演出来的漫不经心和坦然自若，让人感觉他的一举一动都是不假思索和自发随意的。[4] 卡斯提利奥内对完美廷臣的塑造影响了瓦萨里。瓦萨里本人就是科西莫·德·美第奇公爵的宫廷艺术家，对拉斐尔式兼具神圣创造性与学识、美德和优雅举止的廷臣-艺术家的塑造体现了瓦萨里的自我认同。[5]

此外，虽然费奇诺对"忧郁"做了全新的积极解释，但传统的医学和基督教神学"忧郁观"并未销声匿迹，且在反宗教改革时期有所回潮。[6] 按照这种观念，"忧郁"与卓越的创造性无关，而是肉体疾病、自由放纵甚至被魔鬼影响的表现。

对"忧郁的天才"的批评和质疑，促使人们思考艺术创造性的多种可能。在艺术批评中，"忧郁的"米开朗基罗的典范地位开始受到拉斐尔、

---

[1] Robert Williams, "The Vocation of the Artists as Seen by Giovanni Battista Armenini", in *Art History*, vol. 18, no. 4 (1995), p. 527.

[2] 关于"maniera"一词的内涵及演变，参见刘君：《何为'风格主义'？》，《新美术》2005 年第 3 期，第 69—74 页。

[3] "优雅"（grazia）指一种迷人而神秘的品质。文艺复兴时期，该词的使用并不限于艺术领域，而是被广泛用于情人、妇女、基督教神恩等。卡斯提利奥内首先将其用于讨论宫廷的优雅行为，尤其把它与拉斐尔的艺术联系在一起。参见 Patricia Emison, "Grazia", in *Renaissance Studies*, vol. 5, no. 4 (1991), pp. 427-460.

[4] Baldessar Castiglione, *The Book of the Courtier*, p. 29.

[5] Patricia L. Rubin, *Giorgio Vasari: Art and History*, New Haven and London: Yale University Press, 1995, p. 22.

[6] Noel Brann, *The Debate Over the Origin of Genius During the Italian Renaissance*, pp. 17-18.

提香等艺术家的挑战，艺术风格和天才的多样性日益被认可。多尔切在其《论绘画》（1557）中指出，完美艺术的典范并不是唯一的，而是多样的，米开朗基罗的素描和裸体画虽举世无双，但拉斐尔的"创意"更丰富，提香的"色彩"则超越了米开朗基罗和拉斐尔。[1]16世纪末，米兰画家罗马佐在其《绘画神殿的理念》（1590）中借用费奇诺的理论，对艺术风格和艺术天才的多样性做了系统解释。他将七位画家及其艺术风格与不同的星体联系起来。其中，米开朗基罗与忧郁的萨杜恩联系在一起，拉斐尔与快乐的维纳斯联系在一起，提香与墨丘利联系在一起。罗马佐认为，只要艺术家遵从天性并与星体保持和谐，其艺术和天赋均可臻于完美，成为（虽然不同但）同样杰出的天才。[2]

意大利文艺复兴时期是西方艺术发展的一个黄金时代，很大程度上正是由于这个原因，18世纪法国启蒙思想家和历史学家伏尔泰在其《路易十四时代》中将美第奇家族统治时期的意大利（即当今人们习惯上所说的意大利文艺复兴时期）视为西方文化史的一个高峰。[3]在西方艺术观念史上，意大利文艺复兴时期也是一个分水岭。正是在这一时期，古代和中世纪对艺术和艺术家的传统观念开始转变，现代意义的艺术和艺术家观念逐渐形成。这一发展集中体现在与天才观相关的艺术家身份与形象的建构中。从根本上说，文艺复兴时期的天才观是重视和强调人的价值和尊严的人文主义传统的一部分。基于对人的价值和尊严的肯定，人文学者开始思考艺术家的价值，并由此超越了对古代作家的模仿和简单借用，"发现"或建构了作为创造性文化精英的艺术家形象。对艺术家价值的肯定通过费奇诺的新柏拉图主义"天才观"得到进一步发展。费奇诺的天才观实质上

---

[1] Marco Roskill, *Dolce's "Aretino" and Venetian Art Theory of the Cinquecento*, New York: New York University Press, 1968, pp. 177-179, 195.

[2] Martin Kemp, "'Equal Exellences': Lomazzo and the Explanation of Individual Style in the Visual Arts", in *Renaissance Studies*, vol. 1, no.1 (1987), p. 21.

[3] 伏尔泰著、吴模信等译：《路易十四时代》，商务印书馆1982年版，第5—7页。

是从哲学角度对人类创造性成就的系统解释。到 16 世纪，随着费奇诺天才观的传播和接受，天才的谱系从圣徒、哲学家和诗人扩展到艺术家，丢勒、米开朗基罗和瓦萨里以不同方式促进了具有创造性的天才艺术家形象的建构和发展。

　　文艺复兴时期的天才观以及与其相关的艺术家形象的"发明"并非纯粹的文化建构，而是当时艺术家群体状况的一种反映。自 15 世纪以来，艺术理论和实践日益与科学知识结合在一起，数学、透视法、解剖学不仅成为有抱负的艺术精英的必备知识，而且逐渐进入作坊学徒的训练。艺术和科学"去隔阂"，科学家和艺术家携手并进成为这一时期的突出现象。[1] 职业艺术家的文化水平也有了很大提高，许多艺术家从事理论著述，有些艺术家还尝试写诗。拥有书籍的艺术家及其拥有书籍的数量也呈上升趋势，有些艺术家甚至不同程度地掌握了拉丁语。[2] 到 16 世纪晚期，艺术学院在佛罗伦萨（1563）、罗马（1593）等地的建立集中体现并促进了这一艺术的智性化趋势。

　　需要指出的是，文艺复兴时期的天才艺术家观念与浪漫主义时代无视规则与传统、孤独和另类的天才艺术家是有差异的。人文主义价值观、反宗教改革的影响、宫廷文化的主导地位、职业竞争以及传统医学和基督教神学观念的影响等，都使内外兼修的廷臣－艺术家而非乖张、叛逆的"忧郁的萨杜恩人"更受欢迎。不过，文艺复兴时期的天才艺术家形象无疑是尊重和肯定艺术家的价值和重要性这一现代传统的第一步。到 17、18 世纪，文艺复兴时期发端的趋势进一步发展。随着现代艺术体系的建构和美学的诞生，艺术牢固确立为一个具有独立内涵与形式的精神创造领域。同时，艺术家作为创造性精英也与手艺人彻底分离，技能、规则、模仿、实

---

[1] Erwin Panofsky, "Artist, Scientist, Genius: Notes on the 'Renaissance-Dämmerung'", in *The Renaissances*, New York: Metropolitan Museum of Art, 1953, p. 162.

[2] Francis Ames-Lewis, *The Intellectual Life of the Early Renaissance Artist*, pp. 22-23.

用性等"技工"特性被归于手艺人,艺术家独享了所有"诗意的"品质,如灵感、想象力、自由和天才。[1] 到浪漫主义时代,随着学院的衰落和赞助体制的瓦解,"忧郁"被普遍讴歌为天才的象征,无视规则和传统、自由不羁、孤独甚至疯狂的"波西米亚人"形象几乎成了艺术天才的唯一典范。

第二节 艺术家的自我意识和形象塑造:艺术家的签名和自我肖像

文艺复兴时期,艺术家对艺术和自身价值的觉醒尤其体现在他们的作品签名和自我肖像中。与这一时期的艺术家写作传记(特别是自传)一样,署名和肖像既表现了艺术家对不朽声誉的追求,也是他们提高艺术和自身文化地位的重要途径。

(一)艺术家的签名:商业、虔诚和自我呈现

艺术家在作品上签名在古代和中世纪皆有先例。早在公元前6世纪的古风时期就有艺术家在陶器或雕塑作品上签名,有些人甚至还制作了自己的肖像。[2] 根据老普林尼的记载,古希腊画家阿佩利斯和波利克利图斯等就常常在作品上签名。到中世纪,一些艺术家有时也会留下自己的名字。不过,古代和中世纪艺术家在作品上签名还是非常少见的。这些签名和肖像或展示了对技艺的自豪,或是被作为商业标签和表达虔诚的形式,而很

---

[1] Larry Shiner, *The Invention of Art*, Chicago and London: The University of Chicago Press, 2001, p. 111.
[2] Jeremy Tanner, *The Invention of Art History in Ancient Greece*, pp. 153-154.

少表现更高的社会或职业渴望。

到文艺复兴时期，不仅艺术家签名开始大量出现，其性质和功能也开始发生变化。这一时期，尤其是 15 世纪中期以后，艺术家签名开始在意大利各地大量出现。除了传统的商业标签、表达虔诚等功能，签名日益成了艺术家提升自身文化地位和获得社会认可的重要手段。艺术家签名的字体、措辞、风格和签名位置等的变化就显示了这一点。许多艺术家开始采用罗马大写字母而非传统的哥特风格拉丁字母，显示了人文主义的影响和艺术家对古代艺术遗存，尤其是碑铭的研究和兴趣。15 世纪威尼斯最重要的两个艺术作坊——贝利尼家族作坊和安东尼奥·维瓦里尼作坊制作的宗教和世俗绘画中的签名是最早和最有代表性的例子。从 1460 年前后开始，乔瓦尼·贝利尼开始用罗马大写字母在宗教画和世俗肖像画上签名，表现了他对古代碑铭的研究，如他在著名的《威尼斯总督莱奥纳尔多·罗雷丹》中的签名。著名古物学家-艺术家曼泰尼亚不仅采用罗马大写字母，有时还用希腊文签名，炫耀他在古代艺术上的造诣。他在 1459 年绘制的祭坛画《圣塞巴斯蒂安》中，把希腊文名字纵向"刻在"圣塞巴斯蒂安被捆绑的一座古建筑废墟的支柱上。[1]16 世纪初，乔瓦尼·贝利尼在其绘制的《皮埃特罗·本博》（1505—1506）和为费拉拉公爵阿尔方索·德·埃斯特的书斋绘制的《诸神的宴会》中又放弃罗马大写字母，转而采用当时流行的人文主义斜体"草书"。这种字体借鉴了威尼斯著名"前卫"印刷商阿尔都斯·马努提乌斯印制的文学经典封面的新式草体风格。贝利尼由此展示了他与 16 世纪早期人文主义新学术的密切关系。贝利尼的草体签名可能直接受到皮埃特罗·本博的启发，它们赋予乔瓦尼·贝利尼宫廷绅

---

[1] Louisa Matthew, "The Painter's Presence: Signatures in Venetian Renaissance Paintings", in *The Art Bulletin*, Vol. 80, No. 4 (1998), p. 625.

士和知识人的光环，塑造了他作为一位绅士和知识精英的形象。[1]

除了字体的变化，签名的位置也出现变化。在中世纪晚期和文艺复兴早期，艺术家的名字、制作日期通常在一长段包括赞助人的名字、作品所在地点等信息的铭文中，签名通常位于图画底部或边框内。15世纪中期以后，艺术家的名字开始进入画面，成了艺术家展示其自然主义技艺和创意的手段。在维瓦里尼制作于1446年的圣摩塞三联画中，他的名字用罗马大写字母"刻在"建筑物基部的石板上。15世纪晚期，这种明显模拟古代碑铭的"雕刻签名"一度是威尼斯画家最常用的签名风格之一。[2] 另一种"签名牌"，即在画中一张贴在壁架或宝座底部纸片上的签名同样流行。正如有学者指出的，这种标准化的签名主要是威尼斯繁荣的商业的产物。与威尼斯印刷商发明的印刷书"封面页"一样，此种签名主要是艺术家或其作坊商业身份的标识，凸显和宣传艺术家和印刷-出版者的重要性。[3] 从16世纪开始，商业性的"签名牌"日益被富有创意的签名取代。签名开始广泛出现在建筑、人物服饰、家具、书籍以及信件等物品上。如乔瓦尼·贝利尼在《照镜子的女子》的签名就出现在随意丢在房间地毯上的一张折叠的纸上；提香在1567至1568年画的著名艺术商《雅科波·斯特拉达》的肖像中的签名出现在桌上的一封信上等。与其他类型的艺术家签名一样，多样化和个性化的"签名牌"日益成了传达信息和艺术家自我呈现的手段。

表达虔诚是艺术家签名的一个传统动机和他们留下签名的合法性依据之一。通过将名字刻在十字架上、宝座上、基督的石棺上以及基督、圣

---

[1] Debra Pincus, "Giovanni Bellini's Humanist Signature: Pietro Bembo, Aldus Manutius and Humanism in Early Sixteenth-Century Venice", in *Artibus et Historiae*, Vol. 29, No. 58 (2008), pp. 106-107.

[2] Louisa Matthew, "The Painter's Presence: Signatures in Venetian Renaissance Paintings", in *The Art Bulletin*, Vol. 80, No. 4 (1998), pp. 620-621.

[3] Louisa Matthew, "The Painter's Presence: Signatures in Venetian Renaissance Paintings", in *The Art Bulletin*, Vol. 80, No. 4 (1998), p. 627.

母或圣徒的脚下、衣服上等，艺术家自我呈现为"神圣事件"的参与者和目击者，由此确立了与神圣世界的联系。如乔瓦尼·贝利尼在祭坛画《佩萨罗圣母》中的签名出现在基督脚的下方；皮埃特罗·佩鲁吉诺的签名通常出现在圣母宝座上或者圣徒的标志物上，如基督的坟墓、刺穿圣塞巴斯蒂安身体的箭上或圣凯瑟琳的车轮上等。拉斐尔早年的一件早期祭坛画，1503年为卡斯泰罗城的圣多梅尼科教堂绘制的加瓦里祭坛画《耶稣被钉十字架上》中的签名也是这样的例子。其中，拉斐尔的名字"刻在"木十字架底部，展示了拉斐尔在这一神圣事件中的"在场"。[1]

不过，在文艺复兴时期，与宗教艺术的世俗化相应的，宗教作品上的签名日益与艺术家追求名望和提升自身文化地位的努力交织在一起。一个著名的例子是，米开朗基罗在1497至1500年为罗马圣彼得大教堂制作的大理石雕塑《圣母怜子》的签名。这是年轻的米开朗基罗在罗马崭露头角的第一件公共艺术订单。瓦萨里曾记载，这个签名是米开朗基罗在作品完成后加上去的，因为一些没听说过米开朗基罗的人误以为这件杰作出自另一位当时有名的米兰雕塑家之手。[2] 不过现代学者发现事实并非如此。这个签名从一开始就被设计为整个作品的一部分。米开朗基罗大写的拉丁文签名出现在圣母胸前的束带上（图25）。

米开朗基罗这个签名有非常重要的意义，它是15世纪晚期新兴的"普林尼式签名"的最早典范。老普林尼在《自然史》的献词中指出，古希腊画家阿佩利斯和波利克利图斯在作品上签名时选择未完成时态的"faciebat"（正在制作）一词，而非用完成时的"Il fecit"（已制成），表示作品尚不完善或仍在进行中。在老普林尼那里，这主要是画家们为了预防作品可能遭到批评的一种策略，或一种谦虚姿态。但在文艺复兴时期，艺

---

[1] Rona Goffen, "Raphael's Designer Labels: From the Virgin Mary to La Fornarina", in *Artibus et Historiae*, Vol. 24, No. 48 (2003), p. 124.

[2] Giorgio Vasari, *The Lives of the Painters, Sculptors and Architects*, p. 115.

图 25 米开朗基罗《圣母怜子》绶带上的拉丁文签名

术家日益用未完成时态的"faciebat"暗示艺术家与作品的持续性联系，并由此强调其创作者身份和艺术品中的在场。[1] 米开朗基罗的签名还巧妙地使用了"视觉双关语"，进一步强调了作品未完成的观念："faciebat"的拼写本身就不全，最后一个字母"t"消失在圣母衣领内。[2] 另外，米开朗基罗把名字分成两部分"Michael Angelus"也深有意味，因为这将米开朗基罗与"Archangel Michael"（大天使），进而与末日审判、神圣调解和神恩联系起来。[3] 总之，借助这个签名，米开朗基罗既表达了宗教虔诚，也强调了他与阿佩利斯等古代著名艺术家的联系和他的创作者身份。

由于"普林尼式签名"的社会和文化意义，"faciebat"很快被其他艺术家效仿。乔瓦尼·贝利尼在1515年绘制的《照镜子的女子》中的"签名牌"就模仿米开朗基罗采用了"普林尼式签名"："乔瓦尼·贝利尼作，1515年"（图26）。[4]

提香也多次在作品中采用"普林尼式签名"。最早的例子是他1522年为布雷斯西亚的圣纳扎罗和切尔所教堂绘制的多联画《基督的复活》中的签名。提香的签名出现在右侧翼联著名的"基督教版拉奥孔"圣塞巴斯蒂安像中：在圣徒脚下一根倾倒的圆柱的剖面上写着"提香作，1522年"。费拉拉公爵阿尔方索·德·埃斯特派人与提香交涉，希望出高价让提香转卖给他。提香的签名无疑主要展示了其制作者身份和职业自豪感。

需要指出的是，在文艺复兴时期，签名并非被所有艺术家接受。为宫廷工作的艺术家就很少签名，如曼泰尼亚只是偶尔会在为曼托瓦宫廷制作

---

[1] Sarah McHam, *Pliny and the Artistic Culture of the Italian Renaissance*, p. 183.

[2] Irving Lavin, "Divine Grace and the Remedy of the Imperfect: Michelangelo's Signature on the St. Peter's 'Pietà'", in *Artibus et Historiae*, Vol. 34, No. 68 (2013), pp. 277-278.

[3] Irving Lavin, "Divine Grace and the Remedy of the Imperfect: Michelangelo's Signature on the St. Peter's 'Pietà'", in *Artibus et Historiae*, Vol. 34, No. 68 (2013), p. 281.

[4] 乔瓦尼·贝利尼的"普林尼式签名"既直接受到米开朗基罗的启发，也受到丢勒的影响。Sarah McHam, "Reflections of Pliny in Giovanni Bellini's *Woman with a Mirror*", in *Artibus et Historiae*, Vol. 29, No. 58 (2008), pp. 159-160.

图 26 《照镜子的女子》（右下方为"签名牌"）

的艺术品上签名。另外,达·芬奇几乎没在任何完成作品上签名,米开朗基罗签名的公共艺术品只有前面提到的《圣母怜子》,拉斐尔保存下来的约 100 件作品中只有 18 件有签名。甚至在艺术商业发达的威尼斯,艺术家签名在 16 世纪也日益成了例外,而非惯例。对这一时期的艺术家来说,或许因为与商业的古老联系,签名被认为有损艺术家形象,高辨识度的个人风格比签名更有效和有力地展示制作者身份。另外,艺术家签名的损毁和伪造也非常普遍。就此而言,自我肖像是了解这一时期艺术家职业和社会意识的更确定性证据。

(二)艺术家的自我肖像:从手艺人到绅士－知识人

艺术家的自我肖像是文艺复兴时期世俗肖像艺术的一部分。作为一种独立类型,世俗肖像的兴起和发展是意大利文艺复兴时期的一项重要成就。这一时期,世俗人物肖像的数量和种类都远远超过古代和中世纪,不仅有壁画像和独立的布面画像,还包括半身塑像、全身塑像、像章以及素描、版画等。不仅如此,肖像所涉及的社会阶层也从社会文化精英广泛扩展至其他社会阶层,如商人、小店主、手艺人以及艺术家。文艺复兴时期,世俗肖像的目标或功能不限于"肖似"(即忠实的记录人物的样貌),而是广泛服务于各种宗教、政治和社会文化渴望。由于世俗肖像在文艺复兴时期的重要性,传统上,它们一直被视为这一时期个体主义发展的重要证明。雅各布·布克哈特就把这一时期大量涌现的世俗肖像与人物传记一起,看作"人的发现"的最重要证据。作为世俗肖像的一部分,艺术家自我肖像的类型、风格以及性质和功能等与其他世俗肖像具有很多共性。但同时,艺术家自我肖像也与其他世俗肖像存在很多重要差异,特别是,它们与艺术家的职业和社会渴望密切交织在一起,是艺术家提升艺术和自身文化地位,重塑艺术家职业形象的重要途径。

自我肖像并非文艺复兴时期艺术家首创。古代和中世纪的艺术家偶尔也会留下自我肖像。据说古希腊著名雕塑家菲迪亚斯在制作雅典帕特农神庙著名的雅典娜像时，就将自己的肖像刻在了雅典娜的盾牌上。到中世纪，有些手稿插图画家和大教堂的建筑师也留下自己的肖像，如 12 世纪英国坎特伯雷教堂修士埃德温就在其插图中画了自己的肖像。[1]13 世纪英国历史学家马修·帕里斯修士也在其《编年史》前言中的一幅表现圣母子插画的画框下作了自己祈祷的画像。[2]13 世纪，亚眠和兰斯大教堂的建筑师在教堂地板图案中留下自己的名字和形象。总的来说，古代和中世纪艺术家的自我肖像大都是类型化职业像或"图画签名"，是商业身份或品质的证明。到文艺复兴时期，城市社会生活的发展、视觉艺术的繁荣和人文主义新艺术观的影响和传播等，为艺术家制作自我肖像提供了空间、灵感以及价值参照。

雕塑作品和宗教画里的旁观者

早在 1330 年，新艺术观的影响就在雕塑家安德烈亚·皮萨诺为佛罗伦萨主教堂的钟塔制作的浮雕中有所体现。皮萨诺在这里制作了表现七门自由学科与七门技工学科的浮雕。其中，绘画、雕塑和建筑的拟人浮雕独立成组，紧挨着七门自由学科。[3]1359 年，佛罗伦萨雕塑家奥卡尼亚在为佛罗伦萨圣弥额尔教堂制作的圣像龛浮雕《圣母长眠和圣母升天》中制作了自己的肖像：在最右边的角落，双目低垂，穿着当时的服饰（图 27）。

---

[1] Andrew Martindale, *The Rise of the Artist in the Middle Ages and the Early Renaissance*, London: Thames and Hudson, 1972, p. 68.

[2] 迈克尔·卡米尔著、陈颖译：《哥特艺术》，中国建筑工业出版社 2004 年版，第 174—175 页。

[3] Joanna Woods-Marsden, *Renaissance Self-portraiture: The Visual Construction of Identity and the Social Status of the Artist*, p. 20. 其中"绘画"正在一个圆盾上画装饰图案；"雕塑"在雕刻一件古代风格的裸体像，表现了崇尚古典文化的新倾向；"建筑"则以两种形象出现，其一是拿着圆规伏案绘图的几何学家，其二是正在监督建筑施工的工头。

图 27 《圣母长眠和圣母升天》里的奥卡尼亚(右下角第一人)

瓦萨里曾提到奥卡尼亚的这件自塑像："这是一个老人的雕像，圆圆的脸，胡子剃得干干净净，头戴风帽。"[1] 这件作品上还有奥卡尼亚的签名"画家安德雷亚·齐奥内"（奥卡尼亚的本名）。[2] 奥卡尼亚最初接受的是画家训练，后来加入石匠和木匠行会。借助这幅作为神圣事件"旁观者"和见证人的自我肖像和签名，奥卡尼亚同时表达了其宗教虔诚和多才多艺。[3]

到15世纪，艺术家在宗教题材的艺术品中留下自己的肖像日益成了一种流行和常见的现象。洛伦佐·吉贝尔蒂在为佛罗伦萨洗礼堂铸造的第一座青铜门的边框内留下自己的名字和肖像。随后，他又在著名的"天堂之门"边框内留下自己的肖像。这件肖像的风格模仿了诸神和古代皇帝的一种半身像，即从一个圆盾中探出来的半身像（图28）。吉贝尔蒂的这件自我肖像可能直接（通过他的人文主义者朋友，如阿尔贝蒂和尼科罗·尼科利）或间接受到老普林尼等古代作家的启发。因为根据老普林尼等人的记载，古希腊著名雕塑家菲迪亚斯就在雅典娜的盾牌上留下了自己秃头的肖像。通过这件塑像，吉贝尔蒂展示了对古代艺术的研究，并自我呈现为"新菲迪亚斯"。[4]

1455年，雕塑家和建筑师菲拉雷特在为罗马圣彼得大教堂铸造的青铜门上也做了自己的三个肖像：大门正面边框内两个，以及大门背面底部他和作坊学徒在一起的浮雕。菲拉雷特对古代艺术充满热情，还为自己取了希腊语名字"菲拉雷特"（Filarete），意即"热爱美德的人"。圣彼得教堂的青铜门是教宗尤金尼乌斯四世委托订制的。文艺复兴时期，罗马教廷的订单不仅意味着诱人的经济利益，更象征着巨大的职业和社会成功。菲

---

[1] 瓦萨里：《意大利艺苑名人传·中世纪的反叛》，第170页。
[2] 奥卡尼亚的原名为"安德雷亚·奇奥内·迪·阿康杰罗"（Andrea di Cione di Arcangelo）。
[3] Joanna Woods-Marsden, *Renaissance Self-portraiture*, p. 43.
[4] Joanna Woods-Marsden, *Renaissance Self-portraiture*, p. 65.

图 28 《洛伦佐·吉贝尔蒂自塑像》

拉雷特在此处的多个肖像无疑显示了其职业自豪感，并展示了他在罗马乃至意大利艺术界的地位。不仅如此，菲拉雷特的肖像还显示了新的人文主义艺术观的影响，尤其是他与学徒在一起的浮雕和铭文。图中，他和六个学徒排成一列，"载歌载舞"地行进，手中分别拿着象征建筑的工具。学徒和助手拿着镰刀、锉刀、泥瓦刀和锤子，菲拉雷特手中拿的是一支大圆规。圆规是几何学的传统象征，菲拉雷特以此强调了建筑与数学的联系，以及建筑师作为知识精英的文化身份。菲拉雷特嘴边的铭文"欢乐"（hilaritas）进一步强调了他对"快乐"，而非对金钱和个人荣耀的职业追求："对于其他人工作的回报是自豪或金钱，对我是快乐。"[1]

同一时期的画家们则以"旁观者"的形象出现在他们表现宗教故事的湿壁画和祭坛画中。这一方面可能服务于艺术家的自然主义目标，阿尔贝蒂就曾在《论绘画》中建议画家们在"istoria"中引入一个人物告知观众发生的事，或用手指引他们观看以激发宗教虔诚和增加画面的真实感。[2]最早出现在宗教画中的当时人物是赞助人。作为旁观者的赞助人的"在场"不仅有助于激发和表达虔诚，重要的是，这也是展示赞助人"拥有者身份"、财富以及提高社会地位和名望的重要手段。虔诚也是促使艺术家将自己画在宗教故事中的重要因素之一。有时，艺术家还会用铭文强调他作为神圣事件"目击者"和见证人的身份。如威尼斯画家乔瓦尼·曼苏埃蒂在湿壁画《圣十字架的残存在圣利奥广场的奇迹》（Miracle of the Relic of the Holy Cross in Campo San Lio）里的自画像。乔瓦尼·曼苏埃蒂身穿手艺人的黑色衣服，一只手按着帽子，旁边的签名铭文写道："乔瓦尼·曼苏埃蒂制作，威尼斯人，贝利尼的弟子，请相信这一切吧。"[3]

---

[1] Robert Glass, "Filarete's Hilaritas: Claiming Authorship and Status on the Doors of St. Peter's", in *The Art Bulletin*, Vol. 94, No. 4 (2012), pp. 564-565.

[2] Leon Battista Alberti, *On Painting*, p. 63.

[3] Katherine Brown, *The Painter's Reflection: Self-portraiture in Renaissance Venice*, Florence: Leo S. Olschki Editore, 2000, pp. 58-59.

除了虔诚，自我肖像还成为艺术家提高自身文化地位和塑造理想形象的手段。艺术家服饰、职业标识以及肖像位置、尺寸、风格等的变化都表现了这一点。文艺复兴早期，艺术家通常穿着传统的手艺人服饰，如前面提到的奥卡尼亚和曼苏埃蒂的自我肖像就是如此。类似的例子还有1400年画家科拉·佩特鲁乔的一幅自我肖像。这幅肖像出现在佩鲁加城的圣多明我教堂的壁画边框内，其中佩特鲁乔穿着手艺人的罩衫和尖顶工作帽，手中的画笔插在颜料罐里。[1] 这些肖像与中世纪艺术家的肖像一样主要是职业身份的标识。15世纪中期以后，艺术家日益采用上流社会绅士的华贵服饰而非手艺人的服饰。贝诺佐·戈佐利的自我肖像典型地体现了这一变化。贝诺佐·戈佐利是最早受到新艺术观的影响并有意识地借助自我肖像进行自我展示的画家之一。他在为美第奇宫礼拜堂制作湿壁画《三王来拜》时画了两个自我肖像。在画中，他与美第奇家族成员一起出现在东方国王的扈从中。在右侧墙壁的肖像中，他一改手艺人的传统装扮，像贵族一样穿着华丽的暗红色绣花锦缎紧身衣，戴着红色的天鹅绒帽，帽子上还有他的签名——"贝诺佐作"（Opus Benotii，图29）。

在左侧墙壁的肖像中，贝诺佐则以夸张的比例强调了自己的右手。在这时期的艺术理论中，手既是艺术家技艺的象征和制作者身份的证明，也被看作艺术家天赋和设计能力的外在标识。对"艺术家之手"的重视在委托制作合同中也有明显体现，如"亲手制作"（sua mano）。在贝诺佐的肖像中，"手"取代画笔或画刷成了画家身份的新标识。"手"不仅展示了贝诺佐的技艺和天赋，可能也是"亲手制作"的证明。[2] 不仅如此，贝诺佐在画中的位置也是有意味的：他与美第奇家族成员在一起，紧挨着这幅画的资助人皮埃罗·德·美第奇，展示了他与这个显赫家族的密切关系和特

---

[1] Francis Ames-Lewis, *The Intellectual Life of the Early Renaissance Artist*, pp. 213-215.

[2] Francis Ames-Lewis, *The Intellectual Life of the Early Renaissance Artist*, p. 215.

殊地位。除了这幅肖像，贝诺佐还在其他多件作品中留下自己的形象。[1]

另一个显著的变化是，肖像的位置从边框或不起眼的角落逐渐靠近画面中心。在真蒂莱·贝利尼绘制的《真十字架的残存在圣马可广场的游行》中，他和乔瓦尼·贝利尼的肖像出现在画面左侧前景。[2] 桑德罗·波提切利在其木板画《三王来拜》中的自画像与美第奇家族成员一样都是全身像，并位于画面前景和他们平等的位置。他侧脸望着画外，神态大胆甚至有点趾高气扬（图30）。

多梅尼科·吉兰达约在佛罗伦萨新圣玛利亚医院创作的《约阿西姆被逐出圣殿》中画了其"家族绘画企业"主要成员的集体像，包括他本人、他的老师、妹夫和兄弟大卫·吉兰达约。根据瓦萨里的记载："其中那个胡须剃得精光，戴着红帽子的老人是阿莱索·巴尔多维内蒂，他是传授多梅尼科绘画和镶嵌画的老师。另一个人头上没戴任何东西，他手叉腰站着，身批红斗篷，里面穿着一件蓝色衣服，这是多梅尼科自己，是结合镜子绘制的。厚嘴唇，蓄着黑色长发的是巴斯蒂亚诺·达·圣吉米尼亚诺，他是艺术家的弟子和妹夫。最后那个头戴一顶小帽，转过身的人是他的兄弟，画家大卫·德·吉兰达约。"[3] 艺术家的肖像都是全身像，与赞助人洛伦佐·托尔纳布奥尼及其美第奇家族"朋友"的肖像两两相对。两组人像的尺寸和在画中占据的位置都完全平等。多梅尼科·吉兰达约以此展示了他与这些显赫佛罗伦萨贵族的密切关系和"友谊"。[4]

需要指出的是，艺术家和赞助人在肖像中的平等地位和"友谊"，很大程度上是艺术家的一种职业和社会理想而非社会现实。在文艺复兴时期的艺术赞助体制下，艺术家和赞助人的地位是很不平等的。赞助人对艺

---

[1] Francis Ames-Lewis, *The Intellectual Life of the Early Renaissance Artist*, p. 228.
[2] Katherine Brown, *The Painter's Reflection: Self-portraiture in Renaissance Venice*, p. 59.
[3] 瓦萨里:《意大利艺苑名人传·辉煌的复兴》，第263页。
[4] Joanna Woods-Marsden, *Renaissance Self-portraiture: The Visual Construction of Identity and the Social Status of the Artists*, pp. 60-61.

图 29 《贝诺佐·戈佐利自画像》(帽子上有文字者)

图 30 《桑德罗·波提切利自画像》(最右边站立者)

制作拥有很大的控制权。他们不仅关注成本、费用、制作时间和交货日期，也关心题材、人像、构图甚至色彩等艺术问题。15世纪，一些艺术家开始努力抵制和减少赞助人的干涉，争取自主权，其中就包括许多制作自我肖像的艺术家，如雕塑家洛伦佐·吉贝尔蒂和画家贝诺佐·戈佐利。戈佐利在为美第奇宫礼拜堂绘制《三王来拜》时，皮埃罗·德·美第奇曾写信要求他删除画中两个天使，但他并没有听从。[1] 当然，将自己与显赫的赞助人并置显然也有经济和社会意图：借助与精英在一起的自我肖像，艺术家展示或塑造了自己的社会成功，改善了他们作为手艺人的卑微形象。由于"友谊"的重要象征意义，它有时成了独立表现的主题，即艺术家和赞助人的"友情合影"。15世纪晚期菲利皮诺·利皮画的他与赞助人皮埃罗·德尔·普利塞的半身"合影"：其中画家呈全侧面，赞助人为3/4侧面，在他们身后的书架上有一本打开的书，写着"在一起"。[2] 1518至1519年，拉斐尔也绘制了一幅类似的双人合影《与朋友在一起的自画像》（图31）。其中，拉斐尔的贵族朋友坐着，拉斐尔站在他身后。借助黑丝绸长袍和白色亚麻布衬衫、高贵的仪态、朋友手中的剑和自己白皙、细嫩的手，拉斐尔化身为他的学者朋友卡斯提利奥内在《论廷臣》中塑造的那种完美绅士，并强调了他与贵族朋友的亲密"友谊"。[3] 16世纪中期，瓦萨里在佛罗伦萨旧宫的两幅壁画是这种互利互惠的"友情合影"的典型代表，即《老科西莫及其艺术家和人文学者》和《科西莫公爵一世和他的艺术家》（图22）。这两幅画可以说是瓦萨里在《意大利艺苑名人传》中塑造的艺术天才－开明赞助人理想关系的视觉呈现。在画中，那些曾为这两位科西莫工作的著名艺术家都被呈现为绅士－知识人并和他们尊贵的赞助人

---

[1] Creighton Gilbert, *Italian Art, 1400-1500: Sources and Documents*, p. 8.
[2] Jill Burke, *Changing Patrons: Social Identity and the Visual Arts in Renaissance Florence*, pp. 85-86.
[3] Joanna Woods-Marsden, *Renaissance Self-Portraiture: The Visual Construction of Identity and the Social Status of the Artist*, p. 126.

图 31 《与朋友在一起的拉斐尔自画像》(左边为拉斐尔)

平等相处。

到 16 世纪，宗教故事画中的艺术家肖像更加世俗化和个人化。在肖像画最发达的威尼斯，真蒂莱·贝利尼在米兰的布雷拉绘制的《圣马可在亚历山大城布道》中的自我肖像自豪地展示了其社会和职业成功。画中，真蒂莱位于画面左侧最前景，几乎占据了一半空间。他身穿镶金边的红色长袍，胸前醒目地展示着土耳其苏丹穆罕默德二世赐予的金链。[1] 瓦萨里曾记载真蒂莱在土耳其获得的礼遇和丰厚赏赐，国王"赐给真蒂莱不少珍贵的礼物及骑士勋位……在这位尊贵的君王赏赐给他的众多礼物和恩典中，有一条以土耳其风格制作的、价值 250 金克朗的项链，戴在他脖子上"。[2] 在这幅画像中，华贵的服饰及金链不仅展示了真蒂莱的经济成功，也宣扬了其"社会提升"，因为金链是荣耀和贵族地位的传统象征。文艺复兴时期，金链最初只赐予君主的廷臣、亲信以及诗人、人文主义者等知识精英。从 15 世纪开始，一些艺术家也借助为宫廷工作获得这种殊荣。通过华丽的服饰和金链，真蒂莱自我呈现为绅士-艺术家。

化身为圣徒、历史名人或英雄的艺术家

除了作为神圣事件的旁观者和见证人，艺术家有时还扮演成《圣经》人物和圣徒，或古代历史和神话中的人物。用可辨认的现代人做模特表现《圣经》人物和圣徒是文艺复兴时期的一项"新发明"。此类肖像最初主要用于赞助人和精英，其兴起与个人虔诚和圣徒崇拜有关，但无疑也与个人对名望和地位的渴望有关。16 世纪早期乔尔乔内就画了一幅假扮为《圣经·旧约》中杀死歌利亚的大卫的自我肖像。这幅自我肖像可能受到了 1506 年第二次来到威尼斯的德国画家丢勒的影响。丢勒曾在 1500 年创

---

[1] Ketherine Brown, *The Painter's Reflection: Self-portraiture in Renaissance Venice*, pp. 61-62.
[2] 瓦萨里:《意大利艺苑名人传·辉煌的复兴》，第 236 页。

作了一幅大胆的假扮成耶稣基督的自画像，以强调其类似上帝的神圣创造性。这幅肖像借用了《基督保佑》的圣像风格：全正面半身像，右手抬起（图32）。[1] 乔尔乔内的3/4侧面像也借助大卫对巨人歌利亚的胜利，喻示其创造性天赋或才华对艺术困难的胜利。[2]

在米开朗基罗为数不多的自我肖像中就有一件是假扮圣徒的形象，即1538至1541年在西斯廷礼拜堂绘制的壁画《末日审判》中被剥皮的圣巴托罗梅奥。米开朗基罗鄙薄那种忠实记录外貌的"肖似"，有意识地回避15世纪流行的签名性自我肖像。[3] 他没有制作独立自我肖像，他的自我肖像大都仅以一张面孔，隐蔽出现在其宗教艺术作品的一角。它们是虔诚的祈祷像，也被用来表达对艺术和艺术家的理解和认识。比如，被剥皮的圣巴托罗梅奥的自我肖像，同时也是带有但丁寓意的马尔斯亚斯（Marsyas）像。古希腊神话中，擅长吹笛子的森林精灵（羊人）马尔斯亚斯挑战阿波罗，挑战失败惨遭剥皮。但丁在《神曲》中赋予这个故事以新柏拉图主义和基督教的寓意，即马尔斯亚斯丑陋的皮囊包裹着诗性神圣灵感和纯粹、完美的灵魂。因此，这个寓意性的马尔斯亚斯式的自我肖像同时表现了米开朗基罗对救赎的渴望和对具有诗性灵感的艺术家观念的认同。[4]

---

[1] Joseph Koerner, *The Moment as Self-Portraiture in German Renaissance Art*, p. 138.

[2] Joanna Woods-Marsden, *Renaissance Self-Portraiture: The Visual Construction of Identity and the Social Status of the Artist*, pp. 117-118.

[3] 16世纪，制作独立自我肖像在艺术家中已非常流行，但米开朗基罗为数不多的几件独立画像和塑像都出自其他艺术家之手。而且这些肖像大都是米开朗基罗成名后制作的，表现了肖像制作者对这位"神圣"艺术家的仰慕和崇敬。如1520年前后米开朗基罗的合作伙伴、助手和朋友威尼斯画家塞巴斯蒂亚诺·德尔·皮奥姆波画的《手指自己素描的米开朗基罗像》、佛罗伦萨艺术家巴乔·班迪内利画的《米开朗基罗像》、朱利亚诺·布加尔迪尼的《米开朗基罗像》和达尼埃罗·达·沃尔特拉铸造的米开朗基罗青铜半身像等。米开朗基罗亲手制作的自我肖像大都是角色扮演性的，如西斯廷礼拜堂壁画中自我呈现为被犹太女英雄犹滴斩首的荷洛芬尼的自我肖像和佛罗伦萨圣洛伦佐教堂朱利亚诺·德·美第奇陵墓雕塑《夜》身下的面具。John Palotti, "Michelangelo's Masks", in *The Art Bulletin*, Vol. 74, No. 3 (1992), p. 428.

[4] Paul Barolsky, *Michelangelo's Nose: A Myth and Its Maker*, Pennsylvania: The Pennsylvania State University Press, 1990, p. 31.

图 32 《丢勒自画像》

瓦萨里在1570至1571年为佛罗伦萨圣母领报教堂的圣路加礼拜堂绘制的湿壁画《圣路加为圣母画像》中假扮成圣路加的自我肖像同样有多种功能和用意。据说圣路加曾为圣母子画像，因而被画家们奉为行业保护神。通过自我表现为圣路加，瓦萨里表达了对圣路加的崇拜，同时展示了绘画艺术的神圣地位和合理性。除此之外，瓦萨里还运用了具有象征意义的"工作室"，塑造了他作为学者－艺术家的职业形象。在画中，圣路加独自坐在一个私密的房间，正与神圣世界"交流"（圣母子在他面前显现）；在外面的作坊里，忙碌的学徒们对这一切浑然不觉（图33）。

瓦萨里的这幅自我肖像画反映了"工作室"在16世纪艺术实践和艺术理论中的重要性。一个单独的"studiolo"，一个独立于商业性作坊的、从事艺术研究和深思的私密空间的出现，是这一时期设计和制作出现分工的体现和结果。对设计的强调使艺术家日益需要一个单独的空间从事艺术研究和实验。同时，"工作室"与学者的书斋和精神性沉思的联系，也使之成为塑造学者－艺术家的有利手段。事实上，早在14世纪早期，雕塑家皮萨诺在佛罗伦萨主教堂钟塔浮雕中业已将"建筑"安排在一个类似大学讲坛的微缩"工作室"中：手拿圆规的建筑师正伏在"书桌"上画建筑素描和平面图。到16世纪，"工作室"中的艺术家形象日益流行。除了瓦萨里，雕塑家巴乔·班迪内利、贾姆博洛尼亚以及女艺术家拉维尼亚·丰塔娜等也都有坐在书斋－工作室中的肖像。[1] 总之，与宗教画中的"旁观者"一样，假扮成圣经人物和圣徒的艺术家肖像同样是虔诚以及职业、社会渴望的交织。

另外，假扮成古代神话和历史人物则与文艺复兴时期普遍的崇古热情和古代风格的流行有关。许多为君主和贵族制作古代风格像章的艺术家也制作了自己的像章。借助此类古代风格的像章，艺术家展示他们对古代艺

---

[1] Michael Cole, Mary Pardo, "Origins of the Studio", in *Invention of the Studio: Renaissance to Romanticism*, ed., Michael Cole and Mary Pardo, pp. 16-18.

图 33 《圣路加为圣母画像》

术的研究，也表达了对艺术和艺术家的新观念。1430年前后，阿尔贝蒂请人制作了一枚他本人的青铜像章。他在这个像章的肖像采用了古罗马钱币上皇帝的侧面像风格。[1]15世纪早期最著名的像章艺术家皮萨内罗不仅为费拉拉、曼托瓦和米兰等宫廷的君主、贵族和学者制作像章，也制作了自己的像章。比如他在1440年前后制作的一枚像章，正面是他身穿华丽的宫廷服饰的侧面像。1460年，菲拉雷特也为自己制作了一枚像章：正面是他"反古典化"和写实的侧面像；头部上方为他的拉丁文本名"安托尼乌斯·阿维尔利努斯"（ANTONIVS AVERLINVS），下方有三只勤奋、忠诚和有创造力的蜜蜂点缀在"ARCHITECTVS"（建筑师）字母间。在像章背面，菲拉雷特坐在一棵象征缪斯、阿波罗以及名誉的月桂树下，用锤子和凿子打开树干露出里面的蜂巢，蜜乳从中汩汩涌出，在前景形成一汪蜜乳池。通过这件像章，菲拉雷特不仅展示他对古代文化艺术的熟稔，而且自我呈现了一个从事自由学科的知识人-建筑师。[2]16世纪建筑师多纳托·布拉芒泰在为自己制作的一枚像章中也自我呈现为古代英雄：裸体的半身侧面像。像章背面是"建筑"的女性拟人像：她左手拿着测量标尺，右手举着象征几何学的圆规，脚踩在铅锤上，她身后是布拉芒泰为圣彼得教堂制作的模型。[3]这枚像章的正面和反面图像都没有任何体力劳动的联想，而是强调了布拉芒泰作为一个从事设计的知识人的形象。

15世纪中期以后，随着古代历史和神话题材绘画的发展和流行，画家们开始以历史或神话人物的形象出现在画中。如拉斐尔在1509至1510年在梵蒂冈宫的签字厅绘制的著名壁画《雅典学园》中的自我肖像（图34）。在这幅以古希腊著名哲学家和科学家为象征的哲学寓意画中，拉斐尔自我

---

[1] Ketherine Brown, *The Painter's Reflection: Self-portraiture in Renaissance Venice*, p. 35.

[2] Joanna Woods-Marsden, *Renaissance Self-Portraiture: The Visual Construction of Identity and the Social Status of the Artist*, pp. 80-81.

[3] Joanna Woods-Marsden, *Renaissance Self-Portraiture: The Uisual Contruction of Identity and the social statws of the Artist*, pp. 99-100.

图 34 《拉斐尔自画像》(左起第二人为拉斐尔)

呈现为一位年轻的智者，出现在画面右侧前一群亚里士多德的追随者中，他和一位同伴（佩鲁吉诺或索多马、平图里乔的肖像）正在和占星学家琐罗亚斯德和地理学家托勒密交谈。将古代数学家、天文学家和地理学家联系在一起，拉斐尔不仅强调了艺术的科学基础，而且暗示他与这些古代科学家一样在测绘星体、大地和人与宇宙的关系中发挥着重要作用。[1]除此之外，拉斐尔还在其中画了达·芬奇－柏拉图和米开朗基罗－苏格拉底。

独立自我肖像中的绅士－学者

15世纪晚期和16世纪，除了传统的"旁观者"和角色扮演性肖像，独立的自我肖像开始出现并日益流行。根据瓦萨里的记载，威尼斯画家真蒂莱·贝利尼曾在土耳其制作了一幅自己的画像："皇帝又征询他是否愿意画一幅自画像。真蒂莱欣然应允，几天后他便借助一面镜子，完成了一幅惟妙惟肖的自画像。"[2]真蒂莱的这幅画并未保存下来。第一件真正意义上的独立自我肖像出自曼托瓦宫廷的艺术家安德雷亚·曼泰尼亚。曼泰尼亚可以说是15世纪晚期最成功的宫廷艺术家，借助其深厚的古物学造诣和卓越的设计与艺术创造才能，他不仅被同时代人文学者和古物学家引为同道，而且获得贡扎加家族和其他意大利宫廷君主的青睐。通过连续为三代贡扎加君主工作，他不仅赢得地位和荣誉，也积累了巨大财富。为展示其职业、社会成功和追求不朽名望，他耗巨资在曼托瓦修建了一座豪宅，还在1504年为曼托瓦的最著名教堂，即莱昂·巴蒂斯塔·阿尔贝蒂设计的圣安德雷亚教堂里获得修建和装饰一座墓地礼拜堂的权力。其中，曼泰尼亚为自己的墓制作的纪念肖像成为文艺复兴第一件艺术家独立自塑像（图35）。与早前艺术家位于宗教艺术品一角或边框中的青铜或大理石塑像不同，这件

---

[1] Joanna Woods-Marsden, *Renaissance Self-Portraiture*, pp. 121-122.
[2] 瓦萨里：《意大利艺苑名人传·辉煌的复兴》，第236页。

图 35 《曼泰尼亚自塑像》

陵墓塑像是一件真正的独立塑像。塑像采用古罗马皇帝半身像风格,位于斑岩雕刻的圆盾饰内,四周环以伊斯特利安白石边框。这件古代风格的独立雕塑既展示了曼泰尼亚的古代艺术造诣,也公开炫耀了他在曼托瓦宫廷的地位、财富和名望。

大约同时,1500 年前后,著名画家皮埃特罗·佩鲁吉诺在佩鲁加城的银行家行会会馆画了第一幅"独立自画像"。佩鲁吉诺是 15 世纪晚期佛罗伦萨最成功的宗教画家之一,与曼泰尼亚一样,他也是一个不懈追求财富、地位和名望的艺术家。此前,他已经以"旁观者"的形象多次出现自己的祭坛画和壁画中。这幅"独立自画像"出现在分隔湿壁画的装饰性壁柱上,即事实上仍在边框内。但不同于以前艺术家的边框肖像,这幅画像有独立的边框,并被表现成一幅"挂在墙上的架上画"。不仅如此,肖像还采用了新兴的 3/4 侧面,而非传统的全侧面(图 36)。

此时的佩鲁吉诺正处于事业巅峰,声名远播,订件应接不暇。因而这件大胆和前卫的"独立自画像"清楚地表现了佩鲁吉诺的职业自信和对名誉、地位的渴望。正如画像下方石板上的签名铭文写的:"假如绘画艺术衰落,杰出的佩鲁加人皮埃特罗会使之复兴。假如绘画艺术根本未曾存在过,他也能在这样的水平上为我们创造。"[1]

不久,佩鲁吉诺最杰出的弟子拉斐尔在此基础上创作出了真正的独立架上画。1505 至 1506 年,20 岁出头的拉斐尔绘制了一幅独立自画像。画中,年轻的拉斐尔穿着宫廷贵族的黑丝绸外衣和白色亚麻布衬衣,呈 3/4 侧面,头发垂到双肩,以无比自信、大胆的眼神凝视着观众(图 37)。

这幅自画像可以说是对佩鲁吉诺尝试的新型艺术家肖像的圆满发展。不过,这幅自画像的重义不只于此。此前,艺术家的自我肖像大都制作于事业成熟时期或晚年,而拉斐尔的这件自画像绘于事业刚起步时期,因而

---

[1] 瓦萨里:《意大利艺苑名人传·辉煌的复兴》,第 329 页。

图 36 《皮埃特罗·佩鲁吉诺自画像》

图 37 《拉斐尔自画像》

显示了新的艺术和艺术观念在艺术家中的广泛影响。拉斐尔对新观念的接受和对艺术家价值的早熟的自信,最初来自他早年在宫廷生活的经历。

在拉斐尔出生的时代,宫廷在意大利政治和社会文化中日益发挥主导影响。宫廷的理想和价值观也深刻影响了艺术家对自我身份的认识。拉斐尔生长于乌尔比诺宫廷,他的父亲乔瓦尼·桑蒂是乌尔比诺宫廷的一名宫廷画家、舞台表演设计师和作家。15世纪晚期和16世纪,乌尔比诺宫廷是意大利重要的文化和艺术中心。费德里科·达·蒙特菲尔特罗和他的儿子朱多巴尔多延揽了一批著名学者和艺术家到这里,如建筑师弗朗切斯科·迪·乔尔乔、画家皮埃罗·德拉·弗朗切斯卡、根特的朱斯图斯以及著名学者巴尔达萨雷·卡斯提利奥内和皮埃特罗·本博等。学者和艺术家们共同参与宫廷的各种艺术工程,从而建立了超越阶层的"友谊"。这些无疑深刻影响了艺术家的自我意识。拉斐尔的父亲乔瓦尼·桑蒂是人文主义新艺术观的积极接受者。他在赞美费德里科公爵的《诗体编年史》(*Cronaca rimata*)中既歌颂费德里科的美德和业绩,也强调绘画作为自由学科的文化价值和他本人与宫廷的亲密关系。[1] 桑蒂的职业和社会成功及其对艺术家身份的新观念无疑影响了拉斐尔。在拉斐尔眼里,他的父亲和老师与那些穷困潦倒、粗卑无知的手艺人必定有天壤之别。由于父亲的关系,拉斐尔早年与乌尔比诺君主及其圈子的学者一直有密切交往,最典型的就是他与文人卡斯提利奥内的友谊。拉斐尔的这幅早年独立自画像主要就是宫廷文化和经历的产物。从这幅自画像到其去世前一年事业顶峰时期画的《与朋友在一起的自画像》,他几乎无一例外都自我认同为宫廷绅士:廷臣的黑丝绸外衣、白色亚麻衬衫和高贵的仪态。此种艺术家形象与中世纪和文艺复兴早期手拿职业工具的手艺人 - 艺术家有天壤之别。

拉斐尔开创的独立自画像及其自我塑造的手段,如廷臣服饰、手、高

---

[1] Jeryldene Wood, "Young Raphael and the Practice of Painting in Renaissance Italy", in *The Cambridge Companion to Raphael*, ed., Marcia B. Hall, New York: Cambridge University Press, 2005, pp. 18-19.

贵的仪态等，随后被其他艺术家广泛效仿和采用。16世纪早期，画家帕尔米加尼诺的《凸镜中的自画像》就采用了类似的自我塑造手段。这幅肖像画是帕尔米加尼诺进入罗马艺术界的"敲门砖"：他将这幅自画像作为礼物送给教宗克莱芒七世以获得教廷赞助。在这幅肖像中，帕尔米加尼诺竭力展示了他的技艺、天才以及地位和成功。画中，他自我呈现为一个英俊的青年绅士：英俊的脸庞、皮毛镶边的华贵服饰和前景放大了的右手。其中，帕尔米加尼诺的"手"既标志着他的技艺和天才，也塑造了他的绅士形象（图38）。与拉斐尔1519年《与朋友在一起的自画像》中的"手"一样，这也是一只白皙、修长和细嫩（小指上还戴着一枚金戒）的贵族的手，而不是一个体力劳动者的手。在16世纪的艺术家肖像中，"手"日益成为一种流行的新职业标识。1547年雅科波尼·德尔·孔特所画的《米开朗基罗像》也仅以"手"作为这位"神圣"艺术家的身份标识。[1]

除了贵族的服饰和手，这一时期艺术家的独立自我肖像还采用了其他一些新标识，如贵族地位标识（金链和骑士团标识等），象征设计的素描、雕塑模型、建筑平面图以及象征绘图或写作的钢笔等。在注重设计的托斯卡纳地区，素描、模型和建筑平面图成为最常见的新职业标识，如流行的"手指自己素描的艺术家肖像"。1520年前后，米开朗基罗的亲密合作伙伴、助手和朋友塞巴斯蒂亚诺·德尔·皮奥姆波的《手指自己素描的米开朗基罗》像是最早的例子之一。[2] 此后，佛罗伦萨雕塑家和建筑师巴乔·班迪内利也制作了多件此种风格的自画像。在一幅1530年前后的独立自画像中，他就自豪地指着他那件著名的和有争议的雕塑作品《赫拉克勒斯与卡库斯》的素描（图39）。

黑色的宫廷贵族服饰和胸前醒目的"西班牙圣地亚哥骑士团"标识

---

[1] Joanna Woods-Marsden, *Renaissance Self-Portraiture*, p. 133.
[2] Costanza Barbieri, "'Chompare e amicho karissimo': A 'Portrait of Michelangelo' by His Friend Sebastiano", in *Artibus et Historiae*, Vol. 28, No. 56 (2007), p. 107.

图 38 《帕尔米加尼诺自画像》

图 39 《巴乔·班迪内利自画像》

（他在 1529 至 1530 年被皇帝查理五世授予"圣地亚哥骑士团"骑士）则宣扬了他新近的社会提升和职业成功。另外，他在 1540 年前后设计、由尼科罗·德拉·卡萨雕刻的一幅铜版画肖像也塑造了一个从事古代艺术研究的绅士－学者形象：除了"圣地亚哥骑士团"标识，他还展示其摆满古物或小型现代雕塑模型的"工作室"。在 16 世纪，"工作室"作为一个艺术研究和实验的智性空间成为艺术家塑造自身新形象的重要手段。根据班迪内利的素描制作的两幅铜版画，也表现了他和学徒们一起，在"工作室"里学习和研究艺术的场景。[1] 1571 年前后，瓦萨里圈子的一名艺术家画的《瓦萨里像》几乎采用了一切可用的塑造手段展示了瓦萨里职业和社会成功：宫廷贵族的黑色衣服、象征贵族头衔的金链（瓦萨里在 1571 年被教廷封为"金马刺和圣彼得骑士"）、圆规和建筑平面图（标识他的建筑－设计师身份）和钢笔（象征《意大利艺苑名人传》的作者身份）。

在肖像画最发达的威尼斯，16 世纪最著名的画家提香、丁托雷托和维罗内塞都制作了各种类型的自我肖像，包括独立自画像。提香在的自我肖像几乎都是晚年制作的，包括旁观者像、假扮成圣徒、古代神话人物的肖像以及独立自画像和素描等。在 1560 年左右绘制的《圣母子与圣提香和圣安德鲁》中，他自我呈现为跪在圣母面前的圣提香。[2] 作为 16 世纪最受追捧的"国际巨星"，提香有意识利用自画像塑造公共形象，获取财富、地位和名望。他从来不掩饰自己对财富和金钱的渴望，在自画像和给赞助人的信中，他总是扮演成一个渴望金钱的贪婪的老人。在《被剥皮的马尔西亚斯》中，他自我呈现为老迈的米达斯：一方面，他像米达斯一样借助点石成金的技艺将普通颜料变成金银财富；另一方面，亦如老迈、贪婪和不明智的支持马尔西亚斯的米达斯，他也选择了一种毁灭

---

[1] Joanna Woods-Marsden, *Renaissance Self-Portraiture*, p. 146.
[2] Ketherine Brown, *The Painter's Reflection: Self-portraiture in Renaissance Venice*, p. 77.

自己的天赋。[1] 提香的多幅独立自画像则更直接地展示了其对地位、名望的渴求和对画家新职业身份的意识。在保存下来的提香自画像中，他都有意识地掩盖或回避画家的传统职业标志（如画刷），而强调他作为一个学者和贵族的形象。在1550年前后的一幅自画像中，这位庄严的老年贵族身着华丽的皮毛和丝绸服饰，而不是威尼斯市民的传统托加袍和斯托拉，脖子上戴着两条粗大的金链，象征着他从皇帝查理五世那里获得的崇高地位（他在1533年被皇帝查理五世封为"帕拉丁骑士"和"金马刺骑士团骑士"）。值得注意的是，画中没有出现画笔、画刷或任何传统职业标志（图40）。[2]

1550年前后，乔瓦尼·布里托依据一幅遗失的提香自画像制作的木刻版画表现出同样的特点。不同的是，在这幅画中，有一块小画板和钢笔标志其身份，它们暗示提香在素描，而不是用画刷作画。有时，提香会用画像暗示其身份。在1550年作为礼物送给未来的皇帝菲利普二世的一幅自画像中，他手中拿着这位王子的画像。

总之，从14世纪到16世纪，艺术家们日益有意识地借助各种形式的自我肖像进行"自我塑造"，以提升视觉艺术和自身的社会文化地位。作为文艺复兴时期"新发明"的独立自我肖像，尤其表现了一批精英艺术家的职业自信、经济和社会成功以及重塑自身形象的努力。独立自我肖像中的艺术家不仅采用了宫廷贵族的服饰和高贵仪态，而且用手、工作室、素描等象征天才、科学知识和智性能力的新标志取代了传统的职业工具。借助自我肖像，艺术家化身为从事"设计"的绅士－学者，与从事体力劳动的手艺人截然区分开来。此种艺术家形象更多的是一种理想。但从16世

---

[1] Philip Sohm, *The Artist Grows Old: The Aging of Art and Artists in Italy, 1500-1800*, New Haven and London: Yale University Press, 2007, pp. 91-92.

[2] Tom Nichols, "The Master as Monument: Titian and His Images", in *Artibus et Historae*, Vol. 34, No. 67 (2013), p. 221.

图 40 《提香自画像》

纪晚期开始，首先在佛罗伦萨，以瓦萨里为首的一批精英艺术家开始谋求将之前个别艺术家的成就和理想制度化，1563年设计学院的创建就是这种努力的最初尝试。

第六章

从作坊到学院：
艺术家教育的变革与艺术家的现代转型

意大利文艺复兴时期是画家、雕塑家和建筑师从中世纪的手艺人转变为现代意义的创造性艺术家的重要时期，这一重要变革也体现在艺术活动的理论化努力与艺术家教育的目标、内容和模式的变化。从 14 世纪开始，人文主义新观念的兴起和传播逐渐改变人们对待艺术和艺术家的态度。一些人文学者借助古代权威，认为视觉艺术不是技工艺术而是智性的自由艺术，艺术家也与手艺人不同，而是从事智性创造活动的精英。受这种观念的影响，一些艺术家开始从各个方面使自己区别于普通手艺人，并自我认同为知识人和社会精英。在这个过程中，人文学者和精英艺术家积极借鉴古代的文艺批评资源，艺术家努力使他们从事的技艺从"劳力"的活动提升为"劳心"的自由艺术，从事这些艺术活动的人不再是传统的工匠，而是充满创造力的"天才"或"神圣的艺术家"。为此，他们一方面努力把艺术活动理论化，另一方面，努力改革传统的艺术家作坊教育体制。

第一节　艺术活动的理论化："比较论"和"设计艺术"

英国文化史家彼得·伯克指出，文艺复兴时期，认为艺术家卑贱的社会偏见依旧很盛行：一种偏见认为，艺术家的工作需要体力劳动；一种偏见认为，艺术家从事零售经营；还有一种偏见认为艺术家缺乏学识。针对这些社会偏见，艺术家竭力证明，他们的工作并非单纯的体力和机械劳动，而是自由和智性的创造性活动。在文艺复兴时期的意大利，艺术家也积极地从事艺术理论化的尝试，这是他们扭转社会偏见，争取社会认可和提升社会地位的重要努力。除了前面提及的"诗如画"和"天才观"等重要的观念之外，还包括两个十分关键的理论化观念——"比较论"和"设计艺术"。

"比较论"的内涵

"比较论"是一种悠久的西方文化传统的延续和发展。古希腊和罗马作家就热衷讨论各门知识的高下。其中,有些作家偶尔会涉及视觉艺术,如琉善的《梦》(*Dream*)中"雕塑"与"高雅文化"的高下之争;迪奥·克里索斯托姆斯的第十二篇奥林匹亚运动会演说词中对雕塑家菲迪亚斯与荷马的比较;菲洛斯特拉图斯《图像》(*Imagines*)序言中有关绘画与诗歌的比较;普鲁塔克《道德论集》(*Moralia*)中引用古希腊诗人西蒙尼德斯对绘画与诗的比较,以及古罗马诗人贺拉斯《诗艺》中有关绘画与诗歌的比较等。在中世纪,学术"辩论"也是大学学术生活的重要形式。到文艺复兴时期,对各门学科相对优越性的"辩论"不限于大学,也被"复兴"的"学院"接受。不过,古代和中世纪学者很少将视觉艺术视为严肃关注的对象。比如,"诗如画"大都是在比喻的意义上以视觉艺术为例说明其他问题,其侧重点是诗而非画。而中世纪大学的"辩论"不涉及视觉艺术,在中世纪自由艺术的"辩论"条目下就几乎没有视觉艺术的内容。[1] 直到文艺复兴时期,视觉艺术才在学术性辩论和争论中占有突出地位,反映了这一时期视觉艺术在知识等级体系中地位的上升。

文艺复兴时期的"比较论",特别有关诗歌和绘画相似性的讨论对重新界定视觉艺术和艺术家文化地位有重要意义。"比较论"不仅将绘画提升到与"自由学科"同等的地位,画家也借此分享了属于诗人的想象力、灵感和天才。"诗如画"只是文艺复兴时期盛行的"比较论"的一部分。实际上,"比较论"不仅包括绘画与诗歌以及其他自由学科的比较,也包括绘画与雕塑的比较、"设计"与"色彩"的比较、古代艺术家与现代艺术家的比较,以及现代艺术家之间的比较(如乔瓦尼·贝利尼与曼泰尼

---

[1] Moshe Barasch, *Theories of Art, 1: From Plato to Winckelmann*, p. 165.

亚、提香与米开朗基罗）等。当然，"比较论"也不限于人文学者与艺术家的学术讨论和著述，还是广泛体现在艺术实践、收藏展示和宫廷贵族的文雅谈话中，这深刻影响了文艺复兴时期的艺术和文化生活。

诗歌与绘画的比较

文艺复兴时期的"比较论"最初主要表现为对诗画相似性的讨论，即"诗如画"。参与者主要是诗人、人文学者和贵族艺术爱好者，也包括部分艺术家。在整个文艺复兴时期，"诗如画"一直是关注视觉艺术家的知识人和绅士业余爱好者热衷讨论的主题。就人文学者来说，参与"比较论"是一种文学练习，也是一种自我展示和恭维赞助人以期获得赞助的商业手段。通过强调绘画的思想文化价值和杰出画家的天才，他们同时也展示了自己的美德、趣味和审美鉴别力。当然，他们的赞美也不纯粹是修辞练习和恭维的套话，也有对艺术家在"复兴"古代文化这一崇高伟业中的贡献和作用的认可。从15世纪开始，人文学者、古物学家与受人文主义影响的君主和贵族们对"拥有"古代的渴望日益需要艺术家的参与和协助。

职业艺术家很快受到"诗如画"的影响，并开始回应和参与"比较论"以提升其职业形象和社会文化地位。宫廷作为人文主义学术和艺术赞助的中心成了沟通人文主义艺术理论和艺术作坊世界的重要桥梁。最早借助写作响应"比较论"的职业艺术家——画家切尼诺·切尼尼就受到帕多瓦宫廷圈子人文学者的影响。切尼尼在14世纪晚期曾为帕多瓦的卡拉拉家族工作。他在《艺人手册》中有关绘画与诗歌、画家与诗人的相似性以及艺术家如何模仿其他艺术家作品的主张，受到该宫廷圈子的学者皮埃尔·保罗·维尔杰里奥和彼特拉克的影响。[1]15世纪早期，人文主义者和

---

[1] Andrea Bolland, "Art and Humanism in Early Renaissance Padua: Cennini, Vergerio and Petrarch on Imitation", in *Renaissance Quarterly*, Vol. 49, No. 3 (1996), p. 469.

艺术家莱昂·巴蒂斯塔·阿尔贝蒂也强调了绘画与诗歌的共性和相关性。比如他认为古希腊画家菲迪亚斯就通过阅读荷马来学习如何最好地表现宙斯。他要求画家了解诗歌、修辞学等自由学科知识，并借助古代的"图说"重现失传的古代绘画，如琉善描绘古希腊著名画家阿佩利斯的名画《诽谤》的"图说"。[1]

15世纪回应"比较论"的其他艺术家，如建筑师、雕塑家菲拉雷特和达·芬奇也与宫廷有密切关系。其中最著名的，即达·芬奇的"比较论"很大程度上是15世纪晚期米兰卢多维科·斯福尔扎宫廷学术谈话或"辩论"的产物。在"比较论"中，达·芬奇反驳了潜在论敌（主要是诗人和自由学科的学者）对绘画的攻击，特别是将绘画视为技工艺术的偏见，捍卫了绘画的思想文化价值。他不仅认为绘画与诗歌、音乐等自由学科相似，他还指出了它们在模仿自然的能力、手段和艺术表现力等方面的差异，从而预示了18世纪德国美学家和文艺理论家莱辛在《拉奥孔》中的主张。如他指出："诗人和画家表现人像的差异就如同残破的身体与完整身体的差别。诗人表现任何美或丑的人物时只能一点一点连续地向你表现，而画家却同时展示出来"，"假使诗人知道如何描写形体的外貌，那么画家则能用光线和阴影使形体栩栩如生。在这里，诗人无法用笔获得画家用画刷达到的效果"，以及"如果诗涉及伦理哲学，那么绘画就涉及自然哲学。如果诗歌描绘思想活动，那么绘画则考虑反映在（身体）运动中的思想活动。如果诗能借助对地狱的虚构让人感到恐怖，那么绘画也能将类似事物呈现在人们眼前达到相似效果。与诗人相比，画家在表现美、恐怖或卑贱、怪诞丑陋的事物时，无论采用何种形式都总是比诗人更令人满意。难道我们没看到，有许多绘画如此接近实物以致都欺骗了人和动物吗？"。不仅如此，达·芬奇甚至依据视觉对听觉的优越性"激进"地主张绘画高于

---

[1] Leon Battista Alberti, *On Painting*, pp. 75-77.

诗歌："如果说诗人借助耳朵使人理解，画家则借助眼睛这种更高贵的感觉器官"，"眼睛这个心灵之窗是人了解自然的主要感受器，依靠这个感受器可最充分最完满地鉴赏自然的无穷作品。耳朵则居于次要地位，它靠收听眼睛看到的事物获得体面"。[1]

达·芬奇的"比较论"不仅在涉猎范围和理论深度上超越了此前的学者和艺术家，而且揭示了其他一些重要信息。首先，他表明视觉艺术已成为宫廷高雅的学术性谈话的重要的一部分。在15世纪晚期和16世纪的意大利宫廷，围绕某些流行主题的学术性谈话或"争论"是一种流行的高雅娱乐活动。它既受到古代对话体著作的影响，也有意识地模仿了中世纪大学的学术"辩论"。参与对话的主要是宫廷的贵族、妇女、知识人和艺术家。谈话不仅赋予宫廷高雅的学术光环，也挑战了传统的性别、知识和社会等级划分。达·芬奇本人不仅写了为绘画辩护的"比较论"，还出现在另一部以米兰宫廷学术"争论"为原型的论著——数学家卢卡·帕乔利的《论神圣比例》中。[2] 卡斯提利奥内的《论廷臣》也证实了"比较论"在宫廷圈子的流行。在书中，贵族艺术爱好者和鉴赏家卢多维科·康诺沙公爵指出了绘画高贵的起源和在古代受到的尊重，他还与雕塑家吉安克里斯托弗罗·罗马诺讨论了绘画和雕塑的相对优越性。[3] 该书表明，不仅是诗歌与绘画，雕塑和绘画的"比较论"也同样是宫廷圈子的精英广泛关注的主题。卡斯提利奥内并非第一个参与绘画和雕塑"比较论"的精英。自15

---

[1] Leonardo da Vinci, *Notebooks*, pp. 188-190.

[2] 卢卡·帕乔利的《论神圣比例》采用对话形式论证了实用数学（如簿记、土地测量和工程技术）对其他科学和艺术，包括"天文数学"（即与占星学、天文学相关的数学知识）的优越性。书中的对话者大都是鲁多维科·斯福尔扎圈子的医生、占星学家和天文学家，但也包括一名艺术家，即达·芬奇。对帕乔利和达·芬奇来说，宫廷的科学"争论"是他们挑战传统的知识等级划分、提升自身社会文化地位的重要途径（Monica Azzolini, "An Anatomy of z Dispute: Leonardo, Pacioli and Scientific Courtly Entertainment in Renaissance Milan", in *Early Science and Medicine*, Vol. 9, No. 2 (2004), pp. 115-116）。关于文艺复兴时期宫廷的谈话及与此相关的对话体论著的性质、功能与社会文化意义，可参见 Peter Burke, "The Renaissance Dialogue", in *Renaissance Studies*, Vol.3, No. 1, (1989), pp. 1-12.

[3] Baldesar Castiglione, *The Book of the Courtier*, pp. 98-99.

世纪以来，绘画和雕塑在模仿自然方面的相对优越性一直是职业艺术家思考和讨论的问题，阿尔贝蒂、菲拉雷特和达·芬奇都曾参与这个"比较论"。但《论廷臣》的重要意义在于，它表明这个最初在职业艺术家中进行的专业问题也开始引起学者和贵族的广泛兴趣。

其次，达·芬奇"比较轮"激烈的论战色彩也暗示，对视觉艺术的偏见社会文化精英仍有很大影响。达·芬奇的"比较论"可能是对一位诗人的回应。这位诗人在一封信中公开攻击卢多维科·斯福尔扎赞助的一些纪念性绘画和雕塑，如达·芬奇接受的弗朗切斯科·斯福尔扎的骑马像，并认为视觉艺术不是保存名望的持久途径。[1] 早在14世纪晚期和15世纪早期，那些为古代异教拉丁语诗歌辩护的诗人常常借助诗歌对视觉艺术的优越性，特别是诗句的不朽和视觉艺术的脆弱来论证诗歌的价值。在这方面他们有可参照的古代权威，如古罗马诗人贺拉斯就认为诗是比青铜更持久的纪念物。彼特拉克曾引用贺拉斯来强调诗歌赋予诗人及其赞助人永恒名望的力量。15世纪早期罗马人文主义秘书长弗朗切斯科·达·费亚诺在为古代拉丁诗歌辩护的《对愤怒批评和荒谬诋毁诗人者的反击》(*Against the Rediculous Obstructors and Angry Critics of the Poets*, 1404) 中，也引用了贺拉斯："雕像或凯旋门皆不能留下永恒的记忆，因为岁月会带走一切，贪婪的时间努力摧毁一切；随着岁月的流逝它们自己会崩塌，变成尘土而被世人遗忘。另外，伟大的事迹则会因神圣诗句的不朽名望被传唱……贺拉斯就满足于葬在自己神圣、永恒的诗句中，他的名声必定会与之长存，并借助它们流传后世。正如他在其抒情诗的第三卷中指出的：我为自己留下了一个比青铜像更持久的纪念碑。"[2] 此外，15世纪早期学者瓜里诺·瓜里尼也

---

[1] Monica Azzolini, "An Anatomy of a Dispute: Leonardo, Pacioli and Scientific Courtly Entertainment in Renaissance Milan", in *Early Science and Medicine*, Vol. 9, No. 2 (2004), p. 126.

[2] Kathleen Wren Christian, *Empire without End: Antiquities Collection in Renaissance Rome, 1350-1527*, pp. 40-41.

认为画不如诗，认为画没有道德价值。[1] 诗人对视觉艺术的批评并非纯粹的"精英主义"偏见，也是职业竞争，尤其是诗人和艺术家对文化赞助的激烈竞争的产物。[2]

因此，在 16 世纪，绘画虽被广泛誉为诗歌的姊妹艺术，在现实生活中却仍遭到鄙视和批评。这种复杂的情况从另一方面解释了艺术家对"比较论"的高度关注和积极回应。似乎是响应阿尔贝蒂在 15 世纪早期对理想的诗人－画家的号召，15、16 世纪有不少艺术家不仅学习古代和现代诗歌，还尝试创作。如建筑师菲利波·布鲁内莱斯基、多纳托·布拉曼特、安德烈亚·菲奥索莱以及拉斐尔父子等，都曾写过一些十四行诗。[3] 最著名的诗人－艺术家无疑是米开朗基罗。他在诗歌方面有很高造诣，瓦尔基在 1547 年的两次著名演讲的第一次内容就是关于米开朗基罗的诗。不只如此，许多画家还借助艺术实践回应"比较论"，15 世纪晚期和 16 世纪早期盛行的"诗意画"就是突出的例子。

"诗意画"："比较论"在艺术实践中的实例

"诗意画"广泛指依据古代和现代诗歌创作的表现古代神话及人物，或表现出诗意色彩的绘画。此种绘画类型的出现和流行既是意大利文艺复兴时期普遍的崇古热情的体现和结果，也与艺术家对"比较论"的回应交织在一起。"诗意画"尤其与文艺复兴时期对古代诗歌的"发现"、接受和模仿密切相关，如"图说"、《荷马史诗》、维吉尔的《埃涅阿斯纪》，特别

---

[1] 他翻译了琉善的拉丁文《诽谤》，阿尔贝蒂借用的就是他的翻译。Michael Baxandall, *Giotto and the Orators: Humanist Observers of Painting in Italy and the Discovery of Pictorial Composition*, 1350–1450, p. 90.

[2] 正如巴克森德尔指出的，15 世纪中期那不勒斯宫廷文人巴托罗米奥·法齐奥在《名人传》中有关绘画与诗歌以及画家与诗人相似性的比较，就是当时那不勒斯宫廷的人文学者竞争性的学术写作和文雅本论的产物。(Michael Baxandall, *Giotto and the Orators*, pp. 99-100.)

[3] Francis Ames-Lewis, *The Intellectual Life of the Early Renaissance Artist*, p. 169.

是奥维德的《变形记》(*Metamorphoses*)和《纪念表》(*Fasti*)。[1] 从15世纪开始,随着古代和现代诗歌的复兴,表现古代历史和神话的手稿插图、木板画、架上画、湿壁画等也开始出现。此类绘画的赞助者、拥有者、观众和制作者往往与人文主义者圈子有密切联系,并对古代诗歌有所了解。最早的例子之一是,15世纪中期前后佛罗伦萨出现的一批表现《荷马史诗》和《埃涅阿斯纪》中的故事和人物的"婚柜"装饰画,如四件"奥德赛的冒险"。[2] 这些画都出自画家阿波罗尼奥·迪·乔瓦尼的作坊,他还因此被诗人乌古里诺·韦里诺誉为"托斯卡纳的阿佩利斯"。这些婚柜的买主大都是古代文化艺术的热爱者和赞助者,如美第奇家族和斯特罗齐家族。这两个家族都热衷收集古代手稿并支持古典学术研究,包括《奥德赛》。[3] 到15世纪晚期和16世纪,依据古代和现代诗歌创作的绘画已发展为一种独立的绘画"类型"。当时的学者和艺术家新创"poesie"一词来指这种新颖和流行的绘画。1492年美第奇家族财产清单第一次用"poesia"来描绘一件"表现了两个人物和乡村风景"的画。到16世纪,瓦萨里也曾用这个词指塞巴斯提亚诺·德尔·皮奥姆波和佩里诺·德尔·瓦加画的古代神话画。不过,作为一种绘画类型的"poesie"主要指16世纪与奥维德的

---

[1] 奥维德的《变形记》是文艺复兴时期最有影响力的古代神话文本,这一时期的绝大部分"诗意画"多少与《变形记》有关。除了拉丁文手抄书和印刷本,该书早在14世纪70年代就有了一个非常流行的意大利文编译本,1497年又在这个版本基础上出版了一个带有大量木刻插图的修订印刷本。这个印刷本的文本和插图后来成了文艺复兴时期画家绘制古代神话绘画的主要参照。参见 Luba Freedmn, *Classical Myths in Italian Renaissance Painting*, New York: Cambridge University Press, 2011, pp. 10-11.

[2]《荷马史诗》的第一个拉丁文译本是1360年彼特拉克请莱恩齐奥·皮拉托翻译的。很快,薄伽丘在其《诸神的谱系》(*Genealogia deorum gentilium*)中重述了其中一些内容。到15世纪,除了莱恩齐奥的译本和薄伽丘的著作,对《荷马史诗》其他部分的翻译也在持续。关于15世纪意大利人文学者对《荷马史诗》的翻译和阅读,参见 Jerzy Miziołk, "The '*Odyssey*' Cassone Panels from the Lanckoronski Collection: On the Origins of Depicting Homer's Epic in the Art of the Italian Renaissance", in *Artibus et Historiae*, Vol. 27, No. 53 (2006), pp. 76-77.

[3] Jerzy Miziołk, "The '*Odyssey*' Cassone Panels from the Lanckoronski Collection", in *Artibus et Historiae*, Vol. 27, No. 53 (2006), p. 76.

《变形记》和弗拉·弗朗切斯科·科罗纳的《波利菲罗之梦》（*Hypnerotomachia Poliphili*）的文本和木刻插图相关的神话画，尤其是提香的一些绘画。[1] 提香的朋友、威尼斯学者卢多维科·多尔切在 1554 年前后的一封信中，将提香为菲利普二世绘制的《维纳斯与阿多尼斯》称为"poesia"。多尔切在 1553 年翻译的《变形记》的意大利文全译本是 16 世纪的畅销书。提香本人在 1554 至 1562 年给西班牙的菲利普二世的信中也常常将他为后者绘制的画称为"poesia"。这些画共六幅，主题大都与《变形记》有关。他在 1562 年给菲利普二世的信中谈到，即将送去"一幅公牛抢夺欧罗巴的想象画"。[2]

正如瓦尔堡、潘诺夫斯基、贡布里希等学者指出的，此类绘画很多时候是由赞助人或其人文学者顾问为艺术家提供创意和制作方案。[3] 15 世纪末、16 世纪初伊莎贝拉·德·埃斯特书斋的神话画是人文学者帕里德·达·切雷萨拉依据菲洛斯特拉图斯的《图像》设计的。[4] 佛罗伦萨画家桑德罗·波提切利为洛伦佐·迪·皮埃尔弗朗切斯科·德·美第奇制作的"护壁板"装饰画《春》和架上画《维纳斯的诞生》同时参照了古代和现代诗人有关维纳斯的描绘，如安杰罗·波利齐亚诺的《比武大会颂》。[5]

---

[1] 这部充满了对古代的浪漫想象的著名传奇故事写于 1467 年左右，并在 1499 年由威尼斯著名印刷商阿尔多斯·曼努斯提乌斯出版。该书文本及其精美的木刻插图对创作古代风格的绘画、雕塑、版画和彩陶的艺术家产生了广泛影响。

[2] Luba Freedmn, *Classical Myths in Italian Renaissance Painting*, pp. 194-196.

[3] 阿比·瓦尔堡《桑德罗·波提切利的〈维纳斯的诞生〉和〈春〉》中首先指出诗人安杰罗·波利齐亚诺的诗与波提切利的神话题材绘画的关联。此后，人文主义与古代神话图像的关系成了潘诺夫斯基及其他追随者图像学家研究的核心内容（参见欧文·潘诺夫斯基：《图像学研究：文艺复兴时期艺术的人文主题》，2011 年版）。贡布里希在一篇文章中也专门考察了波提切利的这两幅画与人文主义的关联。但他认为，这两幅画的象征意义及其人像构图和细节主要与新柏拉图主义和阿普列乌斯的《金驴》（*Goden Ass*），而不是波利齐亚诺的诗有关。（E. H. Gombrich, *Symbolic Images: Studies in the Art of the Renaissance*, pp. 33-35.）

[4] 伊莎贝拉有菲洛斯特拉图斯的希腊文版《图像》，她还请人翻译成意大利文以方便阅读。

[5]《春》和《维纳斯的诞生》的人物形象和许多细节与波利齐亚诺写于 1475 至 1478 年的《比武大会颂》（*Stanze per la giostra*）中描绘的伍尔坎锻造的青铜浮雕上的古代神话图像颇为吻合。（Francis Ames-Lewis, *The Intellectual Life of the Early Renaissance Artist*, pp. 172-173.）

伊莎贝拉请佩鲁基诺绘制《爱与贞洁之战》时送去"我们的诗意创意"的详细书面指导，让他遵照执行。[1] 伊莎贝拉的兄弟阿尔方索·德·埃斯特委托提香为其房间绘制《维纳斯的盛宴》时，让人文学者马里诺·阿奎科拉设计了书面方案。他还让他在威尼斯的代理贾科莫·特巴尔迪向提香做了详细解说。[2] 另外，这个房间内乔瓦尼·贝利尼的《诸神的宴会》和提香其他的"诗意画"也是阿奎科拉设计的。

画家对此类绘画的诗意创意能力常常受到质疑。如阿奎科拉就不仅对绘画持有传统偏见，而且质疑甚至鄙视画家的创意能力。他在1508至1515年的一本论绘画的书中指出："这门艺术（绘画）与诗歌非常亲近，因此贺拉斯说'画家和诗人被赋予同等力量'。但因为这句话被从真正的上下文中挑出来并被无知的人曲解，结果画家们便犯下了各种各样的错误。他们放纵自己的想象……产出各种怪胎。"他认为画家只能按照诗人的文学创意制作"诗意画"而不能随意发挥。[3]

或者正是由于这种精英主义偏见，画家们的"诗意画"很少是对文学创意的"图画翻译"，而是常常体现出他们自己对文本和古代图像（如古代雕塑和石棺浮雕、青铜浮雕和宝石雕刻等）的研究。当然，文学的比喻、暗喻或人物往往很难用可见的形式表达出来，因而画家必须对书面方案进行选择和改造。但另一方面，这显然也与艺术家的职业自豪感有关。阿尔贝蒂就曾在《论绘画》中建议画家依据古代诗歌形成自己的创意。他认为诗人和修辞学充其量只能辅助画家。那些响应"诗意画"的艺术家，如切尼尼和达·芬奇也强调艺术家的创意能力和想象力。在实际工作中，

---

[1] Charles Hope, "Artists, Patrons, and Advisers in the Italian Renaissance", in *Patronage in the Renaissance*, ed., Guy Fitch Lytle and Stephen Orgel, pp.293-294.

[2] Anthony Calantuono, "Dies Alcyoniae: The Invention of Bellini's 'Feast of the Gods'", in *The Art Bulletin*, Vol. 73, No. 2 (1991), p. 239.

[3] Anthony Calantuono, "Dies Alcyoniae: The Invention of Bellini's 'Feast of the Gods'", in *The Art Bulletin*, Vol. 73, No. 2 (1991), p. 241.

一些画家也直接或间接地拒绝了赞助人提供创意，如乔瓦尼·贝利尼。正如皮埃特罗·本博在信中指出的："您曾来信说由我提供创意，但现在这将按照他自己的想象。他说他讨厌被限制，喜欢让思想在画中自由驰骋。"[1] 拉斐尔在1514年前后的一封给卡斯提利奥内的信中也表明，他为罗马法尔内塞别墅绘制的著名壁画《盖拉忒亚》也主要是他本人的创意，来自他对菲洛斯特拉图斯《图像》的阅读和对理想美的理解。[2] 提香在为阿尔方索·德·埃斯特的书斋绘制系列"诗意画"时虽然表面上赞许赞助人提供的文学创意，但实际上主要运用了他对古代、现代诗歌以及古代艺术遗存的研究。他在1520至1523年创作的《巴库斯与阿里阿德涅》既参照了奥维德、菲洛斯特拉图斯和波利齐亚诺等的文本，也借用了古代石棺浮雕和罗马城的古代雕塑，如《拉奥孔》。[3] 他在1559至1562年为西班牙的菲利普二世绘制的《抢劫欧罗巴》（Rape of Europa）也主要基于他对奥维德等古代作家的阅读，而非对特定文学的创意。卢多维科·多尔切曾在1546年将此书部分译成意大利文，该书的意大利文全译本1550年在威尼斯出版。[4] 通过有意识地使用"诗意画"一词指自己的神话画，提香这位"新阿佩利斯"的最杰出代表不仅挑战了古代画家，也挑战了诗人在理解和表现古代神话方面的权威，展示了其职业自豪感。如果说诗人的"图说"使古代绘画得以保存，那么画家则借助"诗意画"同时"再现"了古代伟大画家的杰作以及古代诗人对神话的诗意描绘，由此画家不仅可以媲美诗人，甚至超越了诗人。

---

[1] Rudolf Wittkower, *Born under Saturn: The Character and Conduct of Artists*, pp. 35-36.

[2] Robert Klein and Hennri Zerner ed., *Italian Art 1500-1600: Sources and Documents*, pp.32-33. 这封未标日期的信很可能是拉斐尔去世后由卡斯提利奥内写的，以便拉斐尔的仰慕者理解他的艺术。(John Shearman, "Castiglione's Portrait of Raphael", in *Mitteilunggen des Kunsthishorischen Institutes in Florenz*, Vol. 38 (1994), p. 86.)

[3] Luba Freedmn, *Classical Myths in Italian Renaissance Painting*, pp. 83-84.

[4] David Rosand, "Ut Pictor Poeta: Meaning in Titian's Poesie", in *New Literary History*, Vol.3, No.3 (1972), pp. 542-543.

总之，15世纪晚期和16世纪早期的"诗意画"很大程度是"比较论"在艺术实践中的延伸。通过创作"诗意－绘画"，画家挑战了诗人的权威，展示了其创意能力和绘画艺术的价值。

绘画和雕塑的比较

"比较论"的另一重要内容是有关绘画和雕塑的比较。与诗歌和绘画的比较一样，绘画和雕塑的高下之争也不完全是学术争论，也与职业、社会竞争密切交织在一起。同样，这一争论也不仅体现为学术讨论和写作，也扩展至艺术实践。绘画和雕塑的"比较论"最初主要在职业艺术家中进行，并明显模仿了"诗如画"和知识人热衷的其他学术争论。对艺术家来说，对绘画和雕塑相对优越性的理论讨论有助于打破传统的知识等级划分，展示了这两门艺术的学术文化价值，同时也赋予艺术家知识精英的光环。因此，视觉艺术和艺术家的社会文化地位成为关注的核心内容之一，如争论哪种艺术更少（或更多）体力性，或哪种艺术更少（或更多）理论性等。比如达·芬奇认为雕塑不及绘画的一个理由就是雕塑需要付出更多体力劳动，因而不是科学，而是一种技工学科。[1]

第一个将绘画和雕塑进行比较的是阿尔贝蒂。阿尔贝蒂支持绘画，认为绘画包含雕塑和建筑。他在《论绘画》中指出："它（绘画）难道不是一切艺术的主宰或非凡的点缀吗？如果我没说错，建筑师事实上是从画家们那里获得柱顶过梁、柱头、柱基、圆柱、三角楣墙及其他类似的建筑装饰。石匠、雕刻家以及所有手工作坊和一切技工艺术莫不以绘画艺术和画家的规则为指导。总之，你会发现几乎没有一种艺术——无论多么卑贱——不与绘画有关。"随后，阿尔贝蒂论述了绘画艺术在古代受到的

---

[1] Robert Klein and Hennri Zerner ed., *Italian Art 1500-1600: Sources and Documents*, p. 5.

尊崇。[1] 阿尔贝蒂对绘画的赞许代表了 15 世纪的主导观点。主张绘画高于或包含雕塑和其他视觉艺术普遍体现在这一时期涉及"比较论"的写作中。对绘画一边倒的支持可能与同时发展的"诗如画"有关，因为参与"诗如画"的艺术家和社会精英都主要论证了绘画作为自由科学的合理性。因此，不仅画家，甚至一些雕塑家也认同绘画高于雕塑。比如 15 世纪中期建筑师和雕塑家菲拉雷特。在《论建筑》中，菲拉雷特与米兰公爵讨论了绘画和雕塑的相对优越性。其中，支持雕塑的米兰公爵的观点很可能代表了当时雕塑家的普遍认识："我感觉，大理石、青铜或任何雕塑的设计和雕刻比绘画有价值得多，因为当一个人雕刻大理石像时很有可能会碰掉一块鼻子或其他部分，正如有时确实会敲掉一块，他就无法修复人像了。但一个画家却能用颜色遮盖，即便弄坏了无数次也能拼凑好。因此，任何雕刻红宝石或其他石头的人必须一边思考一边工作，而绘画却不需要这样。"对此，支持绘画的菲拉雷特答道："大人您说得对，雕刻确实需要高超的技艺。不过，就眼睛的视觉和绘画旨在模仿自然色彩而言，那些（绘画）也是了不起的。因为不管雕塑多么好，它看起来似乎总是还是雕塑，但画的东西却能像真的一样。许多人都被骗，误以为画的东西是真的，甚至动物也被色彩的这种力量欺骗……"[2]

　　15 世纪晚期和 16 世纪，随着古代大理石雕塑的不断出土以及精英和艺术家收藏、研究与模仿热情的兴起，绘画和雕塑的"比较"也从职业艺术家扩展至整个精英阶层。达·芬奇以米兰宫廷的文雅交谈为背景的《论绘画》就深入关注了雕塑和绘画的相对高贵性。"雕塑家说如果他敲掉了不应敲掉的部分就无法像画家一样修改。对此，我的回答是敲掉不应敲掉的部分就不是大师所为。因为一个大师必须懂自己职业的真正科学知识……我们深知，一个有实践技能的人不会犯这种错误。相反，他遵从好

---

[1] Leon Battista Alberti, *On Painting*, pp. 45-46.
[2] Creighton Gilbert, *Italian Art, 1400-1500: Sources and Documents*, pp. 89-90.

的规则,每次只会凿掉一点,使工作顺利进行。"接着,达·芬奇还从许多方面论证了绘画的优越性。他认为雕塑需要大量体力劳动因而更接近技工艺术,而画家的工作则相反:"我发现绘画与雕塑的区别只在于,雕塑家工作的时候需要比画家付出更多的体力,而画家工作时需要更多的脑力。事实也证明了这一点,因为雕塑家工作时需要用胳膊使劲雕刻大理石或其他石头,以去除包裹在人像外面的部分。这是个最机械性的工作,很多时候都是汗流不止,汗水混合尘土变成泥污……而画家却与此相反,穿着漂亮衣服的画家轻松自如地坐在作品前,轻挥蘸着漂亮颜色的轻盈画刷,还可以穿着自己喜欢的袍子。"除了这种带有社会偏见的陈词滥调,达·芬奇也就两种艺术的手段和目标方面,认为绘画在模仿自然方面比雕塑更胜一筹:"绘画要求更多思想和技艺,比雕塑更了不起。因为画家的思想必须与自然一致,才能充当自然和艺术之间的解释者。"他认为,雕塑模仿自然的能力不如绘画全面。"绘画艺术包括了一切可见事物,而雕塑却有其局限性,特别是不能表现事物不同色度的色彩和透明度。雕塑家只是简单向你展示物体的自然外形,而画家却能借助色彩的变化、眼睛与物体之间的空气暗示距离的变化",以及雕塑家无法表现透明或半透明的物体,不借助光线和印象等。另外,达·芬奇还批评了雕塑家创作的一些"图画－雕塑"(即运用了透视法的浮雕)。他认为,这些模拟绘画效果的浮雕虽然素描或设计运用了透视法,但就明暗对比来说既不是好雕塑,也不是好画,因为它们透视短缩的部分没有绘画或圆雕的深度感。[1]

达·芬奇对雕塑的批评从另一方面暗示了15世纪以来雕塑家和画家在职业实践中的竞争,尤其在探索和运用透视法方面的竞争。15世纪以来,由布鲁内莱斯基"发明"的直线透视法开始被运用到绘画,成为画家表现三度感人像和空间的重要手段。阿尔贝蒂在《论绘画》中也强调了画

---

[1] Leonardo da Vinci, *Notebooks*, pp. 194-195.

家掌握透视法的重要性，并阐述了透视法的几何和光学原理。从阿尔贝蒂开始，透视法成了证明绘画是一门自由学科的最有力证据。因此，学习、运用和展示透视法成为一种潮流。不仅画家，一些"前卫"雕塑家也探索如何将透视法运用到创作中，如洛伦佐·吉贝尔蒂和多纳泰罗。吉贝尔蒂的佛罗伦萨洗礼堂青铜门（东门）浮雕《以撒的故事》（Story of Isaac, 1435）和多纳泰罗的锡耶纳洗礼堂前部浮雕《希律王的宴会》都运用了直线透视法以营造三度感和景深错觉。为了使浮雕更具有图画的效果，多纳泰罗还采用了一种独特的"压平浮雕"。[1]

不仅雕塑家们努力模拟图画的透视效果，画家们也在绘画中模拟大理石或青铜雕塑。曼泰尼亚就以精妙的模拟大理石和青铜浮雕效果的单色画著称。他画中的古代雕塑和浮雕既展示了他的古物学兴趣和对古代艺术的研究，也是他对"比较论"的积极回应。在威尼斯，画家乔瓦尼·贝利尼和提香也都在绘画中对"比较论"做了回应。古代浮雕、石板铭文和壁柱等是贝利尼宗教画的一大特色，如祭坛画《佩萨罗圣母》中圣母宝座的浮雕和壁柱。在绘于1515年的《照镜子的女子》中，贝利尼既挑战了老普林尼记载的那些古代著名维纳斯雕塑的传奇般美丽，也反击了当时雕塑家对画家的一种常见批评——画家只能从某一个角度表现人物。在这幅画中，贝利尼借助镜子同时展示了女子头部的正面和背面。[2] 提香作于1510年的《夏沃娜》也有力地论证了绘画的优越性。他不仅表现了女子的正面肖像，而且表现了他的一件"大理石"浮雕侧面头像。提香不仅同时表现了女子的正面和侧面，也展示了彩色像相对于单色浮雕像在艺术表现力上的优越性。[3] 而提香1522年绘制的《圣塞巴斯蒂安》则同时回应了诗歌-

---

[1] Francis Ames-Lewis, *The Intellectual Life of the Early Renaissance Artist*, pp. 147-148.

[2] Sarah Blake McHam, "Reflections on Pliny in Giovanni Bellini's '*Woman with a Mirror*'", in *Artibus et Historiae*, Vol. 29, No. 58 (2008), pp. 164-165.

[3] Luba Freedman, "Apelles, Giovanni Bellini and Michelangelo in Titian's Life and Art", in *Artibus et Historiae*, Vol. 34, No. 67 (2013), pp. 255-258.

绘画-雕塑的"比较论"。这幅"基督教版拉奥孔"是提香为布雷斯西亚的圣纳扎罗和切尔所教堂高祭坛制作的多联画《基督的复活》右侧翼联的一部分，明显模仿了罗马城的著名古代雕塑《拉奥孔》。由于对《拉奥孔》的描绘和解释主要来自老普林尼和维吉尔的文本，因此《拉奥孔》成了绘画和诗歌的"比较论"的焦点。同时，《拉奥孔》出土后也立刻引起普遍关注，不仅诗人和作家写了大量"图说"，画家和雕塑家也竞争创作《拉奥孔》的最佳模仿品。提香的《圣塞巴斯蒂安》也是这种模仿和竞争的产物。通过这件画像，提香不仅挑战了古代作家和雕塑家，也挑战了当时诗人和雕塑家。[1] 类似的例子还有提香在16世纪早期画的《维纳斯从海中升起》（Venus Anadyomene），他试图重现一幅已经失传的古代名画——古希腊画家阿佩利斯画的《维纳斯》。据老普林尼记载，奥古斯都将这幅画带到罗马时截掉了维纳斯大腿以下的部分。这幅画可能是费拉拉公爵阿尔方索·德·埃斯特订制的，此前他已经让一位雕塑家制作了类似的维纳斯大理石浮雕。因此，提香的这件维纳斯不仅将自己与阿佩利斯联系起来，也对雕塑和绘画"比较论"做了回应。[2]

16世纪，雕塑和绘画的"比较"在精英和艺术家中的流行典型体现在卡斯提利奥内的《论廷臣》中。在书中，艺术爱好者康诺沙公爵与雕塑家吉安克里斯托弗罗·罗马诺关注的并非诗与画的比较，而是绘画和雕塑的相对优越性。康诺沙公爵支持绘画，他认为绘画比雕塑更能全面地模仿自然，如金属的光泽、黑夜、天气和风景等。吉安克里斯托弗罗·罗马诺陈述了雕塑更高贵的理由，如雕塑比绘画需要更多努力和技能；雕塑更能忠实地表现自然，因为雕塑是三维的；由于雕塑无法修改因而需要更高的

---

[1] Una Roman D' Elia, *The Poetics of Titian's Religious Paintings*, Cambridge: Cambridge University Press, 2005, p. 34.

[2] Frederick Ilchman, *Titian, Tintoretto and Veronese: Rivals in Renaissance Venice*, Boston: MFA Publications, 2010, pp. 104-106.

判断力,等等。[1]1547年,佛罗伦萨学者贝内戴托·瓦尔基就这个问题做了一次演讲,并致信八位画家和雕塑家征询他们的意见和看法。瓦萨里、布龙齐诺、彭托尔莫、弗朗切斯科·达·圣加罗、切利尼和米开朗基罗等都参加了"问卷"并分别论证了各自艺术的优越性。如画家布龙齐诺在回信中——反驳了雕塑家对画家的批评和他们支持雕塑的主张。雕塑家们认为雕塑能更长久地保存,因而能被更长久记忆;雕塑不能修改,所以需要更高超的技艺和更高的判断力;雕塑是三维的,不仅能看,还能触摸,所以更真实;[2]雕塑是多视角的,因而更困难,而绘画却是单一视角的。[3]布龙奇诺的反驳包括:雕塑持久不是因为其艺术,而是由于材料的性质;雕塑需要更多努力正说明雕塑更接近技工活动,因而更卑贱;至于说雕塑不能修改,真正的大师不会犯这种错误;说雕塑是三维的因而更真实也是错误的,因为雕塑的三维立体感不是由于艺术,而是因为材料本身固有的特性。不仅如此,雕塑在模仿自然方面还有很多不足和局限性,如雕塑无法表现光与影、色彩、空气、透视效果等。[4]

总之,通过对绘画和雕塑的比较,艺术家们对两门艺术模仿自然的程度、能力、方式等做了系统分析,许多现代美学概念也正是在这一过程中第一次出现和被使用,如"雕塑的""图画的""立体""空间""单角度构图""多角度构图"等。[5]同样重要的是,正是在比较的过程中,艺术家们日益意识到视觉艺术的内在联系和共性,最终促进了三种视觉作为一门具

---

[1] Baldesar Castiglione, *The Book of the Courtier*, pp. 99-100.
[2] 雕塑家们常常以此强调雕塑更真实,因为雕塑与自然物体一样都是三维的。比如切利尼认为雕塑与绘画的差别就如同物体和它投射的影子(Mosche Barasch, *Theories of Art,1: From Plato to Winckelmann*, p. 173)。
[3] 切利尼在回信中就强调了这一点,他指出:"雕塑比绘画伟大七倍,因为一个雕塑必须有八个表现角度,而且每个角度都应一样出色。"(Mosche Barasch, *Theories of Art,1: From Plato to Winckelmann*, p. 172.)
[4] Robert Klein and Hennri Zerner ed., *Italian Art 1500-1600: Sources and Documents*, pp. 10-13.
[5] Moshe Barasch, *Theories of Art,1: From Plato to Winckelmann*, p.112.

有共同理论和知识基础的智性学科——"美术"的确立。[1]

设计艺术

米开朗基罗对瓦尔基"问卷"的回应颇有代表性。他对争论绘画和雕塑孰优孰劣兴趣不大，而更强调两者的共性。在与弗朗切斯科·达·霍兰达的对话中，他认为设计是一切视觉艺术的理论基础："设计，或者通常所说的素描构成了绘画、雕塑和建筑以及任何其他绘画的基础，是它们的源泉和科学知识的基础。"他还认为，由于设计的重要性，艺术家在一小块羊皮纸上画的素描也可能至为完美，与其他任何形式的绘画一样伟大。[2] 米开朗基罗在给瓦尔基的信中也没有过多地为雕塑辩护。他说在看过瓦尔基的论文后也认同绘画与雕塑来源于同一种才能，因而是一样的。无论绘画还是雕塑要获得更大的高贵性都需要更高的判断力、克服更大的困难和更艰苦的工作。米开朗基罗显然对这一争论兴趣索然，他认为最好抛开这些空洞的争论，因为它们比实际制作人像耗费时间更多。[3] 布龙齐诺在给瓦尔基的信中也赞同两门艺术的目标是一致的，它们都必须模仿自然。[4]

认为艺术都是对自然的模仿当然并不是文艺复兴时期才出现的新观点。它可以一直上追溯到古希腊时期，如柏拉图和亚里士多德，在文艺复兴时期随着人文主义的发展获得复兴和广泛传播。[5] 不过，除了模仿，文艺复兴时期的艺术家和精英也强调"设计"——一种结合了创造性思考和体力制作的活动作为艺术共同基础的意义。早在 14 世纪晚期，彼特拉克

---

[1] 关于"比较论"与 18 世纪五门"现代艺术体系"的构建的关联，参见 Paul Oskar Kristeller, "The Modern System of Art", in Paul Oskar Kristeller, *Renaissance Thoughts and Arts*, pp. 163-227.
[2] Francisco de Hollanda, *On Antique Painting*, p. 212.
[3] Robert Klein and Hennri Zerner ed., *Italian Art 1500-1600: Sources and Documents*, pp. 13-14.
[4] Robert Klein and Hennri Zerner ed., *Italian Art 1500-1600: Sources and Documents*, p. 11.
[5] 关于文艺复兴时期艺术家和学者对艺术"模仿"的讨论，可参见 Ressellaer W. Lee, "Ut Pictura Poesis: The Humanistic Theory of Painting", in *The Art Bulletin*, Vol. 22, No.42 (1940), pp. 23-32.

业已在《论命运的补救法》中将设计视为绘画和雕塑的基础:"画家和雕塑家从事的是同一门艺术……它们都来自同一本源——设计。"[1]到15世纪,这种认识被更多人文主义者和艺术家接受。阿尔贝蒂在《论绘画》中声称绘画与雕塑来源于同一种天赋。洛伦佐·吉贝尔蒂在其《回忆录》中主张素描是绘画和雕塑的基础和理论。达·芬奇指出画家必须借助设计以一种直观的形式表现最先在他想象中形成的一种理念或创意,任何存在于宇宙、本质、外表或想象中的事物都是先形成于艺术家的头脑中,然后通过手表现出来。[2]

在15、16世纪,素描和设计逐渐成了两个可以互换的概念。这一发展与艺术实践中设计的重要性日前凸显有关。文艺复兴时期,素描逐渐从一种本质上临摹和复制活动发展成艺术家的学习和研究艺术问题的手段。因此,素描作为艺术制作活动中最具有思想性的部分开始受到重视,并逐渐被与体现了艺术家天才的设计联系起来。15世纪早期以设计或"绘图能力"著称的艺术家大都是金匠出身。如佛罗伦萨雕塑家和金匠安东尼奥·德尔·波拉约洛就以出色的绘图能力著称,曾为佛罗伦萨和其他城市的许多艺术工程提供设计。[3]他也以此为荣,并有意识地借助铜版画这种可复制性艺术宣传其设计才华,如他著名的签名铜版画《裸体人之战》。不过,15世纪中期以后,画家-设计师日益取代金匠-设计师。这首先表现在一些为宫廷工作的画家。对宫廷画家来说,为宫廷的艺术制作提供"设计"可能是一种最重要的品质。乌尔比诺宫廷画师乔瓦尼·桑蒂在赞美曼泰尼亚的艺术时,就尤其强调其高超的设计能力。曼泰尼亚也深知这一点。与波拉约洛一样,他也借助铜版画推广其设计,如著名的《海神

---

[1] Michael Baxandal, *Giotto and the Orators: Humanistic Observers of Painting in Italy and the Discovery of Pictorial Composition*, New York: Oxford University Press, 1971, p. 61.

[2] Leonardo da Vinci, *Notebooks*, p. 185.

[3] Luke Syson and Dora Thornton, *Objects of Virtue: Art in Renaissance Italy*, pp.148-150.

之战》(Battle of the Sea Gods)。

与此同时，许多宫廷画家逐渐将制作交给作坊学徒和助手，自己主要负责设计，如拉斐尔、朱利奥·罗马诺和瓦萨里等。设计和制作分工的趋势进一步促进了对设计的思想价值的肯定。瓦萨里指出："设计，绘画、雕塑和建筑艺术之父，源于理智。它从许多单个事物中得出一个整体判断，它就像自然中一切事物的形式或观念……从这种知识中出现了概念或判断，因此在头脑中形成了某种后来借助手表现出来的、被称为设计的东西。由此我们可以总结性地认为，设计不外乎我们心灵中的概念以及想象和在头脑中赋予其形式的东西的可见表达和宣示。"[1]16世纪晚期艺术家费德利哥·祖卡罗甚至认为，设计不仅是三门艺术的基础和原则，甚至也是人类一切思想活动的基本原则。[2]16世纪晚期学者拉法耶罗·波尔吉尼在其《闲谈》中重述了之前人们对设计的认识，并表明这在精英中已成了一种共识。"在我看来，素描不过是用线条将人在理智中构思和在头脑中想象的东西清楚地展示出来。要以适当方式使其表现出来，这要求对手进行长期训练，使手习惯用钢笔、碳笔或铅笔遵从理智的指挥。"[3]

总之，经过对绘画与雕塑差异和共性的讨论和思考，文艺复兴时期的艺术家和学者最终达成普遍认同，创造性思想与手工制作相结合的设计是绘画、雕塑和建筑艺术的基础和原则。由此，不仅三门艺术与其他手工艺活动区分来，艺术家也与手艺人区分开，成了从事智性设计活动的文化精英。在佛罗伦萨，这种观念最终通过1563年设计学院得到制度性确立。

---

[1] Giorgio Vasari, *Vasari on Technique*, p. 205.
[2] Robert Williams, *Art, Theory, and Culture in Sixteenth-Century Italy*, New York: Cambridge University Press, 1997, p.136.
[3] Raffaello Borghini, *Il Riposo*, p. 107.

第二节　从人文学者的学院到艺术家的学院

在文艺复兴时期的大部分时间段，作坊几乎是培养艺术家的唯一机构。作坊的学徒制模式以熟练工人为目标，行业技能训练与艺术生产相结合是作坊教育的最大特点。对艺术家的技术教育事实上是作坊商业活动的重要环节。艺术家往往很小即以"童工"身份进作坊，并依据技术水平参与不同环节的体力性和技术性生产活动，同时还要负责跑腿、打杂等繁琐的服务性工作。在画家的作坊，临摹和素描是技术训练的主要内容。从15世纪开始，艺术实践和理论的变化首先导致了作坊教育形式、内容以及性质和功能的分化。除了材料和技术创新，模仿和学习古代艺术以及数学、光学、人体解剖等科学理论知识变得日益重要。传统的商业和技能训练结合的作坊教育模式日益不能满足需要。传统的作坊学徒制教育模式对此构成了障碍，因为以体力性的技能训练和盈利为目的作坊，与社会文化精英从事精神追求并获得高级知识的大学显然是两个完全不同的世界。

艺术家提高教育和知识水平的努力

艺术家的知识教育大都仅限于初级文法学校或珠算学校的意大利语教育。教育上的巨大差异是艺术家被精英诟病和鄙视的重要因素之一，甚至达·芬奇都因为没有接受大学教育而被鄙视为"没文化"。他在论绘画的笔记的开头强烈反驳了这种偏见，并强调经验至少与理论知识同样重要。[1]或许正是由于这种偏见，从15世纪开始，一些出身较高阶层或与人文学者交往密切的艺术家开始凭借自学提高阅读能力，有些人甚至有一定的写

---

[1] Leonardo da Vinci, *Notebooks*, p. 4.

作水平。如雕塑家洛伦佐·吉贝尔蒂就能阅读拉丁文著作，因为他在《回忆录》中引用了当时还没有被翻译成白话的老普林尼、维特鲁威与其他一些古代和中世纪作家的拉丁文手稿。著有《论透视法》和《论神圣比例》的画家皮埃罗·德拉·弗朗切斯卡能阅读拉丁文欧几里得几何学著作。曼泰尼亚能借助语法书阅读许多古代拉丁文手稿和当时人文主义者的拉丁文著作。另外，建筑师菲利波·布鲁内莱斯基、朱利亚诺·达·马伊亚诺、米开朗基罗和朱利奥·康帕诺拉等也是如此。朱利奥·康帕诺拉不仅能流利地使用拉丁语，还精通希腊语；菲拉雷特可能懂得拉丁文和希腊文。[1]根据瓦萨里的记载，维罗纳画家焦孔多修士在文学、哲学、神学和古物学方面有很高造诣，他还懂希腊语和拉丁语。他研究古代建筑、陵墓及其他古物上的碑铭，还对维特鲁威颇有研究。[2] 另外，拥有书籍的数量反映了艺术家知识水平的提高。1498 年，艺术家乔瓦尼·达·马伊亚诺和贝内代托·达·马伊亚诺兄弟的作坊财产清单提到 29 本书。[3] 达·芬奇在 1503 年左右拥有 116 本，同时期艺术家弗朗切斯科·罗塞利去世后的财产清单中提到 9 本书，画家菲利皮诺·利皮去世时的财产清单提到 12 本书。[4] 另外，从保存下来的少数艺术家的信件、文件和作品签名来看，一些艺术家，如米开朗基罗、拉斐尔等抛弃珠算学校教授的商业字体，而采用人文主义小写体。[5]

作坊的新理想

从 15 世纪开始，艺术家还开始追求一种类似知识精英的沉思生活，并构建一个相应的包含书桌、笔、书籍和艺术收藏品的智性学习空间。15

---

[1] Francis Ames-Lewis, *The Intellectual Life of the Early Renaissance Artist*, p. 22.
[2] 瓦萨里：《意大利艺苑名人传·巨人的时代》（上），第 284—285 页。
[3] Creighton Gilbert, *Italian Art, 1400-1500: Sources and Documents*, pp. 42-44.
[4] Francis Ames-Lewis, *The Intellectual Life of the Early Renaissance Artist*, p. 21.
[5] 彼得·伯克：《意大利文艺复兴时期的文化与社会》，第 64 页。

世纪初，在帕多瓦宫廷工作的画家切尼尼已为画家们描绘了一种类似大学知识精英的制度性学习生活理想。帕多瓦是文艺复兴早期人文主义的中心，也是传播歌颂艺术和艺术家文化价值的人文主义新艺术观的中心。除了人文主义者聚集的卡拉拉宫廷，著名的帕多瓦大学是另一个对城市文化生活具有广泛影响的机构。切尼尼无疑深受影响。在《艺人手册》中，他以大学为榜样为艺术家规划了一种理想的知识生活模式："你的生活必须总是有条不紊的，就好像你学习哲学、神学或其他科学那样。也就是说，你的饮食必须有节制，一天至少进食两次，要吃少油腻和有营养的食物，喝温和的葡萄酒。保护好你的手，不要干粗活，比如举石头、用铁棍撬石头等，这些对你的手不好，会让手劳累。"[1] 切尼尼对素描的强调可能与此有关，因为素描最接近人文学者的"书写"。不仅如此，在谈到如何在玻璃上画素描时，他还建议画家找一个专门的小书房，一个没有任何人会打扰你的地方，这里有"有一块布遮挡的窗子，把你的书桌放在窗前，就像要写作一样。这样当你面窗而坐，窗外透进的光会落在你的头上"。[2] 达·芬奇也强调画家应该像学者那样独处和沉思："画家或绘图师应当独处，特别是当他专心致志地研究和思考那些不断呈现在眼前的事物，并将其牢牢保存在记忆中的时候。如果你独处，你就完全属于你自己；如果你只有一个同伴，那就只剩下一半属于你自己，或者可能更少，这依据他行为的谨慎程度。"他还建议画家找一个小房间，因为大屋子会分散注意力。[3] 15世纪和16世纪，包括达·芬奇在内的许多艺术家已经拥有这样一个智性空间，用于摆放着书籍和雕塑、模型，并在这里进行素描和设计。这个学习空间日益与生产性的"作坊"区分开来。如米开朗基罗在16世纪40年代的一幅素描中表现了他对佛罗伦萨一处住宅的扩建计划。其中，他对学

---

[1] Cennino Cennini, *The Craftsman's Handbook*, p. 16.
[2] Cennino Cennini, *The Craftsman's Handbook*, p. 112.
[3] Leonardo da Vinci, *Notebooks*, pp. 204-205.

习空间"书斋"和"作坊"做了明确划分。15世纪晚期雕塑家加姆博洛尼亚去世后的财产清单显示,他在品蒂区的住宅内有一个单独的"工作室"。这个房间内的艺术品都是加姆博洛尼亚制作的模型,表明这可能是他专门从事设计的地方。[1]米开朗基罗也喜欢独处,特别是在工作时。瓦萨里谈到米开朗基罗的这一习惯时评论说:"潜心研究艺术的人必须避免社交,当他思考艺术问题时,他从来不会感到孤独或空虚……要出色地完成工作就必须排除一切干扰,艺术要求思考、独处和闲适的生活,不允许三心二意。"[2]当然,对独处和沉思的强调并不只是出于避免打扰的实际考虑,也与一种新柏拉图主义天才观——孤独和"忧郁"的创造性天才的观念有重要关联。作为一个智性空间,工作室使艺术家转变为具有创造性的知识精英。

总之,收藏和临摹古代艺术、学习理论知识、素描以及阅读和写作等都使作坊区别于传统的生产工场,而接近知识人的"书斋"。与人文学者和精英的"书斋"一样,艺术家的"工作室"实际上也不是一个封闭的私人空间,而是一个"展示"空间。从15世纪开始,艺术家的工作室日益成了知识人和贵族爱好者的社交场所。拜访艺术家的工作室,观摩艺术家的收藏和工作并与艺术家一起讨论艺术成为一种时尚,工作室成了交流、传播艺术理论和思想的文化沙龙。多纳泰罗1444至1453年为帕多瓦铸造青铜骑马像《加塔梅拉塔》期间,在圣安东尼奥大教堂旁边的作坊就是这样一个文化沙龙。由于多纳泰罗在15世纪早期意大利艺术界和古物研究中的重要地位,他的作坊吸引了众多知名学者和古物学家,如皮埃罗·多纳托、弗朗切斯卡·巴尔波、帕拉·斯特罗齐、莱昂·巴蒂斯

---

[1] Michael Cole and Mary Pardo, "Origins of the Studio", in *Inventions of the Studio: Renaissance to Romanticism*, ed., Michael Cole and Mary Pardo, Chapel Hill: The University of North Carolina Press, 2005, pp. 17-18.

[2] 瓦萨里:《意大利艺苑名人传·巨人的时代》(下),第327页。

塔·阿尔贝蒂以及齐里亚科·达·安科纳等。除了知识人，许多艺术家的工作室还吸引了热衷收藏和爱好艺术的贵族和君主前来参观。1483年，洛伦佐·德·美第奇访问曼托瓦时就专门参观了曼泰尼亚的作坊。[1] 在宫廷，参观艺术家的工作室成了许多君主喜爱的高雅消遣。根据费拉拉宫廷学者西维尔里·西维利奥记载，1493年，埃尔科来·德·埃斯特公爵住在位于城郊的美景别墅，常常在晚餐后前去宫廷画家们的工作室，观看他们工作。[2] 工作室成了画家们带有娱乐性的技艺表演的剧场。拜访艺术家工作室对艺术家和精英都有重要的象征意义。对精英来说，拜访艺术家的工作室是展示趣味、修养和美德的重要方式，显示了他们对艺术天才的认可和尊重。根据老普林尼记载，亚历山大大帝就多次拜访画家阿佩利斯的工作室，观看他作画并与他讨论艺术。[3] 对艺术家来说，知识人和君主的来访象征性地打破了传统的阶层区分，赋予他们更高的文化地位。

从知识人的学院到艺术家的学院

15世纪早期，阿尔贝蒂在《论绘画》中建议画家学习诗歌并结交诗人和修辞学家，以促进绘画创作。[4] 此后，艺术家和知识人在艺术收藏、鉴赏和制作各类古代风格艺术品和图像中的合作和交流是文化领域的一个突出现象。在宫廷，包含知识人、艺术家和贵族爱好者的聚会和谈话成了一种受推崇的高雅娱乐形式。许多诗人、人文学者和古物学家开始将艺术家视为思想和学术同道，并欢迎艺术家参加他们的学术聚会，甚至邀请他们加入各类学术社团，如学院。

---

[1] 这一时期的艺术家和学者记载了许多君主拜访艺术家工作室的例子，参见 Martin Warnke, *The Court Artist: On the Ancestry of the Modern Artist*, pp. 232-233.

[2] Evelyn Welch, "Painting as Performance in the Italian Renaissance Court", in *Artists at Court: Image-Making and Identity, 1300-1500*, ed., Stephen Campell, p. 28.

[3] Pliny, *Natural History IX*, p. 325.

[4] Leon Battista Alberti, *On Painting*, pp. 75-76.

第六章　从作坊到学院：艺术家教育的变革与艺术家的现代转型　/　341

文艺复兴时期，大学在城市文化生活中的支配性地位受到挑战，而学院成为人文主义新学术中心，日益变得重要。与大学不同，关注古代语言、文物和文学的人文主义社团从一开始就欢迎艺术家的参与。因此，虽然文艺复兴时期艺术家们始终被排除在大学之外，但他们通过参与人文主义者的学院（甚至建立自己的学院），一定程度上弥补了缺失的高级教育，从而并提升了文化地位。

"学院"（Accademia）运动始于15世纪，与古典文化复兴有密切关联。[1]文艺复兴时期，"Accademia"一词主要有以下几层含义："柏拉图学园"；与柏拉图哲学相关的思想流派；从事文学、哲学等人文学科的非正式团体；类似于中世纪大学的高等教育机构，但以古典学术为主；文人的定期聚会；泛指从事学术聚会和研究的建筑、别墅或房间；柏拉图全集。[2]15世纪，人文学者首先开始用这个词指称学者的聚会。这些聚会通常以某位人文学者为精神领袖，以学习和研究古典语言、文学和哲学为主。比如波焦·布拉乔利尼用这个词指佛罗伦萨人文学者、秘书长科鲁乔·萨卢塔蒂的圈子和他在罗马教廷的一群人文学者朋友。波焦本人也有意识地将其在佛罗伦萨附近的特拉诺瓦别墅花园与古典时代的学院联系起来。他还搜集古希腊、罗马雕塑装饰学院，请多纳泰罗进行鉴别。[3]在15世纪的学院中，最著名的是佛罗伦萨新柏拉图主义者马尔西里奥·费奇诺为核心的"柏拉图学院"。这个学院建于1462年，就在老科西莫·德·美第奇的卡雷吉别墅附近，这栋房子原是科西莫赐给费奇诺，让他在这里

---

[1] "Accademia"源自古希腊英雄阿卡德莫斯。他的墓地位于雅典西郊，紧邻柏拉图教授哲学的小树林。后经几番转义，人们逐渐将其用于指称柏拉图的学校和柏拉图的追随者。（Karen-edis Barzman, *The Florentine Academy and the Early Modern State*, New York: Cambridge University Press, 2000, p. 3.）

[2] Carl Goldstein, *Teaching Art: Academy and Schools from Vasari to Albers*, Cambridge: Cambridge University Press, 1996, p.14.

[3] Kathleen Wren Christian, *Empire without End: Antiquities Collection in Renaissance Rome, 1350-1527*, p. 123.

翻译、研究柏拉图和柏拉图主义者的著作的。[1] 该学院并没有共同的学术主旨，而主要是以费奇诺为核心的一个哲学家、诗人和人文学者的松散聚会。成员主要是费奇诺圈子的哲学家、诗人和人文学者，如皮科·德拉·米兰多拉、安杰罗·波利齐亚诺、洛伦佐·德·美第奇、克里斯托弗罗·朗迪诺等。活动包括费奇诺与朋友、访客的即兴谈话；有组织的宴饮和学术讨论，如为庆祝柏拉图诞生举行的宴会和讨论；费奇诺的演讲和公共讲座；费奇诺及其他成员的写作和来往书信等。[2] 虽然学院并非都以希腊语和希腊学术为主，但古代语言、手稿、文物和文学几乎是所有学院的首要内容。

人文学者的圈子与艺术家

学院的活动和兴趣在很多方面与研究古代艺术和制作古代风格艺术品的艺术家多有重合。到 16 世纪，学院在意大利各个城市都大量涌现，并开始向艺术家开放。在佛罗伦萨，切利尼、布龙齐诺、特里波罗和文琴佐·丹蒂等也被接纳为 1540 年建立的"佛罗伦萨学院"会员。1550 年，当威尼斯贵族诗人乔瓦尼·文德拉明在米兰成立"凤凰学院"时，他邀请了雕塑家莱奥内·莱奥尼加入。在威尼斯，提香、建筑师桑索维诺、画家丁托雷托和萨尔维亚蒂是 1549 年前后建立的"佩莱格里纳学院"的成员。但在这些学院，艺术家的地位通常都低于知识人。在 16 世纪的博洛尼亚的杰拉蒂学院，画家阿格斯蒂诺·卡拉奇就是一名低级会员。该学院在规章中明确指出："音乐、绘画和雕塑这三门自由艺术中的杰出之士同

---

[1] 传统上，老科西莫被认为对该学院的创建发挥了主导作用。1439 年在佛罗伦萨召开东西教派联合会议期间，他受到拜占庭学者杰米斯图斯·普莱托的启发，产生了在佛罗伦萨重建一个柏拉图学院，以研究柏拉图哲学的想法。但许多学者质疑这种观念是美第奇家族的支持者建构的一个"神话"。（James Hankins, "The Myth of the Platonic Academy of Florence", in *Renaissance Quarterly*, Vol. 44, No. 3 (1991), p. 433.）

[2] Paul Oskar Kristeller, *Renaissance Thought II*, Princeton: Princeton University Press, 1990, pp. 93-94.

第六章　从作坊到学院：艺术家教育的变革与艺术家的现代转型　／　343

样有值得称颂的成就，因而可以成为会员，但我们要公开声明他们是低级院士。"莱奥内·莱奥尼当选为凤凰学院的会员也主要因为他的政治关系，尤其是他与贡扎加家族和安托内·佩雷诺特·德·格兰维尔（查理五世的首席大臣之子，当时米兰处于查理五世统治下）的关系。[1] 在 16 世纪早期的罗马，主要由枢机主教阿莱桑德罗·法尔内塞、罗马最著名的文化艺术赞助人圈子的诗人和学者组成的塞德尼奥学院也包括一些艺术家，如书籍插图画家朱利奥·克罗维奥。该学院成员尤其关注词语与图像的关系，如设计徽章和标识等。克罗维奥为《法尔内塞日课经》所绘的"博学"的寓意插图与该学院的学术兴趣非常一致。该学院的成员，如诗人弗朗切斯科·莫尔扎和贝内戴托·瓦尔基都曾写诗赞美克罗维奥所画的罗马美人弗斯提娜·曼齐娜的肖像。该学院是人文学者的自发组织，但活动却与枢机主教阿莱桑德罗·法尔内塞和教皇保罗三世的文化政治有重要关联。学院成员的写作和活动为主教提供了作为一个开明的文化赞助者的思想和文化资源。[2] 据瓦萨里记载，他在为阿莱桑德罗·法尔内塞枢机主教工作期间也与这个学院有密切交往，并且，他正是在 1546 年参加学院的一次聚会时产生了撰写《意大利艺苑名人传》的动机和愿望。[3] 法尔内塞家族圈子的另一个学院——克劳迪奥·托勒美为首的著名的"美德学院"或"维特鲁威学院"，致力于翻译、修订和研究维特鲁威的《建筑十书》。16 世纪著名考古学家、古物学家和艺术家皮罗·利古里奥与这个圈子有密切联系。利古里奥对罗马古遗的兴趣和考古发掘、研究集中体现在他 1561 年出版的《罗马城考古图》，一幅包含罗马城所有重要建筑遗迹和文物的地图。

---

[1] Kelley Helmstutler Di Dio, *Leone Leoni and the Status of the Artist at the End of the Renaissance*, p. 46.
[2] Elena Calvilo, "'Il Gran Miniator' at the Court of Cardinal Alessandro Farnese", in *Artists at Court: Image-Making and Identity 1300-1550*, ed., Stephen J. Campbell, pp. 164-165.
[3] 根据瓦萨里的记载，参与晚宴的包括枢机主教阿莱桑德罗·法内塞及其圈子的文化名流，如著名历史学家保罗·焦维奥、诗人安尼巴莱·卡罗、弗朗切斯·玛利亚·莫尔扎、克劳迪奥·托勒美等。（Giorgio Vasari, *The Lives of the Painters, Sculptors, and Architects*, Volume IV, p.274.）

该圈子的两个成员弗朗切斯科·莫尔扎和法国人朱勒美·费兰德利尔是他的挚交。通过他们,利古里奥得以与整个罗马古物学家和文化界保持着密切交流。[1]

艺术家自己的俱乐部和学院

除了参与人文学者的学术社团,艺术家还自发组织了一些模仿此类知识人聚会的文化俱乐部。切利里在自传里就提及这样一个俱乐部。其成员是在罗马工作的一些著名画家、雕塑家和金匠,包括拉斐尔的弟子朱利奥·罗马诺和吉安·弗朗切斯科·宾尼。创办者是米开朗基罗。在聚会时,艺术家们吟诗作赋、演奏或聆听音乐,或从事其他消遣。[2] 瓦萨里也记载了几个定期聚会的艺术家俱乐部,其中一个在罗马艺术家巴乔·阿涅奥罗的作坊,聚会内容以演讲和辩论为主,成员包括格拉纳奇、拉斐尔、桑索维诺、安东尼奥和朱利亚诺·达·圣加罗,米开朗基罗偶尔也会光临。[3] 在画家乔瓦尼·弗朗切斯科·鲁斯蒂奇的传记中,瓦萨里提到两个类似的艺术家俱乐部。一个在鲁斯蒂奇的住所,被戏称为"大锅会"。俱乐部的成员常常举行狂欢宴会,来宾自带制作的独巨匠心的食物,然后在狂欢的气氛中将这些美味佳肴一扫而光。[4] 此外,鲁斯蒂奇还经常参加一个叫做"泥刀会"的俱乐部。该俱乐部的成员包括 24 位艺术家,他们常欢宴并伴以音乐、诗歌朗诵和戏剧表演等。[5]

15 世纪晚期和 16 世纪,学院向艺术家的开放显示了对艺术家的社会认可,但艺术家在学院中的低级地位也表明传统偏见仍有一定影响。这种

---

[1] David Coffin, *Pirro Ligorio: The Renaissance Artist, Architect, and Antiquarian*, Pennsylvania: The Pennsylvania State University Press, 2004, pp. 20-21.

[2] Benvenuto Cellini, *My Life*, pp. 50-52.

[3] Carl Goldstein, *Teaching Art: Academy and Schools from Vasari to Albers*, p. 11.

[4] 瓦萨里:《意大利艺苑名人传·巨人的时代》(下),第 158—159 页。

[5] 同上书,第 160—163 页。

复杂、矛盾和不安全的地位激发了艺术家建立属于自己的学院的愿望。艺术家们于是自发组织了各种俱乐部。但参与人文主义者学院是一回事，创建一个包含画家、雕塑家和建筑师的学院则需要一些重要的思想文化前提。首先，三门视觉艺术及其艺术家的文化价值需要得到艺术家和精英的广泛认可；其次，需要有一种将三门艺术及其艺术家统在一起的思想共识和理论原则。文艺复兴时期并没有现代的艺术和艺术家观念。画家、雕塑家和建筑师往往在不同的手工艺作坊接受职业训练并分属于不同行会。虽然画家、雕塑家和建筑师常常合作，但他们通常缺乏统一的团体共识。相反，艺术家常常为争夺工作机会、赞助和名气展开激烈竞争，有时甚至是充满嫉妒的恶意竞争。著名的如15世纪早期吉贝尔蒂和布鲁内莱斯基争夺佛罗伦萨主教堂大圆顶的竞争、16世纪米开朗基罗与拉斐尔争夺教廷资助的竞争、提香和米开朗基罗的"色彩"和"设计"之争以及提香与维罗内塞、丁托雷托的竞争等。艺术家之间的竞争构成了瓦萨里的艺术家传记的一个重要主题，包括许多艺术家对技术的独占或偷窃、彼此间的嫉妒、欺骗甚至是谋杀。一个的极端例子是画家安德雷亚·德尔·卡斯塔尼奥为了独占画家多梅尼科·威尼奇亚诺的油画技艺而残忍地谋杀了他。[1] 但有学者研究指出，这个故事是杜撰的，因为有证据表明卡斯塔尼奥先于多梅尼科·威尼奇亚诺去世。或许，瓦萨里用这个故事主要是为了解释卡斯塔尼奥的"粗野"风格、批评传统的作坊技术保护主义和艺术家的恶意竞争。[2] 瓦萨里对竞争的高度关切无疑反映了艺术家缺乏团体意识和职业共识的现实。因此，要建立一个囊括所有画家、雕塑家和建筑师的艺术家学院。

---

[1] Giorgio Vasari, *The Lives of the Painters, Sculptors and Architects*, Vol. II, p.16.
[2] James Clifton, "Vasari on Competition", in *The Sixteenth Journal*, Vol. 27, No.1 (1996), p.27.

第三节　佛罗伦萨设计学院

作坊还是学院？

艺术家建立学院的努力与知识人的学院有直接关联。最早与艺术家有关的学院是所谓的"莱奥纳尔多·达·芬奇学院"。这个学院的存在依据是几件带有"莱奥纳尔多·达·芬奇学院"（Accademia Leonardi Vinci）字样的版画（图41）。这些版画是16世纪初在威尼斯刊印的，其素描原件可能是达·芬奇在15世纪晚期在米兰制作的。这个学院的标识很可能是达·芬奇与米兰数学家卢卡·帕乔利合作和交往的产物。这一时期，达·芬奇曾为帕乔利的《论神圣比例》绘制了一些类似风格的插图。[1] 另外，瓦萨里亦记载，达·芬奇设计了一件由盘曲交错的绳子构成的极复杂的图案的版画，图案中央有"莱奥纳尔多·达·芬奇学院"字样。[2] 这个学院是否存在一直是学者们争论的问题。[3] 它很可能与米兰宫廷的一个圈子占星家、数学家、医生和科学家的圈子有密切关系。这个圈子的核心人物就是卢卡·帕乔利。

帕乔利在《论神圣比例》中记载了1498年在米兰统治者鲁多维科·斯福尔扎的城堡举行的一场"科学争论"，参与者包括鲁多维科宫廷圈子的一些占星家、数学家和医生以及艺术家达·芬奇。由于对数学和科学的共同兴趣，达·芬奇与帕乔利交往密切。达·芬奇不仅为帕乔利的《论神圣比例》画了插图，而且达·芬奇论绘画的笔记中有关数学、人体

---

[1] Charles Nicholl, *Leonardo da Vinci: The Flights of the Mind*, London: Penguin Books, 2004, pp. 305-306.
[2] 瓦萨里：《意大利艺苑名人传·巨人的时代》（上），第2页。
[3] 关于这个学院是否存在的争论，参见 Nikolaus Pevsner, *Academies of Art: Past and Present*, pp. 25-27.

图 41 莱奥纳尔多·达·芬奇学院标识

比例、透视法等的论述则受到帕乔利的影响。佩夫斯纳认为,"莱奥纳尔多·达·芬奇学院"很可能就是这个"科学学院",达·芬奇则是这个学院主要创建者或发起者之一。[1] 这个学院仍是一个松散的知识人聚会和自发社团,不带有明确的教育目标,也与现代的艺术学院没有直接联系。

最早明确具有教育功能和目标的艺术家学院是16世纪早期佛罗伦萨雕塑家巴乔·班迪内利在罗马(1530年左右)和在佛罗伦萨(1540年左右)的"工作室-学院"。1531年,阿格斯蒂诺·威尼齐亚诺制作了一件版画,上面有"巴乔·班迪内利在罗马的学院,位于观景楼,1531年"字样(图42)。在画中的一个房间内,七个艺术家正围坐在一个长桌旁,借助烛光专心学习或研究:右边一位年长的艺术家正在画素描,在他旁边,一位年轻艺术家正仔细研究一件风格主义的女性裸体小雕像,一个男孩(学徒)站在他身后翘首观看。桌旁还坐着四个年轻人,其中两人正临摹桌上的一件裸体男子小雕像。巴乔·班迪内利在罗马的这个学院位于梵蒂冈的观景楼,与美第奇家族的教皇克莱芒七世有关系。那时,班迪内利正在观景楼为这位教皇修复一些刚出土的古代艺术品,据说克莱芒七世曾多次拜访该工作室。

16世纪40年代,版画家埃尼亚·维科制作了一幅类似的表现巴乔·班迪内利在佛罗伦萨的"工作室-学院"的版画(图43)。班迪内利在回忆录中也提到这个学院,声称在该学院学习的年轻人得到了科西莫公爵的赞助。版画显示了学院的教学活动:在画面右边的一长桌旁,两个男孩和一个男子正在画素描;在他们身旁两个青年男子及三位庄严的长者(根据徽记,其中一个就是巴乔·班迪内利)正评论他们的素描。在画面左侧,三个男孩用铁尖笔在蜡板上画素描,还有一个在看;在他们身后墙壁的柜子上杂乱地摆放着书籍、躯干、小雕像、一匹马的头部和一个罗

---

[1] Nikolaus Pevsner, *Academies of Art: Past and Present*, p. 27.

图 42 《巴乔·班迪内利在罗马的学院》

图 43 《巴乔·班迪内利在佛罗伦萨的学院》

马皇帝的半身像。画面前景位置还散放着一些人体骨架，显示了该"工作室－学院"对人体解剖的学习。[1]

巴乔·班迪内利的学院显示，素描作为一种研究和学习获得了前所未有的重视。艺术家借助素描学习绘图技艺，并研究和学习艺术理论知识。另外，书籍、躯干、古代小雕塑、人体骨架等的在场反映了巴乔·班迪内利的学院对文化知识、古代雕塑、人体解剖和其他理论知识的学习。总之，该学院对素描和艺术理论知识的重视，使它成为现代艺术学院的先驱。值得一提的是，巴乔·班迪内利的学院也是第一个与设计联系在一起的艺术家学院，因为班迪内利把他在佛罗伦萨的学院称为"特别设计学院"。[2] 画中的铭文"巴乔·班迪内利创意，恩涅亚·维科·帕米加诺雕刻"强调了设计和制作的区分。不仅如此，画中学徒们的素描活动也揭示了设计的性质。其中，学徒们不是临摹模特，也不是临摹摆放在房间中的人体躯干、骨架、古代雕塑和班迪内利的雕塑，而是坐在昏暗的灯光下一边沉思，一边素描。显然，在这里，素描不是模仿可见的外在对象，而是一种表达头脑中的理念或创意。[3]

那么，该如何看待达·芬奇和巴乔·班迪内利的学院？在笔者看来，它们并非名副其实的学院，而是这二位精英艺术家羡慕人文学者高雅社交的形式，把自己的作坊称为学院，其实是他们追求社会声望和社会地位的一种策略和一种文化理想，是对人文学者的社交沙龙——学院的有意识模仿。没有确凿的文献证据表明，达·芬奇和巴乔·班迪内利的学院是一种具有明确教育目标和纲要的严格意义上的教育实体。因此，本书倾向于认为，他们的学院更多的是一种兼有非正式沙龙聚会的作坊－工作室。

---

[1] Karen-edis Barzman, *The Florentine Academy and the Early Modern State: The Discipline of Disegno*, p. 5.

[2] Mary Ann Jack, "The Accademia del Disegno in Late Renaissance Florence", in *Sixteenth Century Journal*, VII, No.2 (1976), pp. 10-11.

[3] Carl Goldstein, *Teaching Art: Academy and Schools from Vasari to Albers*, pp. 13-14.

瓦萨里、米开朗基罗、科西莫公爵与佛罗伦萨设计学院

第一座正规的艺术学院是 1563 年创建的佛罗伦萨设计学院。设计学院的创建来自雕塑家乔万·阿涅奥罗·蒙托尔索利的一个想法。瓦萨里在蒙托尔索利的传记中详细讲述了事情的始末。1560 年,蒙托尔索利从罗马返回佛罗伦萨后,萌发了为他本人及其他佛罗伦萨画家、雕塑家和建筑师建立一处永久安息地的想法。在好友扎卡里拉·法尔多塞牧师的帮助下,他在圣母领报教堂的敞廊得到一座礼拜堂作为艺术家的墓地。他们请瓦萨里参与这项计划,并找到另外几位艺术家,包括布龙奇诺、弗朗切斯科·达·圣加罗、阿马纳蒂、温琴佐·达·罗西和米歇尔·吉兰达约等。这些艺术家很快决定就此机会恢复一个据称成立于乔托时代的画家兄弟会——圣路加兄弟会。该兄弟会在 16 世纪已形同虚设,没有固定会所。蒙托尔索利等人决定将这个礼拜堂作为圣路加兄弟会的会所。1562 年,艺术家们在这里举行了礼拜堂奉献仪式,并将刚去世的画家雅科波·彭托尔莫的遗骨迁至此处。这个兄弟会成了设计学院的前身。在从这个艺术家兄弟会到设计学院的发展过程中,瓦萨里发挥了关键作用。根据瓦萨里自己的说法,是他首先产生了创建一所正规的艺术学院以向"有意习艺者传授技艺,并通过荣誉竞赛来提高艺术家的水平"的想法。[1]

这一时期,创建一座为艺术家提供高级教育的正规学院以确立艺术作为自由学科和艺术家作为知识精英是瓦萨里的首要关切。瓦萨里是当时佛罗伦萨艺术界的核心人物。1550 年《意大利艺苑名人传》的出版使瓦萨里成为整个意大利文化界的名人,并受到科西莫公爵的赏识。从 1554 年开始,瓦萨里作为科西莫·德·美第奇公爵的首席宫廷艺术家承担了公爵的许多重大艺术工程。1563 年,瓦萨里一方面承担了旧宫的改造、装饰

---

[1] 瓦萨里:《意大利艺苑名人传·巨人的时代》(下),第 179 页。

以及乌菲齐宫的修建，一方面忙于修订《意大利艺苑名人传》以准备再版。他将圣路加兄弟会发展成一个正规的艺术学院的想法，显然受到早前创立的佛罗伦萨学院的影响。该学院的前身是 1540 年建立的"水珠学院"（Accademia degli Umidi），这是一个致力于意大利俗语和俗语文学的松散的知识人团体。1542 年，该学院在科西莫公爵领导下重建，更名为佛罗伦萨学院，由此成了一个正规的学术机构。该学院的教室设在佛罗伦萨大学，理事由公爵授予类似大学校长的权力。学院还被赋予处理教授、学生和大学事务的司法权以及出版著作的权力。[1] 该学院最初包含一些艺术家，但在 1547 年重组后成员日益局限于文人、贵族和廷臣，艺术家们则被排除在外，如巴乔·班迪内利、弗朗切斯科·达·圣加罗和 1545 年加入的切利尼。切利尼在 16 世纪晚期的文学写作活动，包括撰写自传、诗歌和论文等，就与他努力自我呈现为一个"文人"重新加入佛罗伦萨学院的愿望有关。[2] 瓦萨里在 1550 年《意大利艺苑名人传》出版后虽获得极高声望，但始终未被佛罗伦萨学院接纳。瓦萨里的学者朋友和合作伙伴温琴佐·波尔吉尼清楚地表现了当时精英对艺术家的矛盾态度。波尔吉尼是个热情的业余爱好者和鉴赏家，也是许多艺术家的朋友和资助者。但他并没有完全抛弃对艺术家的传统偏见。他在瓦萨里的信中建议他撰写传记时要关注艺术品，而不是艺术家："你辛勤努力的目的不是撰写画家们的生平，他们是谁的儿子或他们的一般事迹，而是他们作为画家、雕塑家和建筑师的作品……传记写作只适合君主或那些从事伟大事业的人而不是低微的人，在这里，你的目标仅仅是艺术和他们用手制作的作品。"[3] 总之，

---

[1] Karen-edis Barzman, *The Florentine Academy and the Early Modern State: The Discipline of Disegno*, p. 27-28.

[2] Paolo L. Rossi, "*Parrem uno, e pur saremo dua*: The Genesis and Fate of Benvenuto Cellini's *Trattati*", in *Benvenuto Cellini: Sculpture, Goldsmith, Writer*, ed., Margaret A. G and Paolo L. R. Cambridge: Cambridge University Press, 2004, pp. 173-174.

[3] Marco Ruffini, *Art without an Author: Vasari's Lives and Michelangelo's Death*, New York: Fordham University Press, 2011, p. 3.

16世纪晚期，确立艺术和艺术家的文化价值和地位仍是一个需要努力和捍卫的事业。由于有佛罗伦萨学院作为榜样，瓦萨里也竭力争取科西莫公爵对艺术学院的保护和赞助。他在给公爵的信中指出，公爵恢复比萨大学和成立佛罗伦萨学院，他也应该为设计艺术做类似的事，他要建一座设计艺术的"大学"。[1] 同时，瓦萨里还与蒙托尔索利、布龙奇诺、弗朗切斯科·达·圣加罗等人多次开会讨论，最终制定了学院的规章。1563年1月31日，学院正式成立。

1564年，科西莫公爵正式批准了学院的章程和规则。章程除了规定学院的组织管理机构外，还规划了一个陈列和展示学院成员作品的博物馆，一个有学院成员肖像的画廊以及一个图书馆。章程还规定：要写一本书"记录学院和外地的名人及其作品，包括他们何时去世，葬在何处……兄弟会墙壁的饰带上要制作自齐马布埃以来所有佛罗伦萨伟大艺术家的画像或雕像……将来，在小礼拜堂旁边要建一个房间存放大师们希望留在这里的完美或不完美的作品……旁边要建一个图书室存放从事三门艺术的人希望遗赠的素描、模型或雕塑、建筑平面图、尚未制作出来的构思或其他与三门艺术相关的东西。这些要由进行登记并由负责人保管，使之成为一个年轻人的工作室，使艺术得以继续发展"。[2]

学院选举科西莫公爵和米开朗基罗担任院长，实际管理工作由公爵委任的"副院长"科西莫公爵的文化艺术顾问温琴佐·波尔吉尼负责。米开朗基罗是学院的名誉院长，更是精神导师。米开朗基罗在绘画、雕塑和建筑领域的成就有力地证实了三门艺术的密切关系和相关性，其艺术也被

---

[1] Charles Dempsy, "Some Observations on the Education of the Education of Artists in Florence and Bologna during the Later Sixteenth Century", in *Art Bulletin*, Vol. 62, No. 4 (1980), p. 554.

[2] Luigi Zangheri, "The Accademia del Disegno and its Museology", in *Giorgio Vasari and the Birth of the Museum*, p. 200.

普遍视为佛罗伦萨，乃至整个托斯卡纳设计艺术的完美典范和象征。[1] 同样重要的是，米开朗基罗一生获得的崇高名望、地位和巨大成功也体现并进而极大地促进了艺术家群体的社会提升和认可。在罗马教廷，他几乎获得了一个艺术家所能想象的一切荣誉：他先后为尤利乌斯二世、利奥十世、克莱芒七世、保罗三世等多位著名教皇工作，在1546年他被授予罗马荣誉公民，在1547年被教皇保罗三世任命他为圣彼得大教堂首席建筑师。此外，意大利的君主、土耳其苏丹、法国国王等也争相邀请他工作或拥有他的作品。在佛罗伦萨，他生前业已被视为佛罗伦萨的荣耀和艺术卓越性的象征。1549年，第一件真人等大的米开朗基罗塑像在安特卫普公开展示。这是安特卫普的佛罗伦萨商会为迎接西班牙国王菲利普二世入城的凯旋仪式制作的，放在一个临时性的宏伟凯旋门上。与之并排的是其他佛罗伦萨文化和艺术的"光荣"：乔托以及诗人但丁、彼特拉克和薄伽丘的塑像。[2] 由于米开朗基罗的名望和影响力，科西莫公爵曾多次借助其代理、大使以及包括瓦萨里在内的多位艺术家劝说他返回佛罗伦萨。他还在1557年亲自致信米开朗基罗，许诺他在佛罗伦萨可以"完全按照自己的意愿"生活。[3] 总之，米开朗基罗的艺术成就和社会成功使之当之无愧地成了艺术家的典范和学院的精神导师。米开朗基罗对艺术家的重要意义充分表现在1564年学院对其葬礼的组织和装饰中。葬礼在美第奇家族的圣洛伦佐教堂举行，并得到科西莫公爵的批准和赞助。这是学院成立后成员的第一

---

[1] 瓦萨里在其传记中就将米开朗基罗奉为托斯卡纳地区设计艺术的完美典范。在16世纪威尼斯学者和艺术家的艺术写作中，米开朗基罗"设计"和提香"色彩"的对比或争论也是一个常见主题。1557年，卢多维科·多尔切就在其《论绘画》指出，米开朗基罗的设计和裸体举世无双，但"神圣的"提香的"色彩"则超越了米开朗基罗。（Marco Roskill, *Dolce's "Aretino" and Venetian Art Theory of the Cinquecento*, pp.177-179.）

[2] Rick Scorza, "Vasari, Borghini and Michelangelo", in *Reactions to the Master: Michelangelo's Effect on Art and the Artists in the Sixteenth Century*, ed., Francis Ames-Lewis and Paul Joannides, Aldershot: Ashgate, 2003, p. 179.

[3] William Wallace, *Michelangelo: The Artist, the Man, and His Life*, p. 282.

次集体亮相,也是学院理想和目标的第一次公开宣言。副院长温琴佐·波尔吉尼以及瓦萨里、布龙齐诺、切利尼等人负责葬礼的设计和组织,佛罗伦萨学院成员和著名学者贝内戴托·瓦尔基做葬礼演说,另有 29 名年轻画家和雕塑家负责参与制作。通过米开朗基罗"国葬"性的隆重葬礼,波尔吉尼、瓦萨里等学院领袖意在表明:艺术天才与最高级别的政府和教会官员具有同等地位,甚至是更高地位;设计学院是作为知识精英的新型艺术家的合法代表。[1]

另外,科西莫公爵被选为院长则标志着学院作为一个正规官方机构的确立。此举无论对艺术家还是科西莫公爵来说都具有重要意义,显示了这一时期佛罗伦萨艺术、艺术家和国家建构的密切关联。对设计学院的批准和认可,事实上是科西莫公爵文化政治的重要一环。科西莫自从掌权之后,竭力塑造他本人作为佛罗伦萨文化成就的合法继承者和保护者的形象。他在 1540 年重建和控制佛罗伦萨学院,将之作为促进托斯卡纳地区文化共识和认同的重要途径,以此确立托斯卡纳语言和文学在意大利的主导地位。类似地,他在 1563 年对设计学院的认可也是其艺术政治的重要一部分。从 16 世纪 50 年代开始,随着统治地位的稳固,科西莫开始着手进行一系列重要的宗教和世俗公共艺术工程,包括将古老的共和国市政厅改造为其家族宫邸(即"旧宫")、购买和重建皮蒂宫、修建作为行政中心的乌菲齐宫以及佛罗伦萨主教堂的重建和装饰等。所有这些重要的艺术工程都是瓦萨里、波尔吉尼和科西莫公爵本人通力合作的结果。"旧宫"装饰图像的设计和制作尤其清楚地反映了科西莫运用艺术图像建构和表达国家理念和塑造理想统治者形象的努力,比如波尔吉尼和瓦萨里设计和绘制的五百人大厅充满政治和历史寓意的装饰方案就先后五次提交给科西莫

---

[1] Jacopo Giunti, *The Divine Michelangelo: The Florentine Academy's Homage on His Death in 1564*, trans. and annotated by Rudolf & Margot Wittkower, London: Phaidon Press, 1964, p. 42.

公爵修改，历经两年才最终定稿。[1] 瓦萨里在 1563 年给公爵的信中指出，"整个创意——我是说所有的——都诞生于阁下的高贵思想"，这并非纯粹谄媚的套话。[2] 这些图像歌颂了佛罗伦萨共和国的古老历史及其政治、文化荣耀，同时塑造了美第奇家族作为共和国保护者和合法继承者的形象。实际上，除瓦萨里之外，设计学院的另外五位创建者也几乎都是科西莫公爵的宫廷艺术家或其家族圈子的成员。[3] 不仅如此，瓦萨里等人借助学院提高艺术家社会文化地位的愿望和对佛罗伦萨艺术优越性的推崇，也与科西莫公爵的文化政治不谋而合。通过认可这个可追溯到 14 世纪共和国时期的艺术家机构，科西莫既展示了他作为共和国合法继承者和保护者的身份，也帮助确立和传播了佛罗伦萨艺术在全世界的名望。正如 1563 年波尔吉尼在给公爵的信中指出的，设计学院"将美化您的城市和最幸运的国家，或全世界……都将承认从她这里得到的恩泽"。[4]

学院的首要目标是按照设计的原则，建立一个超越行会、由一流艺术家组成并得到公爵保护的艺术家共同体。按照新的艺术理论和方法培养青年艺术家则是学院的第二个重要目标。[5] 学院的教育活动包括艺术实践和艺术理论知识的教学。前者主要表现为参与重要的节日、公共庆典的设计和装饰，如圣路加节、圣三一节以及 1564 年米开朗基罗的葬礼、1565 年弗朗切斯科·德·美第奇王子的婚礼庆典等。素描理论和实践在学院教育中处于核心地位。为促进年轻艺术家和业余爱好者的素描学习，尤其是人

---

[1] Rick Scorza, "Vasari's Painting of the *Terzo Cerchio* in the Palazzio Vecchio: A Reconsideration of the Medieval Florence", in *Vasari's Florence: Artist and Literati at the Medicean Court*, ed., Philip Jacks, New York: Cambridge University Press, 1998, p. 187.

[2] Robert Williams, "The Sala Grande in the Palazzo Vecchio and the Precedence Controversy between Florence and Ferrara", in *Vasari's Florence: Artist and Literati at the Medicean Court*, p. 169.

[3] 关于这五位艺术家与科西莫公爵或美第奇家族的关联，参见 Karen-edis Barzman, *The Florentine Academy and the Early Modern State: The Discipline of Disegno*, pp. 29-31.

[4] Henk Th. Van Veen, *Cosimo de' Medici and His Self-Representation in Florentine Art and Culture*, trans., by Andrew P. McMormick, New York: Cambridge University Press, 2006, p. 177.

[5] Nikolaus Pevsner, *Academies of Art: Past and Present*, pp. 27, 46.

体素描，一些学院成员还撰写了类似教材的素描理论著作，如切利尼、阿莱桑德罗·阿罗里和温琴佐·丹蒂的素描论著[1]。其中，米开朗基罗的作品被奉为人体设计的完美典范。此外，学院还每年举行四次素描比赛，由学院理事们担任评委。获奖的六位画家和六位雕塑家将获得重要节日的庆典装饰工作。学院为他们提供材料，并在节日期间展出他们的作品。庆典结束后，其中一部分作品由学院博物馆收藏，供学院教学之用。在波尔吉尼领导下，学院还在佛罗伦萨孤儿院举行讲座、学术会议和讨论。另外，学院还设有数学、透视法和人体解剖课课程。人体解剖课在新圣玛利亚医院进行。数学、透视法和素描则设在学院总部。数学和透视法从1569年开始聘师授课，第一位数学教师是波洛尼亚人乔万·安东尼奥·卡塔尔蒂。另外，奥斯提利奥·里奇也曾为学院教授数学，并在1593年加入学院。事实上，到17世纪，根据大公的法令，数学教席几乎永久性地从佛罗伦萨大学转到了设计学院。[2] 学院总部最初在圣母领导教堂的圣路加礼拜堂，这里的壁画装饰由学院成员绘制，比如瓦萨里绘制了《圣路加为圣母画像》。后来，学院总部迁到天使圣玛利亚教堂的圆厅。从1563年至1567年，科西莫公爵将圣洛伦佐教堂内米开朗基罗设计修建的新圣器室作为学院的聚会场所。1567年，在科西莫公爵的影响下，朱利奥·斯卡拉将位于切斯特罗修道院的家族礼拜堂及其毗邻的空间捐赠给学院作为总部。科西莫还赞助学院完成了礼拜堂的修建和装饰。这个礼拜堂是一个有重要政治象征意义的空间。它最初是朱利奥的祖父，15世纪晚期佛罗伦萨秘书长巴托罗梅奥·斯卡拉委托建筑师朱利亚诺·达·圣加罗设计和修建的。巴托

---

[1] 即切利尼的《学习素描艺术的原则和方法》、阿罗里的《论设计的原则》和丹蒂的《可借助设计艺术模仿和表现的一切事物的完美比例之第一卷》。（Patricia L. Reilly, "Drawing the Line: Benvenuto Cellini's *on the Principles and Methods of Learning the Art of Drawing and the Question of Amateur Drawing Education*", in *Benvenuto Cellini: Sculpture, Goldsmith, Writer*, ed., Margaret A. G and Paolo L. R. pp. 26-27.）

[2] Charles Dempsy, "Some Observations on the Education of the Education of Artists in Florence and Bologna during the Later Sixteenth Century", in *Art Bulletin*, Vol. 62, No. 4 (1980), p. 557.

罗梅奥和圣加罗都与洛伦佐·德·美第奇有密切关系。通过将学院安置在这个"意识形态空间",科西莫使其与佛罗伦萨传统牢固联接在一起。[1]

艺术学院这种体制有时是保守的、教条的,阻遏天才的创造性,但在16世纪的意大利,艺术学院的诞生却是一个激动人心的重大创举。学院不仅是新的艺术教育、理论和创新实践的中心,也象征着三门艺术和艺术家新文化地位的确立。因此,它吸引了所有精英艺术家的热情和兴趣,促使他们暂时抛开个人恩怨和行业竞争,共同致力于这项激动人心的事业。瓦萨里和切利尼就是著名的例子。他们因为个人恩怨和争夺公爵的赞助而积怨颇深,但却在建立学院的事业上成了"志同道合的竞争者"。他们组织创建学院的各种准备工作,商讨和制定学院规章,一起筹备和组织了米开朗基罗的隆重葬礼。虽然他们因为灵柩装饰上绘画和雕塑的象征图像的优先地位而产生激烈争执,但这无疑也使他们进一步意识到借助米开朗基罗这位艺术英雄的葬礼和陵墓提高学院和艺术家社会地位的重要性。[2]

除了组织米开朗基罗的葬礼,学院还承担了另一项重大仪式庆典——1565年弗朗切斯科·德·美第奇王子与奥地利的乔亚娜的婚礼庆典的组织、设计和装饰。这些装饰可以说是温琴佐·波尔吉尼和瓦萨里的共同创意,并由设计学院的成员和一些渴望加入学院的青年才俊艺术家制作。在来访的外国首脑必经的普拉托门右边,艺术家们搭建了歌颂佛罗伦萨设计的艺术成就和艺术名人的临时性画廊。画廊最左边的一群人是14世纪的艺术家,其中齐马布埃举着一盏昏暗的小灯,乔托举着一盏较大的灯。左边另一群人是15世纪的著名艺术家,包括多梅尼科·吉兰达约、波提切利等;与之对应的右边一群艺术家包括马萨乔、多纳泰罗、布鲁内莱斯

---

[1] Henk Th. Van Veen, *Cosimo de' Medici and His Self-Representation in Florentine Art and Culture*, translated by Andrew P. McMormick, p. 175.

[2] Victoria Coates, "Rivals with a Common Cause: Vasari, Cellini, and the Literary Formulation of the Ideal Renaissance Artist", in *The Ashgate Research Companion to Vasari*, pp. 447-448.

等。位于整个中央的是"神圣的米开朗基罗",他手中拿着象征三门艺术的三个交织在一起的圆环,身边环绕着同时代其他艺术家,如达·芬奇、班迪内利和彭托尔莫等。[1] 借助这个庆典装饰,学院歌颂了佛罗伦萨艺术的优越性,并通过建构艺术家的集体记忆进一步促进了艺术家的团体意识和认同感,提高了学院的名望。

在佛罗伦萨以外,设计学院也迅速引起关注并成为其他城市的艺术家建立艺术学院的榜样和典范。此后,以设计为原则的艺术学院在意大利各地大量涌现。如1573年,得到政府保护的佩鲁贾设计学院成立,其中有两名成员曾是佛罗伦萨学院的成员。1594年,曾是佛罗伦萨设计学院成员的费德里科·祖卡罗在罗马建立了"圣路加学院"。在博洛尼亚,卡拉奇兄弟虽然批评瓦萨里的"风格主义"艺术,却衷心拥护其教育理想。[2] 鲁多维科·卡拉奇和阿古斯蒂诺·卡拉奇建立了著名的"卡拉奇学院"。鲁多维科还领导博洛尼亚画家在1602年建立了一个得到教廷代理和博洛尼亚元老院批准的画家兄弟会。此后,鲁多维科还成功将卡拉奇学院与这个兄弟会合并,并得到官方正式认可,正如佛罗伦萨设计学院那样。[3]

需要注意的是,佛罗伦萨设计学院学院与现代艺术学院有许多重要区别。它既是为艺术家提供高级艺术教育的机构,也是艺术家们的社会互助组织,承担了兄弟会和行会的许多功能。学院的名称清楚地表现了这一点。创建之初,学院的全称是"设计兄弟会和学院"(Compagnia ed Acca-

---

[1] Rick Scorza, "Vasari, Borghini and Michelangelo", in *Reactions to the Master: Michelangelo's Effect on Art and the Artists in the Sixteenth Century*, ed., Francis Ames-Lewis and Paul Joannides, p. 182.

[2] 卡拉奇兄弟(即鲁多维科·卡拉奇、阿格斯蒂诺·卡拉奇和安尼巴莱·卡拉奇)在他们拥有的一本《意大利艺苑名人传》的页边注中批评了瓦萨里的"风格主义"理论:"无知的瓦萨里没有意识到,古代优秀的艺术大师的艺术都来自生活,相反他竟认为最好临摹二手的古代艺术品,而不是临摹生活中首要和主要的事物。所以说他不懂艺术。"(Charles Dempsy, "The Carracci Postille to Vasari's Lives", in *Art Bulletin*, Vol. 68, No. 1 (1986), pp. 75-76.)

[3] Charles Dempsy, "Some Observations on the Education of the Education of Artists in Florence and Bologna during the Later Sixteenth Century", in *Art Bulletin*, Vol. 62, No. 4 (1980), p. 559.

demia del Disegno)。学院的组织机构也与行会和兄弟会有许多共同点。学院设立的行政职位,从科西莫公爵直接任命的副院长到学院民主选出的理事、顾问、秘书、书记员、会计及法官等,都显示出与行会和兄弟会组织机构的相似性。[1]1571 年,应学院艺术家的请求,科西莫公爵颁布法令,使学院的画家、雕塑家和建筑师从原来所属的手工行会摆脱出来,成立了一个单独的艺术行会。学院遂逐渐获得了行会的一些司法职能,如调节债务纠纷、惩罚违反合同的行为、处理开设作坊的相关适宜以及规定顾主与雇员关系等。学院的名称改为"设计行会、兄弟会和学院"(Università, Compagnia, ed Accademia del Disegno)。[2]

首先,1563 年的佛罗伦萨设计学院既是欧洲艺术教育史上的里程碑,也是西方艺术和艺术家观念史上的重要发展。学院提供了一种完全不同于传统作坊教育的新教育模式和目标。它以培养从事智性设计的创造性精英为主要目标,在这里,设计与自由学科取得了完全平等的地位。借助课程讲座、学术讨论、博物馆和图书馆,学院成员可获得设计以及数学、透视法、人体解剖等自由学科的知识教育。同时,借助学院与宫廷的密切关系,学院成员还可以通过参与重要的公共庆典的组织和装饰,增进实践知

---

[1] Mary Ann Jack, "The Accademia del Disegno in Late Renaissance Florence", in *Sixteenth Century Journal*, VII, No. 2 (1976), p. 12.

[2] 16 世纪晚期,学院作为行会的管理和司法职能一度压倒了其教育功能和目标。费德里科·祖卡罗正是不满于此才脱离学院,并在罗马建立了"圣路加学院"。该学院成员罗马诺·阿尔贝蒂在 1604 年出版的《罗马画家、雕塑家、建筑师的设计学院的起源和发展》中有建院缘起的一段话,清楚地表达了时任院长祖卡罗的教育理想和目标:"罗马的画家们希望建立一个工作室和设计学院,以帮助和引导在最高贵的设计行业中那些希望学习绘画、雕塑和建筑艺术的年轻学子……前述许多画家,其中包括最著名的画家聚在一起改革整个职业团体的组织机构和规章,一起建立了这个工作室和学校。"根据罗马诺·阿尔贝蒂的记载,祖卡罗将学院的教学活动系统地分为两部分。首先理论知识教育,主要是通过学院成员为同行举行的系列讲座进行。讲座两周一次,向所有文人、业余爱好者和学生开放。其次是工作室提供的技能训练,目标是训练年轻学子的设计能力。该工作室在所有节日全天和工作日下午为年轻人提供一小时训练。(Pietro Roccasecca, "Teaching in the Studio of the 'Accademia del Disegno dei pittori, scultori e architetti di Roma' (1594-1636)", in *The Accademia Seminars: The Accademia di San Luca in Rome, c.1590-1635*, ed. Peter M. Lukehart, New Haven and London: Yale University Press, 2009, pp. 124-125.)

识和技能。学院提供的理论知识教育使被排斥于大学教育之外的艺术家有了接受正规的高级教育的场所，打破了大学垄断高等教育的局面，促进了艺术家文化地位的提高。

其次，如果说设计理论使三门艺术在理论上统一成一门独立的学科——设计艺术，那么学院的创建则使这种理论得到制度化认可。在学院内，三门艺术的艺术家们可相互合作和支持，共同促进艺术的发展。学院促进了一种自由交流思想的氛围，尽管艺术家们继续在各自的工作室和作坊从事艺术创作，但他们之间联系和交流的纽带却通过学院牢固地确立起来。

最后，学院作为艺术家们的核心职业组织，还反映了他们自我意识的觉醒，学院的创建使艺术家们具有了能获得类似大学教育的高等教育的机会。正如佩夫斯纳指出的："瓦萨里选择在此时创建艺术学院……是为了表明他已经获得与科学家或学者一样高的社会地位……瓦萨里试图创建一种新的组织体系，使艺术们摆脱行会的种种限制从而获得一种较高的社会地位。"[1] 学院虽并未使艺术家们真正摆脱行会的限制，但学院与官方法律关系的确立使艺术家们正式成为精英阶层的一员。

---

[1] Nikolaus Pevsner, *Academies of Art: Past and Present*, p. 16.

结　语

　　意大利文艺复兴时期既是西方艺术史的一个黄金时代，也是艺术观念史上的一个分水岭。在古代和中世纪，绘画、雕塑和建筑及其从业者的文化和社会地位通常都很低下。三门艺术不仅被归为技术性和体力性的技工艺术，且附属于其他主要技工艺术，在知识体系中缺乏独立的位置。相应地，画家、雕塑家和建筑师也通常被视为卑微的体力劳动者和手艺人，处于社会等级的底层。艺术家们对自身的认识也很少超出这个范畴。到意大利文艺复兴时期，三门艺术与艺术家的文化地位和职业身份都发生了重大变革。在意大利，从14世纪到16世纪，视觉艺术的繁荣，人文主义运动的兴起和发展，艺术与城市政治、社会、宗教、文化的密切交织、艺术家群体重要性的凸显等，共同促进了对三门艺术和艺术家的重新界定。绘画、雕塑和建筑从技术性和体力性的技工艺术被提升为智性的自由艺术。相应地，画家、艺术家也开始被与普通手艺人区分开并重新界定为具有创造性的精英或宫廷社会的廷臣－绅士。文艺复兴时期，精英对艺术和艺术家的这一重新界定标志着现代意义上的"艺术"和"艺术家"的发端。

　　虽然在致力于"全球艺术史学"的当今学界，"艺术家"这一观念业已遭到广泛抵制，但由这一观念所产生的特定社会文化机制则未引起足够关注和系统研究。正如现代对"艺术家"观念的批评反映了人们对视觉艺术在全球化时代的价值和意义的反思,意大利文艺复兴时期"艺术家"的崛起和建构同样与当时社会文化生活的发展以及精英——包括艺术家、知识人、贵族赞助人以及艺术爱好者——对视觉艺术的关注和思考紧密交织在一起。职业艺术家阶层的崛起和现代"艺术家"的生成本质上是意大利文艺复兴时期城市社会文化发展的产物。这一时期,艺术仍是生活的一部分,艺术不仅反映,同时也积极建构和塑造着人们的政治理想、日常生活、宗教实践以及思想文化和价值观。其中,艺术与这一时期城市政治和贵族文化的发展尤其关联紧密,这构成了艺术和艺术家获得提升和认可的重要前提和基础。

艺术家与城市政治和贵族文化

文艺复兴时期,艺术和艺术家对城市政治、文化、宗教和社会生活诸领域的广泛影响可能是绝无仅有的。从14世纪到16世纪,艺术家们的职业实践遍及城市城墙、街道、广场以及那些界定了城市外观的大型世俗和宗教建筑的设计、修建和装饰,如主教堂、市政厅以及城市内外其他主要教堂、私人宫邸、别墅、花园等的设计、修建和装饰。艺术家由此塑造或重建了城市的物理外观,深刻地影响了城市居民们的社会生活和日常经验。无论在城市共和国还是宫廷,艺术都与重要的公共理想和价值观的建构、表达密切相关。

"公共性"构成了艺术的突出特征。不仅市政厅和主教堂,其他教堂以及私人宫邸、花园、别墅等都被视为城市美丽以及城市经济、政治力量、文化优越性和公民美德的体现和象征。而这些空间的雕塑和绘画则用图像建构和表达城市的政治理想和价值观。艺术与城市政治的密切关系尤其集中体现在城市权力空间的营造和发展上,如共和国的市政厅和领主的私人宫邸等。[1] 艺术与公共生活的紧密关系极大地促进了对艺术家的社会认可。在许多城市，那些负责公共艺术工程的重要艺术家作为城市荣耀的象征受到普遍关注和赞美，如14世纪佛罗伦萨艺术家乔托和锡耶纳艺术家杜乔。在佛罗伦萨，从15世纪学者菲利波·维拉尼开始，艺术家们被正式纳入城市名人之列，与著名知识人、官员一起成为爱国主义的城市名人传记的一部分。这一传统在15世纪晚期和16世纪美第奇家族统治时期继续发展，并到16世纪晚期乔尔乔·瓦萨里的《意大利艺苑名人传》达到顶峰。共和国和宫廷都为视觉艺术的繁荣和艺术家的兴起做出了贡献。有着发达的工商业和繁荣的手工艺作坊的比萨、佛罗伦萨、威尼斯、锡耶纳等城市共和国，成为培养优秀艺术家的摇篮。同业行会既规范艺术家的经济和社会生活，也赋予艺术家社会地位和政治权利。

另外，宫廷对艺术的赞助促进了艺术的发展和对艺术家的重新界定，特别是在15世纪中期以后。意大利的宫廷本质上是中世纪封建宫廷和城市社会的融合。封建的骑士理想和价值观对文艺复兴时期的意大利精英一直有吸引力，因而宫廷仍被视为荣誉和地位的最高象征。宫廷赞助不仅为艺术家带来切实的物质收益，而且能为其带来提升地位和名望的巨大"象征资本"。有些艺术家还凭借为宫廷工作获得真正的社会提升，如被封为君主的"近臣"和授予贵族头衔等。同时，随着人文主义艺术观的传播和影响，著名艺术家的在场本身也成了提升君主美德和名望的文化资本。由于不受行会制约，因而君主在赞助艺术和对待艺术家的方式上常常能打破先例。他们常常以高薪厚禄、各种物质的或精神的赏赐、特权以及贵族头衔等来招揽或奖励艺术家的服务，这些都促进了艺术家与手艺人的区分，并使他们成为文化贵族。

---

[1] 关于中世纪晚期和文艺复兴时期意大利城市政体的演变及关联的权力空间的营造和转换，可参见刘耀春：《意大利城市政治体制与权力空间的演变（1000—1600）》，《中国社会科学》2013年第5期，第185—203页。

实际上，在文艺复兴时期意大利贵族文化的发展中，对艺术和艺术家的尊重和认可构成了不可或缺的一部分。这一时期精英对"高贵性"的重新界定，突出表现在对文学及其近亲艺术的尊崇，这使构成了文艺复兴时期的意大利贵族文化截然有别于中世纪以及同时期北欧封建贵族文化。在意大利，除费拉拉、那不勒斯、曼托瓦等少数宫廷的君主和贵族，意大利精英大都缺乏封建贵族的高贵血统、古老家系和显赫军功。同时，城市的社会文化氛围以及共和国传统的持续影响，也使他们不能完全接受和复制封建骑士理想和价值观。另外，社会的流动性和不同阶层、家族间的激烈竞争进一步强化了对地位的意识和进行区分的渴望。意大利的统治精英多少都面临统治权力合法性的问题，他们对城市的统治权随时都受到其他强大家族的挑战。因而，一旦获得统治权，确立和展示既有权力和地位，运用各种手段使自己与其他家族区分开成了首要考虑。这些因素促使从他们谋求重新界定"高贵性"，并寻求确立地位和高贵性的新标准。主要在人文主义者的倡导和影响下，文化被塑造为血统、门第之外的另一新标准。由此，封建的骑士理想和价值观与对文化艺术的尊崇融合在了一起，"文武兼备"成为理想君主和贵族的界定性品质。15世纪晚期，这种新贵族理想的典型代表是乌尔比诺公爵费德里科·达·蒙特菲尔特罗。费德里科是当时意大利最著名和成功的职业雇佣军将领，同时他也是最早一批接受人文主义新教育的精英之一。他把自己充当雇佣军将领获得的丰厚收入和佣金大量用于赞助文学和艺术，将小小的乌尔比诺城塑造成一个炫目的文化艺术中心。在乌尔比诺宫以七门自由艺术为装饰主题的"书斋"，费德里科一身戎装，手持书卷凝神阅读的肖像可以说是意大利贵族文化的完美视觉再现。

　　在意大利贵族社会，文化的生产、获得、拥有和展示都被赋予了重要意义和价值。而这一切的前提和基础则是财富，从收藏古代手稿和建立图书室、书斋到赞助艺术和收藏、展示古代和艺术品概莫能外。因此，对文化的推崇与精英对财富的新态度紧密相关。自城市兴起以来，城市的经济伦理和价值观一直与传统的基督教贫困理想存在矛盾。通过将财富与文化结合，财富从一种需要抵制的世俗诱惑，转变了有助于个人和公共利益的积极因素。合理积聚和使用财富由此获得了合法性。在印刷书和公共博物馆出现之前，拥有文化事实上只是精英的特权，这本身就是一种有效的社会区分手段。手抄书和艺术品本质上都是奢侈品。"文化商品"的等级区分，如艺术品与手工艺品的区分以及不同艺术类型的区分，则体现了精英内部不同群体进行社会区分的努力。比如，主要与城市统治精英和君主相关的"壮美"，就与建筑这种最能凸显财富和权力的艺术联系在一起。类似地，在古物难以获得和价格不断飙升的 15 世纪晚期和 16 世纪，收藏古代艺术品也成了君主的特权和地位的象征。总之，从 14 世纪到 16 世纪，艺术品和艺术家既在建构和表达城市政治理想和公共价值观中发挥重要作用，也对重新界定和塑造贵族文化产生重要影响。对视觉艺术和艺术家文化地位的重新界定构成了意大利精英和贵族自我界定的一部分。

人文主义者为重新界定艺术和艺术家提供了世俗价值框架

从长远来看，人文主义对艺术视觉的最大影响或贡献并非在艺术实践领域，而是在观念层面。正是人文学者对三门视觉艺术和艺术家文化地位的重新界定，决定性地重塑了艺术家的职业身份，促进了现代意义的"艺术"和"艺术家"的诞生。人文主义者对视觉艺术和艺术家的重新界定从属于他们提升诗学、修辞学、历史等"人文学"和自身文化地位的努力。在中世纪的大学知识体系中，神学和经院哲学占据着知识金字塔的顶端，文艺复兴时期新兴的"人文学"只从属于作为基础学科的"三艺"中的某一学科，处于知识等级的底层和边缘。另外，与中世纪大学那些以学术为职业的知识人不同，人文学者大多是大学以外从事各种文书工作的职业知识人，如律师、公证员、书记员、秘书以及贵族家庭的私人教师等。人文学者对纯正拉丁语和拉丁文学风格的兴趣，很大程度上与其职业关切分不开。随着对古代手稿的发现和研究，人文主义者逐渐被古代文本中表达的世俗文化、政治和道德观念影响，促进他们去关注和思考社会生活。城市社会生活的发展，促进这批新的知识人及其代表的"新学术"的重要性迅速上升。这进而促使他们谋求打破传统的知识等级体系，提升"人文学"和自身的地位。这一努力突出表现为诗学的崛起。在 16 世纪，正如拉斐尔的签字厅壁画显示的，"诗学"（《帕纳苏斯山》）被提升到与"哲学"（《雅典学派》）和"神学"（《圣礼辩论》）同等的地位。人文学者扩展自由艺术并将三门视觉艺术纳入其中的做法本质上从属于他们重塑知识体系的努力。在这方面，他们既受到老普林尼等古代作家的启发，也结合在了他们对视觉艺术和艺术家在社会生活中的价值和意义的认识和思考。

从 14 世纪的彼特拉克开始，人文学者鼓励人们从宗教之外的世俗文化、道德和审美立场理解艺术品和艺术家。出于对古代异教文化的渴望，也为了对这种渴望的辩护，他们主张古代艺术品并非异教偶像，而是古人天才和美德的典范。他们热情收集、保护和研究古代艺术和建筑，将之作为复兴和重构古代的重要一部分。他们还将这种世俗态度扩展至现代艺术，包括宗教艺术，并将审美鉴别力视为精英的必备品质。人文主义者也是最早对艺术家怀有真切同情的精英。人文学者与艺术家一样仰赖贵族、君主和教廷的文化赞助，并在许多重要的文化和艺术工程中携手合作。在复兴和重构古代的伟大事业中，人文学者和艺术家尤其成了志同道合的合作伙伴，如古物和古代艺术品收藏，制作古代风格的像章、大理石和青铜半身像、雕像，制作美德典范的古代名人肖像和古代历史、神话主题的绘画等。在这些艺术事业中，人文主义者和古物学家对古代文本和古物的研究，与艺术家对古代艺术和建筑的研究融汇交织，知识人之间进行密切合作,共同复兴或重建了一个古代历史文化的图景。15、16世纪的那些著名艺术家都与知识人有密切交往和合作。最突出的例子是15世纪雕塑家多纳泰罗和画家安德雷亚·曼泰尼亚,以及16世纪的拉斐尔和米开朗基罗。多纳泰罗在古代艺术方面的造诣得到同时代热衷古典文化的众多人文学者、古物学家和赞助人的高度认可和尊重,如科西莫·德·美第奇、波焦·布拉乔利尼、尼科罗·尼科利等。曼泰尼亚的古代艺术造诣使他在知识人和热衷古代文化艺术的君主赞助人中赢得极高声望。拉斐尔的文化艺术修养不仅使他赢得了包括著名学者巴尔达萨雷·卡斯提利奥内在内的许多知识人的友谊,而且被任命为教廷的文物专员,负责罗马城和郊区重要古迹的勘查、保护和修复。米开朗基罗青年时代已能仿造出一件甚至欺骗了博学的精英收藏家的《熟睡的丘比特》。这件赝品并未损毁他的名望,反而使他在罗马文化艺术界声名鹊起,吸引了显赫赞助人的艺术订单。在一个将古代视为一切行为和道德典范的时代,艺术家们的古代艺术造诣无疑成了提升其地位和名望的重要文化资本。通过介入复兴古代的事业和制作古代风格的图像,艺术家赢得了知识人和那些热衷古代文化的贵族和君主的认可。

艺术家在城市社会生活中的重要地位和在复兴古代文化中的贡献,共同促进了人文主义艺术理论的形成和发展。15世纪早期,人文主义者莱昂·巴蒂斯塔·阿尔贝蒂在《论绘画》中开创性地建构了一种系统的人文主义艺术理论。他将绘画与数学、光学等科学知识以及诗歌、历史、修辞学等自由艺术联系起来。同时,他还提出了一种新的艺术家理想。其中,艺术家被与手艺人区分开,而被塑造为精通自由学科和追求智性生活的知识人。阿尔贝蒂的艺术理论和思想影响和启发了随后众多人文学者的艺术写作,包括艺术家传记、艺术论著和有关艺术的对话等。如果说人文主义者复杂和"学究性"的艺术理论对艺术创作实践的影响是有限的,[1]那么他们对视觉艺术和艺术家的新观念却产生了广泛影响。这种艺术观一方面通过人文主义教育塑造了精英、贵族和君主对艺术和艺术家的认识,另一方面激发了艺术家的自我意识和提升自身文化地位的渴望。

艺术家的自我意识和自我塑造

艺术家对人文主义艺术理论的接受途径和方式都是多元的,其中阅读并非最重要的途径。实际上,包括阿尔贝蒂在内的大多数人文主义者的写作大都是拉丁文的。拉丁语是一种精英语言,因而其读者实际上只限于人文主义者和精英赞助人。因为文艺复兴时期艺术家的文化教育水平普遍很低,且几乎只限于俗语。不过,艺术家却能通过其他途径获得新观念。正如彼得·伯克指出的,在意大利文艺复兴时期,口述文化是与书写和印刷文化一样重要,甚至更重要的交流渠道,而且两种文化也并非截然对立,而是存在很多"接口"。[2]艺术家无法通过阅读获得的信息,可通过口头文化和"接口"得到补充,比如艺术家的工作室以及君主、贵族的府邸、花园、别墅内的知识人、艺术家和爱好艺术的贵族的文雅谈话和聚会就是此种口头文化交流的重要场所。

从14世纪末、15世纪初,人文主义新艺术观开始对职业艺术家产生影响,并启发他们进行艺术写作,以提高艺术和自身的文化地位。从切尼诺·切尼尼、洛伦佐·吉贝尔蒂、安东尼奥·菲拉雷特、皮埃罗·德拉·弗朗切斯卡,到达·芬奇和米开朗基罗等,职业艺术家的写作成了文

---

[1] 正如巴克森德尔指出的,人文主义艺术批评和艺术理论与视觉艺术实践的关联是微弱的。人文主义者的艺术写作更与语言,即学习和模仿古代拉丁语和拉丁文学风格相关。其写作大都是套用有限的修辞学范畴和"文类"的文学练习,而非基于对艺术品的直接观察和体验。(Michael Baxandall, *Giotto and the Orators*, p.97.)

[2] 彼得·伯克:《文艺复兴时期意大利的口述文化与印刷文化》,载《新史学》(2017年第19辑),大象出版社2017年版,第111页。

艺复兴时期的一个突出现象。受阿尔贝蒂的启发，这些艺术家阐述了艺术的科学基础和理论原则，强调了艺术与数学、几何、光学、诗学等科学和自由学科的密切联系。除了专门的艺术理论，15、16世纪流行的"比较论"是传播新艺术观的另一重要形式和途径。对绘画与诗歌（及其他自由学科）的相似性以及绘画和雕塑的异同和相对优越性的讨论或争论，不仅通过写作进行，也广泛借助口头文化和艺术创作实践。其影响也超出了职业艺术家和知识人，吸引了君主、贵族和业余爱好者的关注。"比较论"的其中一个重要成果是促进了三门视觉艺术的联合。其中，将智性思考和实际制作结合在一起的素描或设计被视为三门艺术的共同基础和理论原则。从此，绘画、雕塑和建筑不仅被纳入自由学科，而且组成了一门独立的自由艺术——设计艺术。1563年佛罗伦萨设计学院的建立则标志着这一观念的制度化。

这一时期艺术家的传记写作和自我肖像尤其显示了艺术家的自我意识和重塑自身形象的努力。15世纪早期，洛伦佐·吉贝尔蒂在《回忆录》中撰写了西方艺术史上第一部艺术家自传。到16世纪晚期，乔尔乔·瓦萨里的《意大利艺苑名人传》使艺术家传记达到顶峰，并启发和深刻影响了同时代和随后其他艺术家的传记写作活动，如孔蒂维的《米开朗基罗传》和本韦努托·切利尼的《切利尼自传》等。借助传记，艺术家们使自己与手艺人区分开来，并塑造了全新的职业形象。需要指出的是，文艺复兴时期的艺术家对自身新身份的想象并未形成一个规范性的标准认识，而是灵活和多元的。人文主义艺术理论、15世纪晚期和16世纪的新柏拉图主义哲学和宫廷文化都影响了艺术家的自我认识。其中，博学的自由艺术家、具有神圣创造性的忧郁的天才以及兼具天才、美德和美好仪态的廷臣-艺术家是最主要的艺术家形象。这些新的艺术家形象虽各有侧重，但都将艺术家与手艺人区分开，并将艺术家纳入社会精英之列。艺术家对自身新身份和形象的构想在其自我肖像中亦有生动体现。这一时期，艺术家各类自我肖像，从宗教艺术中的"旁观者"，到像章、半身像、独立画像和塑像，都展示了艺术家对自身价值的觉醒和重塑自身职业形象的努力。借助华贵的服饰、贵族地位标识（如戒指、金链）以及新的职业标志（如素描、笔和圆规），艺术家塑造了截然不同于手艺人的形象，即作为追求智性生活的知识人或宫廷世界的绅士的艺术家。

  文艺复兴时期精英和艺术家对视觉艺术和艺术家文化地位和职业身份的重新界定，成为现代意义的"艺术"和"艺术家"诞生的第一步。到17、18世纪，文艺复兴时期发端的新趋势进一步发展。一方面，现代科学的兴起和"古今之争"导致了自由艺术体系的进一步重组。其中，科学获得独立地位，绘画、雕塑和建筑则与诗歌、音乐联合成"美术"。而同时发展起来的美学则赋予艺术审美独立的精神价值。另一方面，随着意大利文艺复兴时期理想在意大利以外地区的传播，艺术学院在欧洲各地纷纷建立起来。借助学院，艺术家们集体成为文化贵族和社会精英。18世纪晚期和19世纪的法国大革命和旧制度并未使艺术家"重新回到"手艺人，而是将学院艺术家获得的社会和文化威望进一步扩展至所有艺术家，近代意义的"艺术家"观念由此最终确立并被广泛接受。

参考文献

薄伽丘著、钱鸿嘉等译:《十日谈》,译林出版社 1993 年版

彼得·伯克著、杨豫等译:《欧洲近代早期的大众文化》,上海人民出版社 2005 年版

彼得·伯克著、刘君译:《意大利文艺复兴时期的文化与社会》,东方出版社 2007 年版

彼得·伯克著、刘耀春译:《欧洲文艺复兴:中心与边缘》,东方出版社 2007 年版

柏拉图著、朱光潜译:《柏拉图文艺对话集》,商务印书馆 2013 年版

雅各布·布克哈特著、何新译:《意大利文艺复兴时期的文化》,商务印书馆 1991 年版

迈克尔·卡米尔著、陈颖译:《哥特艺术》,中国建筑工业出版社 2004 年版

但丁著、田德旺译:《神曲·炼狱篇》,人民文学出版社 1997 年版

阿尔布雷特·丢勒著、彭萍译:《版画插图丢勒游记》,中国人民大学出版社 2004 年版

伏尔泰著、吴模信等译:《路易十四时代》,商务印书馆 1982 年版

E.H. 贡布里希著,范景中、曹意强译:《理想与偶像——价值在历史和艺术中的地位》,上海人民美术出版社 1989 年版

E.H. 贡布里希著,李本正、范景中编选:《文艺复兴:西方艺术的伟大时代》,中国美术学院出版社 2000 年版

E.H. 贡布里希著、范景中译:《艺术的故事》,广西美术出版社 2014 年版

E.H. 贡布里希著,林夕、李本正、范景中译:《艺术与错觉:图画再现的心理学研究》,湖南科学技术出版社 1999 年版

恩斯特·克里斯、奥托·库尔茨著,潘耀珠、邱建华译:《艺术家的传奇:一次史学上的尝试》,中国美术学院出版社 1990 年版

欧文·潘诺夫斯基著,戚印平、范景中译:《图像学研究:文艺复兴时期艺术的人文主题》,上海三联书店 2011 年版

瓦迪斯瓦夫·塔塔尔凯维奇著、刘文潭译:《西方六大美学观念史》,上海译文出版 2006 年版

乔尔乔·瓦萨里著,徐波、刘耀春、刘君等译:《意大利艺苑名人传》,湖北美术出版社 2003 年版

维特鲁威著、陈平译:《建筑十书》,北京大学出版社 2012 年版

Ackerman, James, *The Villa: Form and Ideology of Country House*, Princeton: Princeton University Press, 1990

Alberti, Leon Battista, *On Painting: A New Translation and Critical Edition*, edited and translated by Rocco Sinisgalli, New York: Cambridge University Press, 2011

Alpers, S. L, "Ekphrasis and Aesthetic Attitude in Vasari's Lives", in *Journal of the Warburg and Courtauld Institutes*, Vol. 23, No.3/4 (1960), pp.190-215

Ames-Lewis, Francis and Joannides, Paul ed., *Reactions to the Master: Michelangelo's Effect on Art and the Artists in the Sixteenth Century*, Farnham: Ashgate, 2003

Ames-Lewis, Francis, *Drawing in Early Renaissance Italy*, New Haven: Yale University Press, 2000

——*The Intellectual Life of the Early Renaissance Artist*, New Haven and London: Yale University Press, 2000

Antal, Frederick, *Florentine Painting and Its Social Background*, Cambridge Mass: Harvard University Press, 1986

Armenini, Giovanni Battista, *On the True Precepts of the Art of Painting*, translated by Edward J. Olszewski, New York: B. Franklin, 1977

Avcioglu, Nebahat and Sherman, Allison ed., *Artistic Practices and Cultural Transfer in Early Modern Italy: Essays in Honour of Deborah Howard*, Farnham: Ashgate, 2015

Azzolini, Monica, "An Anatomy of a Dispute: Leonardo, Pacioli and Scientific Courtly Entertainment in Renaissance Milan", in *Early Science and Medicine*, Vol. 9, No. 2 (2004), pp.115-135

Baldassarri, Stefano and Saiber, Arielle ed., *Images of Quattrocento Florence*, New Haven and London: Yale University Press, 2000

Bambach, Carmen ed., *Leonardo da Vinci, Master Draftsman*, New York: The Metropolitian Museum of Art, 2003

Bambach, Carmen, *Drawing and Painting in the Italian Renaissance Workshop*: Theory and Practice, 1300–1600, New York: Cambridge University Press, 1999

Barasch, Moshe, *Theories of Art, 1: From Plato to Winckelmann*, London: Routledge, 2000

Barkan, Leonard, *Unearthing the Past: Archaeology and Aesthetics in the Making of Renaissance Culture*, New Haven: Yale University Press, 2001

Barker, Emma, Webb, Nick and Woods, Kim ed., *The Changing Status of the Artist*, New Haven: Yale University Press, 1999

Barolsky, Paul, *Michelangelo's Nose: A Myth and Its Maker*, Pennsylvania: The Pennsylvania State University Press, 1990

Barriault, Anne, *Spalliera Paintings of Renaissance Tuscany: Fables of Poets for Patrician Homes*, Pennsylvania: The Pennsylvania University Press, 1994

Bartrum, Giulia, *Albrecht Dürer and His Legacy*, Princeton: Princeton University Press, 2002

Barzman, Karen-edis, *The Florentine Academy and the Early Modern State*, New York: Cambridge University Press, 2000

Baskins, Cristelle, *Cassone Painting: Humanism and Gender in Early Modern Italy*, Cambridge: Cambridge University Press, 1998

Baxandall, Michael, "A Dialogue on Art from the Court of Leonello d' Este: Angelo Decembrio's *De Politica Litteriaria* pars LXVIII", in *Journal of the Warburg and Courtauld Institutes*, Vol. 26 (1963), pp.204-326

Baxandall, Michael, *Painting and Experience in Fifteenth Century Italy: A Primer in the Social History of Pictorial Style*, Oxford: Oxford University Press, 1988

Belting, Hans, *Likeness and Presence: A History of the Image before the Era of Art*, translated by Edmund Jephcott, Chicago and London: University of Chicago Press, 1994

—— "The Double Perspective: Arab Mathematics and Renaissance Art", in *Third Text*, Vol. 24, Issue.5 (2010), pp.521-527

Benjamin, Walter, *The Origin of German Tragic Drama*, translated by John Osborne, London: NLB, 1977

Bergstein, Mary, "Donatello's 'Gattamelata' and Its Humanist Audience", in *Renaissance Quarterly*, Vol. 55, No. 3 (2002), pp.833-868

Bernstein, Joanne, "The Female Model and the Renaissance Nude", in *Artibus et Historiae*, Vol. 13, No. 26 (1992), pp.49-63

Blunt, Anthony, *Artistic Theory in Italy: 1450-1600*, Oxford: Oxford University Press, 1962

Bocchi, Francesco, *The Beauties of the City of Florence: A Guidebook of 1591*, translated by Thomas Frangenberg and Robert Williams, London and Turnhout: Harvey Miller Publishers, 2006

Bock, Nicolas, "Patronage, Standars and *Transfert Culturel*: Naples between Art History and Social

Science Theory", in *Art History*, Vol. 31, No. 4 (2008), pp.574-597

Bolland, Andrea, "Art and Humanism in Early Renaissance Padua: Cennini, Vergerio and Petrarch on Imitation", in *Renaissance Quarterly*, Vol. 49, No. 3 (1996), pp.469-487

Borghini, Raffaello, *Il Riposo*, translated by Lloyd H. Ellis Jr., Toronto: University of Toronto Press, 2012

Brann, Noel, *The Debate over the Origin of Genius during the Italian Renaissance*, Leiden: Brill, 2002

Britton, Piers, "'Mio malinchonico, o vero... mio pazzo': Michelangelo, Vasari, and the Problem of Artists' Melancholy in Sixteenth-Century Italy", in *The Sixteenth Century Journal*, Vol. 34, No. 3 (2003), pp.653-675

Brown, Beverly Louise, "An Enthusiastic Amateur: Lorenzo de Medici as Architect", in *Renaissance Quarterly*, Vol.46, No. 1 (1993), pp.1-22

Brown, Beverly Louise, "Portraiture at the Courts of Italy", in *The Renaissance Portrait: From Donatello to Bellini*, eds., Keith Christiansen and Stefan Weppelmann, New York: The Metropolitan Museum of Art, 2011, pp. 31-37

Brown, Katherine, *The Painters Reflection: Self-Portraiture in Renaissance Venice, 1458-1625*, Florence: Leo S. Olschki Editore, 2000

Brown, Patricia Fortini, *Venice & Antiquity: The Venetian Sense of the Past*, New Haven and London: Yale University Press, 1996

Brown, Patricia Fortini, *Art and Life in Renaissance Venice*, London: Laurence King, 1997

Buonarroti, Michelangelo, *Complete Poems and Selected Letters*, trans. Creighton Gilbert, New York: Random House, 1963

Burckhardt, Jacob, *Italian Renaissance Painting according to Genres*, translated by David Britt and Caroline Beamish, Los Angeles: The Getty Research Institute, 2005

Burke, Jill, *Changing Patrons: Social Identity and the Visual Arts in Renaissance Florence*, Pennsylvania: The Pennsylvania University Press, 2004

Burke, Peter, "The Renaissance, Individualism and the Portrait", in *History of European Ideas*, Vol. 21, No.3, (1995), pp. 393-400

Burke, Peter ed., *History of Italian Art*, 2 Vols, translated by Ellen Bianchini and Claire Dorey, Cambridge: Polity Press, 1994

Burke, Peter, "The Renaissance Dialogue", in *Renaissance Studies*, Vol.3, No. 1, (1989), pp. 1-12

Campbell, Stephen and Milner, Stephen ed., *Artistic Exchange and Culture Translation in the Italian Renaissance City*, Cambridge: Cambridge University Press, 2004

Campbell, Stephen ed., *Artists at Court: Image-Making and Identity, 1300-1500*, Boston: Isabella Gardner Museum, 2005

Cassidy, Brendan, "Artists and Diplomacy in Late Medieval Tuscany: The Case of Giotto, Simone Martini, Andrea Pisano, and Others", in *Gesta*, Vol. 51, No. 2 (2012), pp. 91-110

Cast, David ed., *Ashgate Research Companion to Giorgio Vasari*, Farnham: Ashgate, 2014

Castiglione, Baldessar, *The Book of the Courtier*, translated by Charles Singleton, New York: Doubleday, 1959

Cellini, Benvenuto, *My Life*, translated by Julia Bondanella and Peter Bondanella, New York: Oxford University Press, 2002

Cennini, Cennino, *The Craftsman's Handbook*, translated by Daniel V. Thompson, New Haven and London: Yale University Press, 1933

Chambers, David and Pullan, Brian ed., *Venice: A Documentary History, 1450-1630*, Toronto: University of Toronto Press, 2012

Chambers, David, *Patrons and Artists in the Italian Renaissance*, London and Basingstoke: Macmillan and Co Ltd, 1970

Christian, Kath Wren and Drogin, David J. ed., *Patronage and Italian Renaissance Sculpture*, Farnham Burlington: Ashgate, 2010

Christian, Kathleen, *Empire without End: Antiquities Collection in Renaissance Rome 1350-1527*, New Haven: Yale University Press, 2010

Christiansen, Keith and Weppelmann, Stefan ed., *The Renaissance Portrait: From Donatello to Bellini*, New York: The Metropolitan Museum of Art, 2011

Christiansen, Keith, "Duccio and the Origins of Western Painting", in *The Metropolitan Museum of Art Bulletin*, New Series, Vol.66, No. 1 (2008), pp.1, 6-61

Ciappelli, Giovanni and Rubin, Patricia Lee ed., *Art, Memory, and Family in Renaissance Florence*, Cambridge: Cambridge University Press, 2000

Clough, Cecil, "Art as Power in the Decoration of the Study of an Italian Renaissance Prince: The Case of Federico da Montefeltro", in *Artibus et Historiae*, Vol. 16, No. 31 (1995), pp.19-50

——"Federigo da Montefeltro's Patronage of the Arts: 1468-1482", in *Journal of the Warburg and Courtauld Institutes*, Vol. 36 (1973), pp. 129-144

Coffin, David, *Pirro Ligorio: The Renaissance Artist, Architect, and Antiquarian*, Pennsylvania: The Pennsylvania State University Press, 2004

Cohn, Samuel K, *The Cult of Remembrance and the Black Death: Six Renaissance Cities in Central Italy*,

Baltimore and London: The Johns Hopkins University Press, 1992

Colantuono, Anthony, "Dies Alcyonia: The Invention of Bellini's *Feast of the Gods*", in *The Art Bulletin*, Vol. 73, No. 2 (1991), pp.237-256

Cole, Alison, *Italian Renaissance Courts: Art, Pleasure and Power*, London: Laurence King, 2016

Cole, Bruce, *Italian Art, 1250-1500: The Relation of Renaissance Art to Life and Society*, New York: Harper Row Pulishers, 1987

———*Renaissance Artists at Work: From Pisano to Titian*, New York: Harper & Row, 1983

Cole, Michael and Prado, Mary ed., *Invention of the Studio: Renaissance to Romanticism*, Chapel Hill: The University of North Carolina Press, 2005

Condivi, Ascanio, *The Life of Michelangelo*, translated by Hellmut Wohl, Pennsylvania: The Pennsylvania University Press, 1999

Cooper, Donal, *The Making of Assisi: The Pope, the Franciscans, and the Painting of the Basilica*, New Haven and London: Yale University Press, 2013

Costamagna, Philippe, "The Formation of Florentine Draftsmanship: Life Studies from Leonardo and Michelangelo to Pontormo and Salviati", in *Master Drawings*, Vol. 43, No. 3 (2005), pp.274-291

Cropper, Elizabeth, *Paragoni: Benedetto Varchi's "Due Lezzioni" and Cinquecento Art Theory*, Ann Arbor: UMI Research Press, 1982

Crum, Roger and Paoletti, John eds., *Renaissance Florence: A Social History*, New York: Cambridge University Press, 2008

Dempsy, Charles, "Some Observations on the Education of the Education of Artists in Florence and Bologna during the Later Sixteenth Century", in *Art Bulletin*, Vol. 62, No. 4 (1980), pp.552-569

———"The Carraci Postille to Vasari's Lives", in *Art Bulletin*, Vol. 68, No. 1 (1986), pp.72-76

Dio, Kelley Helmstutler Di, *Leone Leoni and the Status of the Artist at the End of the Renaissance*, Farnham: Ashgate, 2011

Duby, Georges, *Art and Society in the Middle Ages*, translated by Jean Birrell, London: Polity Press, 2000

Eckart Marchand and Alison Wright ed., *With and without the Medici: Studies in Tuscan Art and Patronage 1434-1530*, Farnham: Ashgate, 1998

Eco, Umberto, *Art and Beauty in the Middle Ages*, translated by Hugh Bredin, New Haven and London: Yale University Press, 2002

Edgerton, Samuel Y., "Icons of Justice", in *Past and Present*, 89 (1980), pp.23-38

Elia, Una Roman D., *The Poetics of Titian's Religious Paintings*, Cambridge: Cambridge University Press, 2005

Elkins, James, "Renaissance Perspectives", in *Journal of the History of Ideas*, Vol. 53, No. 2 (1992), pp.209-230

Emison, Patricia, "Grazia", in *Renaissance Studies*, Vol. 5, No. 4 (1991), pp. 427-460

Emison, Patricia, *Creating the "Divine Artist": From Dante to Michelangelo*, Leiden: Brill, 2004

Fantoni, Marcello, Matthew, Louisa Chevalier; Matthews Grieco, Sara ed., *The Art Market in Italy, 15th-17th Centuries*, Modena: F.C. Panini, 2003

Feigenbaum, Gail ed., *Dispaly of Art in the Roman Palace: 1550-1750*, Los Angeles: The Getty Research Institute, 2014

Feinberg, Larry, *The Young Leonardo: Art and Life in Fifteenth Century Italy*, New York: Cambridge University Press, 2011

Ficino, Marsilio, *The Book of Life*, translated by Charles Boer, Irving: Spring Publications, 1980

——*The Letters of Marsilio Ficino*, London: Shepheard-Walwyn, 1975

Findlen, Paula ed., *The Italian Renaissance: The Essential Readings*, Oxford: Blackwell Publishing, 2002

Finkel, Jennifer H., Morford, Michael D. and Woodall, Dena M. ed., *Renaissance Studies: A Festschrift in Honor of Professor Edward J. Olszewski*, New York: Peter Lang, 2013

Freedmn, Luba, *Classical Myths in Italian Renaissance Painting*, New York: Cambridge University Press, 2011

Fry, Roger ed., *Dürer's Record of Journeys to Venice and the Low Countries*, New York: Dover Publications, 1995

Furlotti, Barbara and Rebecchini, Guido ed., *The Art of Mantua: Power and Patronage in the Renaissance*, translated by A. Lawrence Jenkens, Los Angeles: The J. Paul Getty Museum, 2008

Fusco, Laurie and Corti, Gino, *Lorenzo de' Medici: Collector and Antiquarian*, New York: Cambridge University Press, 2006

G., Margaret A. and R., Paolo L. ed., *Benvenuto Cellini: Sculpture, Goldsmith, Writer*, Cambridge: Cambridge University Press, 2004

Gahtan, Maia Wellington ed., *Giorgio Vasari and the Birth of the Museum*, Farnham: Ashgate, 2015

Gáldy, Andrea M., *Cosimo I de' Medici as Collector: Antiquities and Archaeology in Sixteenth Century Florence*, Newcastle upon Tyne: Cambridge Scholars Publishing, 2009

Geddes, Helen, "Altarpieces and Contracts: The Marble High Altar Piece for S. Francesco, Bologna (1388-92)", in *Zeitschrift für Kunstgeschichte*, 67, Bd, H. 2 (2004), pp.153-182

Gilbert, Creighton, "What did the Renaissance Patron Buy?" in *Renaissance Quarterly*, Vol. 51, No. 2 (1998), pp.392-450

Gilbert, Creighton, *Italian Art, 1400-1500: Sources and Documents*, Evanston: Northwestern University Press, 1992

Ginzburg, Carlo, "Battling over Vasari: A Tale of Three Countries", in *The Art Historian: National Traditions and Institutional Practices*, ed., Michael Zimmermann, Williamstown, Mass.: Sterling and Francine Clark Art Institute, 2003, pp. 41-51

—— "From Aby Warburg to E. H. Gombrich", in *Clues, Myth, and the Historical Method*, translated by John and Anne Tedeschi, Baltimore: The Johns Hopkins University Press, 1992, pp.17-59

Giunti, Jacopo, *The Divine Michelangelo: The Florentine Academy's Homage on His Death in 1564*, translated and annotated by Rudolf & Margot Wittkower, London: Phaidon Press, 1964

Glass, Robert, "Filarete's Hilaritas: Claiming Authorship and Status on the Doors of St. Peter's", in *The Art Bulletin*, Vol. 94, No. 4 (2012), pp.548-571

Goffen, Rona, "Raphael's Desinger Labels: From the Virgin Mary to La Fornarina", in *Artibus et Historiae*, Vol. 44, No. 48 (2003), pp.123-142

Goldstein, Carl, *Teaching Art: Academies and Schools from Vasari to Albers*, New York: Cambridge University Press, 1996

Goldthwaite, Richard, *Wealth and Demand for Art in Italy, 1300-1600*, Baltimore: The Johns Hopkins University Press, 1993

Gombrich, E.H, "Giotto's Portrait of Dante?", in *The Burlington Magazine*, Vol. 121, No. 917 (1979), pp. 471-483

——*Aby Warburg: An Intellectual Biography*, London: The Warburg Institute, 1970

—— *Meditations on a Hobby Horse: And Other Essays on the Theory of Art*, London: Phaidon Press, 1985

——*Norm and Form*, New York: Phaidon, 1985

——*Symbolic Images: Studies in the Art of the Renaissance II*, London: Phaidon, 1972

——*The Heritage of Appelles: Studies in the Art of the Renaissance*, Ithaca, New York: Cornell University Press, 1976

——*The Uses of the Images*, London: Phaidon, 2012

Gould, Cecil, "The Newly Discovered Documents concerning Leonardo's Virgin of the Rocks and

Their Bearing on the Problem of the Two Versions", in *Artibus et Historiae*, Vol. 2 (1981), pp.73-76

Grafton, Anthony, *Leo Battista Alberti: Master Builder of the Italian Renaissance*, New York: Hill & Wang, 2000

Greenbratt, Stephen, *Renaissance Self-Fashioning: From More to Shakespeare*, Chicago and London: Chicago University Press, 1980

Hall, Edwin and Uhr, Horst, "Patrons and Painter in Quest of an Iconographic Program: the Case of the Signorelli Frescoes in Orvieto", in *Zeitschrift für Kunstgeschichte*, 55, Bd, H. 1 (1992), pp.35-56

Hall, Marcia B. ed., *The Cambridge Companion to Raphael*, New York: Cambridge University Press, 2005

Hall, Marcia B., *The Sacred Image in the Age of Art: Titian, Tintorentto, Barocci, El Greco, and Caravaggio*, New Haven and London: Yale University Press, 2011

Hankins, James, "The Myth of the Platonic Academy of Florence", in *Renaissance Quarterly*, Vol. 44, No. 3 (1991), pp.429-475

Haskell, Francis, *Patrons and Painters: A Study in the Relations between Italian Art and Society in the Age of Baroque*, New York: Knopf, 1963

Hauser, Arnold, *The Social History of Art*, London: Routlege, 1999

Hegarty, Melinda, "Laurentian Patronage in the Palazzo Vecchio: The Frescoes in Sala dei Gigli", in *The Art Bulletin*, Vol. 78, No. 2 (1996), pp.264-285

Henk Th. Van Veen, *Cosimo de' Medici I and His Self-Representation in Florentine Art and Culture*, translated by Andrew P. McCormick, New York: Cambridge University Press, 2006

Hollanda, Francisco, *On Antique Painting*, translated by Alice Sedgwick Wohl, Pennsylvania: The Pennsylvania University Press, 2013

Hollingsworth, Mary, *Patronage in Renaissance Italy: From 1400 to the Early Sixteenth Century*, Baltimore: The Johns Hopkins University Press, 1994

Holly, Michael Ann, *Panofsky and the Foundation of Art History*, Ithaca and London: Cornell University Press, 1985

Holmes, Megan, *The Miraculous Image in Renaissance Florence*, New Haven and London: Yale University Press, 2013

Holted, Elizabeth ed., *A Documentary History of Art*, vol. 1, New York: Doubleday Anchor, 1957

Hope, Charles, "The Camerini d'Alabastro of Alfonso d' Este-I", in *The Burlington Magazine*, Vol. 113, No. 824 (1971), pp. 641-650

——"The Camerini d'Alabastro of Alfonso d' Este-II", in *The Burlington Magazine*, Vol. 113, No. 825 (1971), pp. 712-721

——"Titian as a Court Painter", in *Oxford Art Journal*, Vol. 2 (1979), pp.7-10

Howard, Peter, "Preaching Magnificence in Renaissance Florence", in *Renaissance Quarterly*, Vol. 61, No. 2 (2008), pp.325-369

Hughes, Graham, *Renaissance Cassoni, Masterpieces of Early Italian Art: Painted Chests, 1400-1550*, London: Starcity Publishing and Art Books International, 1997

Humfrey, Peter, "Competitive Devotions: The Venetian Scuola Piccole as Donors of Altarpieces in the Years around 1500", in *The Art Bulletin*, Vol. 70, No. 3 (1988), pp.401-423

Ilchman, Frederick, *Titian, Tintoretto and Veronese: Rivals in Renaissance Venice*, Boston: MFA Publications, 2010

Jack, Mary Ann, "The Accademia del Disegno in Late Renaissance Florence", in *Sixteenth Century Journal*, VII, No.2 (1976), pp.3-20

Jacks, Philip ed., *Vasari's Florence: Artists and Literati at the Medicean Courts*, Cambridge: Cambridge University Press, 1998

Jenkins, A. D. Fraser, "Cosimo de' Medici's Patronage of Architecture and the Theory of Magnificence", in *Journal of the Warburg and Courtauld Institutes*, Vol. 33 (1970), pp. 162-170

Johnson, Geraldine, "Family Values: Sculpture and Family in Fifteenth-Century Florence", in *Art, Memory, and Family in Renaissance Florence*, eds., Giovanni Ciappelli and Patricia Lee Rubin, New York: Cambridge University Press, 2000, pp. 221-229

Joost-Gaugier, C. L., "Giotto's Hero Cycle in Naples: A Prototype of Donne Illustri and a Possible Literary Connection", in *Zeitschrift für Kunstgeschichte*, Vol. 43 (1980), pp.311-318

Kaufmann, Tomas DaCosta, *Court, Cloister & City: The Art and Culture of Central Europe, 1450-1800*, London: George Weidenfeld & Nicolson Ltd, 1995

Keizer, Joost, "Michelangelo, Drawing and the Subject of Art", in *The Art Bulletin*, Vol. 93, No. 3 (2011), pp. 209-310

Kelley, Donald and Popkin, Richard ed., *The Shapes of Knowledge from the Renaissance to Enlightenment*, Boston: Kluwer Academic Publishers, 1991

Kemp, Martin, "From 'Mimesis' to 'Fantasia': The Quattrocento Vocabulary of Creation, Inspiration and Genius in the Visual Arts", in *Viator*, VIII (1977), pp.347-398

——"'Equal Exellences': Lomazzo and the Explanation of Individual Style in the Visual Arts", in *Renaissance Studies*, Vol. 1, No.1 (1987), pp.1-26

—— "Leonardo da Vinci: Science and the Poetic Impulse", in *Journal of the Royal Society of Arts*, vol. 133, no. 5343 (1985), pp.196-214

——*Behind the Picture: Art and Evidence in the Italian Renaissance*, New Haven and London: Yale University Press, 1997

Kempers, Bram, *Painting, Power and Patronage: The Rise of the Professional Artist in Renaissance Italy*, translated from the Dutch by Beverley Jackson, London: The Penguin Press, 1992

Kent, Dale, *Cosimo de' Medici and the Florentine Renaissance: The Patron's Oeuvre*, New Haven and London: Yale University Press, 2000

Kent, F. W. and Simons, Patricia with Eade, J. C. ed., *Patronage, Art, and Society in Renaissance Italy*, Oxford: Canberra Clarendon Press, 1987

Kent, F.W., *Lorenzo de' Medici and the Art of Magnificence*, Baltimore and London: The Johns Hopkins University Press, 2004

Klein, Robert and Zerner, Henri ed., *Italian Art 1500-1600: Sources and Documents*, Evanston: Northwestern University Press, 1994

Klibansky, R., Panofsky, E. and Saxl, F., *Saturn and Melancholy: Studies in the Natural History, Religion and Art*, Edinburgh: Thomas Nelson and Sons, 1964

Koenigsberger, H. G., "Republics and Courts in Italian and European Culture in the Sixteenth and Seventeenth Centuries", in *Past and Present*, no. 83 (1979), pp.32-56

Koerner, Joseph, *The Moment of Self-Portraiture in German Renaissance Art*, Chicago: The University of Chicago Press, 1993

Kostof, Spiro ed., *The Architect: Chapters in the History of the Profession*, Berkeley: University of California Press, 2000

Kris, Ernst and Kurz, Otto, *Legend, Myth, and Magic in the Image of the Artist*, New Haven and London: Yale University Press, 1979

Kristeller, Paul O., *Renaissance Thoughts and Arts*, Princeton: Princeton University Press, 1990

Kultermann, Udo, *The History of Art History*, New York: Abaris Books, 1993

Ladis, Andrew and Wood, Carolyn ed., *The Craft of Art: Originality and Industry in the Italian Renaissance and Baroque Workshop*, Athens and London: The University of Georgia Press, 1995

Land, Norman, "Ekphrasis and Imagination: Some Observations on Pietro Aretino's Art Criticism", in *The Art Bulletin*, vol. 68, no. 2 (1986), pp.207-217

Larner, John, "The Artists and the Intellectuals in Fourteenth Century Italy", in *History*, Vol. 54, No. 180 (1969), pp.13-30

Lavin, Irving, "Divine Grace and the Remedy of the Imperfect: Michelangelo's Signature on the St. Peter's '*Pieta*'", in *Artibus et Historiae*, Vol. 34, No. 68 (2013), pp.277-328

Lee, Rensselaer W., "Ut Pictura Poesis: The Humanistic Theory of Painting", in *The Art Bulletin*, Vol. 22, No. 4 (1940), pp. 197-269

Leonardo da Vinci, *Notebooks*, selected and translated by Iima A. Richter, New York: Oxford University Press, 2008

Lilllie, Amanda, "The Patronage of Villa Chapels and Oratories near Florence: A Typology of Private Religion", in *With and without the Medici: Studies in Tuscan Art and Patronage 1434-1530*, ed., Eckart Marchand and Alison Wright, Farnham: Ashgate, 1998

Lukehart, Peter ed., *The Accademia Seminars: The Accademia di San Luca in Rome, c.1590-1635*, New Haven and London: Yale University Press, 2009

Lytle, Guy Fitch and Orgel, Stephen ed., *Patronage in the Renaissance*, Princeton: Princeton University Press, 1982

Maginnis, Hayden, *The World of the Early Sienese Painters*, Pennsylvania: The Pennsylvania State University Press, 2001

Magnnis, Hayden, "Giotto's World through Vasari's Eyes", in *Zeitschrift fur Kunstgeschichte*, 56. Bd., H. 3 (1993), pp. 385-408

Malley, Michael, *Painting under Pressure: Fame, Reputation and Demand in Renaissance Florence*, New Haven and London: Yale University Press, 2013

——*The Business of Art: Contracts and the Commissioning Process in Renaissance Italy*, New Haven and London: Yale University Press, 2005

Marshall, Louise, "Manipulating the Sacred: Image and Plague in Renaissance Italy", in *Renaissance Quarterly*, Vol. 47, No. 3 (1997), pp. 485-532

Martindale, Andrew, *The Rise of the Artist in the Middle Ages and Early Renaissance*, New York: Mcgraw-Hill Book Company, 1972

Matthew, Louisa, "The Painter's Presence: Signatures in Venetian Renaissance Paintings", in *The Art Bulletin*, Vol. 80, No. 4 (1998), pp.616-648

McGrath, Thomas, "Color and the Exchange of Ideas between Patron and Artist in Renaissance Italy", in *Art Bulletin*, Vol. 82, No. 2 (2000), pp.298-308

Mcham, Sarah Blake, "Reflections of Pliny in Giovanni Bellini's '*Woman with a Mirror*'", in *Artibus et Historiae*, Vol. 29, No. 58 (2008), pp.157-171

——*Pliny and the Artistic Culture of the Italian Renaissance*, New Haven and London: Yale University

Press, 2013

——"Visualizing the Immaculate Conception: Donatello, Francesco della Rovere, and the High Altar and Choir Screen at the Church of the Santo in Padua", in *Renaissance Quarterly*, Vol. 69 (2016), pp.831-864

Meiss, Millard, *Painting in Florence and Siena after the Black Death*, Princeton: Princeton University Press, 1951

Miziołk, Jerzy, "The '*Odyssey*' Cassone Panels from the Lanckoronski Collection: On the Origins of Depicting Homer's Epic in the Art of the Italian Renaissance", in *Artibus et Historiae*, Vol. 27, No. 53 (2006), pp.57-88

Murray, Penelope ed., *Genius: The History of an Idea*, New York: Basil Blackwell, 1989

Nagel, Alexander, "Gifts for Michelangelo and Vittoria Colonna", in *The Art Bulletin*, Vol. 179, No. 4 (1997), pp. 649-650

Nagel, Alexander, *The Controversy of Renaissance Art*, Chicago: University of Chicago Press, 2011

Nelson, Johathan K. and Zeckhauser, Richard J. ed., *The Patron's Payoff: Conspicuous Commissions in Italian Renaissance Art*, Princeton and Oxford: Princeton University Press, 2008

Nichols, Tom, "The Master as Monument: Titian and His Images", in *Artibus et Historae*, Vol. 34, No. 67 (2013), pp.219-238

Norman, Diana ed., *Siena, Florence and Padua: Art, Society and Religion, 1280-1400*, vol.1-2, New Haven and London: Yale University Press, 1995

Nuttall, Paul, *From Flanders to Florence: The Impact of Netherlandish Painting, 1400-1500*, New Haven and London: Yale University Press, 2004

Onians, John, "Brunelleschi: Humanist or Nationalist?", in *Art History*, vol. 5, no. 3 (1982), pp.101-140

Palotti, John, "Michelangelo's Masks", in *The Art Bulletin*, Vol. 74, No. 3 (1992), pp. 423-440

Panofsky, Erwin and Saxl, Fritz, "Classical Mythology in Medieval Art", in *Metropolitan Museum Studies*, Vol. 4, No. 2 (1933), pp. 228-280

Panofsky, Erwin, *Idea: A Concept in Art Theory*, translated by J. S. Peake, Columbia: University of South Carolina Press, 1968

——*Life and Art of Albrecht Dürer*, Princeton: Princeton University Press, 1945

——*Meaning in the Visual Arts*, New York: Doubleday Anchor Books, 1955

——*Perspective as Symbolic Form*, translated by Christopher S. Wood, New York: Zone Books, 1991

——*Renaissance and Renascences in Western Art*, New York and Evanston: Harper & Row, Publishers,

1969

Paoletti, John and Radke, Gary, *Art in Renaissance Italy*, New Jersey: Prentice-Hall, 2002

Partridge, Loren, "Art", in Guido Ruggiero ed., *A Companion to the Wolrds of the Renaissance*, Oxford: Blackwell Publishers, 2002

Partridge, Loren, *The Art of Renaissance in Rome, 1400-1600*, Prentice Hall: Calmann & King Ltd, 1996

Pevsner, Nicolaus, "The Term 'Architect' in the Middle Ages", in *Speculum*, Vol. 17, No. 4 (1942), pp.549-562

Pevsner, Nicolaus, *Academies of Art: Past and Present*, Cambridge: Cambridge University Press, 1940

Pincus, Debra, "Giovanni Bellini's Humanist Signature: Pietro Bembo, Aldus Manutius and Humanism in Early Sixteenth-Century Venice", in *Artibus et Historiae*, Vol. 29, No. 58 (2008), pp.89-119

Pliny, *Natural History*, 9, translated by Rackham, Cambridge Mass.: Harvard University Press, 1961

Pomian, Krzysztof, *Collectors and Curiosities: Paris and Venice, 1500-1800*, translated by Elizabeth Wiles-Portier, Cambridge: Polity Press, 1990

Pon, Lisa, *Raphael, Dürer and Marcantonio Raimondi: Coping and the Italian Renaissance Print*, New Haven and London: Yale University Press, 2004

Pope-Hennessy, John, "The Interaction of Painting and Sculpture in Florence in the Fifteenth Century", in *Journal of the Royal Society of Arts*, Vol. 117 (1969), pp. 406-424

Raggio, Olga, "The Liberal Arts Studiolo from the Ducal Palace at Gubbio", in *The Metropolitan Museum of Art Bulletin*, Vol. 53, No. 4 (1996), pp.3-35

Rebecchini, Guido, *Private Collections in Mantua 1500-1630*, Roma: Edizioni di Storia e Letteratura, 2002

Richards, John, *Petrarch's Influence on the Iconography of the Carrara Palace in Padua: The Conflict between Ancestral and Antique Themes in the Fourteenth Century*, Lewiston Queenston Lampeter: The Edwin Mellen Press, 2007

Rogers, Mary ed., *Fashioning Identities in Renaissance Art*, Aldershot Vermont: Ashgate, 2000

Rosand, David, "Ut Pictor Poeta: Meaning in Titian's Poesie", in *New Literary History*, Vol.3, No.3 (1972), pp.527-546

Rosenberg, Charles ed., *The Court Cities of Northern Italy: Milan, Parma, Piacenza, Mantua, Ferrara, Bologna, Urbino, Pesaro, and Rimini*, Cambridge: Cambridge University Press, 2010

Roskill, Marco, *Dolce's "Aretino" and Venetian Art Theory of the Cinquecento*, New York: New York

University Press, 1968

Rubin, Patricia L., *Giorgio Vasari: Art and History*, New Haven and London: Yale University Press, 1995

——*Images and Identity in Fifteenth Century Florence*, New Haven and London: Yale University Press, 2007

Ruffini, Marco, *Art without an Author: Vasari's Lives and Michelangelo's Death*, New York: Fordham University Press, 2011

Ruvoldt, Maria, "Michelangelo's *Slaves* and the Gifts of Liberty", in *Renaissance Quarterly*, Vol. 65, No. 4 (2012), pp.1029-1059

Schapiro, Mayer, "Leonardo and Freud: An Art-Historical Study", in *Journal of the History of Ideas*, Vol. 17, No. 2 (1956), pp.147-178

Schlosser, Julius von, "Julius von Schlosser on Vasari: A Translation from *Die Kunstliterature*", in translated by Karl Johns, *Journal of Art Historiography*, No. 2 (2010), pp. 21-24

Schmitter, Monica, "'Virtuous Riches': The Bricolage of Cittadini Identities in Early-Sixteenth-Century Venice", in *Renaissance Quarterly*, Vol. 57, No. 3 (2004), pp.908-969

Schnapp, Alain, *The Discovery of the Past: The Origin of Archaeology*, London: British Museum Press, 1996

Shearman, John, "The Organization of Raphael's Workshop", in *Art Institute of Chicago Museum Studies*, Vol. 10, (1983), pp.40-57

Simons, Patricia, "Women in Frames: The Gaze, the Eye, the Profile in Renaissance Portraiture", in *Journal of History Workshop*, No. 25 (1988), pp.4-30

Sohm, Philip, *The Artist Grows Old: The Aging of Art and Artists in Italy, 1500-1800*, New Haven and London: Yale University Press, 2007

Soussloff, Catherine, *The Absolute Artist: The Historiography of a Concept*, Minneapolis: University of Minnesota Press, 1997

Stewart, Peter, *The Social History of Roman Art*, Cambridge: Cambridge University Press, 2008

Summers, David, *The Judgment of Sense: Renaissance Naturalism and the Rise of Aesthetics*, Cambridge: Cambridge University Press, 1987

—— *Michelangelo and the Language of Art*, Princeton: Princeton University Press, 1981

Syson, Luke and Thornton, Dora, *Objects of Virtue: Art in Renaissance Italy*, London: The British Museum Press, 2001

Tanner, Jeremy, *The Invention of Art History in Ancient Greece*, Cambridge: Cambridge University

Press, 2007

Teuffel, Christa Gardner, "Clerics and Contracts: Fra Angelico, Neroccio, Ghirlandaio and Others: Legal Procedures and the Renaissance High Altarpiece in Central Italy", in *Zeitschrift für Kunstgeschichte*, 62, Bd, H. 2 (1999), pp.190-208

Tigerstedt, E. N., "The Poet as Creator", in *Comparative Literature Studies*, Vol. 5, No. 4 (1968), pp.455-488

Trexler, Richard, *Public Life in Renaissance Florence*, Ithaca: Cornell University Press, 1991

Vasari, Giorgio, *Vasari on Technique*, translated by Louisa Maclehose, New York: Dover Publications, Inc, 1960

Vasari, Giorgio, *The Lives of the Painters, Sculptors, and Architects*, 4 vols, translated by Gaston du C. De Vere, New York: New York : Alfred A. Knopf, 1996

Veen, Henk Th. Van, *Cosimo de' Medici and His Self-Representation in Florentine Art and Culture*, translated by Andrew P. McMormick, New York: Cambridge University Press, 2006

Wackernagel, Martin, *The World of the Florentine Renaissance Artists: Projects and Patrons, Workshop and Art Market*, translated by Alison Luchs, Princeton: Princeton University Press, 1981

Wainwright, Linda Valerie, *Andrea Vanni and Bartolo di Fredi: Sienese Painters in their Social Context*, London: University of London, 1987

Wallace, William E., *Michelangelo at San Lorenzo: The Genius as Entrepreneur*, Cambridge: Cambridge University Press, 1994

——*Michelangelo: The Artist, the Man, and His Times*, New York : Cambridge University Press, 2010

Warburg, Aby, *The Renewal of Pagan Antiquity: Contributions to the Cultural History of the European Renaissance*, translated by David Britt, Los Angeles: Getty Research Institute, 1999

Warnke, Martin, *The Court Artist: On the Ancestry of the Modern Artist*, translated by David McLintock, New York: Cambridge University Press, 1993

Weiss, Robert, *The Renaissance Discovery of Classical Antiquity*, Oxford: Basil Blackwell, 1988

Welch, Evelyn, *Art and Authority in Renaissance Milan*, New Haven and London: Yale University Press, 1995

Welch, Evelyn, *Art and Society in Italy: 1350-1500*, Oxford: Oxford University Press, 1997

Whistler, Catherine, "Life Drawing in Venice from Titian to Tiepolo", in *Master Drawings*, Vol. 42, No. 4 (2004), pp.370-396

Wieruszosky, Helene, "Art and Commune in the Time of Dante", in *Speculum*, Vol. 19, No. 1 (1944), pp. 14-33

Williams, Robert, "The Vocation of the Artists as Seen by Giovanni Battista Armenini", in *Art History*, vol. 18, no. 4 (1995), pp.518-536

Wisch, Barbara and Ahl, Diane Cole ed., *Confraternities and the Visual Arts in Renaissance Italy: Ritual, Spectacle, Image*, New York: Cambridge University Press, 2011

Wittkower, Rudolf and Margot, *Born Under Saturn: The Character and Conduct of Artists*, New York: The Norton Library, 1963

Wittkower, Rudolf, "Individualism in Art and Artist: A Renaissance Problem", in *Journal of the History of Ideas*, vol. 22, no. 3 (1961), pp. 291-302

Wood, Jeryldene ed., *The Cambridge Companion to Piero della Francesca*, Cambridge: Cambridge University Press, 2002

Woods-Marsden, Joanna, *Renaissance Self-portraiture: The Visual Construction of Identity and the Social Status of the Artist*, New Haven and London: Yale University Press, 1998

—— "French Chivalric Myth and Mantuan Political Reality in the Sala del Pisanello", in *Art History*, Vol. 8, No. 4 (1985), pp. 397-412

插图目录

029 图1 《上帝是宇宙的最高建筑师》,出自一部寓意化《圣经》彩绘手稿扉页,细密画,巴黎,约创作于1220—1230年。在牛皮纸上用墨水、蛋彩和黄金叶制成。现藏于维也纳的奥地利国家图书馆,第2554号手抄本。

033 图2 《维拉尔·德·奥内库尔的狮子素描》(约1225—1235),出自《维拉尔·德·奥内库尔的速写本》,现藏于巴黎法国国家图书馆,编号为"法兰西手稿19093"。

055 图3 《文艺复兴时期的作坊》,出自德·斯帕埃拉手抄本,第11页,羊皮纸蛋彩画,约1450—1460年,现藏于摩德纳埃斯特图书馆。

059 图4 安德雷亚·德尔·维罗基奥与达·芬奇,《基督的洗礼》(1472—1475),木板油画,尺寸为177×151厘米,现藏于佛罗伦萨乌菲齐美术馆。

060 图5 乔尔乔内与提香,《田园交响曲》(约1508—1509),帆布油画,尺寸为110×138厘米,现藏于巴黎卢浮宫博物馆。

061 图6 雅科波·彭托尔莫与阿尼奥罗·布龙奇诺,《基督被放下十字架》(约1525—1528),木板蛋彩画,尺寸为313×192厘米,现藏于佛罗伦萨圣福教堂。

065 图7 15世纪佛罗伦萨的婚柜,藏于马德里西班牙国家考古博物馆。

074 图8 《安托尼奥·皮萨内罗的猴子素描》(约1430),出自皮萨内罗的速写本,现藏于巴黎卢浮宫博物馆。

076 图9 达·芬奇,《阿尔诺河的风景》(1473),速写,现藏于佛罗伦萨乌菲齐美术馆。

081 图10 达·芬奇,《安加里之战》(1505),彼得·保罗·鲁本斯的

	复制品（原作失传），素描，现藏于巴黎卢浮宫博物馆。
081	图11 米开朗基罗，《卡西纳之战》（1505），米开朗基罗的弟子亚里斯托泰莱·达·桑加罗的复制品（约1542），木板油画，尺寸为77×130厘米，位于诺尔福克的霍克汉姆厅。
086	图12 达·芬奇，《人体肩膀的解剖研究》（1510—1511），纸上黑粉笔、硬笔和墨水画，尺寸为28.9×19.9厘米，现藏于英国温莎宫王室图书馆。
090	图13 马萨乔，《圣三位一体》（1425—1428），壁画，尺寸为640×317厘米，位于佛罗伦萨新圣玛利亚教堂。
091	图14 多纳泰罗，《希律王的宴会》（1423—1427），青铜浮雕，尺寸为60×60厘米，位于锡耶纳大教堂洗礼堂洗礼池上。
096	图15 《挑刺的少年》，希腊化时期的青铜塑像，现藏于罗马卡皮托尔山博物馆市政厅。
101	图16 曼泰尼亚，《恺撒的凯旋》（仪式场景4，1485—1495），帆布蛋彩画，尺寸为267×278厘米，伦敦附近汉普顿王宫的王室藏品。
122	图17 曼泰尼亚，《凯旋的圣母》（1496），帆布蛋彩画，尺寸为280×166厘米，现藏于巴黎卢浮
124	宫博物馆。 图18 菲利波·多尔恰蒂，《安托尼奥·李纳尔代斯基被绞死》（1502），现藏于佛罗伦萨斯蒂伯特博物馆。
135	图19 曼泰尼亚，《贡扎加家族集体像》（1465—1474），石膏上的核桃油壁画，尺寸为805×807厘米，位于曼托瓦公爵宫的"全家福厅"或"彩绘厅"。
139	图20 佩德罗·贝鲁格特或朱斯图斯·凡·根特，《费德里科·达·蒙特菲尔特罗的画像》（1480—1481），木板油画，尺寸为134×77厘米，现藏于乌尔比诺国立马尔凯地区美术馆。
158	图21 多梅尼科·吉兰达约，《乔瓦娜·德利·阿尔比奇·托纳波尼》（1488），木板蛋彩画，尺寸为77×49厘米，现藏于马德里提森-博内米萨博物馆。
171	图22 瓦萨里，《科西莫·德·美第奇公爵一世与艺术家》（约1555），天顶画，佛罗伦萨旧宫科西莫一世的房间。
229	图23 法尔内塞古杯，公元前2世纪，宝石雕刻，口径约20厘米，现藏于那不勒斯国立考古博物馆。
267	图24 丢勒，《忧郁I》（1514），版画，尺寸为24×18.8厘米。现藏于卡尔斯鲁厄国家艺术馆版画

	素描收藏室。		1518—1520 年，帆布油画，尺寸为 99×83 厘米，现藏于巴黎卢浮宫博物馆。
283	图 25 米开朗基罗《圣母怜子》（1498—1499）绶带上的拉丁文签名，彩色大理石雕刻，现藏于梵蒂冈圣彼得大教堂。	299	图 32 《丢勒自画像》（1500），木板油画，尺寸为 67.1×48.9 厘米，现藏于慕尼黑绘画美术馆。
285	图 26 乔瓦尼·贝利尼，《照镜子的女子》（右下方为"签名牌"，1515），帆布油画，尺寸为 62×79 厘米，现藏于维也纳艺术史博物馆。	301	图 33 瓦萨里，《圣路加为圣母画像》（创作于 1565 年之后），壁画，位于佛罗伦萨圣母领报教堂。
288	图 27 《圣母长眠和圣母升天》里的奥卡尼亚（右下角第一人），1359 年，大理石、天青石、黄金和玻璃，出自佛罗伦萨圣弥额尔教堂圣像龛。	303	图 34 《拉斐尔自画像》，左起第二人为拉斐尔，出自拉斐尔的《雅典学园》（1509—1511），壁画，尺寸为 500×770 厘米，位于梵蒂冈宫。
290	图 28 《洛伦佐·吉贝尔蒂自塑像》（约 1447—1448），位于佛罗伦萨洗礼堂"天国之门"（东门）的门框上。	305	图 35 《曼泰尼亚自塑像》（1504—1506），大理石和青铜，高 47 厘米，位于曼托瓦圣安德烈大教堂施洗约翰礼拜堂。
294	图 29 《贝诺佐·戈佐利自画像》（帽子上有文字者，1459—1461），出自佛罗伦萨美第奇宫 - 里卡迪宫礼拜堂东墙壁画《东方三王朝拜初生的基督》。	307	图 36 《皮埃特罗·佩鲁吉诺自画像》（1497—1500），壁画，尺寸为 40×31 厘米，位于意大利佩鲁贾市政厅里货币兑换商行会。
294	图 30 《桑德罗·波提切利自画像》（最右边站立者），出自《东方三王朝拜初生的基督》，约创作于 1475—1476 年，尺寸为 111×134 厘米，现藏于佛罗伦萨乌菲齐美术馆。	307	图 37 《拉斐尔自画像》（1504—1506），木板油画，尺寸为 47.5×33 厘米，现藏于佛罗伦萨乌菲齐美术馆。
		310	图 38 《帕尔米加尼诺自画像》（约 1524），时年约 21 岁，木板油画，尺寸为直径 24.4 厘米，现藏于维也纳艺术史博物馆。
296	图 31 《与朋友在一起的拉斐尔自画像》（左边为拉斐尔），创作于	310	图 39 《巴乔·班迪内利自画像》（约 1530），帆布油画，尺寸为

147×112 厘米，现藏于波士顿伊莎贝拉·斯图尔特·加德纳博物馆。

313　图 40　《提香自画像》（1562—1564），帆布油画，尺寸为 96×75 厘米，现藏于柏林国家博物馆。

347　图 41　莱奥纳尔多·达·芬奇学院标识（1500 年前后）。

349　图 42　阿格斯蒂诺·威内齐亚诺，《巴乔·班迪内利在罗马的学院》（1531），版画，现藏于伦敦大英博物馆。

349　图 43　埃尼亚·维科，《巴乔·班迪内利在佛罗伦萨的学院》（1546），版画，尺寸为 30.2×48 厘米。

主要人名译名对照表

Ackerman, James 詹姆斯·阿克曼
Agincourt, Baptiste Louis George Seroux da 阿然古
Agrippa, Cornelius 阿格里帕
Akademus 阿卡德莫斯
Alberti, Leon Battista 莱昂·巴蒂斯塔·阿尔贝蒂
Albertini, Francesco 弗朗切斯科·阿尔贝蒂尼
Aldrovandi, Ulisse 尤里塞·阿尔多万蒂
Alfonso V 阿尔方索五世
Ames-Lewis, Francis 弗朗西斯·阿美斯－刘易斯
Ancona, Cyriaco da 安科纳的齐里亚科
Antal, Frederic 弗雷德里克·安塔尔
Apuleius 阿普列乌斯
Aretino, Pietro 皮埃特罗·阿雷迪诺

Armenini, Giovanni Battista 乔瓦尼·巴蒂斯塔·阿美尼尼
Averlinvs, Antonivs 安托尼乌斯·阿维尔利努斯
Bambach, Carmen 卡门·班巴赫
Bandinelli, Baccio 巴乔·班迪内利
Barzman, Karen-edis 卡伦－埃迪斯·巴兹曼
Bassano, Jacopo 雅科波·巴萨诺
Baxandall, Michael 米歇尔·巴克森德尔
Becafumi, Domenico 多梅尼科·贝卡福米
Bellini, Gentile 真蒂莱·贝利尼
Belliini, Giovanni 乔瓦尼·贝利尼
Bellini, Jacopo 雅科波·贝利尼
Bellini, Vittore 维托雷·贝利尼
Bembo, Pietro 皮埃特罗·本博
Benci, Ginevra de 吉内弗拉·德·本奇

Benjamin, Walter 沃尔特·本雅明
Bernard of Clairvaux 克莱沃的圣伯纳德
Bicci, Neri di 内里·迪·比奇
Biondo, Flavio 弗拉维奥·比昂多
Bisticci, Vespasiano da 维斯帕乡诺·达·比斯提奇
Bocchi, Francesco 弗朗切斯科·波基
Borghini, Vincenzo 温琴佐·波尔吉尼
Boschini, Marco 马可·布斯齐尼
Botticelli, Sandro 桑德罗·波提切利
Bracciolini, Poggio 波焦·布拉乔利尼
Bramante, Donato 多纳托·布拉芒泰
Bregno, Andrea 安德烈亚·布雷尼奥
Bronzino 布龙奇诺
Brown, Katherine 凯瑟琳·布朗
Brunelleschi, Filippo 菲利波·布鲁内莱斯基
Buonarroti, Michelangelo 米开朗基罗
Burckhardt, Jacob 雅各布·布克哈特
Burke, Peter 彼得·伯克

Callistratus 卡里斯特拉图斯
Capella, Martianus 马尔提亚努斯·卡佩拉
Carlo, Annibale 安尼巴莱·卡罗
Carpaccio 卡尔帕乔
Cast, David 大卫·卡斯特
Castiglione, Baldassare 巴尔达萨雷·卡斯提利奥内
Cellini, Benvenuto 本韦努托·切利尼
Cimabue 齐马布埃
Cionis, Andreas 安德雷亚·齐奥内
Clovio, Giulio 朱利奥·克罗维奥

Cole, Bruce 布鲁斯·科尔
Colonna, Prospero 普罗斯佩罗·科罗纳
Condivi, Ascanio 阿斯卡尼奥·孔迪维
Cosimo, Piero di 皮埃罗·迪·科西莫
Datini, Francesco 弗朗切斯科·达蒂尼
Dei, Benedetto 贝内代托·戴伊
Dello 德罗
Demetrius 德米特里乌斯
Dio of Prusa 普鲁萨的迪奥
Dolce, Ludovico 卢多维科·多尔切
Dominici, Giovanni 乔瓦尼·多米尼奇
Donatello 多纳泰罗
Duccio 杜乔
Durand, Guillaum 纪尧姆·杜朗
Dürer, Albrecht 阿尔布雷希特·丢勒
Duris of Samos 萨摩斯的杜里斯

Erigonos 埃里格诺斯
Eyck, Jan van 简·凡·艾克

Faustina, Diva 狄瓦·弗斯蒂娜
Ficino, Marsolio 马尔西利奥·费奇诺
Filarete 菲拉雷特
Findlen, Paula 保拉·芬德伦
Fontana, Lavinia 拉维尼亚·丰塔娜
Foster, Jonathan 乔纳森·福斯特
Fra Angelico 安杰利科修士
Fra Giocondo 焦孔多修士
Francesca, Piero della 皮埃罗·德拉·弗朗切斯卡
Freedberg, Sydney 西德尼·弗里德伯格

主要人名译名对照表

Freud Sygmond 弗洛伊德

Gervase of Canterbury 坎特伯雷的格尔瓦斯
Ghiberti, Lorenzo 洛伦佐·吉贝尔蒂
Ghirlandaio, Domenico 多梅尼科·吉兰达约
Giambologna 加姆博洛尼亚
Ginzburg, Carlo 卡洛·金兹伯格
Giotto 乔托
Giovio, Paolo 保罗·焦维奥
Goldstein, Carl 卡尔·哥德斯坦
Gombrich, Ernst H. 贡布里希
Gozzoli, Benozzo 贝诺佐·戈佐利
Greenbratt, Stephen 斯蒂芬·格林布拉特
Gubbio 古比奥

Haskell, Francis 弗朗西斯·哈斯克尔
Hauser, Arnold 阿诺尔德·豪塞
Heemskerck, Marrten van 马腾·凡·海姆斯凯尔克
Hollanda, Francisco de 弗朗切斯科·德·霍兰达
Honnecourt, Villard de 维拉尔·德·奥内库尔

Ianziti, Gary 加里·伊安兹提
Irena 女皇伊琳娜

Jeanron, Philippe-August 菲利普-奥古斯特·让荣
Julius II 尤利乌斯二世

Justus of Ghent 根特的朱斯图斯

Kempers, Bram 布拉姆·肯珀斯
Kent, Dale 戴尔·肯特
Kilwardby, Robert 罗伯特·凯尔沃德比
Kris, Ernst 恩斯特·克里斯
Kurz, Otto 奥托·库尔茨

Ladis, Andrew 安德鲁·拉迪斯
Landino, Cristoforo 克里斯托弗·兰迪诺
Lanzi, Luigi 路易吉·兰奇
Lechlanche, Leopold 利奥波德·勒克朗什
Leo of Ostia 奥斯提亚的利奥
Leoni, Leone 莱奥内·莱奥尼
Lessing, Gotthold Ephraim 莱辛
Leto, Pomponio 波姆波尼奥·莱托
Libergier, Hugh 休·利伯吉尔
Ligorio, Pirro 皮罗·利古里奥
Lippi, Filippino 菲利皮诺·利皮
Lippi, Filippo 菲利波·利皮
Lomazzo, Giovanni 乔瓦尼·罗马佐
Lorenzetti, Ambrogio 安布罗乔·洛伦泽蒂
Lotto, Lorenzo 洛伦佐·洛托
Lucien 琉善
Lysippus 莱西普斯

Maiano, Benedetto da 贝内戴托·达·马伊亚诺
Mansueti, Giovanni 乔瓦尼·曼苏埃蒂
Mantegna, Andrea 安德雷亚·曼泰尼亚
Manutius, Aldus 阿尔杜斯·马努提乌斯
Marsyas 马尔斯亚斯

Martini, Simone 西莫内·马尔蒂尼
Masaccio 马萨乔
Medici, Lorenzo de 洛伦佐·德·美第奇
Michelozzi, Michelozzo 米凯罗佐·米凯罗奇
Midas 米达斯
Molza, Francesco 弗朗切斯科·莫尔扎
Montefeltro, Federigo da 费德里科·达·蒙特菲尔特罗
Morelli, Giovanni 乔瓦尼·莫雷利

Norman, Diana 狄亚娜·诺尔曼

O'Malley, Michelle 米歇尔·奥马利
Orcagna 奥卡尼亚

Panofsky, Erwin 埃尔文·潘诺夫斯基
Paoletti, John 约翰·帕奥雷蒂
Parmigianino 帕尔米加尼诺
Passavant, Johann David 约翰·大卫·帕萨万特
Paul III 保罗三世
Pausanias 鲍桑尼阿斯
Perugino, Pietro 皮埃特罗·佩鲁吉诺
Pevsner, Nikolaus 尼古劳斯·佩夫斯纳
Philostratus the Elder 老菲洛斯特拉图斯
Pinturicchio, Bernardino 贝尔纳迪诺·平图里乔
Piombo, Sebastiano del 塞巴斯蒂亚诺·德尔·皮奥姆波
Pisanello, Antonio 安托尼奥·皮萨内罗
Pisano, Andrea 安德烈亚·皮萨诺

Pletho, Gemistus 杰米斯图斯·普莱托
Pliny the Elder 老普林尼
Plotinus 普罗提诺
Poliziano, Angelo 安杰罗·波利齐亚诺
Pollaiuolo, Antonio 安托尼奥·波拉约罗
Polygnotus of Thasos 萨索斯的波里格诺图斯
Pontano, Giovanni 乔瓦尼·彭塔诺
Pontormo, Jacopo da 雅科波·达·彭托尔莫
Protogenes 普罗托格尼斯

Radke, Gary 加里·拉德克
Raimondi, Marcantonio 马坎托尼奥·雷蒙迪
Ridolfi, Carlo 卡洛·里多尔菲
Robbia, Luca della 卢卡·德拉·罗比亚
Rogers, Mary 玛丽·罗杰斯
Romano, Giulio 朱利奥·罗马诺

Sansovino, Andrea 安德雷亚·桑索维诺
Sansovino, Francesco 弗朗切斯科·桑索维诺
Sarto, Andrea del 安德雷亚·德尔·萨尔托
Schapiro, Mayer 迈耶·夏皮罗
Schnaase, Carl 卡尔·施纳泽
Scopas 斯考帕斯
Signorelli, Luca 卢卡·西尼奥雷利
Silanion 西拉尼昂
Sixtus IV 塞克图斯四世
Soderini, Piero 皮埃罗·索代里尼
Strada, Jacopo 雅科波·斯特拉达

Terranuova 特拉诺瓦
Theophilus 西奥菲鲁斯
Thomas, Anabel 安娜贝尔·托马斯
Timanthes 提曼特斯
Tintoretto, Jacopo 雅科波·丁托雷托
Torrigiani, Piero 皮埃罗·托里加尼
Tura, Cosimo 科西莫·图拉

Uccello, Paolo 保罗·乌切罗

Varchi, Benedetto 贝内戴托·瓦尔基
Vasari, Giorgio 乔尔乔·瓦萨里
Veneziano, Agostino 阿格斯蒂诺·威尼齐亚诺
Veneziano, Domenico 多梅尼科·威尼齐亚诺
Vergerio, Pier Paolo 皮埃尔·保罗·维尔杰里奥
Verocchio Andrea 安德雷亚·维罗基奥
Verona, Guarino da 瓜里诺·达·维罗纳
Veronese, Paolo 保罗·维罗内塞
Vico, Enea 埃尼亚·维科
Vinci, Leonardo da 达·芬奇
Vitruvius 维特鲁威

Voltaire 伏尔泰
Vulcan 伍尔坎

Waagen, Gustav Friedrich 居斯塔夫·瓦根
Wackernagel, Martin 马丁·瓦克纳格尔
Warburg, Aby 阿比·瓦尔堡
Warnke, Martin 马丁·沃恩克
Welch, Evelyn 埃芙林·魏尔希
Weyden, Rogier van der 罗杰·凡·德尔·魏登
Wiligelmo 维利杰尔莫
Winckelmann, Johann Joachim 温克尔曼
Woods-Marsden, Joanna 乔安娜·伍兹-马尔斯顿

Zuccaro, Federico 费德里科·祖卡罗
Zuccaro, Taddeo 塔德奥·祖卡罗